LES DOCTRINES DU CORPORATISME : VICHY ET LES RÉPUBLIQUES

Logiques Juridiques

Fondée par Gérard Marcou
Dirigée par Jean-Claude Némery et Thomas Perroud

Le droit n'est pas seulement un savoir, il est d'abord un ensemble de rapports et pratiques que l'on rencontre dans presque toutes les formes de sociétés. C'est pourquoi il a toujours donné lieu à la fois à une littérature de juristes professionnels, produisant le savoir juridique, et à une littérature sur le droit, produite par des philosophes, des sociologues ou des économistes notamment.

Parce que le domaine du droit s'étend sans cesse et rend de plus en plus souvent nécessaire le recours au savoir juridique spécialisé, même dans des matières où il n'avait jadis qu'une importance secondaire, les ouvrages juridiques à caractère professionnel ou pédagogique dominent l'édition, et ils tendent à réduire la recherche en droit à sa seule dimension positive. À l'inverse de cette tendance, la collection « Logiques juridiques » des éditions L'Harmattan est ouverte à toutes les approches du droit. Tout en publiant aussi des ouvrages à vocation professionnelle ou pédagogique, elle se fixe avant tout pour but de contribuer à la publication et à la diffusion des recherches en droit, ainsi qu'au dialogue scientifique sur le droit. Comme son nom l'indique, elle se veut plurielle.

Dernières parutions

Sous la coordination de Cristina Elena POPA TACHE, Elise Nicoleta VÂLCU et Cătălin-Silviu SĂRARU, *Droit international et intégration européenne, Perspectives de l'Europe centrale et orientale*, 2025.

Ludivine CLOUZOT et François-Xavier FORT (dir.), *La réforme du dialogue social dans la fonction publique,* 2025.

Hind ADIL, *Le droit des assurances sous l'égide des lois marocaines pour débutants, Les contrats terrestres et de transports maritimes et aériens*, 2025

Esteban RENAUD, *La normativité des conclusions. Le pouvoir jurisprudentiel des rapporteurs publics près le Conseil d'État*, 2025.

Aziz EN NEFKHAOUI, *Procédure pénale marocaine*, 2024.

Jérémy BOUSQUET, *Le précédent judiciaire dans les conclusions des rapporteurs publics. Étude à partir du droit des contrats administratifs,* 2024.

Cătălin-Silviu SARARU et Cristina Elena Popa TACHE (dir.), *Le droit international en transition, Contributions à la 4e Conférence sur le droit comparé et international, Conférence internationale, 14 juin 2024, Bucarest*, 2024.

Laurence WARIN, *La santé dans toutes les politiques, État des lieux et réflexion sur son entrée et sa circulation dans différents ordres juridiques*, 2024.

Clément Benelbaz

LES DOCTRINES DU CORPORATISME : VICHY ET LES RÉPUBLIQUES

L'Harmattan

Du même auteur

Avec M. TOUZEIL-DIVINA (dir.), *Charles Maurras & le(s) droit(s)*, Editions l'Epitoge, 2024, 110 p.

Avec C. CERDA-GUZMAN, R. COSTA, M. JAOUL, G. KOUBI, M. TOUZEIL-DIVINA (dir.), *Louise Michel et le(s) droit(s)*, Editions l'Epitoge, 2023, 110 p.

Avec J.-F. JOYE (dir.), *Identité, dignité et handicap*, Presses de l'Université Savoie Mont Blanc, 2021, 351 p.

Avec C. FROGER (dir.), *La laïcité dans les services publics, aspects pratiques*, Institut universitaire Varenne, coll. Colloques & essais, 2022, 282p.

Avec B. BERTHIER, C. FROGER, S. PLATON (dir.), *L'œuvre législative de Vichy, d'hier à aujourd'hui : rupture(s) et continuité(s)*, Dalloz, coll. Thèmes et commentaires, 2017, 289 p.

Avec J. LE BOURG (dir.), *De quelques grands débats doctrinaux. Réflexions sur l'intemporalité des controverses*, Lextenso, 2016, 269 p.

Avec H. FLAVIER, O. GILLE-BELOVA, M. JONES (dir.), *Les migrations intra-européennes à l'aube du XXIème siècle*, Ed. Pedone, 2014, Ed. Pedone, 2014, 193 p.

Le principe de laïcité en droit public français, Thèse, L'Harmattan, coll. Logiques juridiques, 2011, 591 p.

5-7, rue de l'École-Polytechnique, 75005 Paris
http://www.editions-harmattan.fr
ISBN : 978-2-336-52102-2
EAN : 9782336521022

Cet ouvrage est la version publiée d'une monographie en vue de l'habilitation à diriger les recherches, soutenue le 11 mai 2023 à l'Université Savoie Mont Blanc. Le jury était composé de :

M. Olivier DARD, professeur à Sorbonne Université
M. Jean-François JOYE, professeur à l'Université Savoie Mont Blanc (rapporteur)
M. Sébastien PLATON, professeur à l'Université de Bordeaux (rapporteur)
M. Philippe YOLKA, professeur à l'Université Grenoble-Alpes (Président du jury et rapporteur)
M. Fabrice MELLERAY, professeur à l'Ecole de droit de Science Po Paris (garant)

A ma famille
A Bernard Pacteau, le maître et l'ami me manque

Abréviations et sigles

A.J.D.A. : Actualité juridique droit administratif
C.A. : Cour d'appel
C.A.A. : Cour administrative d'appel
C.cass. : Cour de cassation
C.cass., 1ère civ. : Première chambre civile de la Cour de cassation
C.cass., Ass. Plén. : Assemblée plénière de la Cour de cassation
C.cass., crim. : Chambre criminelle de la Cour de cassation
C.E. : Conseil d'Etat
C.E., Ass. : Assemblée du contentieux du Conseil d'Etat
C.E., Sect. : Section du contentieux du Conseil d'Etat
Chron. : Chronique
CO : Comité d'organisation
Coll. : Collection
Concl. : Conclusions
D : Dalloz
D.A. : Droit administratif
Dir. : Direction
D.S. : Droit social
E.D.C.E. : Etudes et documents du Conseil d'Etat
Ed. : Editeur
Gaz. Pal. : Gazette du Palais
Ibid. : Ibidem
Id. : Idem
J.C.P.A. : La Semaine juridique (JurisClasseur périodique) édition administration et collectivités territoriales
J.C.P.G : La Semaine juridique (JurisClasseur périodique) édition générale
J.O. : Journal officiel de la République française
L.G.D.J. : Librairie générale du droit et de la jurisprudence
L.P.A. : Les Petites affiches
Obs. : observations
Op. cit. : Opere citato
P.U.F. : Presses universitaires de France
P.U.R. : Presses universitaires de Rennes
R.A. : Revue administrative
R.D.P. : Revue du droit public et de la science politique en France et à l'étranger
R.D.S.S. : Revue de droit sanitaire et social
R.F.D.A. : Revue française de droit administratif
R.T.D. Civ. : Revue trimestrielle de droit civil
R.T.D.Comm : Revue trimestrielle de droit commercial
Rec. : Recueil des arrêts du Conseil d'Etat

Rec. Duvergier : Collection complète des lois, décrets, ordonnances, règlements et avis du Conseil d'Etat, par J.-B. Duvergier
Rec. tab. : Tables du Recueil des arrêts du Conseil d'Etat
R.I.D.C. : Revue internationale de droit comparé
S : Sirey
Sqq : Sequantiaque
T.A. : Tribunal administratif
T.C. : Tribunal des conflits
Trib. corr. : Tribunal correctionnel
Vol. : Volume

Sommaire

Introduction

Dans son acception courante, le corporatisme est défini comme la défense résolue des seuls intérêts d'une profession, et renvoie à un esprit de corps principalement soucieux de ne rien changer. Ainsi lors de mouvements sociaux suscités par certaines réformes, il est fréquent d'accuser les réfractaires de « faire du corporatisme », c'est-à-dire d'être incapables d'échapper aux conservatismes timorés, et de s'opposer aux évolutions nécessaires.

C'est bien ce que relèvent S. L. Kaplan et P. Minard : « Synonyme d'égoïsme, le terme [corporatisme] évoque des groupes arcboutés sur la défense de leurs avantages acquis et faisant fi de l'intérêt général. Chaque conflit social en France conduit presque immanquablement à en rouvrir le procès. De fait, l'épithète corporative est efficace et peut frapper de discrédit n'importe quelle revendication sociale : il suffit de la déclarer « catégorielle » pour la disqualifier. La posture est aisée, la rhétorique bien rôdée, et le succès garanti »[1].

Cette approche, apparemment de bon sens, est cependant volontairement simplificatrice et vise à mener plus loin la réflexion sur le sujet. Si le corporatisme désigne la façon dont certains groupes expriment leur identité professionnelle et mettent en avant leurs intérêts collectifs propres, c'est bien parce que la corporation a, en premier lieu, une spécificité économique. Objectivement, en effet, la corporation lie ses membres par une activité commune, qui la distingue des autres.

Mais il apparaît aussitôt qu'un autre lien, subjectif cette fois, découle du précédent : il est créé « par une solidarité morale, par des droits mais aussi des devoirs et des responsabilités. Plus ces droits particularisent le groupe et paraissent éloignés de l'universalisme du bien général, plus le groupe est exposé à l'accusation de « corporatisme » ». La notion relève dès lors clairement autant du domaine sentimental que du champ économique.

Enfin, il ne peut être omis que le corporatisme, comme le souligne A. Supiot, est, dans notre histoire nationale, placé « tel un épouvantail, au croisement de deux champs sémantiques : celui des privilèges indus que la Révolution de 1789 n'a pas suffi à éradiquer : toute défense des avantages acquis par un groupe professionnel se trouve ainsi marquée au coin du « corporatisme » ; et celui de la collaboration honteuse qui a caractérisé la politique du régime de Vichy »[2].

---

[1] S. L Kaplan et P. Minard, « Le corporatisme, idées et pratiques : les enjeux d'un débat incessant », in S. L. Kaplan et P. Minard (dir.), *La France, malade du corporatisme ? XVIIIème-XXème siècles*, Belin, coll. Socio-histoires, 2004, pp. 5-31.

[2] A. Supiot, « Actualité de Durkheim. Notes sur le néo-corporatisme en France », *Droit et société*, n°6, 1987, pp. 177-200.

Pour toutes ces raisons, le terme est fortement connoté : il serait péjoratif et exclusif. Le corporatisme divise en effet la société en autant de groupements économiques et professionnels juxtaposés, et il fait prévaloir les intérêts collectifs sur l'intérêt général. De ce fait, niant 1789, il renvoie à une vision archaïque et passéiste de la France, notamment au Moyen Age, mais aussi à une période trouble, voire honteuse : celle du régime de Vichy. Le corporatisme est, à n'en pas douter, caractéristique de l'organisation socio-économique de l'Ancien Régime, et Vichy a concrétisé ses doctrines dans une perspective réactionnaire, conformément à la Révolution nationale voulue par Pétain[1].

Pourtant, ces différentes approches apparaissent réductrices et tronquées, et ne correspondent en réalité pas à ce que sont le corporatisme ou les corporations du reste, ni historiquement ni juridiquement, si bien que les termes sont souvent dévoyés, et employés dans des sens très divers[2]. Il convient alors de se pencher sur leurs origines afin de mieux les cerner.

Le phénomène corporatiste est assurément ancien, et on trouve des traces des corporations dès l'Antiquité[3]. Ces dernières peuvent être définies comme des « association[s] de personnes exerçant le même métier, ou une branche de ce métier dotée de statuts définis, d'une hiérarchie, d'une police, de rites, de dévotions propres, avec en outre un ensemble de monopoles et de privilèges »[4], un « ensemble des personnes, éventuellement liées par une association, qui exercent la même profession ». Le *Vocabulaire juridique* de G. Cornu précise quant à lui qu'au Moyen Age, il s'agit de « groupement[s] rassemblant ceux qui exerçaient un même métier juré »[5].

Il est ensuite précisé que la corporation est, « selon la doctrine du corporatisme ou du néo-corporatisme, [une] organisation réunissant les employeurs et les salariés d'une profession autour d'une communauté d'intérêts supposée ». Dans les faits, le terme est souvent synonyme de

---

[1] Voir notamment R. O. Paxton, *La France de Vichy. 1940-1944*, Seuil, coll. Points Histoire, 1973, mise à jour 1997, 475 p. ; H. Rousso, « Vichy entre l'archaïsme et la modernité. Table ronde », in J.-P. Azéma et F. Bédarida (dir.), *Le régime de Vichy et les Français*, Fayard, coll. Pour une histoire du XXème siècle, 1992, pp. 357-368 ; et du même auteur dans le même ouvrage, « L'impact du régime sur la société : ses dimensions et ses limites », pp. 573-600.

[2] Voir J. Lalouette, « Les insaisissables corporations du premier XIXème siècle : enquête sur les usages d'un mot », in S. L. Kaplan et P. Minard (dir.), *La France, malade du corporatisme ? XVIIIème-XXème siècles*, Belin, coll. Socio-histoires, 2004, pp. 147-170.

[3] Pour les aspects historiques de droit romain, voir P. Masson, *Droit romain : les Corporations, étude historique et juridique. Droit français : les Syndicats professionnels*, Librairie nouvelle de droit et de jurisprudence, Paris, 1888, 367 p.

Pour les aspects historiques, et antérieurs à la Révolution française, voir E. Martin Saint-Léon, *Histoire des corporations de métiers depuis leurs origines jusqu'à leur suppression en 1791*, Paris, Librairie Félix Alcan, 3ème édition, 1922, 905 p.

[4] *Dictionnaire du C.N.R.T.L.*

[5] G. Cornu, *Vocabulaire juridique*, P.U.F., coll. Quadrige, Paris, 1998.

« métier ou de profession organisé[s] »[1], ce qui englobe les Ordres professionnels, les officiers ministériels etc.

Quant au corporatisme, sa définition mêle étroitement les notions de doctrine et d'organisation socio-économique : pour le *Petit Robert*, c'est la « doctrine qui considère les groupements professionnels du type des corporations comme une structure fondamentale de l'organisation économique et sociale »[2] ; le dictionnaire du C.N.R.T.L. juxtapose pour sa part l'« organisation économique et sociale de type corporatif » et « la doctrine qui préconise cette organisation »[3] ; G. Cornu, enfin, le présente comme la « doctrine préconisant l'organisation systématique des différentes professions en corporations », voire comme le « régime social dans lequel les organisations professionnelles sont obligatoires, composées de représentants des employeurs et des travailleurs, contrôlées par les pouvoirs publics et investies d'une autorité par délégation de l'Etat »[4].

En tout état de cause, apparaît bien la dialectique qui lie le corporatisme et la corporation : l'association professionnelle sert de socle à la doctrine qui théorise le fait socio-économique, afin d'ériger un système d'organisation et le régime juridique afférent.

D'évidence, une difficulté se présente immédiatement : celle de la place des corporations au regard du droit et de l'Etat. En effet, Cornu précise que la corporation renvoie également au « groupement économique fortement hiérarchisé, aux frontières du Droit public et du Droit privé, réunissant et représentant les personnes d'une même profession et les soumettant à une discipline et à des devoirs réciproques ». S'il est alors question de l'organisation des professions et de leur autoréglementation, sous un certain contrôle de l'Etat, alors c'est ce dernier qui est redéfini, d'autant qu'il est même possible d'envisager un « Etat corporatif »[5].

En réalité, il apparaît *a priori* que les corporations n'ont pas nécessairement besoin de l'Etat pour se constituer ; même au contraire, plus il est faible, plus elles peuvent se développer. Cette corrélation est logique, puisque comme le souligne F. Olivier-Martin, l'organisation corporative est « un type d'organisation sociale où des groupements obligatoires basés sur la profession ont dans l'Etat un rôle reconnu et jouissent de certaines prérogatives pour accomplir leurs fins »[6]. Aussi, il est possible de considérer que la quasi-totalité des activités humaines, donc économiques, sociales,

---

[1] *Ibidem.*
[2] *Dictionnaire Le Petit Robert.*
[3] *Dictionnaire du C.N.R.T.L.*
[4] G. Cornu, *Vocabulaire juridique*, P.U.F., coll. Quadrige, Paris, 1998.
[5] *Ibidem.*
[6] F. Olivier-Martin, *L'organisation corporative de la France d'Ancien Régime*, Librairie du Recueil Sirey, 1938, 565 p, spéc. p. IX.

culturelles, religieuses, et savantes, peuvent se constituer sous la forme corporatiste, et être des corporations. Dès lors, ce qui frappe à première vue, lorsqu'on se penche sur ces dernières, est leur ancienneté, mais aussi leur très grande diversité, si bien qu'il est difficile *a priori*, de déterminer si elles ont des traits communs, ou au contraire répondent à des règles propres à chacune.

La diversité des corporations d'Ancien Régime.

Lorsqu'on évoque la question de l'organisation corporative, c'est spontanément aux corps du commerce et de l'industrie manufacturière que l'on pense. Leur apparition remonte vraisemblablement au XIIème siècle, mais les premiers textes qui leur sont relatifs datent de la seconde moitié du XIIIème siècle, à travers *Le Livre des métiers* compilé par Etienne Boileau, prévôt de Paris[1].

Les métiers étaient alors organisés de façon hiérarchique, comprenant les apprentis, qui devaient faire un stage sous l'autorité d'un maître, les compagnons qui avaient accompli leur apprentissage, et les maîtres.

La corporation élisait les membres qui administraient les affaires communes, elle se dotait de règlements, et en général disposait de la police du métier. Les membres de la corporation représentaient leur métier, vis-à-vis des autres professions, mais aussi de l'autorité supérieure. Ils géraient la caisse commune, les biens de la corporation, mais en toutes les matières, le groupement restait subordonné à l'autorité publique.

De plus, la plupart du temps, la corporation était couplée à une confrérie, c'est-à-dire un groupement à but religieux et charitable, et soumis avant tout à l'autorité ecclésiastique. Bien que les deux groupements aient eu parfois les mêmes dirigeants, le plus souvent les directions comme les ressources étaient séparées, mais l'adhésion à la confrérie, comme à la corporation, était obligatoire.

Dès lors, pour être membre d'une corporation, l'appartenance à la religion catholique était exigée.

Progressivement, apparaissent alors peu à peu des villes jurées, où existent certains métiers jurés, « c'est-à-dire ayant droit de corps et communauté, en laquelle on entrait par serment »[2]. L'expression métier juré

---

[1] *Les métiers et corporations de la ville de Paris. XIIIème siècle. Le livre des métiers d'Etienne Boileau*, publié par R. de Lespinasse et F. Bonnardot, Paris, Imprimerie nationale, 1879, 607 p.

[2] C. Loyseau, *Les œuvres de Maistre Charles Loyseau, avocat en Parlement, contenant les cinq livres du droit des offices, les traitez des seigneuries, des ordres et simples dignitez, du déguerpissement et délaissement par hypothèque, de la garantie des rentes et des abus des justices de village*, Compagnie des Libraires, Lyon, dernière édition, 1701, Livre V, Chapitre VII, n°77.

a donc le sens initial de métier organisé en corporation, ainsi qu'on le voit chez Loyseau.

A partir de la seconde moitié du XVIIème siècle, le terme devient moins courant, et on lui préfère ceux de maîtrises, au sens d'associations de maîtres constitués en corps de métiers, et de jurandes[1].

Preuve d'une organisation sociale structurée, la jurande est la charge ou l'office de juré, qui se donne par élection, et ceux qui l'exercent s'occupent des assemblées des communautés, les président, reçoivent les apprentis, sont présents à leurs chefs-d'œuvre, font des visites dans les magasins, ou encore saisissent les ouvrages mal faits ou interdits etc. En somme, ils ont « soin de toutes les affaires de la communauté »[2].

Ainsi donc, le métier juré est le groupement de personnes pratiquant dans une ville ou une région, le même commerce ou le même métier, groupement fondé pour assurer la défense des intérêts de la profession. Mais il a un caractère contraignant, puisque pour exercer la profession, il faut en accepter les règles, y accéder par serment. Le métier juré constitue une organisation de caractère public : ses membres sont représentés par une assemblée générale, celle-ci a qualité pour préciser quelles sont les lois du métier, mettre sous forme de statut écrit les coutumes, et pour prendre les décisions importantes. Les jurés règlent les affaires courantes, exécutent les décisions des assemblées, et ont les pouvoirs qui relèvent, de nos jours, des officiers de police judiciaire. Le métier juré possède d'ailleurs un sceau, symbole de sa personnalité morale, et son apposition vaut pour un engagement solennel. Il dispose également des compétences en matière patrimoniale (il conserve les deniers communs), et de représentation, puisqu'il a le droit d'ester en justice, il est responsable des armoiries, et occupe un rang lors des cérémonies publiques (entrées des rois, princes, fêtes, inaugurations de foires, processions...). La profession dispose par conséquent d'un certain nombre de privilèges, parfois honorifiques, ce qui montre bien que les métiers jurés forment des corps dans l'Etat.

Dès lors, il ressort que le métier juré ne défend pas que les intérêts de ses membres, il poursuit aussi un but d'intérêt général, et tout l'enjeu est de réaliser la jonction des uns et de l'autre.

Assurément, on retrouve ici la conception chrétienne du devoir d'Etat, selon laquelle l'individu exerce son métier pour lui et sa famille, mais aussi pour le bien commun ; le métier juré permet de la mettre en œuvre. C'est pour cela que la profession doit être disciplinée, et subir une

---

[1] G. Aclocque, *Les corporations, l'industrie et le commerce à Chartres du XIème siècle à la Révolution*, A. Picard, Paris, 1917, 405 p. ; spéc., p. 15.

[2] C. Bigot de Sainte-Croix, « Traité de la liberté générale du commerce et de l'industrie, qui démontre les abus des anciennes corporations et jurandes, 1775 », *Encyclopédie méthodique. Commerce, Tome II*, Paris, chez Panckoucke, 1783, p. 760.

moralisation : cela justifiera ensuite les prérogatives qui lui seront attribuées. En effet, les privilèges ne seront légitimes que si la profession est assainie, disciplinée, qu'elle accomplit sa fonction sociale, et contribue au bien commun.

Cela implique spécifiquement l'emploi de matériaux de qualité, mis en œuvre selon une certaine technique, un savoir-faire, vendus selon les coutumes agréées, un contrôle de la fraude etc. Mais les métiers jurés doivent également protéger leur profession, et notamment à l'égard des métiers libres, tels les marchands en gros.

Par conséquent, le régime corporatif a, pour les gens du métier, l'avantage de garantir le monopole de son exercice : se soumettre aux contraintes et accepter la discipline avalise des privilèges.

Mais le domaine du commerce et de l'industrie est loin d'être le seul à connaître une organisation corporative.

Ainsi, F. Olivier-Martin traite dans son ouvrage des corps savants, telles les Universités et Académies, qui assurément au départ étaient des corps ecclésiastiques, et sont devenus progressivement mixtes puis laïques, à partir de la fin du XVIème siècle, début du XVIIème siècle. Après un rappel de l'histoire des Universités et de leur fonctionnement, notamment de leurs pouvoirs et de leurs attributions en matière disciplinaire (dont les origines sont « obscures »), l'auteur estimait que l'Université est bien un « corps autonome gérant de l'assentiment de tous le gouvernement des lettres. Elle y apporte une grande liberté d'allures et jouit de remarquables commodités pratiques, concédées par les puissances qui la protègent ». Surtout, « ces commodités pratiques sont qualifiées, dans notre ancienne langue, de privilèges. L'Université, qui a dans l'Etat une fonction particulière, jouit également d'une situation juridique qui lui est propre et qui se distingue, à divers points de vue, de la situation juridique de droit commun »[1].

De la même façon, bon nombre d'activités intellectuelles sont organisées, sous l'Ancien Régime, sous forme corporative.

Tel est notamment le cas des professions juridiques et judiciaires : la profession d'avocat en cour laïque a rapidement été réglementée, par une ordonnance de Philippe le Hardi du 23 octobre 1274 astreignant les avocats à prêter serment et à ne plaider que des causes justes, et réglementant les

---

[1] F. Olivier-Martin, *L'organisation corporative de la France d'Ancien Régime*, Librairie du Recueil Sirey, 1938, p. 35.

honoraires[1]. Le serment est ainsi, dès l'origine, un moyen de s'assurer de la moralité de l'avocat, et donc pour la cour de refuser une personne qu'elle juge incapable ou indigne. D'ailleurs progressivement, un ancien avocat que l'on nomme le patron ou le parrain se constituera garant de la moralité et de la capacité de l'aspirant avocat, et le présentera au serment. Cela explique alors l'importance de tenir le tableau des membres de la profession, or, comme le souligne F. Olivier-Martin, « le premier devoir d'un corps fermé est de connaître et de faire connaître à tous la liste de ses membres », c'est pourquoi il fut par la suite demandé aux corporations de fournir la liste de leurs maîtres aux autorités de police. La discipline et la moralité sont par conséquent essentielles dans une profession qui touche la bonne administration de la justice, et l'intérêt public. Mais elles le sont en réalité dans toutes les corporations, comme nous le reverrons : la moralité est sans aucun doute au cœur du corporatisme.

Parallèlement aux avocats, la profession de notaires fut réglementée : au XIIIème siècle, afin d'authentifier des actes, les parties contractantes allaient devant le bailli, et déclaraient devant lui leurs intentions : c'était l'aveu en justice[2]. Puis le bailli décernait les actes, authentiques et exécutoires. Progressivement, il fallut soulager le bailli et c'est également Philippe le Hardi qui institua dans chaque prévôté deux prud'hommes auditeurs, chargés de recevoir les contrats, sur lesquels ils apposaient ensuite un sceau : ainsi apparaît le notaire. Dès lors, les parties pouvaient se présenter seulement devant lui, qui dans la « minute » prenait acte de leurs déclarations ; il dressait ensuite un acte, muni de la force exécutoire, et sur lequel était apposé le sceau de la juridiction : la grosse. Le juge n'effectuait pas de vérification, il donnait sa délégation ou déclarait expédier l'acte à la relation de tel notaire, lequel, certes subordonné au juge, agissait bien en officier public. C'est en 1697 qu'un Edit permit aux notaires, moyennant finances, d'avoir la qualité de « garde-scel » : chacun était alors gardien d'un exemplaire d'un sceau aux contrats, alors que jusque-là il n'en existait qu'un exemplaire, à la juridiction.

En tout état de cause, les notaires demeurent soumis au juge, et à l'autorité publique : comme le souligne F. Olivier-Martin, « la nécessité de soumettre au contrôle les actes notariés, comme les autres, pour qu'ils aient date certaine, souligne le caractère fictif de la délégation donnée par le juge.

---

[1] Voir R. Delachenal, *Histoire des avocats au Parlement de Paris, 1300-1600*, Plon, Paris, 1885, 476 p. ; J.-A.-J. Gaudry, *Histoire du barreau de Paris, depuis son origine jusqu'à 1830*, 2 tomes, Auguste Durand, Paris, 1864.

[2] J. Houdard, *Etat du notariat français au XVIIIème siècle*, thèse, Paris, 1912, 227 p. ; J.-L. Halpérin (dir.), *Avocats et notaires en Europe. Les professions judiciaires et juridiques dans l'histoire contemporaine*, L.G.D.J., coll. Droit et société, 1996, 318 p.

L'acte notarié n'équivaut pas absolument à l'acte décerné par le juge et dressé sous ses yeux »[1].

On voit donc que pour les professions juridiques et judiciaires, la logique est la même que pour les métiers du commerce et de l'industrie : il s'agit de professions dont on exige une discipline rigoureuse, dans l'intérêt commun. Ce souci justifie alors certains privilèges. Comme le souligne F. Olivier-Martin, « les groupements d'auxiliaires de la justice, malgré leur état de subordination, répondent donc bien aux caractéristiques des corps »[2].

Suivant le même mouvement, le corps médical, c'est-à-dire les médecins, les chirurgiens, et les apothicaires[3], s'organisa également, puisqu'en général les trois corps étaient séparés. Néanmoins, dès le XVIIIème siècle, Verdier avait déjà développé une théorie juridique de ces différents groupes, pour les rattacher même à la théorie générale des corps[4]. En effet, ils jouissaient disait-il d'un « droit de communauté, celui qui unit plusieurs personnes, pour des intérêts qui leur sont communs » ; or ce droit était purement royal, et devait être conféré par lettres patentes. Aussi, la communauté avait sur ses membres un droit de police, « autorité et juridiction », et pouvait même les obliger par ses « décrets particuliers ». De plus, elle possédait des fonds propres, provenant de dons, de legs, d'amendes ou de contributions imposées à ses membres, elle pouvait règlementer l'accès à la profession et avait d'ailleurs le monopole dans son exercice.

Quoi qu'il en soit, les corps de médecine agissaient sous le contrôle des pouvoirs publics : les tribunaux pouvaient réduire des honoraires excessifs, les médecins membres d'une faculté de médecine faisaient certes reconnaître et protéger leurs droits par leur Faculté seule, mais les médecins et chirurgiens agrégés à un collège devaient faire enregistrer leurs lettres de degré au greffe du juge de police et lui prêter serment. En tout état de cause, les professions de la médecine n'étaient déjà ouvertes qu'aux gradués d'une Université.

Sans chercher l'exhaustivité, on voit immédiatement apparaître la grande diversité des corps organisés, mais des traits communs se profilent, et qui

---

[1] F. Olivier-Martin, *L'organisation corporative de la France d'Ancien Régime*, Librairie du Recueil Sirey, 1938, p. 355.
[2] *Idem*, p. 300.
[3] M. Verdier, *Essai sur la jurisprudence de la médecine en France, ou Abrégé historique et juridique des etablissemens, reglemens, police, devoirs, fonctions, récompenses, honneurs, droits, & privilèges des trois corps de médecine ; avec les devoirs, fonctions et autorité des juges à leur égard*, Chez Malassis le jeune, Paris, 1763, 383 p. ; et du même auteur *La Jurisprudence particulière de la chirurgie en France : ou Traité historique et juridique des établissemens, règlemens, police, devoirs, fonctions, honneurs, droits et privilèges, des sociétés de chirurgie et de leurs supôts, avec les devoirs, fonctions et autorité des juges à leur égard*, Chez D'Houry, Paris, 1764, 2 tomes.
[4] M. Verdier, *Essai,* précité, pp. 112-116.

seront en réalité les caractéristiques de la corporation ; surtout la construction du corporatisme est lente et passe par plusieurs étapes.

Les caractéristiques de la corporation d'Ancien Régime.

Le mot corporation, dans le sens de corps en général, est employé pour la première fois dans l'Ordonnance du 24 janvier 1789 relative à la convocation des Etats généraux[1] ; à partir de là, le terme sera utilisé dans le sens de communautés de métiers. Le texte mentionnait en effet qu'avant de procéder à une assemblée générale de la communauté, il sera tenu des assemblées de « toutes les corporations, corps en communautés, et de toutes les personnes du tiers-Etat qui ne tiennent à aucune corporation, dans lesquelles assemblées particulières il sera fait choix d'un ou de plusieurs représentants chargés de se rendre à l'assemblée du tiers-Etat de chacune desdites villes pour y concourir à la rédaction du cahier et à la nomination des députés ».

Auparavant, le mot le plus employé est celui de corps, auquel correspond celui, anglais, de « corporation », mais il est parfois subtil de distinguer corps et communauté. Ainsi, le Clergé est sans doute un corps, mais pas une communauté, dans la mesure où il ne peut se former ou s'assembler seul : il a besoin du roi et de son autorisation. Les communautés en revanche « sont des corps de personnes unies pour des usages continuels, pour lesquels elles ont droit de s'assembler quand bon leur semble »[2].

Les corps professionnels peuvent quant à eux s'assembler librement, mais ils sont souvent qualifiés de corps ou de communautés.

Quoi qu'il en soit, tous les corps, qui groupent donc des intérêts privés et pour les fins personnelles de leurs membres, poursuivent d'une façon ou d'une autre des fins d'intérêt public, ce qui est leur première caractéristique. Ils sont assurément mixtes, donc ont un caractère de droit privé et de droit public ; c'est en cela que l'étude sous l'angle du droit public présente un intérêt certain.

Telle est d'ailleurs l'idée que l'on retrouve déjà chez Domat, lorsqu'il donne la définition des communautés, qui sont des « corps composés de plusieurs personnes, pour un bien public, et qui, dans un état, sont considérées comme y tenant lieu de personnes ». Il ne peut alors y avoir de corps ni de communautés sans la permission du Prince ; de plus elles se

[1] Ordonnance du 24 janvier 1789, *à rendre par les baillis et sénéchaux de la première classe lorsque des bailliages ou sénéchaussées de la seconde classe devront concourir avec eux à la convocation pour les Etats généraux, Archives Parlementaires de 1787 à 1860,* Première série (1787-1799) Tome I - Etats généraux ; Cahiers des sénéchaussées et bailliages, 1879. pp. 619-622.

[2] Voir entrée « Communautés », in *Encyclopédie méthodique. Jurisprudence*, Tome III, A Paris, chez Panckoucke, 1783, p. 39.

rapportent toutes au bien public, ce qui les fait dépendre de la police temporelle. Dès lors, pour Domat, les communautés sont des « assemblées de plusieurs personnes unies en un corps formé par la permission du prince, distingué des autres personnes qui composent un état, et établi pour un bien commun à ceux qui sont de ce corps, et qui ait aussi son rapport au bien public »[1]. Et Domat de distinguer trois catégories de communautés : celles qui concernent la religion (les chapitres des églises, les monastères etc.) ; celles relatives à la police temporelle (communautés de villes, d'artisans etc.) ; et celles qui concernent la religion et la police temporelle (universités composées de professeurs de théologie, de sciences humaines…).

Domat précise également que le but des communautés est de pourvoir « par le concours et le secours de plusieurs personnes à quelque bien utile au public » : les chapitres sont ainsi constitués pour le bien des chanoines mais aussi du public, qui bénéficie des offices ; les corps de ville servent le bien commun des habitants mais aussi le bien de l'Etat.

La même idée fut d'ailleurs reprise dans l'Encyclopédie méthodique, lorsqu'il est précisé que l'usage des communautés est de « pourvoir, par le concours et le secours de plusieurs personnes, à quelque bien utile au public, quoiqu'elles soient aussi établies pour le bien commun de ceux qui en sont membres ».

Ces éléments sont fondamentaux pour distinguer les structures qui sont des corps, des sociétés par exemple de capitaux ou de personnes, qui ne poursuivent que des fins privées. C'est également cela qui justifie les privilèges des corps, mais aussi leurs charges.

Ainsi, les Universités assument une mission d'enseignement ; les corps d'arts et métiers disciplinent la profession, la production et le commerce, dans le bien de tous ; les auxiliaires de justice concourent à la justice ; les corps de médecine ont pour mission de veiller à la santé et à l'hygiène publique etc. On le voit, d'un corps à l'autre, la préoccupation principale peut varier, donc également la part dévolue à l'intérêt privé ou public. Dans certains cas l'intérêt public est la priorité (Universités), dans d'autres cas, il est accessoire (corps de métiers). C'est pourquoi il est très difficile de systématiser les corporations, et de dégager une réelle théorie de droit public, puisque sa part va varier d'un corps à l'autre.

Mais dans tous les cas, les corporations mêlent défense des intérêts publics et privés.

---

[1] J. Domat, *Les quatre livres du droit public, 1697*, Titre XV, « Des communautés en général », Université de Caen, Centre de Philosophie politique et juridique, coll. Bibliothèque de Philosophie politique et juridique, URA-CNRS, 1989, pp. 244-250.

En somme, si des individus décident d'exercer une profession dont l'accès est soumis à conditions, ils devront aussi prendre en considération le bien public.

Les corps sont donc bien des organismes semi-publics, distincts des individus qui les composent. Surtout, ils sont permanents : leur but l'est, leurs structures sont stables et leurs prérogatives importantes, en matière de police, de réglementation de la profession, de discipline. Les corps peuvent édicter leurs lois, en tout cas leurs statuts et leurs règlements, pourvu qu'ils ne dérogent pas aux lois publiques ; ces documents sont arrêtés de façon solennelle, en assemblée générale etc.

Enfin, leur domaine d'action est toujours défini : en effet les statuts des corps n'ont rien d'un contrat, pas même d'un contrat d'adhésion, ils sont la loi du corps.

Les règles qu'ils élaborent sont bien des règles de droit, sanctionnées en cas de violation, souvent d'ailleurs par le corps lui-même.

La loi du corps devient alors celle de la profession, qui dispose de pouvoirs de police. Ainsi, historiquement, ils ont pu disposer de la police de la navigation, des poids, des mesures, ce qui de nos jours correspond à un service public. Les bateliers de Loire ont par exemple assuré jusqu'à la moitié du XVIIIème la navigation sur la Loire et ses affluents[1]. De même, l'étalonnage et la vérification des poids et mesures a été une prérogative du seigneur, mais les épiciers ont longtemps été qualifiés de marchands « d'avoirs de poids », c'est-à-dire de marchandises précieuses qui étaient pesées, tandis que les marchandises ordinaires se vendaient à la mesure ; mais en tout état de cause, les épiciers étaient gardiens des balances et des poids. Olivier-Martin précise ignorer quand cette attribution est passée entre les mains des épiciers, ou si ce corps le faisait sous le contrôle du roi, néanmoins cela importait beaucoup à la « pratique honnête du métier ; les gardes de l'épicerie faisaient les affaires du métier en exerçant les prérogatives du roi ».

De façon plus globale, les corps ont assurément toujours collaboré à la police générale, qui incombe logiquement et traditionnellement en premier lieu à l'autorité publique. Ainsi, les orfèvres tenaient un registre des matières et ouvrages d'or et d'argent, comportant les noms et adresses des vendeurs et acheteurs. Ils n'avaient le droit d'acheter ces matières qu'à des personnes connues. On trouvait la même obligation pour les crieurs de passements d'or et d'argent et les colporteurs de joaillerie : il leur était interdit d'acheter des marchandises aux fils de famille et aux domestiques. L'idée était évidemment de se prémunir contre le vol et la contrefaçon. De même,

---

[1] F. Olivier-Martin, *L'organisation corporative de la France d'Ancien Régime*, Librairie du Recueil Sirey, 1938, pp. 180 et s.

les hôteliers devaient tenir des registres des gens qu'ils logeaient, et en avertir la police.

Dans ces corps, les jurés contribuaient à des missions de police, et parfois même avaient le droit d'arrêter les éventuels voleurs ; ils étaient donc assimilés à des officiers publics, et devaient leur prêter main forte. Cela montre que l'application des règlements de police incombait aux officiers de police, mais aussi à la communauté tout entière.

On trouve la même idée au sujet des services de lutte contre les incendies et de guet dormant, auxquels les métiers organisés devaient participer. Ici encore il s'agissait d'un des devoirs de vigilance qui incombait aux métiers. Comme le remarquait Olivier-Martin, « cette organisation permanente présentait un danger : elle donnait aux gens de métier une certaine cohésion militaire et l'habitude de se servir des armes qu'ils étaient autorisés à porter la nuit ».

Cependant, une règle fondamentale s'imposait : nul corps ne peut exister sans l'approbation expresse ou tacite du Prince. En effet, un groupement, de commerçants, ou d'artisans, même existant de très longue date, ne constituait un véritable corps que s'il avait préalablement été érigé en métier juré par lettres-patentes du roi. En réalité, ce principe était loin d'être absolu, et de nombreux métiers jurés se sont formés spontanément, sans avoir d'agrément royal. La plupart du temps, les métiers demandaient au roi l'approbation de leurs statuts, ce qui impliquait alors la reconnaissance officielle du corps. Lorsque le roi intervenait, il le faisait au nom du bien commun : lui seul en était le gardien, ou en tout cas était considéré comme tel. En réalité, le principe selon lequel l'autorité du roi était indispensable pour créer une jurande fut surtout conçu par les juristes, et relève plus de l'idéal que d'une réalité[1]. Néanmoins, le roi conservait certains pouvoirs sur les corporations et pouvait, en dernier lieu, les supprimer.

L'intervention de la puissance publique était censée se faire en amont, lors de la création ou en tout cas de la validation du corps. De plus, la loi du corps n'avait pas valeur absolue en elle-même, et devait toujours être confirmée par l'autorité souveraine.

Mais le contrôle se faisait aussi en aval, puisque l'autorité surveillait l'action disciplinaire des corps, et la juridiction de droit commun pouvait toujours être saisie. Ici, l'action du corps précédait et éclairait l'action de l'autorité publique. Enfin, le contrôle public s'exerçait également sur les activités journalières du corps.

---

[1] C. Bigot de Sainte-Croix, « Traité de la liberté générale du commerce et de l'industrie, qui démontre les abus des anciennes corporations et jurandes, 1775 », *Encyclopédie méthodique. Commerce, Tome II*, Paris, chez Panckoucke, 1783, p. 770.

Par conséquent, on voit que progressivement un contrôle du souverain sur les corporations s'est effectué ; en réalité il y en a toujours eu plus ou moins. En effet, le métier juré était chargé de discipliner et de moraliser la profession, mais aussi d'en défendre les privilèges. S'il s'organisait librement et connaissait une grande souplesse sur le plan juridique, il était tout de même soumis au contrôle de l'autorité publique, seule habilitée à définir les exigences réelles du bien commun, que les corporations étaient également censées poursuivre.

Ce contrôle a d'ailleurs varié au cours des siècles : il a pu être très strict, ou plutôt lâche, selon que le souverain se préoccupait ou non de la régulation des corps et des métiers.

Ce contrôle était de fait exercé par le seigneur de la terre, qui s'occupait du bien commun ; le roi n'a jamais demandé de juridiction générale sur les métiers. Ainsi, l'échevinage gardait le dépôt des marques, des poinçons individuels des maîtres ; il existait également un prudhomme visiteur et marqueur, qui détenait la marque municipale pour certains produits, comme le cuir ou les draps. Il pouvait aussi taxer les denrées, régler les procès entre les différents métiers ou entre les membres d'un même métier.

On le voit alors, plusieurs éléments caractérisent les corporations d'Ancien Régime : organes semi-publics voire publics, elles sont chargées d'organiser, de réglementer, de discipliner la profession, afin de l'assainir et de la moraliser. Pour ce faire, le corps, qui a un rôle de représentation de la profession, dispose non seulement de privilèges (étymologiquement *privata lex,* loi privée de la profession), mais aussi de pouvoirs étendus en matière de réglementation, en lieu et place de l'autorité publique étatique ; elle se substitue à elle. Cependant, cette dernière n'est jamais totalement absente ni effacée, elle conserve un droit de regard, plus ou moins étendu.

Sous l'Ancien Régime, les corporations sont donc, en somme, des services publics chargés de gérer la vie professionnelle, mais elles restent soumises à l'autorité royale. Cependant, débordant leurs domaines, elles finirent par devenir un risque pour le pouvoir.

En effet, il est clair que les corps professionnels devraient être, d'abord, des auxiliaires de l'Etat : dans la mesure où ils sont des pouvoirs qui s'intercalent entre le souverain et les sujets, on peut les qualifier de corps intermédiaires. Cependant, le pas est parfois franchi qui en fait des concurrents, ce qui suscite de nombreuses craintes à leur égard : comme le relevait Joseph Barthélemy, les corporations étaient « frappées du vice fondamental qui infecte le syndicalisme contemporain : elles sacrifiaient l'intérêt général à leurs intérêts égoïstes. La principale victime de l'égoïsme des corporations c'était le consommateur »[1].

Aussi, à partir de la fin du XVIIIème siècle, il fut tenté à plusieurs reprises de les supprimer.

Une méfiance progressive à l'égard des corporations.

La méfiance à l'égard des corps va aller croissant. Ainsi, Bigot de Sainte-Croix, Président aux requêtes du Palais de Rouen, relevait en 1775 que « la liberté générale du commerce et de l'industrie n'est que le retour au droit naturel, dont l'exercice est restreint dans la société par des prohibitions et par des privilèges »[2]. Il précisait d'ailleurs que ces derniers sont source de fraudes et de manœuvres, c'est donc eux qu'il faut abolir. Il insistait : « Tout privilège exclusif détruit plus ou moins la concurrence ». La difficulté est qu'ils sont reconnus par la loi, dès lors leur existence même repose sur des règlements qui ont autorisé des droits exclusifs à pratiquer des professions.

Or, un élément essentiel et contre lequel il est difficile de lutter, est le fait que dans une communauté, tous s'entendent, tous se réunissent dans l'intérêt général du groupe, ils ont entre eux un taux fixé de monopole, de surcharge, « que chacun suit comme la loi du corps ». Or, soulignait Bigot de Sainte-Croix, « celui qui s'en écarte pour vendre à meilleur marché, est regardé comme un traître, d'après les principes de leur probité relative ; il est puni comme tel et soumis à une persécution qui ne finit souvent que par la perte de son état ». Il précisait d'ailleurs : « On ne s'expose pas impunément aux haines et à la vengeance d'un corps qui ne meurt point et qui ne s'apaise jamais ». En somme, ce que dénonçait l'auteur, est le poids de l'esprit de corps, donc une *forme* de corporatisme replié sur lui-même.

Les physiocrates, dont on reconnaît ici les thèses, se sont largement élevés contre ces corps, au nom de la liberté du commerce, et le droit de chacun de travailler comme il l'entend. Or cette dernière liberté est nécessairement incompatible avec les privilèges exclusifs.

Par ailleurs, pour Bigot de Sainte-Croix, supprimer les corps comportait plusieurs avantages. En premier lieu, les corps de jurande étant soumis à des frais et à des taxes considérables, la charge retombait en réalité en entier sur le public : les impôts des commerçants finissant toujours par être payés, à la fin, par le consommateur.... En second lieu, dans le commerce intérieur,

---

[1] J. Barthélemy, « Préface », in P. Jolly, *La mystique du corporatisme*, Librairie Hachette, 1935, 249 p.

[2] C. Bigot de Sainte-Croix, « Traité de la liberté générale du commerce et de l'industrie, qui démontre les abus des anciennes corporations et jurandes, 1775 », *Encyclopédie méthodique. Commerce, Tome II*, Paris, chez Panckoucke, 1783, p. 760.

le jeu de la concurrence ferait baisser les prix et aurait pour effet l'enrichissement de tous les citoyens, de même que dans le commerce avec l'étranger, cette baisse des prix et des frais de commerce favoriserait les exportations. Enfin, il y aurait également des conséquences pour le souverain, puisque le Prince est le plus grand consommateur dans le royaume, et tout ce qui diminue ses dépenses lui procure une épargne sur ses revenus. Cela entraînerait alors des économies considérables pour l'ensemble des administrations.

Pour ce faire, Bigot de Sainte-Croix distinguait selon la façon dont ont été établis les corps. Tout d'abord, il existait des communautés qui ont été autorisées par lettres patentes, et qui forment les jurandes. Ensuite, on trouvait des communautés disposant de règlements et de statuts émanant des juges de police, des seigneurs, soumises aux formalités de la maîtrise et de l'apprentissage, mais qui n'avaient aucune existence légale, faute d'avoir obtenu des lettres patentes ou de statuts homologués. Enfin, il existait des professions totalement libres, sans aucun titre d'établissement ni de statuts, qui s'exerçaient sans apprentissage ni maîtrise. Or face à ces diverses situations, il convenait alors, par une loi universelle, de généraliser la liberté à toutes les professions, tant celles qui se font par jurandes, que celles qui n'ont pas de titres ou qui sont libres. Ainsi, vis-à-vis de celles qui ne sont pas autorisées, il suffisait d'en prononcer la nullité ; par rapport à celles qui le sont, la loi devait en prononcer la dissolution.

Ces idées vont trouver leur concrétisation, puisque Turgot porte un coup décisif aux corporations, avec l'Edit de février 1776[1]. Par ce texte, toute personne (même étrangère) pourra exercer n'importe quelle profession, ou en réunir plusieurs, sous la seule condition de s'inscrire à la police. Sont alors supprimés les communautés de marchands et d'artisans, les maîtrises et jurandes, leurs statuts et privilèges. Des exceptions sont cependant prévues, pour les pharmacies, l'orfèvrerie et l'imprimerie... Les confréries de gens de métiers sont aussi supprimées, et il est désormais interdit à tout maître, compagnon ouvrier et apprenti de former aucune association ni assemblée entre eux.

La suppression fut très largement contestée, et de courte durée ; Turgot dut partir, sa réforme avec lui. Un Edit d'août 1776 rétablit les corporations[2].

---

[1] Edit du roi, *portant suppression des jurandes et communautés de commerce, arts et métiers, Encyclopédie méthodique. Commerce*, Tome II, A Paris, chez Panckoucke, 1783, p. 783 ; G. Schelle, *Œuvres de Turgot et documents le concernant avec biographie et notes*, Tome 5, Paris, Librairie Félix Alcan, 1923, pp. 238-255.

[2] Edit du roi, *portant nouvelle création des six corps de marchands et de quarante-quatre communautés d'arts et métiers*, 23 août 1776, *Recueil de règlemens pour les corps et*

La question des corporations ne sera plus posée jusqu'à la Révolution, mais les réponses seront graduées.

Ainsi, ce n'est pas pendant la nuit du 4 août 1789 que les privilèges des corporations disparaissent, car ne sont supprimés alors que ceux de la noblesse et du clergé[1]. Le 5 août, l'Assemblée adopte le texte suivant : « Tous les privilèges particuliers des provinces, principautés, villes, corps et communautés, soit pécuniaires, soit de toute autre nature, sont abolis sans retour et demeurent confondus dans les droits communs de tous les Français »[2]. Ici, le document reconnaissait les corps et communautés, mais leurs privilèges étaient supprimés ; cependant, il est provisoire. Le texte définitif, voté le 11 août, et qui forme l'article 10 du décret des 4-11 août 1789 ne parle plus, pour les supprimer, que des privilèges des provinces, pays, villes et communautés d'habitants, tous ramenés au « droit commun »[3]. L'Assemblée ne supprime donc expressément ni les corps professionnels en général, ni les corps et communautés de métiers en particulier, ni du reste leurs privilèges. Le texte final est en retrait par rapport au projet initial, mais ce qui importe est que les corps et communautés ne sont plus reconnus comme des corps intermédiaires : concernant les privilèges qu'elle supprime, l'Assemblée s'attache aux Ordres sociaux (noblesse, clergé, tiers-Etat), aux « communautés d'habitants » : tels sont les seuls corps intermédiaires[4].

Pourtant, sous l'influence des physiocrates et de Turgot, l'idée est apparue qu'il fallait distinguer les individus et les corps : la propriété des individus préexiste à la loi – et du reste elle sera reconnue comme un droit inaliénable et sacré le 26 août 1789[5]. La propriété des corps en revanche n'existe que parce que la Nation l'a voulu ; cette dernière peut donc en faire ce qu'elle veut, notamment la supprimer lorsqu'elle estime qu'ils ne rendent plus service.

---

communautés d'arts et métiers commençant au mois de février 1776, Paris, chez P.G. Simon, 1779, p. 39.

[1] Voir A. Mathiez, « Les corporations ont-elles été supprimées en principe dans la nuit du 4 août 1789 ? », *Annales historiques de la Révolution française*, n°45, mai-juin 1931, pp. 252-257.

[2] Projet d'arrêté, *Archives parlementaires*, séance du 5 août 1789, p. 352.

[3] Décret *portant abolition du régime féodal, des justices seigneuriales, des dîmes, de la vénalité des offices, des privilèges, des annales, de la pluralité des bénéfices, etc., des 4, 6, 7, 8 et 11 août 1789, S., Lois annotées*, 1ère série, p. 2.

[4] Montesquieu quant à lui évoque les « pouvoirs intermédiaires subordonnés et dépendants [qui] constituent la nature du gouvernement monarchique, c'est-à-dire, de celui où un seul gouverne par des lois fondamentales ». Il poursuit : « Dans la monarchie, le Prince est la source de tout pouvoir politique et civil. Ces lois fondamentales supposent nécessairement des canaux moyens par où coule la puissance : car, s'il n'y a dans l'Etat que la volonté momentanée et capricieuse d'un seul, rien ne peut être fixe, et par conséquent aucune loi fondamentale. Le pouvoir intermédiaire subordonné le plus naturel, est celui de la noblesse ». (*De l'esprit des lois*, Première partie, livre II, chapitre 4, 1748)

[5] Article 17 de la Déclaration des droits de l'Homme et du Citoyen.

Les révolutionnaires vont alors procéder par étapes : le décret du 29 août 1789 pose ainsi les jalons de la liberté du commerce et de l'industrie, en ordonnant la libre circulation des grains et des farines[1]. Le texte commence d'ailleurs en précisant que « l'Etat n'est pas composé de différentes sociétés étrangères l'une à l'autre, et moins encore ennemies », ce qui montre bien la volonté de mettre un terme à la logique corporative.

Par la suite, les révolutionnaires décident de la nationalisation des biens du Clergé. Le problème est que si ce dernier demeure un propriétaire, il continue nécessairement de figurer en tant que corps dans la Nation. C'est pourquoi est adopté le décret du 2 novembre 1789, qui dispose que « tous les biens ecclésiastiques sont à la disposition de la Nation »[2]. Ce texte est la preuve que l'Assemblée s'oppose à toute propriété corporative, et même à toute idée de corps, par définition concurrent à l'Etat.

Les révolutionnaires adopteront donc dans un premier temps des textes sectoriels : ainsi les Ordres d'avocats furent abolis, l'article 10 de la loi du 2 septembre 1790 ayant décidé que les hommes de loi, « ne devant former ni Ordre ni corporation, n'auront aucun costume particulier dans leurs fonctions »[3]. L'article 1er de la loi commençait d'ailleurs en précisant que « les ecclésiastiques ne peuvent être élus aux places de juges, dont les fonctions sont déclarées incompatibles avec leur ministère ».

Les avocats au Conseil furent quant à eux supprimés par la loi du 14 avril 1791[4], les avoués par celle du 24 octobre 1793 (3 brumaire an II)[5], et les notaires par un décret du 29 septembre-6 octobre 1791[6]. Le texte dispose en effet que « la vénalité et l'hérédité des offices royaux des notaires, tabellions, notaires-clercs aux inventaires, notaires connus en quelques lieux sous le nom de greffiers, ou sous toute autre dénomination que ce soit, sont abolies ». De même, les offices sont supprimés, et ces officiers seront remplacés par des notaires publics, qui seront recrutés par concours.

---

[1] Décret du 29 août 1789, *relatif à la circulation des grains, Archives parlementaires*, séance du 29 août 1789, p. 51.

[2] Décret du 2 novembre 1789, *qui met les biens ecclésiastiques à la disposition de la Nation, S., Lois annotées*, 1ère série, p. 6 ; *Rec. Duvergier*, Tome I, pp. 54-55 ; Voir C. Benelbaz, *Le principe de laïcité en droit public français*, L'Harmattan, coll. Logiques juridiques, 2011, pp. 53 et s.

[3] Décret du 2 septembre 1790, *sur l'organisation judicaire, S., Lois annotées*, 1ère série, 1789-1830, p. 60.

[4] Décret du 14 avril 1791, *relatif au tribunal de cassation, S., Lois annotées*, 1ère série, 1789-1830, p. 104.

[5] Décret du 3 brumaire an II, *qui détermine une nouvelle forme pour l'instruction des affaires devant les tribunaux, et supprime les fonctions d'avoués, S., Lois annotées*, 1ère série, 1789-1830, p. 270.

[6] Décret du 29 septembre-6 octobre 1791, *sur la nouvelle organisation du notariat et sur le remboursement des offices de notaires, S., Lois annotées*, 1ère série, 1789-1830, p. 173.

Aussi l'idée de supprimer de façon générale les corps professionnels se profila peu à peu. Ainsi, le 15 février 1791, le député d'Allarde lut un rapport relatif aux impôts sur les patentes qui devaient peser sur les commerçants et les artisans. Pour faire accepter la nouvelle charge, il proposait un « bienfait pour l'industrie et le commerce » : la suppression des jurandes et des maîtrises[1]. Dans la mesure où elles disposaient de privilèges exclusifs, cela suffisait à les condamner. Reprenant les arguments de Turgot, d'Allarde emporta la conviction, sans que les communautés de métiers ne trouvent de défenseur. Il rappelait en effet que « la faculté de travailler est un des premiers droits de l'homme. Ce droit est sa propriété (...) c'est sans doute la première propriété la plus sacrée, la plus imprescriptible ». Or les corporations allaient de toute évidence à l'encontre de ce droit. Les révolutionnaires se rendirent rapidement compte que les corporations portaient atteinte de façon générale au libéralisme, aux droits des individus, mais aussi aux droits de l'Etat[2].

C'est ainsi que fut adopté le décret d'Allarde des 2-17 mars 1791[3], qui proclame dans un premier temps la liberté de toute profession ou métier, et supprime les corporations de métier, comme les offices de perruquiers-barbiers-étuvistes, d'agents de change et autres courtiers de commerce, et les brevets et lettres de maîtrise et tous privilèges de profession. L'article 7 quant à lui permit à toute personne de faire tel négoce ou d'exercer telle profession. Cependant, dans ces conditions, les ouvriers, profitant de cette liberté, formèrent des coalitions.

Afin d'empêcher la reconstitution des corporations, fut alors adoptée la « loi » Le Chapelier des 14-17 juin 1791[4], laquelle complète le décret d'Allarde en étendant aux associations libres la condamnation formelle qu'avait déjà portée contres elles l'Edit de février 1776. L'idée est la même : il s'agit de consacrer une certaine conception économique et sociale, hostile à tout groupement professionnel, qu'il ait d'ailleurs ou non des privilèges exclusifs, mais aussi d'affirmer la suprématie d'un Contrat social rousseauiste qui transcende les particularismes.

---

[1] *Archives parlementaires*, séance du 15 février 1791, p. 198.

[2] Dès 1789 et les décrets des 4,6,7,8 et 11 août, en réalité, puisque l'article 11 précisait : « Tous les citoyens, sans distinction de naissances, pourront être admis à tous les emplois et les dignités ecclésiastiques, civiles et militaires, et nulle profession utile n'emportera dérogeance ».
Mettre en avant l'individu, le citoyen, c'était mettre en retrait les corps professionnels.

[3] Décret du 2-17 mars 1791, *portant suppression de tous les droits d'aides, de toutes les maîtrises et jurandes, et établissements de patentes, S., Lois annotées*, 1ère série, 1789-1830, p. 92.

[4] Décret des 14-17 juin 1791, *relatif aux assemblées d'ouvriers et artisans du même état et profession, S., Lois annotées*, 1ère série, 1789-1830, p. 119.

Le texte interdit à toute personne d'un même état ou d'une même profession de s'entendre ou de délibérer pour la défense de leurs prétendus intérêts communs. Ainsi, l'article 1er proclame : « L'anéantissement de toutes les espèces de corporations des citoyens du même état et profession, étant une des bases fondamentales de la constitution française, il est défendu de les rétablir de fait, sous quelque prétexte et quelque forme que ce soit ». Des sanctions pénales étaient prévues, ce qui est une des conséquences du décret d'Allarde, et une application des principes qu'il proclame sur la liberté individuelle.

Le mouvement était alors lancé ; d'ailleurs, ainsi que le résumait Gaudin, rapporteur du Comité d'Instruction publique présentant un projet de décret sur la suppression des congrégations séculières en 1792 : « Le but des législateurs a été d'unir plus intimement tous les citoyens à la chose publique et tout corps est nécessairement un intermédiaire interposé entre l'individu et la patrie »[1].

Les corps intermédiaires sont désormais perçus comme des atteintes à la volonté générale. De plus, ils sont devenus inutiles, puisque les intérêts des corporations étaient en réalité inclus dans l'intérêt général[2].

Le Chapelier exposait déjà très clairement cette idée en 1791 en présentant son projet à la Chambre : « Il doit sans doute être permis à tous les citoyens de s'assembler ; mais il ne doit pas être permis aux citoyens de certaines professions de s'assembler pour leurs prétendus intérêts communs. Il n'y a plus de corporation dans l'Etat, il n'y a plus que l'intérêt particulier de chaque individu et l'intérêt général. Il n'est permis à personne d'inspirer aux citoyens un intérêt intermédiaire, de les séparer de la chose publique par un esprit de corporations »[3].

Le député Lavie exposait la même idée en septembre 1791 : « Nous n'avons pas besoin de corps intermédiaires entre le pouvoir exécutif et l'Assemblée nationale »[4].

Après l'abolition de tous les privilèges et la suppression des corporations, les révolutionnaires réorganisèrent certaines professions, comme celle des notaires. Ainsi, le décret du 29 septembre 1791 supprima les notaires royaux, les offices de notaires ou tabellions authentiques, seigneuriaux, ou apostoliques. L'article 1er disposait en effet que « la vénalité et l'hérédité des offices royaux des notaires, tabellions, notaires-clercs aux inventaires,

---

[1] *Archives parlementaires*, séance du 10 février 1792, p. 360.

[2] Voir les articles 2 et 22 du décret Le Chapelier.

[3] *Archives parlementaires*, Tome 27, séance du 14 juin 1791, p. 210. Voir aussi *Archives parlementaires*, séance du 16 février 1791, p. 219.

[4] *Moniteur universel*, 30 septembre 1791, p. 1131.

notaires connus en quelques lieux sous le nom de greffiers, ou sous toute autre dénomination que ce soit, sont abolies ». Ils furent remplacés par des notaires publics[1], donc fonctionnaires, admis suite à un concours. Ils devaient alors prêter leur ministère s'ils en étaient requis, et seraient soumis à une obligation de résidence.

On le voit, la suppression des corporations n'empêcha nullement l'organisation et la réglementation de certaines professions ; ce pouvoir était en revanche entièrement dévolu à l'Etat.

Cependant, si les corporations sont finalement supprimées à la Révolution, cela fut de courte durée, d'autant que le phénomène corporatiste a finalement toujours subsisté.

Le prompt rétablissement des corporations.

En réalité, les corporations ne disparaissent que très peu de temps : les avocats au conseil donc ici près le tribunal de cassation (anciennement les avoués) sont rétablis par la loi du 27 ventôse an VIII (article 93)[2], de même que les huissiers.

Le décret du 11 juin 1806 sur l'organisation du Conseil d'Etat crée pour sa part des avocats auprès de lui (article 33)[3].

De même, les notaires sont rétablis sous leur ancienne forme par la loi du 25 ventôse an XI[4]. L'article 1er maintenait cependant leur statut de fonctionnaires publics, ainsi que leurs obligations de prêter leur ministère lorsqu'ils en sont requis, et de résidence dans le lieu qui leur est fixé par le gouvernement. De plus, ayant notamment pour fonction d'authentifier les actes de l'autorité publique, et d'en conserver le dépôt, cela justifiait ce maintien. A ce moment, le nombre de places pour chaque département était alors fixé par le gouvernement : le *numerus clausus* était mis en place. Ils exerçaient sans patente, mais étaient assujettis à un cautionnement fixé par l'autorité publique, affecté à la garantie des condamnations prononcées contre eux. La chambre de discipline du ressort dans lequel le notaire voulait exercer devait alors délivrer un certificat de moralité et de capacité. La chambre avait également compétence pour donner son avis en cas de litiges en matière d'honoraires, ainsi qu'en matière de discipline intérieure.

---

1 Décret des 29 septembre-6 octobre 1791, *sur la nouvelle organisation du notariat et sur le remboursement des offices de notaires, S., Lois annotées*, 1ère série, 1789-1830, p. 173.
2 Loi du 27 ventôse an VIII, *sur l'organisation des tribunaux, S., Lois annotées*, 1ère série, 1789-1830, p. 530.
3 Décret du 11 juin 1806, *sur l'organisation et les attributions du Conseil d'Etat, S., Lois annotées*, 1ère série, 1789-1830, p. 719.
4 Loi du 25 ventôse an XI, *contenant organisation du notariat, S., Lois annotées*, 1ère série, 1789-1830, p. 623.

D'autres professions furent également réorganisées : tel est par exemple le cas des avocats, par la loi du 22 ventôse an XII[1] (articles 24, 29 et suivants), mais l'Ordre n'est alors pas créé, il est simplement question de déterminer les conditions d'exercice de la profession : diplômes, tableau, et serment, qui consiste d'ailleurs à ne rien dire ou publier de contraire aux lois, aux règlements, aux bonnes mœurs, à la sûreté de l'Etat et à la paix publique.

Surtout, le 14 décembre 1810 est adopté un décret contenant règlement sur l'exercice de cette profession et sur la discipline du barreau[2]. La loi du 22 ventôse an XII avait rétabli le tableau, afin d'assurer la « probité, la délicatesse, le désintéressement, le désir de la conciliation, l'amour de la vérité et de la justice, un zèle éclairé pour les faibles et les opprimés » : le texte de 1810 crée les conseils de discipline et précise leurs compétences, et surtout il rétablit les Ordres. Les tableaux seront instaurés par les présidents et procureurs généraux des cours impériales, ou des tribunaux de première instance. Ils feront l'objet d'une approbation du grand-juge ministre de la Justice. Seuls les avocats inscrits au tableau formeront l'Ordre des avocats (article 9). Le serment comprenait obéissance aux constitutions de l'Empire, fidélité à l'empereur, et impliquait de ne rien dire ou publier de contraire aux lois, aux règlements, aux bonnes mœurs, à la sûreté de l'Etat et la paix publique, de ne pas s'écarter du respect dû aux tribunaux et aux autorités publiques, et de ne concilier ou défendre aucune cause que l'avocat ne croirait pas juste en son âme et conscience. Quant au conseil de discipline, il était chargé de veiller à la conservation de l'honneur de l'Ordre, de maintenir les principes de probité et de délicatesse, et de réprimer et punir les infractions et fautes.

Une ordonnance royale sera ensuite adoptée en 1822 afin de réglementer la profession et la discipline[3], de combler les lacunes et de répondre aux critiques du texte de 1810[4], surtout afin de laisser à la profession elle-même le soin de la discipline. Surtout, les conseils de discipline voient leurs compétences s'accroître, et ils pourront statuer en cas de difficultés relatives à l'inscription au tableau de l'Ordre, ils seront aussi chargés de la surveillance que l'honneur et les intérêts de l'Ordre rendent nécessaires,

---

[1] Loi du 22 ventôse an XII, *relative aux écoles de droit, S., Lois annotées*, 1ère série, 1789-1830, p. 664.

[2] Décret du 14 décembre 1810, *contenant règlement sur l'exercice de la profession d'avocat et la discipline du barreau, S., Lois annotées*, 1ère série, 1789-1830, p. 837.

[3] Ordonnance du roi du 20 novembre 1822, *contenant règlement sur l'exercice de la profession d'avocat et la discipline du barreau, S., Lois annotées*, 1ère série, 1789-1830, p. 1082.

[4] L'ordonnance abroge le texte de 1810.

et d'appliquer les mesures disciplinaires. Ils sont aussi chargés de « maintenir les sentiments de fidélité à la monarchie et aux institutions constitutionnelles, et les principes de modération, de désintéressement et de probité sur lesquels repose l'honneur de l'Ordre des avocats. Ils surveillent les mœurs et la conduite des avocats stagiaires ». Il était également interdit d'attaquer dans les plaidoiries ou dans les écrits la religion, les principes de la monarchie, la Charte constitutionnelle du 4 juin 1814, les lois du royaume ou les autorités établies.

Les professions médicales seront également réorganisées sous leur forme ancienne : pour les médecins, la loi du 19 ventôse an XI[1] rétablit le monopole des docteurs ayant un diplôme de la faculté. Cette règlementation laisse néanmoins subsister la loi Le Chapelier : l'interdiction pour les membres « du même état » de se grouper en vue de la défense de leurs privilèges.

Il en sera de même pour les pharmaciens, avec la loi du 21 germinal an XI[2], qui contient un titre relatif à la police de la profession, sous contrôle donc des préfets, et des tribunaux.

On le voit, depuis l'Empire, les corps sont rétablis, mais cela ne conduit plus, comme sous l'Ancien Régime, à une abdication de la part de l'Etat. Au lieu de reconstruire à l'identique des corps traditionnels chargés de fonctions d'intérêts général et professionnel, on va alors dissocier les deux. Ainsi, certains organismes se voient chargés d'une mission d'intérêt général, pour que l'Etat puisse opérer un contrôle. La police peut donc règlementer une profession[3]. Surtout, au départ, ce sont les autorités de police, donc les préfets, et les tribunaux, qui sont chargés de contrôler la profession, non la profession elle-même.

Progressivement, cependant, les corporations vont se reformer d'une façon ou d'une autre, ou en tout cas l'idée corporatiste va germer à nouveau pendant le XIXème siècle.

Le Second Empire fonde son programme économique sur la liberté du commerce, dès lors il est inconcevable de rétablir les corporations d'avant 1791. Mais il était aussi considéré que la liberté économique n'était pas incompatible avec la liberté de coalition ; c'est ainsi que fut adoptée la loi du 25 mai 1864, dite E. Ollivier[4]. Jusque-là, les coalitions étaient prohibées et

---

[1] Loi du 19 ventôse an XI, *relative à l'exercice de la médecine, S., Lois annotées*, 1ère série, 1789-1830, p. 622.

[2] Loi du 21 germinal an XI, *contenant organisation des écoles de pharmacie, S., Lois annotées*, 1ère série, 1789-1830, p. 629.

[3] Lois du 19 ventôse an XI par exemple pour la médecine, et du 21 germinal an XI pour la pharmacie.

[4] Loi du 25 mai 1864, *qui modifie les articles 414, 415 et 416 du Code pénal (coalitions), Rec. Duvergier*, Tome 64, 1864, p. 162.

punies par le Code pénal. La loi du 22 germinal an XI, sur les manufactures, fabriques et ateliers[1], remplaçait déjà la loi de 1791 (articles 6 à 8), et interdisait les coalitions, même si elle autorisait des chambres consultatives de manufactures, fabriques, arts et métiers, afin de faire connaître leurs besoins et moyens d'amélioration. Enfin, les litiges de police entre les ouvriers, apprentis, manufacturiers, fabricants et artisans devaient être portés devant le préfet de police, les commissaires généraux de police, ou les maires lorsqu'il n'y avait pas de commissaires. Les autres litiges relevaient quant à eux des tribunaux ordinaires. Par la suite, le Code pénal abrogea la loi de l'an XI, et interdit les coalitions quelles qu'elles soient[2].

La loi de 1864 abrogea ces dispositions, pour les remplacer[3]. Il s'agissait bien en quelque sorte de revenir sur la loi de 1791 : si les patrons et les ouvriers avaient désormais le droit de se concerter et de délibérer sur leurs intérêts communs, ils avaient alors aussi le droit de se grouper en des associations permanentes ; en tout cas les coalitions devenaient licites.

---

[1] Loi du 22 germinal an XI, *relative aux manufactures, fabriques, ateliers, S., Lois annotées*, 1ère série, 1789-1830, p. 630.

[2] Article 414 : « Toute coalition entre ceux qui font travailler des ouvriers, tendant à forcer injustement et abusivement l'abaissement des salaires, suivie d'une tentative ou d'un commencement d'exécution, sera punie d'un emprisonnement de six jours à un mois, et d'une amende de deux cents francs à trois mille francs ».

Article 415 : « Toute coalition de la part des ouvriers pour faire cesser en même temps de travailler, interdire le travail dans un atelier, empêcher de s'y rendre et d'y rester avant ou après de certaines heures, et en général pour suspendre, empêcher, enchérir les travaux, s'il y a eu tentative ou commencement d'exécution, sera punie d'un emprisonnement d'un mois au moins et de trois mois au plus.

Les chefs ou moteurs seront punis d'un emprisonnement de deux ans à cinq ans ».

Article 416 : « Seront aussi punis de la peine portée par l'article précédent et d'après les mêmes distinctions, les ouvriers qui auront prononcé des amendes, des défenses, des interdictions ou toutes proscriptions sous le nom de damnations et sous quelque qualification que ce puisse être, soit contre les directeurs d'ateliers et entrepreneurs d'ouvrages, soit les uns contre les autres.

Dans le cas du présent article et dans celui du précédent, les chefs ou moteurs du délit pourront, après l'expiration de leur peine, être mis sous la surveillance de la haute police pendant deux ans au moins et cinq ans au plus ».

[3] Article 414 : « Sera puni d'un emprisonnement de six jours à trois ans et d'une amende de seize francs à trois mille francs, ou de l'une de ces deux peines seulement, quiconque, à l'aide de violences, voies de fait, menaces ou manœuvres frauduleuses, aura amené ou maintenu, tenté d'amener ou de maintenir une cessation concertée de travail, dans le but de forcer la hausse ou la baisse des salaires ou de porter atteinte au libre exercice de l'industrie ou du travail ».

Article 415 : « Lorsque les faits punis par l'article précédent auront été commis par suite d'un plan concerté, les coupables pourront être mis, par l'arrêt ou le jugement, sous la surveillance de la haute police pendant deux ans au moins et cinq au plus ».

Article 416 : « Seront punis d'un emprisonnement de six jours à trois mois et d'une amende de seize francs à trois cents francs, ou de l'une de ces deux peines seulement, tous ouvriers, patrons et entrepreneurs d'ouvrage qui, à l'aide d'amendes, défenses, proscriptions, interdictions prononcées par la suite d'un plan concerté, auront porté atteinte au libre exercice de l'industrie ou du travail ».

En somme, la loi de 1864 renfermait en germe le principe de la liberté d'association professionnelle qui allait être reconnue par la loi du 21 mars 1884 ; simultanément elle reconnaissait le « libre exercice de l'industrie ou du travail ».

La loi Waldeck-Rousseau de 1884[1] reconnaît quant à elle les syndicats exclusivement composés de patrons ou d'ouvriers, mais aussi les syndicats mixtes, composés des deux. Néanmoins, le but de la loi est aussi d'éviter que les syndicats ne dégénèrent en associations politiques ou religieuses (article 3). De plus, elle abroge la loi Le Chapelier, mais pas le décret d'Allarde. La loi de 1901[2] enfin porte interdiction de tout groupement contraire aux lois ; par conséquent la corporation reste interdite, car condamnée par le décret d'Allarde. Dès lors, la situation est assez paradoxale : les corporations réapparaissent tacitement – par le biais des syndicat mixtes - mais elles sont interdites. Quelles que soient les hésitations perceptibles, le développement du mouvement syndicaliste s'ajoute au corporatisme auquel il rouvre la voie.

Sans doute, convient-il de distinguer ce dernier phénomène d'autres notions parfois connexes.

Distinction du corporatisme des notions connexes.

Le corporatisme consiste, notamment, à organiser les professions. Aussi, et de toute évidence, les Ordres professionnels se rapprochent du corporatisme, puisque cela implique, et à la différence des syndicats, qu'ils soient uniques et obligatoires pour tout membre de la profession. Il faut également en faire partie pour l'exercer, c'est l'Ordre qui en détermine d'ailleurs les conditions d'accès, et une fois intégré, le professionnel est soumis intégralement à son autorité, à ses règles, que l'Ordre a lui-même édictées, il doit en respecter la morale et les devoirs, sous peine de sanctions disciplinaires, voire d'exclusion de la profession s'il y est devenu indésirable. De plus, force est de constater que la renaissance et le développement des corporations au XXème siècle coïncide avec l'essor des Ordres professionnels, même si, de façon assez curieuse on le verra, les Ordres sont souvent présentés comme ayant été institués à la Libération, notamment par des auteurs ayant abondamment étudié le corporatisme et les Ordres des années 1940[3]…

---

[1] Loi du 21 mars 1884, *relative à la création des syndicats professionnels, J.O.*, 22 mars 1884, p. 1577.

[2] Loi du 1er juillet 1901 *relative au contrat d'association*, *J.O.*, 2 juillet 1901, p. 4025.

[3] Voir par exemple J. Brethe de la Gressaye, « Le pouvoir juridictionnel des ordres professionnels », *D.S.*, 1955, pp. 597-602.

Par ailleurs, le corporatisme a subi les effets d'un glissement sémantique : le terme a pris une connotation péjorative, et la notion renvoie souvent à une défense des privilèges d'une classe, d'une profession, ou à un mouvement de repli. En somme, ce serait une forme latente dont le poujadisme a exprimé une forme éruptive.

De plus, le terme renvoie souvent à un mouvement si ce n'est réactionnaire, en tout cas disparu car désuet, dépassé. La corporation évoque un « ordre déchu »[1].

Pour certains, comme il a déjà été vu, la difficulté résiderait dans la subtile distinction entre corporatisme et corporation : comme le relève C. Patriat, « on considère le plus souvent que corporatisme dérive de corporation ; serait donc partisan du corporatisme tout apôtre des corporations ». Or, pour l'auteur, l'analyse est inverse, idéologiquement[2] : « Le corporatisme est premier par rapport à la corporation, dont elle ne forme que l'une des conséquences logiques. Le corporatisme embrasse l'ensemble des formes de vies sociales, considérées comme autant de corps intermédiaires entre l'individu et l'Etat ; l'objectif général consiste à exiger que l'ordre social soit la reproduction organisée de ces différents corps, parce qu'ils sont les manifestations nécessaires et irréductibles des rapports humains communautaires »[3].

Faut-il alors distinguer corporatif et professionnel, institution corporative et institution professionnelle ? Pour M. Guibal, les deux ne sont pas synonymes : « Une institution professionnelle est un organisme à composition professionnelle chargé de représenter l'intérêt général dans une profession et l'intérêt de cette profession auprès de l'Etat »[4]. En réalité, la définition que donne l'auteur de l'institution professionnelle est celle qu'on donne, notamment historiquement, à la corporation…

Reprenant les distinctions faites par Hauriou et Michou[5], pour M. Guibal, l'Ordre professionnel se rattache en effet à la corporation et non à la fondation. La première a une origine naturelle, nécessaire et collective, et l'autre a une origine artificielle, contingente et individuelle. Or ces critères de distinction ne tiennent pas, notamment parce qu'il est difficile d'établir la différence entre nécessaire et contingent, et ensuite parce qu'une fondation peut tout à fait être collective.

Un autre élément de distinction pourrait alors être avancé : la corporation serait un groupement volontaire, et la fondation serait forcée.

---

[1] C. Patriat, *Le corporatisme ou la quête de l'ordre communautaire. Essai sur une idéologie de troisième voie*, thèse, dactyl., Dijon, 3 tomes, 1979, 856 p, voir p. 13.

[2] Mais pas historiquement.

[3] C. Patriat, *Le corporatisme ou la quête de l'ordre communautaire. Essai sur une idéologie de troisième voie*, thèse, dactyl., Dijon, 3 tomes, 1979, p. 138.

[4] M. Guibal, *L'ordre professionnel*, thèse, dactyl., Montpellier, 1970, p. 5.

[5] Voir *infra*, Partie 1, Chapitre 1.

Cependant, on le verra, la corporation a besoin de l'assentiment de l'autorité publique, ce qui justifie d'ailleurs ses privilèges.

Selon M. Guibal alors, le véritable critère de distinction entre corporations et fondations résiderait dans l'intranéité ou l'extranéité des intérêts représentés par l'institution : « Dans la corporation, les intérêts représentés par les organes sont ceux du groupement des membres de la corporation » ; il y a donc confusion entre les représentés ou intéressés, et les bénéficiaires ou destinataires ; ce sont les mêmes. A l'inverse, dans la fondation, « les intérêts représentés par les dirigeants sont ceux du ou des fondateurs »[1].

Dès lors, l'auteur dégage plusieurs caractéristiques de la corporation : d'abord sa stabilité, son homogénéité, sa cohérence. Cela s'exprime notamment par une solidarité entre ses membres, manifestation de l'intranéité des intérêts que la corporation représente. Pour lui, « *l'élément humain de la corporation est fondamental* ». Ensuite, un autre trait de la corporation est qu'elle se dirige elle-même, ce qui là encore se traduit par la solidarité et le lien collectif entre les membres : ceux qui exercent les droits corporatifs sont aussi ceux qui en bénéficient. Dès lors, elle s'auto-finance, peut prélever des cotisations etc. Cela lui confère également une autonomie, ce qui est une autre caractéristique majeure de la corporation. Elle va donc déterminer son champ de compétence, le domaine dans lequel elle va exercer son activité, tout en respectant l'intérêt général, mais aussi le principe de spécialité : ici l'intérêt des membres.

La fondation, quant à elle, répond aux critères opposés : elle est hétérogène, transitoire, ce qui est la manifestation de l'extranéité des intérêts qu'elle représente. Il n'y a pas particulièrement de solidarité entre ses membres. Ensuite, dans sa structure, la fondation est dirigée par des individus extérieurs au groupement des bénéficiaires. De plus, les intérêts et le but de la fondation sont déterminés par une volonté extérieure, sa compétence est donc d'attribution.

M. Guibal donne alors cette définition de l'institution corporative : il s'agit d'un « groupement homogène et stable d'individus auquel est accordée la personnalité morale afin qu'il puisse, lui-même ou par des représentants qu'il choisit en son sein, ordonner son activité ou utiliser ses ressources, conformément à ses propres intérêts collectifs et permanents ». La fondation, quant à elle, « est une personne morale créée à l'initiative d'un

---

[1] M. Guibal, *L'ordre professionnel*, thèse, dactyl., Montpellier, 1970, p. 17. Voir aussi J.-B. Auby, *La notion de personne publique en droit administratif*, thèse, dactyl., Bordeaux, 1979, pp. 72 et s.

ou de plusieurs individus qui affectent à perpétuité un fonds à la réalisation d'une activité bénéficiant à d'autres individus »[1].

Les Ordres professionnels sont par conséquent des institutions corporatives, groupements unis par une communauté d'intérêts, dont le but est l'activité professionnelle, l'intérêt des membres de la profession. En tout état de cause, leurs intérêts sont fondés sur une solidarité ordinale, et une idée d'honorabilité, de respectabilité de la profession, dont chaque membre est responsable.

Enfin, une dernière distinction doit se faire entre corporatisme et corporation d'une part, et syndicalisme et syndicat d'autre part.

Cette distinction est nécessaire, et on le verra, a largement guidé les théoriciens du corporatisme, mais aussi ceux qui le mettront en œuvre.

L'Ordre professionnel est assurément chargé de représenter les intérêts moraux de la profession, alors que le syndicat ne représenterait que les intérêts matériels.

Comme le précisait Bonnard, le syndicalisme est « un système social qui consiste à faire jouer un certain rôle aux syndicats professionnels dans l'organisation et le fonctionnement de la vie économique »[2] ». Le syndicat est par conséquent un groupement unitaire, strictement professionnel, qui joue assurément un rôle majeur auprès de l'Etat, mais demeure de nature privée. Il est unitaire car il n'est composé que de patrons ou d'ouvriers, les syndicats mixtes étant rares et finalement de fonctionnement difficile.

Mais surtout il ne regroupe qu'au sein d'une profession, ou des professions satellites, liées par un même travail. Certes, il existe des syndicats interprofessionnels[3] ou des unions, mais à l'origine, on trouve toujours un syndicat professionnel.

Dès lors, le syndicat ne poursuit qu'un but de représentation des intérêts particuliers de ses membres, et de leur défense. De plus, le syndicat n'étant pas obligatoire, se pose nécessairement un problème de représentativité. Il se positionnerait d'ailleurs davantage sur le terrain du conflit voire de la lutte entre les classes, dont les intérêts seraient nécessairement antagonistes. Pour éviter que le syndicalisme ne se transforme en étatisme, il doit rester extérieur à l'Etat, donc rester un groupement privé.

Les syndicats peuvent néanmoins jouer un rôle majeur en matière de règlementation des rapports entre patrons et salariés, à travers notamment les

---

[1] *Idem*, p. 21.

[2] R. Bonnard, *Syndicalisme, corporatisme et Etat corporatif*, L.G.D.J., Paris, 1937, p. 6.

[3] Donc des confédérations, comme la Confédération générale du travail (CGT), la Confédération française démocratique du travail (CFDT)…

conventions collectives ; ils jouent aussi un rôle en matière de conciliation et d'arbitrage.

En effet, il a souvent été avancé que la convention collective de travail n'est pas un contrat[1], il s'agirait d'un « acte législatif élaboré par des organes privés et par voie conventionnelle »[2]. Il est donc question, pour Bonnard, d'un « acte-règle », qui d'un point de vue organique est privé, et d'un point de vue formel conventionnel.

Mais assurément, la convention collective est la loi de la profession, en tout cas concernant les rapports entre le capital et le travail.

Il existe donc, notamment à travers la convention collective, une législation privée, *privata lex*. Certains groupements connaissent en réalité un droit qui leur est propre.

En tout cas, la convention collective ne peut être assimilé à un contrat. Ce dernier est un acte par voie individuelle, dont les dispositions ont une visée individuelle ; la convention collective, en revanche, est un acte par voie générale, et qui, d'un point de vue matériel, est, avons-nous vus, un « acte-règle ». Les syndicats, en contribuant à leur élaboration, détiennent donc des compétences législatives. La difficulté est de déterminer si une fois la convention signée, les partenaires sont dans une situation légale et règlementaire, ou contractuelle.

En tout cas, se pose également la question de savoir à qui s'adresse la convention en tant que loi de la profession : est-ce uniquement aux acteurs qui l'ont élaborée ? Est-ce pour tous les membres de la profession, même ceux ne faisant pas partie des syndicats ? Ou ne vaut-elle que pour les membres des groupes l'ayant conclue, mais avec la possibilité de l'étendre ?

Si on retient la première hypothèse, alors la convention, comme le contrat, ne vaut qu'entre les parties. Dans la deuxième, encore faut-il que les acteurs soient considérés comme les plus représentatifs de la profession,

---

[1] Voir J. Brethe de la Gressaye, *De la nature juridique de la convention collective de travail*, thèse, dactyl., Bordeaux, 1921, 199 p., qui relève qu'« à raison de son caractère particulier de réglementation préalable des conditions du travail, on n'a pas cherché à le [contrat collectif de travail] faire rentrer dans une catégorie existante de contrats. C'eût été impossible. On l'a donc considéré comme un contrat innommé, un contrat nouveau, n'ayant aucun précédent dans notre Droit » (p. 9. et pp. 18-65). Voir également L. Duguit, *Traité de droit constitutionnel*, Tome 1, éd. de Boccard, Paris, , 2ème édition, 1921, et éditions successives, pp. 305-312 ; du même auteur *Les transformations générales du droit privé depuis le Code Napoléon*, Librairie Félix Alcan, 1912, pp. 115-136. Pour Duguit, la convention collective de travail n'est pas un contrat, car elle n'est pas productrice d'obligations, elle fixe les règles d'exercice du travail dans une profession déterminée. C'est une « loi établissant des rapports permanents et durables entre deux groupes sociaux, le régime légal suivant lequel devront être conclus les contrats individuels entre les membres de ces groupes ». La convention collective de travail est donc selon lui une « convention-loi ».

Voir aussi J. Brethe de la Gressaye, « Un conflit doctrinal à la Faculté de droit de Bordeaux : Bonnecase contre Duguit », in *Mélanges de droit, d'histoire et d'économie offerts à M. Laborde-Lacoste*, Bière, Bordeaux, 1963, pp. 53-62.

[2] R. Bonnard, *Syndicalisme, corporatisme et Etat corporatif*, L.G.D.J., Paris, 1937, p. 9.

tant du côté salarié que patronal. Mais cela signifie que ces syndicats soient reconnus comme tels par l'Etat, ce qui pousse à l'étatisme. En réalité, ici, il ne s'agit que de transposer aux syndicats le principe démocratique qui guide la représentation nationale : les élus majoritaires décident pour la nation entière. Ils représentent d'ailleurs toute la nation, sans considération de leur adhésion à un parti politique. Ici, les syndicats les plus représentatifs agissent au nom de la profession entière, leurs décisions sont celles de la majorité, et engagent toute la profession, dont la convention collective devient la loi. Enfin, dans la troisième hypothèse, pour que la convention puisse s'étendre à tous les membres de la profession, même ceux ne l'ayant pas élaborée, il faut nécessairement une intervention réglementaire de l'Etat.

On le voit bien, le corporatisme fait concurrence au syndicalisme, puisqu'il consiste à défendre d'abord les intérêts de ceux qui exercent la même profession. Mais il entretient également des liens étroits avec l'intérêt général qu'il prend en considération, voire plus précisément avec les services publics, puisqu'il se défend de tout égoïsme. Dès lors la concurrence s'étend à l'exercice de la souveraineté nationale et au parlementarisme.

Certes le champ d'étude du corporatisme comprend nombre de structures, mais il convient d'exclure celles purement consultatives de l'Etat, qui peuvent avoir une dimension interprofessionnelle (agricole par exemple), qui ne participent pas aux règles par secteur d'activité économique, qui ne sont pas des organes d'autoréglementation professionnelle. Il ne suffit pas non plus qu'une profession soit dotée d'un statut particulier ni que ce statut organise un marché professionnel pour que l'on soit en présence d'une corporation. Il faut encore être en présence d'institutions mixtes qui participent à la règlementation de la profession.

De même, il ne s'agira de traiter que les structures de nature économique, donc ayant des liens avec le domaine du commerce, de l'industrie, et les professions libérales, ce qui conduira à exclure les Universités, et de façon plus large toute la fonction publique[1]. Il ne s'agira pas non plus de s'intéresser aux relations professionnelles proprement dites, qui relèvent davantage du droit du travail, mais uniquement aux structures mises en place, notamment dans un cadre de droit public.

[1] De même, pour le Conseil supérieur de l'Education nationale, qui fonctionne comme les ordres, et qui comprend des attributions administratives et contentieuses, mais dont la composition change selon ces attributions. Il a été créé par une ordonnance du 26 avril 1945 (*J.O.*, 27 avril 1945, p. 2387), et a remplacé le Conseil supérieur de l'Instruction publique qui datait de la loi du 27 février 1880 (*J.O.*, 28 février 1880, p. 2305).

Toute la question sera alors de déterminer comment s'est forgé le corporatisme en France à partir du XIXème siècle[1] : celui-ci s'est construit à travers de nombreuses théories et doctrines, lesquelles ont parfois été concrétisées, soit intégralement, soit de façon incomplète. En effet, le phénomène va désigner un certain modèle d'organisation de la société, de l'Etat, et apparaître comme une troisième voie entre le libéralisme et le socialisme[2].

Surtout, le corporatisme renvoie souvent au régime de Vichy, car c'est à cette période qu'il connaîtra sans aucun doute son âge d'or. Dès lors, le mouvement a-t-il disparu à la Libération ? Pourtant, c'est souvent à partir de ce moment que l'on fait remonter la création des Ordres, concrétisation par excellence du corporatisme.

Il s'agira par conséquent de s'interroger sur ce qu'il faut entendre par corporatisme d'un point de vue juridique, et d'étudier comment le phénomène a été élaboré progressivement, s'est concrétisé, puis a survécu. En effet, le régime de Vichy à travers des nombreuses lois en la matière[3],

---

[1] Bien que le mouvement ne soit pas propre à la France, notamment au début du XXème siècle. Les études et écrits sont d'ailleurs nombreux, on peut citer notamment L. Baudin, « L'organisation professionnelle de l'industrie en France et en Allemagne », *D.*, 1941, chron. 11, pp. 5-8 ; J. Brethe de la Gressaye, « La Charte du Travail en France et en pays étrangers », *D.S.*, janvier 1942, pp. 16-22 ; O. Dard et M. Nacci, « Corporatisme et syndicalisme en Italie et en France dans les années 1930 », in M. Margairaz et D. Tartakowsky (dir.), *Le syndicalisme dans la France occupée*, P.U.R., coll. Histoire, 2008, pp. 35-48 ; O. Dard, *Le corporatisme dans l'aire francophone au XXème* siècle, Peter Lang, 2011, 249 p. ; A. Joffre, « Le corporatisme portugais », *Archives de philosophie du droit et de sociologie juridique*, Cahier spécial : le corporatisme, 1938, pp. 176-194 ; H. Laufenburger, « L'économie corporative en Italie et en Allemagne », *Revue politique et parlementaire*, avril 1934, pp. 26-39 ; J. Lumbralès, « L'organisation corporative au Portugal », *Politique,* dossier spécial « Vers un ordre corporatif ? », mai 1934, pp. 449-456 ; M. Prélot, « La création des corporations italiennes », *Politique,* dossier spécial « Vers un ordre corporatif ? », mai 1934, pp. 415-423 ; L. Rosenstock-Franck, « Le corporatisme italien », *Archives de philosophie du droit et de sociologie juridique*, Cahier spécial : le corporatisme, 1938, pp.127-158.

[2] Voir C. Patriat, *Le corporatisme ou la quête de l'ordre communautaire. Essai sur une idéologie de troisième voie*, thèse, dactyl., Dijon, 3 tomes, 1979, 856 p, voir p. 13 ; et A. Cohen, « Du corporatisme au keynésianisme. Continuités pratiques et ruptures symboliques dans le sillage de François Perroux », *Revue française de science politique*, 2006/4 (Vol. 56), pp. 555-592. Voir aussi J.-P. Le Crom, « La politique sociale de Vichy : corporatisme ou dirigisme ? », in S. L. Kaplan et P. Minard (dir.), *La France, malade du corporatisme ? XVIIIème-XXème siècles*, Belin, coll. Socio-histoires, 2004, pp. 403-425.

[3] A partir de la loi constitutionnelle du 10 juillet 1940, accordant les pleins pouvoirs à Pétain, la Chambre des députés et le Sénat sont ajournés. Dès lors, comme le souligne B. Bittmann, « la procédure législative est réduite à sa plus simple expression. Les projets sont soumis à l'approbation du Conseil des ministres sous la présidence du Maréchal Pétain. Dans l'hypothèse d'un accueil favorable, le chef de l'Etat promulgue les lois sous sa signature et celle du ou des ministres compétents ». Aussi le chef de l'Etat français « exerce son pouvoir législatif à la manière du roi en son conseil » (B. Bittmann, « L'impact du régime de Vichy sur la conception de la loi. La rupture dans la continuité », in C. Benelbaz, B. Berthier,

n'a pas construit une forme de corporatisme *ex nihilo*, il s'est largement inspiré de constructions intellectuelles et juridiques antérieures. En vérité, et comme souvent, Vichy n'est pas précurseur, et s'inscrit plus dans une continuité avec la IIIème République que dans une véritable rupture[1]. De même, à la Libération, il n'a pas été question d'effacer intégralement l'héritage de Vichy, et le corporatisme a été maintenu, la République l'ayant en quelque sorte épuré.

Une des difficultés majeures consistera à déterminer sous quelle forme peut se réaliser le corporatisme : s'agit-il d'établissements publics, donc de services publics ; doivent-ils prendre la forme d'établissements d'utilité publique, ou uniquement des Ordres ? Mais aussi, quel droit leur appliquer : est-ce uniquement du droit public, du droit privé ? Ou existe-t-il un véritable droit corporatif ? Dans l'affirmative, où se situe-t-il dans l'ordre juridique : est-il à l'intersection des deux autres, s'intègre-t-il dans l'un ou l'autre, les englobe-t-il, ou est-il autonome ?

Assurément, si le corporatisme a de nombreuses implications juridiques, il conduit parallèlement à s'interroger sur sa place et son rôle dans l'Etat, puisqu'il peut apparaître, *in fine*, comme un contre-pouvoir, en plus d'être le garant des droits et libertés des membres de la profession. Cette dernière peut en effet édicter ses propres règles, déterminer qui seront ses membres, donc s'assurer de leur bonne moralité notamment. Cela signifie *a contrario* qu'elle peut en exclure les indésirables, et toute la question consistera à les déterminer. Elle peut également assurer sa discipline, à travers ses propres organes. Or ces éléments ne constituent-ils pas des concurrents au pouvoir étatique ? Ce dernier n'est de toute évidence jamais totalement absent, et exerce un certain contrôle, mais est-il suffisant ?

Le corporatisme apparaît rétrospectivement comme étant peu compatible avec la République : l'Ancien Régime laisse faire les corporations, la Ière République les supprime, les Empires et les monarchies les rétablissent, le régime de Vichy les met à l'honneur, et pourtant, la Libération les maintient…

Pour nous, il s'agira d'aborder dans un premier temps la résurgence du corporatisme (Partie 1), puis sa rémanence (Partie 2).

C. Froger, S. Platon (dir.), *L'œuvre législative de Vichy, d'hier à aujourd'hui : rupture(s) et continuité(s)*, Dalloz, coll. Thèmes et commentaires, 2017, pp.17-36).

Le terme de « loi » sera retenu pour parler des textes adoptés sous Vichy, et ils sont publiés comme tels au Journal officiel.

[1] Cette problématique est récurrente, voir par exemple B. Durand, J.-P. Le Crom et A. Somma (dir.), *Le droit sous Vichy*, Frankfurt am Main, Klostermann, 2006, 498 p. Voir aussi C. Benelbaz, B. Berthier, C. Froger, S. Platon (dir.), *L'œuvre législative de Vichy, d'hier à aujourd'hui : rupture(s) et continuité(s)*, Dalloz, coll. Thèmes et commentaires, 2017, 289 p.

Partie 1 : La résurgence du corporatisme

La Révolution avait voulu mettre un terme aux corporations, mais elles ont toujours subsisté, sous une forme ou sous une autre, et quelle que soit la période.

D'ailleurs, à partir de la fin du XIXème siècle, un nouveau mouvement corporatiste émerge, jusqu'à s'intensifier, surtout entre les deux guerres. Il ne s'agit alors pas de prôner un retour aux corporations d'Ancien Régime, mais bien d'en proposer une nouvelle vision, même une idéologie.

En effet, le corporatisme apparaît progressivement comme une troisième voie, entre le socialisme et le libéralisme ou le capitalisme. L'idée est qu'il faut se méfier du laissez-faire libéral, puis du capitalisme de Wall Street, qui génèrent des crises, notamment celle de 1929. Mais il convient tout autant de rejeter le socialisme ou le communisme, la lutte des classes, qui ont conduit à la Russie communiste ou au Front populaire en France.

Pourtant, dans un premier temps, le corporatisme peine à convaincre : il renvoie nécessairement à l'Ancien Régime, et souhaiter son retour serait alors réactionnaire, car visant à rétablir des institutions antérieures révolues. De plus, l'idée semble peu compatible avec les valeurs et principes démocratiques : la preuve en est que les Etats dans lesquels le corporatisme se concrétise dans les années 1920-1930 sont soit des dictatures, soit en voie de le devenir[1]. Comme le soulignait G. Guy-Grand, « en France tout au moins, et dans les pays de démocratie libérale, le corporatisme est en général affecté d'un préjugé défavorable »[2].

---

[1] Voir notamment Anonyme, « Le droit social allemand sous le régime national-socialiste », *Politique,* dossier spécial « Vers un ordre corporatif ? », mai 1934, pp. 424-431 ; L. Baudin, « L'organisation professionnelle de l'industrie en France et en Allemagne », *D.*, 1941, chron. 11, pp. 5-8 ; J. Brethe de la Gressaye, « La Charte du Travail en France et en pays étrangers », *D.S.*, janvier 1942, pp. 16-22 ; O. Dard et M. Nacci, « Corporatisme et syndicalisme en Italie et en France dans les années 1930 », in M. Margairaz et D. Tartakowsky (dir.), *Le syndicalisme dans la France occupée*, P.U.R., coll. Histoire, 2008, pp. 35-48 ; A. Joffre, « Le corporatisme portugais », *Archives de philosophie du droit et de sociologie juridique*, Cahier spécial : le corporatisme, 1938, pp. 176-194 ; H. Laufenburger, « L'économie corporative en Italie et en Allemagne », *Revue politique et parlementaire*, avril 1934, pp. 26-39 ; G. Liet-Veaux, « La « fraude à la Constitution ». Essai d'une analyse juridique des révolutions communautaires récentes : Italie, Allemagne, France », *R.D.P.*, 1943, pp. 116-150 ; J. Lumbralès, « L'organisation corporative au Portugal », *Politique,* dossier spécial « Vers un ordre corporatif ? », mai 1934, pp. 449-456 ; A. Marc, *Les dictatures et les libertés individuelles. Soviétisme, fascisme, national*-socialisme, Imprimerie Bonnafous et fils, 1939, 288 p. ; M. Prélot, « La création des corporations italiennes », *Politique,* dossier spécial « Vers un ordre corporatif ? », mai 1934, pp. 415-423 ; L. Rosenstock-Franck, « Le corporatisme italien », *Archives de philosophie du droit et de sociologie juridique*, Cahier spécial : le corporatisme, 1938, pp.127-158.

[2] G. Guy-Grand, « Vues sur le corporatisme », *Archives de philosophie du droit et de sociologie juridique*, Cahier spécial : le corporatisme, 1938, pp. 7-36.

Pour autant, entre libéralisme et socialisme, le corporatisme parvient progressivement à se démarquer, en proposant *a priori* une combinaison de tous ces modèles. Il conviendrait alors de diriger l'économie, donc d'avoir un Etat fort, sans pour autant bafouer ou renier les droits sociaux, ou les libertés individuelles, comme la liberté d'entreprendre (impliquant alors un Etat en retrait).

Si le corporatisme connaît un certain renouveau et un engouement au XIXème siècle et surtout dans la première moitié du XXème siècle[1] , c'est bien parce qu'il n'a en réalité jamais disparu ; en vérité il se concrétise sous la IIIème République, car il était latent (Chapitre 1).

Surtout, le régime de Vichy l'accomplit pleinement, jusqu'à en faire un des aspects majeurs de sa politique économique et sociale, et le mouvement connaît assurément son âge d'or (Chapitre 2).

---

[1] Les travaux, ouvrages, numéros et cahiers spéciaux pendant cette période sont d'ailleurs légion. Sans prétendre à l'exhaustivité, on peut citer : J. Brethe de la Gressaye, « La représentation professionnelle et corporative », *Archives de philosophie du droit,* 1934, pp. 58-98 ; H. Laufenburger, « L'économie corporative en Italie et en Allemagne », *Revue politique et parlementaire*, avril 1934, pp. 26-39 ; P. Pic, « Le corporatisme contemporain », *Revue politique et parlementaire*, septembre 1934, pp. 393-410 ; F. Bacconnier, *Le salut par la corporation : un nouvel ordre professionnel*, Les œuvres françaises, 1935, 251 p. ; P. Jolly, *La mystique du corporatisme*, Librairie Hachette, 1935, 249 p. ; B. Mirkine-Guetzevitch, « Corporatisme et démocratie », *Revue de métaphysique et de morale,* 1935, pp. 579-602 (1ère partie) ; *Revue de métaphysique et de morale*, 1936, pp. 149-170 (2ème partie) ; J. Brethe de la Gressaye, *L'organisation corporative des professions*, Extrait de la terre wallonne, Charleroi, 1936, 47 p. ; M. Bouvier-Ajam, « La position présente du corporatisme », *Revue politique et parlementaire*, octobre 1936, pp. 35-53 ; M. Manoïlesco, *Le siècle du corporatisme. Doctrine du corporatisme intégral pur*, Librairie Félix Alcan, 1936, 376 p. ; R. Bonnard, *Syndicalisme, corporatisme et Etat corporatif*, L.G.D.J., Paris, 1937, 144 p. ; G. Pirou, « Corporatisme 1937 », *Revue d'économie politique*, 1937, pp. 1329- 1366 ; *Le corporatisme*, Librairie du Recueil Sirey, 1938, 194 p. ; M. Bouvier-Ajam, « Le corporatisme en France », *Archives de philosophie du droit et de sociologie juridique*, Cahier spécial : le corporatisme, 1938, pp.159-175 ; M. Déat, « Corporatisme et liberté », *Archives de philosophie du droit et de sociologie juridique*, Cahier spécial : le corporatisme, 1938, pp. 37-67 ; G. Guy-Grand, « Vues sur le corporatisme », *Archives de philosophie du droit et de sociologie juridique*, Cahier spécial : le corporatisme, 1938, pp. 7-36 ; A. Joffre, « Le corporatisme portugais », *Archives de philosophie du droit et de sociologie juridique*, Cahier spécial : le corporatisme, 1938, pp. 176-194 ; L. Rosenstock-Franck, « Le corporatisme italien », *Archives de philosophie du droit et de sociologie juridique*, Cahier spécial : le corporatisme, 1938, pp.127-158 ; G. Pirou, *Essais sur le corporatisme*, Sirey, Paris, 1938, 172 p. ; J. Brethe de la Gressaye, « La corporation et l'Etat (histoire et doctrine) », *Archives de philosophie du droit et de sociologie juridique*, 1938, pp. 78-118 ; F. Olivier-Martin, *L'organisation corporative de la France d'Ancien Régime*, Librairie du Recueil Sirey, 1938, 565 p. ; G. Leibholz, « Syndicalisme, corporatisme et Etat corporatif », *R.D.P.*, 1939, pp. 65-79 ; G. Pirou, *Néo-libéralisme, néo-corporatisme, néo-socialisme*, Gallimard, coll. Problèmes et documents, Paris, 4ème édition, 1939, 219 p.

Chapitre 1 : Le développement latent du corporatisme.

Après leur interdiction par la loi Le Chapelier du 14 juin 1791 et leur disparition relative à partir de la Révolution, les associations de défense des intérêts professionnels se reconstituèrent au XIXème sous la forme de syndicats. La loi Waldeck-Rousseau du 21 mars 1884 les reconnaît, abroge la loi Le Chapelier, mais pas le « décret » d'Allarde qui assure la liberté d'entreprendre et la libre concurrence. La loi de 1901 quant à elle porte interdiction de tout groupement contraire aux lois ; par conséquent la corporation reste interdite, car condamnée par le décret d'Allarde.

En toute logique, la question de la restauration des corporations apparaît lors des discussions sur la loi Waldeck-Rousseau[1]. Notamment, A. de Mun demande de revenir sur la loi Le Chapelier, afin de rétablir le régime antérieur à 1791, c'est-à-dire un ordre corporatif. Selon de Mun, seul ce dernier peut remédier à la « question sociale », c'est-à-dire à une brusque rupture des liens qui unissaient les membres d'une famille professionnelle. En effet, au lieu de s'unir dans des organismes communs, les intérêts professionnels se regroupèrent dans des organes antagonistes, d'où la volonté de certains de reconstituer des organes d'entente entre employeurs et employés.

L'idée germe progressivement, ce qui est somme toute logique étant donné le contexte, à la fois politique, social, économique, et intellectuel. En effet, le corporatisme cherche la renaissance de la corporation en tant qu'organe de liaison entre les différents agents d'une même profession. En ce sens, la corporation peut être considérée comme un élément contribuant à la paix sociale et professionnelle. La corporation n'entend en aucun cas changer quoi que ce soit de la structure professionnelle : employeurs et salariés restent dans des fonctions et des classes distinctes dont l'une est subordonnée à l'autre. Il s'agit donc d'un mouvement de pensée totalement spécifique, impliquant des modalités pratiques propres. C'est pourquoi le corporatisme va se développer non seulement en parallèle mais aussi en opposition au syndicalisme, ouvrier ou révolutionnaire, puisque ce dernier vise la suppression du patronat et du salariat, donc des rapports de subordination. L'idée phare du syndicalisme est de promouvoir une égalité ; celle du corporatisme est prétendument de défendre la liberté, notamment de la profession.

---

[1] Voir Séance du 12 juin 1883 à la Chambre des députés, *J.O.*, débats parlementaires, Chambre des députés, 13 juin 1883, pp. 1276-1284.

Le mouvement corporatiste connaît donc un certain succès, d'abord chez des intellectuels, qu'ils soient politistes, économistes, sociologues ou juristes. Le corporatisme devient progressivement à la mode, du moins il intéresse bon nombre d'auteurs, qui vont le théoriser afin d'en définir les contours avant d'en préciser les modalités pratiques (Section 1).

Le mouvement se développe alors, et surtout se concrétise : divers textes proposés ou adoptés pendant la IIIème République, même mourante, sont de toute évidence empreints de corporatisme. Certaines de ces tentatives restent lettre morte, et connaîtront parfois un second souffle sous Vichy ; d'autres sont maintenues, voire amplifiées par la suite (Section 2). Quoi qu'il en soit, lorsque le régime de Vichy s'installe, le terrain est déjà préparé pour mettre pleinement en œuvre un Etat corporatif.

Section 1. Les constructions théoriques du corporatisme : doctrines.

Si le phénomène est très ancien, il connaît un certain regain à partir de la fin du XIXème siècle, aussi le nombre d'écrits et d'ouvrages sur la question se multiplient, soit par adhésion, soit par curiosité intellectuelle, soit pour en dénoncer les dérives. Si le mouvement séduit particulièrement les monarchistes ou les partisans de l'Ecole catholique sociale (§1), il intéresse également les économistes, les sociologues, et les juristes : beaucoup d'entre eux se penchent sur la question, ce qui montre son ampleur (§2), mais un certain nombre d'auteurs émettent aussi des critiques à son égard (§3).

§1. La Tour du Pin et l'Ecole catholique sociale.

Durant le XIXème siècle se développa un courant de pensée visant non seulement à supprimer les entraves posées par la loi Le Chapelier de 1791, mais aussi à rétablir les corporations. En effet, parallèlement au mouvement syndicaliste, le corporatisme se développe. Dès 1871, penseurs, juristes, économistes et sociologues catholiques, menés notamment par A. de Mun[1] et R. de la Tour du Pin, furent à l'origine de nombreuses études en vue de rétablir une forme de corporatisme, se résumant dans une formule : « L'Association libre dans la profession organisée »[2]. L'idée est de permettre à tous les travailleurs de s'organiser, sous forme de syndicats, lesquels défendent leurs intérêts. Néanmoins, un lien obligatoire et légal doit unir *tous* les travailleurs de la profession ; il faut donc établir un corps organisé.

---

[1] A. de Mun, *Ma vocation sociale : souvenirs de la Fondation de l'œuvre des cercles catholiques d'ouvriers (1871-1875)*, P. Lethielleux, Paris, 1911, 254 p. ; *La question sociale, sa solution corporative*, Action Populaire, Reims, 1914, 83 p.

[2] Voir E. Martin Saint-Léon, *Histoire des corporations de métiers depuis leurs origines jusqu'à leur suppression en 1791*, Paris, Librairie Félix Alcan, 3ème édition, 1922, p. 814.

Ces corps professionnels, *mixtes*, organiseraient et règlementeraient la profession.

Le corporatisme de la Tour du Pin est très fortement teinté de christianisme[1]. Il présente le régime corporatif comme « l'organisation du travail la plus conforme aux principes de l'ordre social chrétien et la plus favorable au règne de la paix et de la prospérité générales »[2].

Ainsi, le corporatisme permet de pallier les carences et déficiences du libéralisme et de la démocratie. Selon l'auteur, le corporatisme a plusieurs caractéristiques : tout d'abord, il repose sur la liberté individuelle, c'est-à-dire qu'une corporation ne saurait être obligatoire, mais les intérêts privés qui sont à l'origine de sa constitution reçoivent la reconnaissance de l'Etat. Dès lors, le législateur l'érige en institution publique, ou d'utilité publique. Il précise d'ailleurs que « la corporation est comme la commune, un Etat dans l'Etat »[3]. La corporation doit donc être liée à l'Etat, par un contrat moral, et elle est par conséquent tenue à des obligations, qui sont la contrepartie des prérogatives dont elle est dotée.

Ensuite, la corporation possède son propre patrimoine, inaliénable, et qui s'accroît avec son activité. C'est ce patrimoine qui fait converger vers sa croissance et sa gestion tous les membres de la corporation. Tels sont également le mobile et le moyen de la cogestion entre les ouvriers et les patrons.

Troisièmement, il existe une obligation pour chacun de ses membres, y compris les patrons, d'une capacité professionnelle reconnue par des brevets ou des diplômes publics. Il convient en effet de contrôler la profession, en s'assurant des qualités et de la moralité de ceux qui veulent l'intégrer.

Enfin, la corporation réalise son essence en confiant sa direction à un conseil corporatif. En tout cas, il doit y avoir égalité de représentation de tous les acteurs.

Le système corporatif, pour la Tour du Pin, repose alors sur trois assises : la corporation, la commune et l'Etat. Il s'agit donc d'un système, si bien que cela a des conséquences au niveau des institutions représentatives : la Chambre des députés est élue au suffrage universel, corrigé par le vote familial. A côté, un Sénat, renommé Chambre des corporations, émane quant à lui des chambres corporatives régionales. Son pouvoir consultatif doit se transformer, à terme, en droit de *veto*.

Pour la Tour du Pin, la corporation ne s'oppose pas au syndicat, il est question d'un syndicalisme mixte, intégré dans le corps de l'Etat.

---

[1] Son ouvrage majeur en la matière s'intitule : *Vers un ordre social chrétien.*

[2] R. de la Tour du Pin Chambly de la Charce, *Vers un ordre social chrétien. Jalons de route, 1882-1907,* 6ème édition, Beauchesne et ses fils, 1942, p. 16.

[3] *Idem*, p. 24.

Le régime ainsi théorisé présente plusieurs avantages à ses yeux : d'abord, il permet de mettre un terme à la « décadence économique par la loyauté de la concurrence et la prospérité du métier »[1]. Il convient donc de relancer et de protéger la production nationale. Ensuite, l'œuvre comprend une dimension morale ; le régime corporatif permet d'« arrêter la décadence morale par la conservation des foyers et le retour à la vie de famille ». Mais cela permet aussi de mettre un terme à la « décadence politique par le rétablissement pour chacun de la possession d'état » : il s'agit en effet de redéfinir le rôle de l'Etat, et celle des citoyens.

Les monarchistes et nationalistes au début du XXème siècle s'inspireront beaucoup de ces travaux[2]. En effet, la corporation ayant la garde du métier, elle doit protéger contre toute menace, notamment étrangère. C'est pourquoi l'exercice du métier doit en premier lieu être réservé aux nationaux ; les étrangers ne peuvent être admis que de façon très exceptionnelle. Il en va alors de la discipline de la profession, en vue d'une meilleure production. Cela ne peut être assuré que par la bonne la moralité de ses membres.

Cependant, le but est d'obtenir une collaboration étroite entre les différents acteurs de la profession, donc d'aboutir à une paix sociale. Aussi tout mode violent de résolution des conflits est écarté, au profit de la conciliation, qu'il convient de rendre obligatoire, ou, le cas échéant, de l'arbitrage. Mais tout cela n'est réalisable qu'en présence d'un Etat fort (donc un roi, ou l'équivalent finalement).

De même, le mouvement corporatiste se rattache à l'Ecole catholique sociale[3], et comme le souligne C. Patriat, « beaucoup de chrétiens sont devenus des partisans du corporatisme précisément parce qu'ils étaient chrétiens »[4].

En effet, cette école puise ses principes dans l'enseignement de la théologie et de la morale chrétiennes telles qu'interprétées et rappelées par Saint Thomas, et consacrées par le pape Léon XIII dans l'Encyclique *Rerum novarum*[5] du 15 mai 1891. Par cette doctrine, l'ouvrier doit obéissance au patron, dans le service qu'il effectue sous ses ordres, et doit également

---

[1] *Idem*, p. 32.

[2] Voir notamment F. Bacconnier, *Le salut par la corporation : un nouvel ordre professionnel*, Les œuvres françaises, 1935, 251 p. ; I. Boussard, « Les corporatistes français du premier vingtième siècle. Leurs doctrines. Leurs jugements », *Revue d'histoire moderne et contemporaine*, tome 40, n°4, octobre-décembre 1993, pp. 643-665 ; A. Chatriot, « Un débat politique incertain : le corporatisme dans la France des années 1930 », *Les études sociales*, n°157-158, 2013, pp. 231-244.

[3] Voir notamment M. Eblé, « Les catholiques sociaux et le corporatisme », *Politique*, dossier spécial « Vers un ordre corporatif ? », mai 1934, pp. 396-402.

[4] C. Patriat, *Le corporatisme ou la quête de l'ordre communautaire. Essai sur une idéologie de troisième voie*, thèse, dactyl., Dijon, 3 tomes, 1979, p 794.

[5] « Des choses nouvelles ».

effectuer sa tâche avec conscience et honnêteté. En contrepartie, l'employeur a des obligations, notamment il doit une rémunération fixée par le jeu de l'offre et de la demande, et assurer au travailleur les moyens de vivre honorablement et dignement. L'Encyclique, en condamnant le socialisme, rappelait le rôle de l'Etat et recommandait alors de créer des corporations ouvrières embrassant à peu près toutes les œuvres.

Plus tard, Pie XI, particulièrement par son Encyclique *Quadragesimo anno*[1], du 15 mai 1931, dégage l'idée de corporatisme confessionnel. Se fondant sur l'idée de solidarisme, ce dernier texte recommandait l'institution de corporations professionnelles : il s'agissait d'un moyen de mettre un terme à la lutte des classes, et d'encourager une collaboration des professions.

Ces conceptions d'une nouvelle forme de corporatisme se propagent, et dans la mesure où elles ont de fortes implications économiques, il est logique que les spécialistes de cette discipline se soient penchés sur ce mouvement.

§2. Notions et analyses.

Le corporatisme : une théorie économique.

Par la suite, bon nombre d'économistes s'intéresseront également au corporatisme pour le théoriser et en donner des définitions. Si celles-ci divergent par moments, on trouve cependant un certain nombre de traits communs chez les différents auteurs.

Ainsi, F. Perroux proposait cette définition : la corporation, *stricto sensu*, est « un groupement de caractère public ou semi-public où sont représentés paritairement patrons et ouvriers, départagés en cas de conflit par l'Etat. Ce groupement fixe par voie de décision autoritaire les prix des produits et des services (revenus) au lieu de les laisser s'établir par le jeu du marché libre ». Lato sensu, le corporatisme est alors « tout régime qui, à l'intérieur d'un système capitaliste, organise, dans l'intention de corriger les défauts et les abus entraînés par un tel système, la collaboration de l'élément patronal et de l'élément ouvrier ».

G. Pirou, pour sa part, optait pour une définition médiane : pour être en présence d'une corporation, « il faut et il suffit que l'ensemble des individus appartenant à une profession soit constitué en corps et que les organes

[1] « Dans la quarantième année », cette Encyclique est publiée 40 ans après *Rerum novarum.*

directeurs de ce corps aient le pouvoir de parler et de légiférer au nom de la profession tout entière »[1].

Par conséquent, l'auteur parle dès 1939 de néo-corporatisme[2] : ce courant ne cherche aucunement à faire revivre le système d'Ancien Régime. Ce dernier n'accordait que peu de place aux ouvriers dans le fonctionnement même de la corporation, ce qui semble logique puisque la corporation d'alors s'appliquait à une économie essentiellement artisanale pré-industrielle. Le néo-corporatisme, pour sa part, permet à tous les membres d'une profession (patrons, techniciens, ouvriers), de former un corps uni, et de contribuer à son fonctionnement et à sa régulation. En réalité, pour Pirou, tel devrait d'ailleurs être la logique du corporatisme : mettre en place des corps intermédiaires entre les individus et l'Etat, et tous, ouvriers comme patrons, seront obligés d'être englobés dans le cadre corporatif.

Il importe de souligner que la corporation n'est pas conçue ici comme une association d'individus, mais d'entreprises ; son but n'est pas la limitation des droits d'un des éléments représentés dans l'entreprise, mais la fixation des règles générales applicables à toutes les entreprises.

Plusieurs hypothèses sont alors envisageables pour la constitution des corporations et le regroupement des professions. Tout d'abord, le groupement peut être opéré selon la nature de l'activité économique : agricole, commerciale etc. Ce sont des corporations de catégories. Ensuite, la corporation peut se faire par cycle de production d'un produit. Il est question alors de prendre en considération non pas la technique de production, ou l'activité, mais le produit lui-même. Pour chaque produit est créée une corporation, en groupant toutes les activités économiques qui prennent part aux différentes opérations économiques relatives au produit. Il y a donc une corporation par produit[3]. Enfin, un système intermédiaire consiste quant à lui à regrouper les cycles de production de plusieurs produits, parce que ce sont les mêmes activités économiques qui interviennent. Ce sont les corporations par branche de production.

Si on ajoute les consommateurs, la corporation devient véritablement un corps social, dont les membres sont interdépendants, solidairement attachés à la défense de leurs intérêts. Par conséquent, une des caractéristiques de la corporation est son côté unitaire : tous ses éléments sont associés, ce qui exclut, voire supprime par définition toute lutte des classes. Ainsi la corporation englobe et incorpore tous ses éléments. Tous font partie de la corporation et en sont solidaires.

---

[1] G. Pirou, *Essais sur le corporatisme*, Sirey, Paris, 1938, p. 114-115.

[2] G. Pirou, *Néo-libéralisme, néo-corporatisme, néo-socialisme*, Gallimard, coll. Problèmes et documents, Paris, 4ème édition, 1939, 219 p.

[3] R. Bonnard, *Syndicalisme, corporatisme et Etat corporatif*, L.G.D.J., Paris, 1937, p. 71.

Quant aux modalités et aux compétences, la corporation disposerait de nombreuses attributions. Tout d'abord, d'un point de vue économique, elle vise à assurer l'assainissement du marché. En contrôlant la production, les éventuels déséquilibres entre l'offre et la demande, elle régule finalement le marché, au lieu et place de l'Etat. Elle peut également décider la fermeture de certaines usines, interdire l'établissement de nouvelles, recommander ou interdire des modes de production.

Ensuite, d'un point de vue social, et afin d'assurer la cohésion entre ses membres, la corporation doit bénéficier de compétences en matière sociale, comme l'attribution d'allocations familiales, d'indemnités sociales, et en matière de lutte contre le chômage. Dotée de la capacité juridique, la corporation peut ester en justice, assurer donc la représentation de ses membres, et les défendre. Elle dispose également d'un patrimoine, ce qui lui permet aussi de faire fonctionner ses œuvres sociales.

Enfin, la corporation dispose d'attributions politiques : elle exerce une fonction de représentation et donc joue un rôle majeur dans la vie du pays. Aussi, une Chambre devrait représenter les différentes corporations.

Afin de remplir ses missions et d'édicter ses règles, la corporation doit alors être intégrée dans le droit public : l'institution peut ainsi devenir obligatoire, tout comme ses règles, qui sont d'autant mieux respectées qu'elles émanent du corps lui-même. Ces normes ne sont alors plus des accords contractuels ou de libre volonté, mais bien des règles professionnelles ; ainsi se crée un véritable droit corporatif.

Pirou précisait d'ailleurs que le régime corporatif « implique que chaque profession, dûment organisée au préalable, reçoit des attributions règlementaires d'ordre économique, voire d'ordre social, le cas échéant même, d'ordre politique »[1]. On le verra, ce régime entraîne non seulement des règles économiques, mais aussi un droit corporatif : en effet, il n'existe que si la corporation est constituée en une sorte de « groupement de droit public »[2].

Selon Pirou, pour qu'il y ait corporatisme, il faut nécessairement qu'un « caractère de droit public [soit] attribué à l'activité de la profession organisée »[3]. Ce qui caractérise le corporatisme est assurément l'énoncé de règles obligatoires pour l'ensemble d'une profession, « ces règles étant formées par la majorité des intéressés, sous le contrôle de l'Etat »[4]. Il s'agit donc d'une réaction contre la dispersion des entreprises et des unités

---

[1] G. Pirou, *Essais sur le corporatisme*, Sirey, Paris, 1938, p. 22.
[2] *Idem*, p. 24.
[3] *Idem*, p. 114.
[4] F. Perroux, « Pour et contre la communauté de travail », *Archives de philosophie du droit et de sociologie juridique*, Cahier spécial : le corporatisme, 1938, pp. 68-99.

économiques dans le capitalisme contemporain. Plus précisément, il est *a priori* dirigé contre une forme de capitalisme.

Ainsi conçu, le corporatisme constitue un succédané du capitalisme, et présente également un certain nombre d'avantages vis-à-vis du syndicalisme : les syndicats n'étant pas obligatoires, et très divers, aucun d'eux ne peut se prétendre représentatif de l'ensemble des ouvriers ou des patrons. Surtout, les syndicats restent très marqués idéologiquement et politiquement, ils opposent ouvriers et patrons, tandis que la corporation veut les unir, et permettre la concorde.

Parmi les économistes, d'autres théoriciens vont tenter de préciser les différentes formes que peut prendre le corporatisme. Ainsi, L. Baudin s'attachera à opérer des distinctions entre corporatisme d'Etat et d'association[1]. Le corporatisme d'Etat modèle spécifique de l'étatisme, implique un découpage en branches professionnelles, conformément aux souhaits des intéressés. Les corporations bénéficient ici de prérogatives de puissances publiques, et elles sont des branches de l'administration centrale ; il n'y a donc aucune autonomie.

A l'inverse, le corporatisme d'association implique la formation spontanée de groupements, qui seront ensuite dotés par l'Etat de pouvoirs étendus et reconnus. Il s'agit clairement d'une voie entre le libéralisme et l'étatisme[2] ; le groupe, organisé, dispose de pouvoirs, mais ces derniers ne proviennent pas d'une délégation de l'Etat, il ne s'agit pas d'une extension des attributions de l'Etat à l'économie, il est plutôt question d'une discipline spontanée de l'économie par les communautés formées de tous les individus qui exercent les activités connexes. L'Etat conserve certes un pouvoir de contrôle et de coordination, mais l'ensemble du mouvement lui est extérieur, les initiatives quant à elles viennent de l'intérieur. Le groupe aurait donc des pouvoirs originaires du groupe, naturels.

La corporation doit bien constituer une unité, et elle englobe tous les membres de la profession, dispose de pouvoirs propres de règlementation. En somme, elle est autonome, et a une vie propre.

---

[1] L. Baudin, « L'organisation professionnelle de l'industrie en France et en Allemagne », *D.*, 1941, chron., 11, pp. 5-8. Voir aussi L. Baudin, *Le corporatisme*, L.G.D.J., coll. d'études économiques, 1941, p. 12 ; S. Douence, *Essai sur le corporatisme français*, thèse, Bordeaux, Imprimerie Bière, 1942, 152 p.

[2] Voir C. Patriat, *Le corporatisme ou la quête de l'ordre communautaire. Essai sur une idéologie de troisième voie*, thèse, dactyl., Dijon, 3 tomes, 1979, 856 p, voir p. 13 ; et A. Cohen, « Du corporatisme au keynésianisme. Continuités pratiques et ruptures symboliques dans le sillage de François Perroux », *Revue française de science politique*, 2006/4 (Vol. 56), pp. 555-592. Voir aussi J.-P. Le Crom, « La politique sociale de Vichy : corporatisme ou dirigisme ? », in S. L. Kaplan et P. Minard (dir.), *La France, malade du corporatisme ? XVIIIème-XXème siècles*, Belin, coll. Socio-histoires, 2004, pp. 403-425.

A partir de ces théories et définitions, on constate que revient toujours, comme un des principes directeurs du corporatisme, l'attribution aux professions organisées de pouvoirs d'auto-gestion et de représentation : « Sur une base à la fois locale et professionnelle serait organisé le groupement corporatif initial, qui serait nanti premièrement du pouvoir règlementaire, deuxièmement du pouvoir disciplinaire, troisièmement du pouvoir représentatif »[1]. Il apparaît en effet indispensable que la profession puisse édicter ses propres règles et en assurer elle-même le respect.

La corporation, en tant que corps social, possède un droit propre, avec des fonctions législatives, administratives et juridictionnelles. Elle peut recevoir un pouvoir règlementaire pour créer son droit, un pouvoir administratif pour l'exécuter, un pouvoir juridictionnel pour trancher les litiges qui en naîtraient, et notamment un pouvoir disciplinaire afin de maintenir le bon ordre.

Fatalement, les actes pris par la corporation ont des conséquences sur les libertés individuelles mais aussi sur le pouvoir de l'Etat. Si la corporation édicte ses propres règles, elle agit à la place de l'Etat : elle se substitue à lui, notamment en matière d'aides sociales ou de pensions d'invalidité ou de maladie. Mais elle peut aussi finalement le concurrencer, et finir par l'éclipser.

Ici encore on le voit, le corporatisme est un remède palliatif, ou une troisième voie entre l'individualisme et l'étatisme. Plus précisément, il s'agit, pour les auteurs « réactionnaires », d'une doctrine permettant de dépasser l'individualisme, sans pour autant conduire à un étatisme pouvant conduire au collectivisme.

Enfin, un autre économiste et théoricien majeur du corporatisme M. Manoïlesco, le pousse en quelque sorte jusqu'à son paroxysme. L'auteur parle du XXème siècle comme étant le « siècle du corporatisme »[2], tout en démontrant que le mouvement qu'il décrit n'est pas et ne peut pas être celui du Moyen Age, et qu'il ne se confond pas avec le fascisme, pourtant forme la plus répandue du corporatisme, dans les années 1920-1930.

Pour lui, le corporatisme implique, dans l'ordre économique, « l'introduction du principe de l'organisation à la place du régulateur unique de la vie économique capitaliste, qui est le bénéfice individuel »[3]. Il envisage alors le corporatisme dans sa forme la plus totale, c'est-à-dire que pour lui il est « intégral et pur » : sont alors considérées comme corporations douées

---

[1] M. Bouvier-Ajam, « Le corporatisme en France », *Archives de philosophie du droit et de sociologie juridique*, Cahier spécial : le corporatisme, 1938, pp.159-175.

[2] M. Manoïlesco, *Le siècle du corporatisme. Doctrine du corporatisme intégral pur*, Librairie Félix Alcan, 1936, 376 p.

[3] *Idem*, p. 16.

d'une organisation autonome et de droits propres les corporations économiques, mais aussi les corporations sociales et culturelles : l'église, l'armée, la magistrature, l'éducation nationale, la santé publique, les sciences, les arts… Les corporations doivent selon lui servir de « seule base légitime » pour constituer le pouvoir politique et législatif. Dès lors, les corporations ne sont soumises à aucune autorité car elles sont « seules la source du pouvoir de l'Etat ».

Le corporatisme se définit ici comme la « doctrine de l'organisation fonctionnelle de la nation. Les corporations ne sont que les organes qui remplissent ces fonctions »[1]. La corporation est l'organe collectif naturel qui remplit certaines fonctions partielles, indispensables à la vie de la nation.

Il en donne cette définition : « La corporation est une organisation collective et publique composée de la totalité des personnes (physiques ou juridiques) remplissant ensemble la même fonction nationale et ayant pour but d'assurer l'exercice de cette fonction, dans l'intérêt suprême de la nation, par des règles de droit imposées au moins à ses membres »[2]. Il y a donc trois éléments majeurs qui caractérisent le mouvement : le caractère d'organisation publique ; le but qui est d'intérêt national ; le droit d'imposer certaines règles à tous ses membres, voire en dehors de la corporation : il existe donc un pouvoir normatif intérieur, mais aussi extérieur. Ce dernier élément semble assez difficile à admettre, mais pour l'auteur, la corporation est avant l'Etat, en tout cas elle est source de pouvoir aussi importante que l'Etat, autrement dit son « autonomie est naturelle et de droit ».

Pour Manoïlesco d'ailleurs, les corporations ne sont pas exclusives : un individu peut tout à fait appartenir à plusieurs corporations s'il a plusieurs activités. Surtout, les corporations ont un fondement « *psychique* », on dira même plutôt psychologique : il y a de toute évidence une conscience corporative, le sentiment d'appartenir à un même corps, la conscience d'un même but, ou d'intérêts communs, d'où une forme de solidarité. De plus, selon Manoïlesco, il y a également une « communauté d'esprit » et une « faculté d'élévation morale »[3] que la corporation doit apporter : il existe nécessairement une éthique corporatiste.

Il y a ici clairement une différence à faire entre corporation et profession : la corporation remplit une fonction nationale, mais elle est socialement hétérogène car composée de multiples professions. Elle ne se confond pas avec elles : elle les intègre.

La difficulté consiste alors à savoir comment lier les professions entre elles, comment réunir les membres des professions différentes pour assurer

---

[1] *Idem*, p. 80.
[2] *Idem*, p. 176.
[3] *Idem*, p. 191.

la cohérence de la corporation (son homogénéité fonctionnelle). Cela s'opère par la communauté de la fonction nationale que tous ses membres exercent, la « convergence de leurs efforts à tous vers la réalisation de la fonction nationale ». Malgré l'éclatement des professions, il y a finalement confluence pour tendre aux mêmes fins.

Le corporatisme a donc à sa base l'idéalisme, l'intégration nationale. Cela revient d'ailleurs à l'idée selon laquelle les corporations ont un droit naturel à s'organiser, sans avoir à passer par l'Etat, en raison de leurs fonctions mêmes, d'intérêt général. Elles disposent d'une liberté d'administration, comme l'Etat a sa propre liberté. Dans cette conception, les corporations assurent des services publics, lesquels sont source de droit. Dès lors pour Manoïlesco, « le service social est donc la source de tout droit. Or, le service social n'est pas le monopole de l'Etat. Toutes les corporations rendent des services sociaux chacune dans son genre ; toutes les corporations sont donc des sources de droit et de souveraineté. Et ce droit, c'est un droit public ». L'Etat étant d'ailleurs « surmené », seule la décentralisation corporative lui permet de se décharger de ses attributions « non essentielles » ; en réalité selon la doctrine corporatiste, il n'y a sans doute pas de transfert ou de passation aux corporations, puisque ces attributions leur reviennent de droit, naturellement.

De plus, une autre distinction majeure à faire est entre corporations et classes : la corporation, on vient de le voir, est une association qui présente une intégration fonctionnelle, découlant d'une communauté de fins. Elle est « fonctionnellement homogène » car composée de membres ayant une activité convergente, mais « socialement hétérogène », car la hiérarchie rend distincts ouvriers, ingénieurs, patrons.

Les classes, en revanche, se définissent par une intégration sociale, et une communauté d'intérêts spécifiques qui les distinguent les unes des autres. Chacune est « fonctionnellement hétérogène et socialement homogène »[1] relativement aux autres : le dysfonctionnement résulte de la différence des intérêts et donc des buts que chaque classe défend ; l'identité sociale particulière de la classe (ouvrière, patronale par exemple) crée certes une solidarité interne, mais pousse à la confrontation - à la lutte – avec les autres. La corporation correspond à une organisation verticale, alors que la classe est horizontale[2].

Manoïlesco distingue enfin trois formes d'Etats corporatifs : tout d'abord, celui dans lequel les corporations et leur organe de représentation, d'intégration nationale, c'est-à-dire le Parlement corporatif, ne sont pas une

[1] *Idem*, p. 106.

[2] A demi-mot, cela laisse entendre que l'une élève et agrège quand la seconde segmente et disperse.

source de pouvoir législatif, en tout cas pas à hauteur du Parlement (comme dans l'Italie fasciste), c'est ce qu'il appelle le « corporatisme subordonné ». Ensuite, peut exister une forme dans laquelle le Parlement corporatif est une des sources du pouvoir, au même titre que les autres. Cela se traduit par l'existence d'une chambre corporative, ou deux d'ailleurs, comprenant un volet économique, et un volet culturel et social, mais aussi d'un Parlement élu : c'est le « corporatisme mixte ». Enfin, il y a la forme dans laquelle les corporations et leur Parlement sont la seule source de pouvoir suprême : il s'agit du « corporatisme pur ».

On le voit ici, le corporatisme peut être conçu de façon totale et globale, dans laquelle toute entité, économique ou non, est susceptible d'être organisée sous la forme d'une corporation. Surtout, cela implique de redéfinir entièrement la place et les compétences de l'Etat ; les corporations en deviennent des concurrents, à la fois sur le plan des activités et sur celui des pouvoirs normatifs. Elles ont toute leur place au sein de l'Etat, voire lui préexistent, car elles seraient naturelles. Le droit qui en émane l'est également, et ne saurait alors être soumis à la loi commune.

Si on est ici en présence d'une théorie absolutiste, il n'en demeure pas moins que le corporatisme dépasse largement le strict cadre économique. Il est logique que les économistes du début du XXème siècle se soient penchés sur ce mouvement, qui leur est contemporain et nécessite une redistribution des compétences de chaque acteur économique.

Mais le corporatisme est aussi un phénomène social et culturel, qui conduit à une certaine interdépendance de ses membres. Aussi, Durkheim s'y est lui aussi intéressé.

L'approche durkheimienne.

Le « père » de la sociologie, Durkheim, étudie également la corporation en tant que phénomène social, et en observe un certain nombre de bienfaits. Ainsi, selon lui, la corporation permettait de remédier à certaines tares des sociétés industrielles, en réinsérant l'individu, dans des groupes intermédiaires, qui assurent la socialisation de tous. Parmi ces groupes intermédiaires figurent les groupements professionnels, corporations, qui, par les normes collectives qu'elles établissent, évitent les risques d'anomie, de désagrégation sociale[1].

Aussi, pour lui, la Révolution a créé un vide normatif en les supprimant, ce qui a eu pour effet de déréguler le secteur économique. En réalité, la vision de Durkheim n'est pas qu'économique, elle est aussi sociale :

---

[1] M. Plouviez, « Le projet durkheimien de réforme corporative : droit professionnel et protection des travailleurs », *Les études sociales*, n°157-158, 2013, pp. 57-103.

en raison de la très grande division du travail des sociétés modernes, la cohésion entre les travailleurs est nécessairement moindre. Cela se caractérise par deux phénomènes : l'anomie, c'est-à-dire que les pulsions individuelles voire individualistes sont exacerbées, car affranchies de toute règlementation ; et l'égoïsme, c'est-à-dire que les fins individuelles priment sur les fins collectives.

Aussi, les corporations, remodelées, doivent-elles permettre de réglementer les relations sociales, notamment afin de lutter contre les suicides, anomiques ou égoïstes. Pour Durkheim, la corporation aura donc une triple finalité : économique, sociale et politique.

La corporation rénovée doit d'abord, selon lui, devenir un organe public[1], elle doit donc être reconnue, légalisée et subordonnée à l'Etat. Ensuite, chaque corporation doit se voir attribuer le pouvoir de réglementer la profession. Mais pour éviter tout débordement ou toute concurrence à l'égard du pouvoir étatique, la corporation doit œuvrer dans l'intérêt général. Elle ne peut donc être qu'un groupe intermédiaire, secondaire et en aucun cas souverain. Pour autant, cela n'exclut pas la mise en place d'un droit corporatif, plus précisément d'une règlementation professionnelle, mais celle-ci ne sera valable que pour les membres de la profession concernée, et elle implique des droits et des devoirs[2].

La règlementation professionnelle est alors de trois ordres : technique tout d'abord, elle est relative au savoir-faire exigé des membres de la profession (règlements d'ateliers etc.). Elle est ensuite d'ordre moral, il s'agit des règles de conduite que le professionnel doit adopter (codes de déontologie, Ordres professionnels sanctionnant tout manquement). Enfin, elle est nécessairement juridique : le professionnel doit respecter l'ensemble des normes dans l'exercice de sa profession. Le droit professionnel comprend alors une dimension relative à la règlementation juridique de la production : prix, rapports entre concurrents, entre producteurs et consommateurs, et une dimension relative à la règlementation juridique de la relation de travail, c'est-à-dire les droits et devoirs, rapports entre employeurs et employés, conditions de travail, salaires, assistance etc.

Ce droit professionnel est par conséquent un droit intermédiaire, entre la loi de l'Etat, et les contrats particuliers. Le droit corporatif n'est pas une loi, il n'est pas général, et ne concerne que le secteur économique qu'il règlemente, il ne s'adresse qu'aux professionnels du secteur concerné. Mais il ne peut pas non plus être réduit à une simple obligation contractuelle : il est nécessairement doté d'une force contraignante à l'égard

---

[1] E. Durkheim, *Le suicide,* P.U.F., coll. Quadrige, 1990, pp. 435 et s.

[2] E. Durkheim, *Leçons de sociologie*, P.U.F., coll. Quadrige, Paris, 2ème édition, 1990, 244 p., notamment la première et la deuxième leçon. Voir aussi la préface de la deuxième édition de l'ouvrage *De la division du travail social*, P.U.F., coll. Quadrige, Paris, 2013, 416 p.

de tous les membres de la profession, patrons ou salariés. De plus, l'adhésion à la corporation étant obligatoire, il n'est pas possible de négocier les termes de la règlementation, et tous y sont soumis.

Dans la conception durkheimienne, l'Etat n'a donc pas le monopole de la création normative, mais la corporation n'est qu'une des sources du droit professionnel. Elle concurrence certes l'Etat, mais dans une proportion bien moindre que dans la théorie des économistes et notamment celle de Manoïlesco. Cependant, ici encore, le corporatisme est valorisé, notamment d'un point de vue social : en renforçant l'interdépendance, il est facteur de cohésion entre les membres d'une même profession.

On le voit, dans tous les cas les différentes théories du corporatisme mettent en exergue un rôle nouveau pour l'Etat, une réorganisation des compétences des pouvoirs publics, et nécessairement des moyens de mise en œuvre, notamment sur le plan institutionnel. Surtout, la question du régime juridique applicable se pose nécessairement, et revient souvent l'idée selon laquelle les corporations pourraient être des entités de droit public, donc soumises totalement ou partiellement au droit public.

Dès lors, il était logique que les juristes se penchent également sur la question du corporatisme.

Le corporatisme sous le prisme du droit.

Comme l'avaient relevé les économistes ou Durkheim notamment, Duguit tout d'abord a bien conscience que le mouvement corporatiste ou « associationniste » auquel il assiste ne correspond pas à un retour aux groupements corporatifs du Moyen Age. Ces derniers en effet constituaient la transition entre la société féodale et la nation moderne. Il s'agissait finalement de micro-sociétés, et elles ont disparu lorsque s'est développée une forte intégration nationale[1]. A la Révolution, cette intégration nationale est achevée, ce qui justifie la loi Le Chapelier ; dès lors tous les citoyens sont englobés dans des liens de solidarité, indépendamment de leurs professions. Cependant pour Duguit, le mouvement associationniste n'était pas un « retour au passé », mais bien un « pas vers l'avenir », et il précisait d'ailleurs que « c'est une erreur complète de vouloir construire les corporations sur le modèle ancien ». La formation nouvelle de ces groupements ne porterait pas atteinte à l'unité nationale, au contraire, « elle enchevêtre et renforce en les hiérarchisant les facteurs, qui donnent à une société nationale une solide structure ». De plus, les groupes corporatifs permettraient de renforcer la personnalité individuelle, en renforçant la

---

[1] L. Duguit, *L'Etat, le droit objectif et la loi positive*, Dalloz, réimpression, 2003, notamment pp. 59 et s.

solidarité entre les hommes, ce qui rejoint fortement l'approche de Durkheim. Cela se manifesterait par une « solidarité mécanique générale, par une solidarité organique », mais aussi par une « similitude spéciale d'intérêts et d'aptitudes ». Aussi, dans ces groupements, une nouvelle division du travail se développe. On verrait alors se créer une conscience et une volonté corporatives, mais aussi une personnalité des corporations, entraînant des conséquences juridiques.

Duguit aborde par conséquent le corporatisme à travers le syndicalisme qui, selon lui, « n'est pas un moyen de guerre et de divisions sociales » ; au contraire, ce serait un « moyen puissant de pacification et d'union »[1]. Mais pour lui il s'agit d'un « vaste mouvement corporatif qui embrasse toutes les classes sociales, qui tend à donner à chacune d'elles une structure juridique définie, à les coordonner entre elles et même à les hiérarchiser »[2].

Cependant, quant aux modalités concrètes, il mettait en garde contre la constitution d'une chambre nommée par les groupements syndicaux, car ceci, selon lui, serait « inadmissible, parce qu'il implique le syndicat obligatoire et que le syndicat obligatoire est l'atteinte la plus grave à la liberté individuelle ». Il ne faudrait donc pas qu'au sein d'un Parlement syndical, représentants des syndicats de salariés, d'ouvriers, d'employés et de patrons s'affrontent. Aussi, préconisait-il qu'une loi interdise les confédérations de syndicats, donc les unions de fédérations de syndicats, représentant des professions différentes, pour ne permettre que les fédérations, c'est-à-dire les unions de syndicats de patrons, d'ouvriers, d'employés, appartenant à des professions similaires. Ainsi, « ce ne sera alors non pas le travail s'opposant au capital, mais les intérêts de toutes les classes sociales ayant leurs représentants, pouvant les librement débattre et, je l'espère, la notion de l'intime dépendance des travailleurs et des patrons et de toutes les classes entre elles, pénétrant les esprits de leurs représentants ». En définitive, Duguit ne s'oppose pas au syndicalisme, mais à la lutte des classes.

Il faudrait donc selon lui des fédérations par professions, comme des fédérations de syndicats de fonctionnaires appartenant aux mêmes services publics : enseignement, postes, employés de chemins de fer... Il faudrait également organiser une représentation des syndicats des professions libérales.

---

[1] L. Duguit, *Le droit social, le droit individuel et la transformation de l'Etat. Conférences faites à l'Ecole des hautes études sociales*, Félix Alcan, coll. Bibliothèque de philosophie contemporaine, Paris, 1911, 2ème édition, pp. 121-122.
En réalité ici Duguit repend l'idée de la loi Emile Ollivier de 1864 qui entend définir le syndicalisme de pacification, opposé au syndicalisme de division.

[2] L. Duguit, « La représentation syndicale au parlement », *Revue politique et parlementaire,* Tome LXIX, 1911, p. 28-45.

On le voit, dans les travaux de Duguit, pour regrouper l'ensemble de la profession, le syndicat reste primordial, ; il est finalement, et à la différence de certains juristes mais aussi d'économistes, plus attaché à un syndicalisme qui redéfinit le corporatisme. Aussi souhaitait-il la création d'une chambre dans laquelle siègent non pas les représentants des corporations mais des élus syndicaux : cette deuxième chambre serait élue sur une base professionnelle. Dans sa perspective, le système français de représentation devait en effet, pour être logique et complet, regrouper tous les éléments constitutifs de la Nation, individus et groupes, donc aussi les syndicats.

D'autres auteurs, comme Michoud et Hauriou se penchent également sur la question des corporations, mais essentiellement sous l'angle des institutions.

Ainsi, le doyen de Toulouse distingue-t-il deux types d'institutions, « l'institution chose », et « l'institution personne », qu'il appelle aussi « institution corporative », ou « fondation »[1] ; corporative s'entendant ici comme une organisation qui réalise l'intégration véritable de ses éléments. Pour lui, il y a trois éléments constitutifs de la corporation : une idée directrice, ou une idée d'entreprise à réaliser dans un groupe social, un pouvoir organisé mis au service de cette idée, et enfin un groupe d'individus intéressés à la réalisation de l'idée, donc des « manifestations de communion »[2].

Dès lors, Hauriou retient finalement une conception plutôt extensive de la corporation, catégorie dans laquelle il est possible de faire entrer bon nombre d'entités.

Michoud se penche également sur les corporations, mais pour lui il convient de distinguer institutions corporatives et institutions fondatives. Il reprend en effet la distinction d'Hauriou entre corporations et fondations, mais dont il dit qu'elle repose sur la « structure intime » de la personne morale[3].

Dans les deux cas, il y a une « fiction » : dans la corporation, elle consiste à faire reposer le droit non sur les membres individuellement ou collectivement, mais, selon la formule de Savigny, sur un « ensemble

---

[1] M. Hauriou, *Précis de droit administratif*, Paris, 12ème édition, 1932, pp. 43 et s. ; M. Hauriou, *Aux sources du droit. Le pouvoir, l'ordre et la liberté*, Cahiers de la nouvelle journée, Librairie Bloud & Gay, Paris, 1933, 191 p. Voir aussi G. Scelle, *Manuel élémentaire de droit international public*, Montchrestien, Paris, 1943, pp. 73 et s.

[2] M. Hauriou, *Précis de droit administratif et de droit public*, Dalloz, réimpression, 12ème édition, 2002, pp. 44 et s. ; M. Hauriou, *Aux sources du droit. Le pouvoir, l'ordre et la liberté*, Cahiers de la nouvelle journée, Librairie Bloud & Gay, Paris, 1933, pp. 97-98.

[3] L. Michoud, *La théorie de la personnalité morale et son application au droit français*, L.G.D.J., Paris, 3ème édition, 1932, Tome I, pp. 209-227.

idéal »[1]. Dans la fondation, il est davantage question d'une « œuvre d'humanité qui doit s'accomplir dans un certain lieu, d'après un certain mode et par des moyens déterminés »[2].

Quoi qu'il en soit, fondations et corporations n'existent que par et pour des groupements humains. Néanmoins, Michoud précise que la différence entre les deux est que, dans la corporation, l'intérêt et la volonté sont réunis : c'est le groupe des intéressés qui forme l'organisation destinée à dégager la volonté du groupe. Dans la fondation en revanche, tout cela est séparé, ces éléments ne sont reliés que par une volonté extérieure au groupe, celle du fondateur.

On voit bien ici que dans la corporation il y a un élément endogène, puisqu'il faut, pour Michoud, considérer comme corporation « tout groupe dont le but est déterminé par la volonté des membres mêmes du groupe et comme fondation tout groupe dont le but est déterminé par une volonté étrangère ».

Selon l'auteur, fondations et corporations relèvent classiquement des personnes morales de droit privé, mais il se demandait également si on pouvait en trouver des traces chez les personnes morales de droit public. Pour lui, tel était assurément le cas des associations syndicales, plus ou moins contrôlées et dirigées par l'Etat.

Par la suite, Bonnard théorisa sans doute le mieux le phénomène corporatiste, et il en donna des définitions s'inspirant des travaux des économistes, tout en le distinguant bien du syndicalisme. Ainsi, pour lui les corporations sont des « collectivités d'individus qui collaborent à une même activité économique ou à une branche de production »[3]. Il précise par ailleurs que la corporation ne peut être unitaire et doit nécessairement être mixte[4] : elle doit comprendre les employeurs et la main d'œuvre ou les travailleurs ; la corporation concerne tous ceux qui, quels que soient leurs titres ou leurs fonctions, contribuent à l'activité économique du groupement. De plus, la corporation est nécessairement « interprofessionnelle », elle s'étend à plusieurs professions, plusieurs métiers, pour regrouper des professions ou des métiers connexes. Ici encore, cela constitue une différence notable avec le syndicat, qui est limité à une seule profession. La corporation, par son rôle de réglementation, a nécessairement un caractère interprofessionnel.

La question consiste d'abord à savoir selon quels critères les professions seront regroupées : ce peut être selon la nature de l'activité

---

[1] F. C. Von Savigny, *Traité de droit romain,* Tome 2, Librairie de Firmin Didot frères, Paris, 1855, p. 237.

[2] *Idem*, p. 242.

[3] R. Bonnard, *Syndicalisme, corporatisme et Etat corporatif*, L.G.D.J., Paris, 1937, p. 68.

[4] A la différence du syndicat, qui est unitaire.

économique (agricole, industrielle, commerciale). A chaque catégorie correspond une corporation, c'est ce qu'on appelle les corporations de catégorie. Ce système comprend des limites, notamment parce qu'il rompt la solidarité qui existe entre les diverses activités économiques qui s'appliquent à un même produit. En effet, pour un produit donné, plusieurs activités entrent forcément en jeu : production, transformation, répartition etc. De plus, il existe relativement peu d'intérêts communs à défendre au sein de ces catégories : sous une appellation se trouve en réalité une diversité d'intérêts. Dès lors, le rôle de la corporation, ici, est limité.

A côté de ce type de corporations, on peut donc trouver les corporations par cycle de production d'un produit. Ici, il s'agit de raisonner non par activité économique, mais par produit : pour chacun va être constituée une corporation regroupant toutes les activités économiques intervenant, à un titre ou à un autre, à l'opération économique du produit, de sa matière première à la vente du produit fini. Toutes les professions qui sont intervenues dans le cycle de production du produit sont regroupées sous une même corporation. La difficulté ici réside dans la multiplication considérable des corporations, puisqu'il y en a une par produit.

Un système intermédiaire peut alors être trouvé d'après Bonnard : il s'agit de regrouper les cycles de productions de plusieurs produits, c'est-à-dire entre produits dont la production est connexe parce que sont les mêmes activités économiques qui interviennent. Ce système de corporation a le mérite de respecter la solidarité des différentes activités économiques concernant un même produit ; de plus le nombre de corporations est limité car on regroupe les cycles de production de plusieurs produits. Ce sont les corporations par branche de production. Il convient de noter cependant que Bonnard ne donne aucun exemple dans sa typologie des corporations.

Quoi qu'il en soit, une fois constituée, de façon mixte et interprofessionnelle, la corporation pour être considérée comme telle, doit constituer un « corps social ; c'est-à-dire un groupement dont les membres sont interdépendants, rattachés entre eux par des liens de solidarité, ayant conscience de cette solidarité et animés de la volonté de la réaliser »[1]. Cette idée est fondamentale à ses yeux, et c'est d'ailleurs de cette dimension qu'il est question quand on parle de corporation d'association : celle-ci existe par elle-même, du fait de la dynamique de ses forces internes. Elle s'oppose à la corporation d'Etat - celle créée et maintenue par l'Etat - qui vient du haut, et non du bas.

Ainsi conçue, la corporation présente un caractère unitaire, pour les patrons, la main d'œuvre, les consommateurs, les producteurs. Cela assure la

[1] R. Bonnard, *Syndicalisme, corporatisme et Etat corporatif*, L.G.D.J., Paris, 1937, p. 72.

solidarité, de même que la suppression de la lutte des classes. C'est également pour cela que la corporation doit être obligatoire ; tous ceux qui participent à une activité économique feront nécessairement, qu'ils le veuillent ou non, partie d'une corporation.

Par conséquent, une fois unie, la corporation peut bénéficier de pouvoirs étendus, pour réglementer toute la branche de production : elle peut réglementer les rapports du capital et du travail, l'organisation économique de la production, le fonctionnement technique des entreprises, la distribution etc.

Enfin, il existe aussi pour Bonnard un stade ultime, celui de l'Etat corporatif, c'est-à-dire la forme d'Etat « qui comprend des organes de caractère corporatif en vue de rendre l'Etat plus apte à pratiquer lui-même l'interventionnisme à l'égard des intérêts individuels pour les concilier et les équilibrer »[1]. Il s'agit donc de faire de l'étatisme par le corporatisme. Dans cette perspective, tout ou partie des organes représentatifs du peuple comportent une représentation professionnelle – ce sont les professions qui sont représentées -, tandis que l'Etat démocratique ne conçoit qu'une représentation politique.

Quant à la mise en œuvre de l'Etat corporatif, son illustration la plus classique se trouve dans un conseil corporatif autonome, donc un Conseil économique, ou encore, mais plus rarement, dans une Assemblée corporative.

De même, Bonnard envisage les conséquences juridiques de la mise en application du corporatisme. Il aborde notamment la question de la législation privée : « A tout groupement social nettement intégré, correspond un droit qui lui est propre parce que tout groupement social comporte une interdépendance, une solidarité entre ses membres qui détermine un système de normes juridiques lesquelles forment le droit objectif du groupement ». Ainsi précise-t-il, « les groupements secondaires qui existent à l'intérieur du groupement national ont, comme ce dernier, leur droit propre. Alors, si ces groupements secondaires sont assez fortement constitués et dans la mesure où l'Etat leur en reconnaît le pouvoir, ils viennent constater et formuler ce droit objectif du groupement issu des rapports d'interdépendance de ses membres. Une véritable fonction législative est ainsi exercée par des organes non étatiques. La législation qui en résulte est une législation privée »[2].

On le voit, les études de Bonnard sur le corporatisme consistent elles aussi à redéfinir le rôle de l'Etat, mais à la différence de ce qu'on trouve notamment dans les analyses économiques, ce dernier reste un acteur majeur

---

[1] *Idem*, p. 104.
[2] *Idem*, p. 10.

puisque c'est de sa prérogative de reconnaître le pouvoir des corporations que dépend l'exercice de leur fonction législative.

Parallèlement aux travaux de Bonnard, il convient de souligner que Brethe de la Gressaye s'est aussi longuement penché sur le corporatisme, la période de Vichy lui permettant de le faire abondamment[1]. Il donne pour sa part cette définition de la corporation : il s'agit d'un « corps public, intermédiaire entre les entreprises privées et l'Etat, chargé de la gérance du bien commun au sein d'une profession »[2]. Elle réunit donc tous ceux qui exercent la même profession, mais les personnes ne sont pas confondues, elles sont réparties selon leurs fonctions et leurs intérêts de catégorie : chefs d'entreprise, techniciens, ouvriers, employés etc. La profession se trouve alors constituée en institution sociale, ce qui n'est pas le cas en matière syndicale. De plus, la corporation est unique et obligatoire, elle est clairement, selon lui, une institution de droit public, établie dans l'intérêt général de la profession. Corps intermédiaire entre l'Etat et les entreprises, elle est chargée d'organiser la profession, de défendre ses intérêts, et d'assurer sa représentation. Il y a donc une certaine autonomie de la corporation, mais elle reste, ici encore, subordonnée à l'Etat.

Surtout, Brethe de la Gressaye insiste lui aussi sur le fait qu'elle poursuit un idéal corporatif, cher aux catholiques sociaux : elle met de l'ordre sur le plan économique dans la production qu'elle régule, et donc équilibre. Sur le plan social, elle assure la paix entre les classes. Le but est d'aboutir à une transformation morale profonde du système socio-économique. Aussi, dit-il, « l'organisation corporative, c'est l'institution d'un régime humain du travail, en fonction de la dignité et de la fin spirituelle de la personne humaine ».

Le corporatisme est donc « un système social, comme le libéralisme et le socialisme, d'une grande envergure, car il embrasse toute l'organisation des sociétés humaines »[3]. Concrètement, il s'agit de « l'institution d'une organisation professionnelle autonome, par la réunion des producteurs de chaque profession, patrons et ouvriers, en un corps social organisé,

---

[1] Voir *infra,* pp. 115 et s.. On peut notamment citer comme travaux de l'auteur : « Les bases de l'organisation professionnelle : le corps électoral, le syndicat, l'entreprise », *D.S.*, 1941, pp. 2-9 ; « Corporatisme et progrès social », in J. Brethe de la Gressaye, H. Laufenburger, A. Garrigou-Lagrange, *Le corporatisme. Conférences prononcées à l'Athénée de Bordeaux, les 1er, 4 et 10 mars 1941*, Imprimerie Bière, Bordeaux, 1941, pp. 7-44 ; « La Charte du Travail en France et en pays étrangers », *D.S.*, janvier 1942, pp. 16-22.

[2] J. Brethe de la Gressaye, *L'organisation corporative des professions*, Extrait de la terre wallonne, Charleroi, 1936, 47 p.

[3] J. Brethe de la Gressaye, « Corporatisme et progrès social », in J. Brethe de la Gressaye, H. Laufenburger, A. Garrigou-Lagrange, *Le corporatisme. Conférences prononcées à l'Athénée de Bordeaux, les 1er, 4 et 10 mars 1941*, Imprimerie Bière, Bordeaux, 1941, pp. 7-44.

la corporation, qui gèrerait lui-même les intérêts du métier, et serait seulement soumis au contrôle de l'Etat »[1].

Il distingue alors, dans l'ordre social corporatif, trois degrés : tout d'abord des corps privés, comme la famille, les sociétés civiles et commerciales, et les associations à but non lucratif. Ensuite on trouve des corps publics indépendants de l'Etat, tels les corps territoriaux (collectivités territoriales), ou les corps spécialisés (Universités, Eglises). Enfin, le dernier degré est constitué des corps publics, qui sont des organes de l'Etat, comme les fonctionnaires. Mais précise-t-il, pour que la solidarité professionnelle joue pleinement, donc pour que les intérêts collectifs soient sauvegardés, et les devoirs sociaux et moraux de la profession sanctionnés, il faut que le corps professionnel soit érigé en un « corps public, unique et obligatoire ». Par conséquent, toutes les entreprises de la profession se trouvent soumises à la même loi, ont les mêmes droits et les mêmes devoirs. Autorité et moralisation sont assurément les piliers de l'organisation corporative.

Le corporatisme est ici un système social intégral, ce qui rejoint du reste, comme on l'a vu, certaines théories économiques. En somme, cela se traduit par une économie ordonnée par les intéressés eux-mêmes, et non par une économie dirigée exclusivement par l'Etat. Cependant, ce dernier ne reste en aucun cas passif ou secondaire. En effet, l'exercice de l'autorité corporative doit nécessairement être contrôlé par l'Etat : il doit non seulement permettre la création des corporations, éventuellement par une loi générale, une charte de tous les corps publics, mais il doit aussi veiller à ce que l'autonomie des corps publics soit limitée. L'Etat doit impérativement conserver le pouvoir de règlementation générale, la Code du travail ne disparaît pas, et il prend des règles générales pour toute les professions. Elles seront seulement adaptées à chaque profession et complétées par les règlements corporatifs. Il reste également compétent en matière douanière, pour instaurer les taxes, réglementer les transports. De plus, l'Etat contrôle l'usage que les corporations font de leurs pouvoirs. Ainsi, souligne Brethe de la Gressaye, « le recours pour excès de pouvoir devant les juridictions administratives doit être ouvert contre les délibérations réglementaires et les décisions individuelles des autorités corporatives, pour le cas de violation de la loi »[2]. Le droit corporatif se trouve donc ici clairement soumis au droit public, et relève de la compétence du juge administratif.

De plus, les règlements corporatifs doivent être homologués par l'Etat pour les cas les plus importants. Enfin, l'Etat devrait avoir le pouvoir de suspendre voire de révoquer les autorités corporatives en cas de manquement

---

[1] J. Brethe de la Gressaye, « La corporation et l'Etat (histoire et doctrine) », *Archives de philosophie du droit et de sociologie juridique*, 1938, pp. 78-118.
[2] *Ibidem.*

à leurs devoirs. De la même façon, dans la mesure où les corporations auraient le droit de lever des taxes, l'Etat peut exercer un contrôle financier.

En tout état de cause, Brethe de la Gressaye note que toute administration a, dans une certaine mesure, un caractère corporatif, lorsqu'il est composé de conseils dans lesquels le personnel est représenté par des délégués élus, des conseils de discipline chargés de juger les fautes disciplinaires commises par leurs agents, etc. Tel est alors le cas des Universités, ou de l'armée... Mais tout service public devant fonctionner dans l'intérêt général, et sous l'autorité de l'Etat, qui est le gardien du bien commun, le service ne peut en aucun cas jouir d'une totale autonomie, qui est le propre de la corporation.

Malgré les différentes approches du corporatisme qu'en font les différents auteurs, force est de constater qu'on retrouve toujours des traits communs, voire immuables.

En effet, le corporatisme repose avant toute chose sur l'organisation professionnelle. Celle-ci implique elle-même un ensemble d'éléments : tout d'abord la profession doit être définie, autrement dit, il faut déterminer si une entreprise donnée fait ou non partie de la profession[1]. Ensuite, pour être en présence d'une profession organisée, il faut qu'elle soit représentée, peu importe le mode de désignation de l'organe représentatif. Puis, la profession doit être administrée, c'est-à-dire que des rapports faciles doivent être établis entre l'organe représentatif de la profession et « le plus humble de ses membres »[2]. Enfin, une profession est organisée quand elle est disciplinée, c'est-à-dire qu'il faut un certain droit de commandement et un certain pouvoir de coercition à l'intérieur de la profession. Cela implique alors que tous les membres de la profession s'y soumettent, et qu'ils soient sanctionnés en cas de non-respect. Par conséquent, une telle discipline nécessite un élément juridique, c'est-à-dire le droit conféré à quelqu'un de commander et de punir, et un élément moral, c'est-à-dire l'adhésion volontaire à la règle commune.

Deux questions majeures restent cependant souvent en suspens : celle de fixer le statut des corporations, en tant que groupement de droit public ou non, et de déterminer le droit applicable et le juge compétent. Si certains auteurs l'abordent, comme cela sera vu, la réponse n'a pas toujours été évidente.

---

[1] C'est-à-dire un ensemble d'individus agissant isolément ou groupés en entreprises qui produisent les mêmes biens ou fournissent les mêmes services. Une profession implique donc : la ressemblance entre les activités exercées ; des habitudes de groupements que les professionnels ont contractées ; enfin il faut qu'un acte d'autorité rattache ou non à la profession les individus.

[2] H. Culmann, *La nouvelle organisation professionnelle*, P.U.F., coll. Que-sais-je ?, 1943, 135 p.

Quoi qu'il en soit, si le corporatisme est souvent abordé par de nombreux auteurs pendant l'entre-deux-guerres, la plupart du temps d'ailleurs pour en vanter les mérites, il n'en demeure pas moins que la question a aussi beaucoup divisé, et le corporatisme a toujours fait l'objet de critiques.

§3. Le corporatisme face à ses critiques.

On l'a vu, nombre d'auteurs, rattachés à diverses sciences sociales, s'intéressent au mouvement corporatiste : comme phénomène qui leur est contemporain, il a nécessairement, qu'il soit mis en œuvre ou non, des implications dans leurs spécialités respectives. Mais surtout, le corporatisme étant progressivement devenu une doctrine de plus en plus élaborée, elle ouvre à ses théoriciens, et il faudrait dire plus justement à ses idéologues, la perspective d'un autre Etat, d'un autre régime politique.

Si le corporatisme implique des mutations profondes institutionnelles et juridiques, il peut aussi être considéré comme une menace : pour les libertés individuelles et collectives, pour les valeurs établies et républicaines, et en somme pour la démocratie. Certains auteurs du début du XXème siècle n'ont d'ailleurs pas manqué de le souligner.

Un lien sans doute indéfectible se tisse entre régimes dictatoriaux et autoritaires, et corporatisme. En effet, les dictatures, souhaitant diriger tous les instants de la vie des individus, s'immiscent nécessairement dans la vie professionnelle et l'encadrent ; toutes les activités, sociales, économiques, culturelles, sont soumises au pouvoir, ce qui revigore le corporatisme.

Les liens entre corporatisme et régimes totalitaires non socialistes paraissent dès lors naturels, et de fait, ce sont ces régimes qui montreront le plus d'intérêt à mettre en place un Etat corporatif, sous plusieurs formes, et avec des succès variés (Italie fasciste, Allemagne nazie, France de Vichy...)[1].

Ce dernier point est d'ailleurs important, car les modalités des corporations varient selon les Etats et il n'y a *a priori* pas d'unité dans les modèles. Ainsi, M. Prélot relevait que la corporation fasciste est « beaucoup plus un organe administratif qu'un véritable groupement professionnel »[2].

Mais Pirou mettait déjà en garde, et soulignait immédiatement que le régime corporatif a pour but d'unifier et d'harmoniser les intérêts collectifs, qui sont par définition opposés[3]. Cela implique la soumission absolue de ces

[1] Voir *supra*.

[2] M. Prélot, *L'Empire fasciste. Les origines, les tendances et les institutions de la dictature et du corporatisme italien*, Recueil Sirey, coll. Bibliothèque constitutionnelle et parlementaire contemporaine, 1936, p. 235.

[3] G. Pirou, *Essais sur le corporatisme*, précité.

groupes, des intérêts des classes à l'intérêt de la Nation. En fin de compte, le corporatisme intégral s'inscrit dans le totalitarisme. Mais est-ce une fatalité et est-ce le seul régime qui pourrait le mettre en œuvre ? Bonnard tempérait cette crainte, par le fait que le corporatisme n'est qu'un corps intermédiaire : la corporation serait alors plutôt une protection des particuliers à l'égard de l'Etat, et une garantie de leurs libertés[1].

En tout état de cause, dès les années 1930, B. Mirkine-Guetzevitch faisait état des dérives du corporatisme, et relevait avec force que le corporatisme intégral était adopté par les pays de dictature[2].

De même, pour Barthélemy, le corporatisme moderne avait surtout pour objet de mettre fin à la lutte des partis, de faire oublier la suppression du Parlement, et « quand l'état normal des choses reviendra, toute cette fragile façade tombera en poussière ». En somme, le corporatisme avait pour but de « masquer la suppression des libertés publiques »[3]. Dès lors, il notait que « partout, le corporatisme va de pair avec la dictature. C'est que partout il s'éloigne des principes de liberté politique et économique qui ont toujours été les miens et que, à travers tous les écueils de l'heure présente, je voudrais voir sauvegarder ».

Dans son ouvrage *Valeur de la liberté et adaptation de la République*, Barthélemy réitérait ses propos, et énonçant les traits caractéristiques du corporatisme, soulignait que de façon logique, il « *va de pair avec la dictature* »[4]. En effet, il « exalte les intérêts particuliers, donc les dresse les uns contre les autres, donc conduit à l'anarchie ».

Cependant, bien que des théoriciens démocrates demandent également l'introduction du corporatisme, au moins partiel sous la forme de la représentation des intérêts, Mirkine-Guetzevitch soulignait que perdure quoi qu'il en soit un élément essentiel : « L'arbitraire de la représentation des intérêts est évident »[5]. En effet, sur quelle base définir le nombre de représentants de chaque profession dans une entité corporative ?

Le système de la représentation professionnelle a rencontré un certain nombre d'opposants, et c'est d'ailleurs essentiellement sur ce point que la plupart des auteurs se montrent les plus critiques à l'égard de la corporation.

---

[1] R. Bonnard, *Syndicalisme, corporatisme et Etat corporatif*, précité.

[2] B. Mirkine-Guetzevitch, « Corporatisme et démocratie », *Revue de métaphysique et de morale,* 1935, pp. 579-602 (1ère partie) ; *Revue de métaphysique et de morale*, 1936, pp. 149-170 (2ème partie).

[3] J. Barthélemy, « Préface », in P. Jolly, *La mystique du corporatisme*, Librairie Hachette, 1935, 251 p. Voir aussi son article « Louis XVI avait raison », *Le Temps*, 24 juillet 1934.

[4] J. Barthélemy, *Valeur de la liberté et adaptation de la République*, Sirey, coll. Bibliothèque constitutionnelle et parlementaire contemporaine, 1935, p. 120.

[5] B. Mirkine-Guetzevitch, « Corporatisme et démocratie », *Revue de métaphysique et de morale,* 1935, pp. 579-602 (1ère partie) ; *Revue de métaphysique et de morale*, 1936, pp. 149-170 (2ème partie).

Outre les mises en garde déjà évoquées par Duguit, Esmein rappelait déjà que « le principe de la souveraineté nationale exclut logiquement, dans le suffrage politique, ce qu'on appelle la représentation des intérêts ». En effet, il précisait que « si ces groupes ont un droit à une représentation propre, c'est que chacun d'eux doit être reconnu comme possédant une fraction de la souveraineté, sans qu'on ait à respecter aucune proportion entre le nombre de leurs membres et la population nationale dans son entier »[1]. Aussi, considérait-il que les révolutionnaires, en souhaitant interdire les associations et corporations certes commettaient une erreur grave car il s'agissait de sacrifier un des droits individuels les plus précieux, mais « ce serait une erreur non moins grave en sens contraire que d'organiser le suffrage politique de telle manière que les citoyens seraient invités, presque forcés par cette organisation même, à ne consulter que leurs intérêts particuliers et à oublier l'intérêt général ».

De même, la position de Bonnard exposée en 1937, et qui sera majeure dans la construction du corporatisme d'Etat, sera aussi fortement critiquée par G. Leibholz en 1939[2]. Selon lui, la corporation ne peut contribuer à la représentation démocratique, dans la mesure où la profession n'est qu'un élément « *particulier* » du corps social, il en a ses « caractéristiques particulières, sa manière d'être et ses sentiments particuliers. Chaque profession particulière organisée corporativement présente toujours une unité de vie particulière et incarne si on veut, une fonction vitale particulière »[3]. On le voit clairement, pour l'auteur, les spécificités de la profession font qu'elle ne peut en aucun cas se substituer à la représentation politique car elle ne défend que des intérêts individuels ; de même, le droit professionnel ne peut être qu'un droit d'exception, ne pouvant s'appliquer qu'à chaque profession, en raison de ses particularités. Aussi, un Etat professionnel, ou corporatif, ne pourrait que conduire à un fractionnement de la société, mais aussi du pouvoir politique de l'Etat.

Enfin, Leibholz relevait que les expériences d'Etat corporatif mentionnées par Bonnard comme exemples (Italie, Allemagne, et France dans une certaine mesure avec le Conseil économique) étaient des échecs, notamment car les assemblées corporatives étaient soit noyautées par l'Etat, soit finalement impuissantes et ne jouaient aucun rôle essentiel dans la vie politique, entre autres en raison de leurs pouvoirs très limités. En réalité, une représentation professionnelle implique nécessairement que la volonté politique se manifeste en dehors du Parlement, donc dans un exécutif fort, plus précisément dans un gouvernement ou un chef d'Etat autoritaires.

---

[1] A. Esmein, *Eléments de droit constitutionnel français et comparé*, 6ème édition, 1914, L. Tenin, p. 304.

[2] G. Leibholz, « Syndicalisme, corporatisme et Etat corporatif », *R.D.P.*, 1939, pp. 65-79.

[3] *Idem*, p. 69.

En définitive il estimait qu'« il n'y a pas de véritable démocratie professionnelle et il ne peut pas y en avoir »[1].

Ce problème était également soulevé par J. Barthélemy et P. Duez : quand bien même on arriverait à déterminer cette base, les représentants professionnels deviendraient des représentants politiques, car appartenant à des partis politiques, et proportionner la représentation au nombre d'adhérents reviendrait à « une contrefaçon, une caricature, une aggravation du suffrage universel »[2].

Sous couvert de meilleure organisation de la démocratie, le risque en réalité est, pour Barthélemy et Duez, d'ouvrir des perspectives d'anarchie ou d'oligarchie : « Il est à craindre, en effet, que les groupes ainsi représentés au sein du Parlement, ne se combattent âprement en cherchant à faire triompher anarchiquement une politique de sauvegarde de leurs intérêts particuliers, sans souci de dégager et satisfaire l'intérêt général ; et que l'un d'eux ou plusieurs d'entre eux n'arrivent à dominer les autres et à constituer une oligarchie gouvernementale pour la pure satisfaction de leurs intérêts propres »[3].

On le voit alors, un des points essentiels du corporatisme, et qui constitue à n'en pas douter une des menaces les plus importantes pour la démocratie, est qu'il redéfinit le concept de représentation, et repose sur une idée de « délégation des travailleurs à un parlement des métiers créé à cette fin, qui prendrait la place du parlement des élus du peuple. La délégation est pensée par branches d'industrie, professions et métiers, et correspond donc à des intérêts spécifiques liés à un secteur productif, et non à des buts généraux »[4].

Les préoccupations des corporations ne tournent finalement qu'autour du secteur d'activité concerné, et on substitue à la représentation politique la compétence professionnelle.

De façon plus générale, pour Mirkine-Guetzevitch, « le corporatisme et la représentation des intérêts sont liés à la négation des principes de la Révolution française, à la négation de la souveraineté nationale »[5].

---

[1] *Idem*, p. 77.

[2] J. Barthélemy et P. Duez, *Traité de droit constitutionnel*, 1933, Dalloz, p. 331.

[3] *Idem*, p. 279.

Ce qui rappelle la Tour du Pin ou De Mun, pour qui l'oligarchie est un modèle idéal, et qui évidemment n'envisagent pas l'anarchie puisqu'un régime oligarchique fort la jugulerait…

[4] O. Dard et M. Nacci, « Corporatisme et syndicalisme en Italie et en France dans les années 1930 », in M. Margairaz et D. Tartakowsky (dir.), *Le syndicalisme dans la France occupée*, P.U.R., coll. Histoire, 2008, pp. 35-48.

[5] Ce qui rappelle Le Chapelier…

En somme, le corporatisme aboutirait à l'opposé de la pensée rousseausiste du Contrat social. En effet, il repose sur l'idée d'un Etat multicellulaire, éclaté, dans lequel les particularismes sont exacerbés, et les privilèges considérés comme la norme, au détriment de la loi commune républicaine.

On perçoit aussi comment la connotation péjorative a pu s'attacher à ce mot, comme le soulignent S. L. Kaplan et P. Minard dans un constat qu'il n'est pas inutile de rappeler ici : « Synonyme d'égoïsme, le terme [corporatisme] évoque des groupes arcboutés sur la défense de leurs avantages acquis et faisant fi de l'intérêt général. Chaque conflit social en France conduit presque immanquablement à en rouvrir le procès »[1].

Pour en revenir à l'essentiel, on retiendra que le corporatisme a fait l'objet pendant des années de théories diverses, et se manifeste sous des formes très variées ; les expériences étrangères le montrent.

Mais on constate à l'étude de ces différentes théories, que des traits communs se profilent, que ce soit en économie, en sociologie, ou en droit.

Surtout, il faut souligner qu'historiquement la France n'a pas redécouvert le corporatisme sous Vichy, bien que ce régime l'ait particulièrement promu. En effet, on trouve des traces bien avant, surtout lors de la fin de la IIIème République, si bien que J.P. Le Crom avance l'idée d'un entre-guerre pré-corporatiste[2].

Section 2. Les prémices d'une organisation corporative.

Le phénomène corporatiste prend déjà de l'ampleur à la fin de la IIIème République, et s'il se développe autant et rapidement sous Vichy, c'est bien parce qu'il a déjà connu des applications pratiques, se fondant la plupart du temps sur les théories abordées. Il s'agit d'ailleurs d'un point qui doit être souligné : assurément, le corporatisme est une doctrine qui vise à une action : les théories économiques, sociologiques et juridiques ne restent pas lettre morte, elles inspirent très fortement les politiques, les élus, le gouvernement, qui vont trouver dans ces théories le fondement et les modalités du corporatisme. Ce dernier se construit alors par touches ; il n'y a certes pas, pendant la IIIème République, de vision globale du corporatisme,

---

[1] S. L Kaplan et P. Minard, « Le corporatisme, idées et pratiques : les enjeux d'un débat incessant », in S. L. Kaplan et P. Minard (dir.), *La France, malade du corporatisme ? XVIIIème-XXème siècles*, Belin, coll. Socio-histoires, 2004, pp. 5-31.

[2] J.-P. Le Crom, « L'Entre-deux-guerres : un pré-corporatisme ? », in S. L. Kaplan et P. Minard (dir.), *La France, malade du corporatisme ? XVIIIème-XXème siècles*, Belin, coll. Socio-histoires, 2004, pp. 369-386.

ni de conception réelle d'un Etat corporatif, sauf chez certains élus et politiques, comme X. Vallat[1](§1). Les réalisations corporatistes sont alors sectorielles, certaines ne dépassent pas le stade de l'essai, d'autres sont des échecs, mais parfois, la greffe prend, si bien que Vichy aura déjà des fondations parfois solides.

En somme, le corporatisme s'affirme sous la IIIème République et s'accomplit sous Vichy, mais il a toujours été rémanent. En effet, la Révolution française n'a jamais totalement supprimé les corporations : certaines professions, celles dites libérales notamment, ne s'exercent que sous le contrôle d'une organisation professionnelle.

La Révolution nationale, à l'opposé, fait du corporatisme une des bases de son nouvel Etat, et le met en œuvre au maximum. Mais avant cela sont déjà adoptées des mesures d'inspiration corporatiste, en matière de régulation et de gestion des conflits de travail, mais aussi à travers la régulation économique dans certains secteurs d'activité (§2).

§1. Les projets d'organisations corporatives antérieurs à Vichy.

Il ne s'agit pas ici de prétendre à une quelconque exhaustivité, mais seulement de relever plusieurs propositions de lois déposées avant Vichy, ayant pour but de réformer l'Etat dans une vision corporatiste, ou du moins d'introduire des éléments de corporatisme dans celui existant. Si ces propositions n'ont pas abouti de leur temps dans leur totalité, il importe de constater, d'abord, que la plupart d'entre elles s'inspirent fortement des théories corporatistes que nous avons abordées. Ensuite, si elles ne sont pas suivies sous la IIIème République, lorsque Pétain prend le pouvoir, tout ou presque est déjà prêt pour instituer un Etat corporatif.

La première proposition notoirement corporatiste que l'on peut mentionner, est celle déposée par R. Dommange[2] en 1934, et relative à une réforme globale de l'Etat[3]. L'idée est de rassembler les professions dans des

---

[1] Xavier Vallat (1891-1972) est une figure emblématique de la IIIème République. D'abord député de la Fédération républicaine (droite conservatrice) nationaliste, ouvertement antisémite, il est très imprégné comme on le verra des idées corporatistes. Il est immédiatement nommé sous Vichy Secrétaire général aux Anciens combattants, et devient en mars 1941 le premier Commissaire général áux questions juives, jusqu'au 8 mars 1942. Sur X. Vallat, voir L. Joly, *Xavier Vallat, du nationalisme chrétien à l'antisémitisme d'Etat, 1891-1972. Biographie*, Grasset, 2001, 446 p. ; et T. Bruttmann et L. Joly, *La France antijuive de 1936, l'agression de Léon Blum à la Chambre des députés*, C.N.R.S. éditions, coll. Biblis, 2006, 238 p.

[2] René Dommange est d'abord député Indépendant, puis de la Fédération républicaine. Il est ensuite fidèle de Pétain et aurait dû remplacer Vallat au Commissariat général aux questions juives ; les autorités allemandes suggèrent plutôt Louis Darquier de Pellepoix. Il sera en revanche président du Comité d'organisation des industries et commerces de la musique.

[3] R. Dommange, « XL Propositions concernant la réforme de l'Etat », *Revue hebdomadaire*, 21 avril 1934, pp. 363-374.

corporations, groupant à la fois le capital et le travail. Les corporations auraient été fédérées au niveau régional et national ; chacune contrôlant la profession, mais sans pour autant s'immiscer dans la gestion des entreprises. Des contrats collectifs, régionaux et nationaux, auraient alors réglé corporativement les conditions de travail : grèves et lock-out étant interdits, et les conflits de travail transmis à des chambres spéciales mises en place auprès des tribunaux ordinaires. Les départements auraient été remplacés par des régions géographiques, dirigées par un Conseil régional (élu au suffrage universel), et une Chambre professionnelle du commerce, de l'Agriculture, du Travail et des Professions libérales.

Le pouvoir législatif dans ce projet était quant à lui partagé entre un Sénat de 300 membres, élu par les conseillers régionaux, et un Conseil national corporatif de 300 membres élu par les électeurs des chambres professionnelles.

Enfin, une Cour Suprême de Justice était prévue, notamment pour juger la constitutionnalité des lois, ou encore pour arbitrer les conflits d'attributions entre les corporations, réprimer les abus commis par les groupements professionnels.

Ce modèle s'inspirait fortement du corporatisme italien, et comme le soulignait H. Laufenburger, c'est « la solution d'autorité qui l'emporte manifestement sur toute autre, dans le régime corporatif. La confusion de l'individu et de l'Etat, de l'économie privée et publique, de l'individualisme et du socialisme dans le moule corporatif, conférera à l'Etat la responsabilité et la décision »[1].

L'année suivante, dans la même veine, un projet de loi Flandin[2]-Marchandeau[3] est déposé le 10 janvier 1935, en vue de « prendre les mesures grâce auxquelles pourra être neutralisée l'attitude de quelques entrepreneurs qui, inspirés par un égoïsme déplacé dans les circonstances présentes, font actuellement échec aux programmes d'ensemble envisagés par la majorité des producteurs d'une branche particulièrement menacée en vue d'assainir la situation de leur industrie »[4].

---

[1] H. Laufenburger, « L'économie corporative en Italie et en Allemagne », *Revue politique et parlementaire*, avril 1934, pp. 26-39.

[2] Pierre-Etienne Flandin, représentant de la droite libérale, est Président du Conseil sous la Présidence d'Albert Lebrun (8 novembre 1934-1er juin 1935), puis ministre, et deviendra de décembre 1940 à février 1941 vice-Président du Conseil en remplacement de Laval. Il est à l'origine du Conseil national, assemblée consultative censée aider à redresser la France.

[3] Paul Marchandeau est lui radical-socialiste, il a été à plusieurs reprises ministre sous la IIIème République.

[4] Projet de loi de P.-E. Flandin et P. Marchandeau, *fixant les conditions dans lesquelles des accords professionnels peuvent être rendus obligatoires en période de crise, Documents parlementaires, Chambre des députés*, annexe au procès-verbal de la séance du 10 janvier 1935, n°4440.

Il prévoyait, pour toute industrie en crise, l'extension obligatoire à tous les professionnels, par décret et sous le contrôle d'un tribunal arbitral, des clauses de l'entente librement acceptées par les deux tiers des intéressés représentant les trois quarts du chiffre d'affaires de la profession. Amendé par la Chambre, qui en fait un véritable statut corporatif (les décisions du comité de direction de l'entente auraient été communiquées aux syndicats ouvriers, et un délégué du ministre du commerce aurait assisté aux séances du comité), le projet est étouffé par le Sénat.

Surtout, en 1937[1] et 1938[2] seront déposées des propositions de lois de MM. J. Le Cour Grandmaison[3], R. Dommange et X. Vallat : elles n'ont été ni rapportées ni discutées en commission, et sont pourtant d'une importance insigne, tant elles reflètent un corporatisme total, et inspireront en très grande part les réalisations de Vichy.

La première entendait doter le pays d'une constitution corporative, comme l'avaient fait l'Autriche, l'Italie, le Portugal et l'Allemagne, mais l'exposé des motifs soulignait qu'« il ne sert à rien de remarquer que leur régime politique est autoritaire. Il s'agit de savoir si le remède corporatif a soulagé leur profond malaise économique ». L'article premier définissait alors la corporation de la manière suivante : « Elle assure le fonctionnement normal de chaque profession et la sécurité du travail par la solidarité et la collaboration de tous ceux qui vivent de la profession ».

Les syndicats, bien que maintenus, ne pouvaient former ni unions ni confédérations, et étaient prohibés dans les services publics.

Pour chaque profession, il aurait alors existé une corporation obligatoire par région économique, étant entendu que le conseil corporatif régional n'aurait pas pris de décisions exécutoires, mais aurait servi à centraliser la documentation, orienté et coordonné les activités corporatives en étudiant les possibilités de production, de consommation, et aurait proposé les mesures afin d'assurer « l'harmonie du capital et du travail ».

Quant à la corporation centrale, elle concentrait les documentations fournies par les institutions régionales, et était compétente pour prendre les décisions concernant la profession ; lesdites décisions auraient eu valeur

---

[1] Proposition de loi de MM. Vallat, Le Cour Grandmaison et autres, *tendant à l'organisation de la profession et de la vie économique du pays, J.O., Documents parlementaires, Chambre des députés*, annexe au procès-verbal de la séance du 21 janvier 1937, n°1737 ; *J.O., débats parlementaires, Chambre des députés*, séance du 21 janvier 1937, p. 116.

[2] Proposition de loi de MM. Le Cour Grandmaison, Dommange et Vallat, *tendant à l'organisation des professions, J.O., Documents parlementaires, Chambre des députés,* annexe au procès-verbal de la séance du 11 février 1938, n°3639, p. 213 ; *J.O., débats parlementaires, Chambre des députés*, séance du 11 février 1938, p. 326.

[3] Député de l'Union nationale catholique, il est membre sous Vichy du Conseil national.

réglementaire pour toutes les personnes exerçant la profession, et elles auraient été sanctionnées par les tribunaux.

Toutes les corporations auraient eu la personnalité civile, auraient pu établir leur règlement intérieur, imposer des taxes aux membres de la profession…

Par ailleurs, était précisé que nul ne pouvait, sauf les agriculteurs, exercer une profession s'il n'avait déposé au secrétariat de la corporation régionale les pièces justificatives de sa capacité et de sa moralité.

Puis, était créé un Conseil d'Etat économique, composé de conseillers d'Etat et de maîtres des requêtes. Il aurait été compétent pour statuer sur les projets de loi relatifs aux matières financières ou économiques ; aucun n'aurait pu être soumis au Parlement sans avoir été, après délibération, préparé et arrêté préalablement par ce Conseil.

La proposition de loi se penchait également sur la représentativité des corporations, d'où l'institution d'une Chambre professionnelle qui n'aurait participé qu'au vote des lois intéressant l'économie nationale. En effet, il était prévu, à l'article 45, que les projets et propositions de loi qui intéressent l'économie du pays seraient, après étude par le Conseil d'Etat économique, soumis au Conseil national professionnel. Selon ce projet, la représentation nationale était assurée par trois chambres : le Conseil national professionnel, la Chambre des députés et le Sénat. Le Conseil national professionnel était paritaire et composé des représentants de chaque corporation centrale élus à raison de six délégués par corporation, et des représentants des Conseils corporatifs régionaux, à hauteur de quatre délégués par conseil régional.

Le Sénat était composé d'élus : pour 1/3 par les délégués des conseils généraux et municipaux, pour 1/3 par le Conseil national professionnel, et pour 1/3 par le Conseil d'Etat économique.

En somme, la proposition de loi prétendait trancher la question institutionnelle de la représentativité des corporations, que se posait bon nombre de théoriciens du corporatisme, à savoir : une seule chambre, un sénat corporatif, ou deux chambres composées de membres représentant les corporations ?

Enfin, étaient interdits la grève et le lock-out (article 58). On le voit, la proposition mettait clairement en œuvre un corporatisme total, et réglait également la question des syndicats et des conflits de travail.

La seconde proposition en 1938 quant à elle visait à « restaurer la primauté de l'homme dans l'ordre économique et dans l'ordre social », « véritable révolution » répudiant les erreurs du libéralisme comme de l'étatisme, en instituant un « régime corporatif ». La corporation était alors comprise non pas seulement comme une organisation économique pour résoudre un problème technique de production, mais également comme une

« institution humaine, destinée à résoudre le grand problème humain du travail ». Le corporatisme était donc conçu comme « la garantie efficace des libertés concrètes de l'homme, de la famille et de la profession ».

Le rôle de la corporation était de diriger la production, d'en établir les règles, d'édicter ou au moins préparer la législation du travail, et de la faire appliquer grâce à des juridictions propres.

Ensuite, elle devait protéger les intérêts des travailleurs, à la fois matériels et moraux, ainsi que gérer le patrimoine corporatif, les institutions d'enseignement, de prévoyance, d'assistance, de crédit etc.

Enfin la corporation devait avoir un rôle de représentation, devant les autres professions, mais aussi devant les pouvoirs publics[1].

Pour cela, il était prévu de confier la direction de la production à des corporations non caporalisées, comme en Italie, mais bien librement organisées sous le contrôle souverain de l'Etat. Chaque profession aurait comporté des conseils départementaux et régionaux et un conseil national ; il y aurait eu un conseil central des corporations, et l'ensemble de ces organismes aurait eu à statuer sur les questions économiques (production) et sociales (conditions de travail, arbitrage). L'adhésion à la corporation était libre mais ses décisions obligatoires[2].

Ces propositions, on le voit, consistaient à réformer totalement l'Etat, pour instituer un véritable régime corporatif dans une vision globale, et contiennent bien les principaux éléments du corporatisme tel que théorisé antérieurement.

Cependant, si ce n'est l'Etat dans sa globalité qui peut être réformé, ce peuvent être alors certaines professions. L'organisation de certaines professions en Ordres constitue à cet égard un palliatif, et un premier pas vers le corporatisme[3].

Ainsi, la volonté de structurer, d'organiser des professions en Ordres, comme pour les médecins est ancienne[4]. Mais l'idée se développe, logiquement, en même temps que le corporatisme.

X. Vallat dépose par exemple une proposition de loi visant à instituer un Ordre des médecins dès 1923[1]. Selon l'exposé des motifs, il devenait

---

[1] Voir notamment J. Brethe de la Gressaye, « La représentation professionnelle et corporative », *Archives de philosophie du droit,* 1934, pp. 58-98.

[2] J. Chapsal, « Chronique des travaux parlementaires de la session ordinaire de 1938 », *D.S.*, n°7, juillet-août 1938, pp. 314-315.

[3] Ainsi qu'il sera vu ultérieurement, il existe de forts liens entre Ordres, professions libérales, et corporatisme. Voir *supra*.

[4] Voir A. Oudin, *L'ordre des médecins*, thèse, Paris, 1941, 239 p. ; A. Braun, *L'ordre des médecins*, thèse, Sirey, Paris, 1941, 139 p. ; J. Doublet, « La réorganisation de l'ordre des médecins », *D.S.*, 1943, pp. 121-128.
Et *supra*.

essentiel de créer un véritable « corps médical », afin d'exiger des médecins des garanties formelles d'honorabilité. Le médecin ayant d'abord un rôle social, puis devant assurer une relation de confiance avec le patient, il convenait de s'assurer de sa conscience professionnelle. Enfin, il était précisé que parmi les médecins se trouvent des « brebis galeuses qui jettent un discrédit troublant sur toute la profession », un certain nombre de scandales dont celui des « carnets médicaux » des mutilés de guerre[2] ayant éclaboussé la profession. Dès lors, il était nécessaire d'assainir, de défendre et d'organiser la profession, ce qui impliquait que les médecins puissent prendre eux-mêmes des sanctions contre les « indésirables de leur profession ». Selon la proposition de loi, il était prévu que l'Ordre ainsi institué ait la personnalité civile, et que le Conseil dispose de compétences en matière disciplinaire, avec un pouvoir de sanction.

Si le texte ne prospère pas sur le moment, il sera représenté à l'identique en 1928[3], l'exposé des motifs insistait alors sur la nécessité pour le corps médical de « faire justice lui-même ».

La même année, selon le même constat que Vallat et pour des raisons identiques, une proposition de loi était également déposée par E. Couteaux, député SFIO[4], dans laquelle on retrouve les mêmes attributions de l'Ordre, en matière d'inscription au tableau, de pouvoirs de sanctions etc., répondant ainsi, vraisemblablement, aux vœux du corps médical, et du public.

---

[1] Proposition de loi de MM. X. Vallat, L. Daudet, et autres, *relative à l'institution d'un ordre des médecins, J.O.,* Documents parlementaires, Chambre, annexe n°5979, 1ère séance, 15 mai 1923.

[2] En vertu d'une loi du 31 mars 1919 sur les pensions, il avait été décidé que des soins gratuits seraient donnés aux victimes militaires de guerre, qui comprenaient visite médicale, médicaments et interventions chirurgicales. Pour cela, le ministère des pensions instaura des carnets de bons médicaux et pharmaceutiques, en somme des carnets de chèques, mis à la disposition des concernés. Ces carnets comportaient douze feuillets, se composant de trois parties, un bulletin de visite, une feuille d'ordonnance, et une souche. Les médecins et les pharmaciens étaient ensuite payés par la préfecture. Il était donc aisé, pour un professionnel peu scrupuleux, de trafiquer ces carnets en exagérant le nombre de visites faites, de médicaments ordonnés, ou d'interventions n'ayant jamais été faites.
Dès fin 1919, certaines préfectures avaient relevé un nombre très important d'ordonnances délivrées en peu de temps. En 1921, plusieurs plaintes commencèrent à être déposées. En 1923, lors de contrôles de bordereaux de paiements établis par des médecins chargés de donner leurs soins aux mutilés de guerre, des services de préfecture découvrirent plus d'irrégularités. Le scandale fit grand bruit, et surtout on constata que ces manœuvres frauduleuses étaient généralisées dans le pays. Voir par exemple *Le Peuple*, 19 avril 1923.

[3] Proposition de loi de MM. X. Vallat, E. Barthe et autres, *relative à l'institution d'un ordre des médecins, J.O.,* Documents parlementaires, Chambre, annexe n°819, 2ème séance, 28 novembre 1928.

[4] Proposition de loi d'E. Couteaux, *concernant l'institution d'un ordre des médecins et la création de chambres médicales départementales et régionales, J.O.*, Documents parlementaires, Chambre, annexe n°5762, 1ère séance, 7 mars 1928.

La proposition Couteaux sera rigoureusement reprise l'année suivante, par F. Lefebvre, également député socialiste[1]. En effet, et entre-temps, d'autres projets avaient été rédigés notamment par la Société de médecine légale de France et la Société générale des prisons et de législation criminelle, donc par la profession elle-même[2].

Puis la Société d'études législatives reprit le projet de 1930 : elle complétait la loi de 1892[3] et prévoyait la création d'un Ordre des médecins[4], présenté comme nécessaire, notamment en raison du développement de textes en matière d'assurances sociales, ayant entraîné un certain nombre d'abus et de transactions douteuses. L'idée était alors que l'Ordre serait chargé de surveiller les questions de délicatesse professionnelle et de déontologie. Néanmoins, la question se posait déjà de savoir si l'Ordre pourrait cohabiter avec les syndicats, et surtout était soulevé le fait que la discipline de la profession ne pouvait en aucun cas leur être confiée. Dès lors, il apparaissait clairement que créer un Ordre conduirait à faire disparaître les syndicats[5].

Enfin, en 1932, M. Lecacheux fut désigné rapporteur par la Commission de l'hygiène de la Chambre des députés, afin d'examiner la proposition de loi de Vallat de 1928[6], mais elle ne fut pas adoptée.

Bien qu'aucun de ces textes n'ait à proprement parler abouti, il convient de souligner que bon nombre de mesures proposées seront reprises par la suite, sous une forme ou une autre. Surtout, on constate que c'est parfois la

---

[1] Proposition de loi de F. Lefebvre, *concernant l'institution d'un ordre des médecins et la création de chambres médicales départementales et régionales, J.O.*, Documents parlementaires, Chambre, annexe n°2704, 1ère séance, 28 décembre 1929.

[2] Rapport du Professeur Balthazard, Séance commune de la Société de médecine légale et de la Société générale des prisons et de législation criminelle du 24 juin 1929, *Revue pénitentiaire et de droit pénal*, 1929, pp. 313-343 ; Séance commune de la Société de médecine légale et de la Société générale des prisons et de législation criminelle du 14 octobre 1929, *Revue pénitentiaire et de droit pénal*, 1929, pp. 344-363 ; Séance commune de la Société de médecine légale et de la Société générale des prisons et de législation criminelle du 10 février 1930, *Revue pénitentiaire et de droit pénal*, 1930, pp. 1-22.

[3] Loi du 30 novembre 1892, *sur l'exercice illégal de la médecine, J.O.*, 1er décembre 1892, p. 5749, dont l'article 1er disposait : : « Nul ne peut exercer la médecine en France s'il n'est muni d'un diplôme de docteur en médecine, délivré par le gouvernement français, à la suite d'examens subis devant un établissement d'enseignement supérieur médical de l'Etat (...) ».

[4] Assemblée générale du vendredi 23 mai 1930, *Bulletin de la société d'études législatives*, 1930, pp. 191-211 ; Assemblée générale du vendredi 27 juin 1930, *Bulletin de la société d'études législatives*, 1930, pp. 212-233.

[5] On le reverra, c'est un des premiers points auquel le régime de Vichy sera confronté, avant de pouvoir procéder à une organisation corporative de la France.

[6] Rapport fait au nom de la Commission de l'hygiène chargée d'examiner la proposition de loi de M. Xavier Vallat et plusieurs de ses collègues *relative à l'institution d'un ordre des médecins*, par M. Lecacheux, *J.O.,* documents parlementaires, Chambre, annexe n°6838, 1ère séance, 24 mars 1932.

profession elle-même qui demandait sa propre réglementation et son organisation, afin de l'épurer.

Quoi qu'il en soit, l'esprit corporatiste plane fortement sous la IIIème République. Il est d'ailleurs intéressant de constater qu'on assiste alors à un jeu de miroirs : les théoriciens du corporatisme ont fortement influencé politiques, élus, professionnels, lesquels proposeront de mettre en œuvre des éléments de cette idéologie, avec plus ou moins de succès et parfois même sans savoir qu'ils prônent une forme de corporatisme. Enfin, ces concrétisations et les échecs inspireront à nouveau les théoriciens et ainsi de suite. Dans tous les cas, le phénomène prend de l'ampleur ce qui montre bien que la IIIème République était pré-corporatiste ; en tout cas elle était imprégnée de corporatisme.

§2. Les expériences d'organisation professionnelle.

L'idée d'une lente progression du corporatisme pour une réforme profonde de l'Etat et une réorganisation professionnelle n'échappe pas à Brethe de la Gressaye. Pour cet auteur, cela s'est fait par étapes : en 1934 comme base de réforme de l'Etat, en 1935 comme remède à la crise économique, en 1936 comme institution de progrès social[1].

D'ailleurs Bouvier-Ajam notait que « 1934 marque (...) la renaissance du corporatisme dans la doctrine, et l'avènement du pré-corporatisme dans les faits »[2].

Mais cela nécessite une réflexion importante sur le rôle de l'Etat et des différents acteurs économiques, et de façon plus générale sur la façon dont on conçoit la vie en société. En cela, le corporatisme est bien une doctrine : elle s'érige désormais en système et elle ébauche une conception organisée de toute la société.

En effet, un de ses enjeux consiste à pallier les défauts des deux modèles politiques que sont le libéralisme et l'étatisme. Ainsi que le soulignait Pirou, la question consiste à savoir ce qui devra primer entre l'ordre et la liberté : « Les libéraux soutiennent que, par la liberté, l'ordre est finalement assuré, grâce au jeu des prix et à l'action de la concurrence. Les corporatistes prétendent que la vertu principale de leur système vient de ce qu'il assure l'Ordre professionnel par l'action concertée des acteurs intéressés, donc sans contrainte extérieure »[3]. En somme, le libéralisme

---

[1] J. Brethe de la Gressaye, « Corporatisme et progrès social », in J. Brethe de la Gressaye, H. Laufenburger, A. Garrigou-Lagrange, *Le corporatisme. Conférences prononcées à l'Athénée de Bordeaux, les 1er, 4 et 10 mars 1941*, Imprimerie Bière, Bordeaux, 1941, pp. 7-44.

[2] M. Bouvier-Ajam, *La doctrine corporative*, Librairie du Recueil Sirey, Institut d'études corporatives et sociales, 5ème édition, 1943, p. 201.

[3] G. Pirou, « Corporatisme 1937 », *Revue d'économie politique*, 1937, pp. 1329-1366.

assure l'ordre par la liberté, quand le corporatisme assure la liberté par l'ordre.

Pirou précisait également que ce qui distingue avant tout le corporatisme de l'étatisme et du capitalisme libéral, est le « caractère de droit public attribué à l'activité de la profession organisée ». Un système corporatif implique donc, et seulement, que l'ensemble des individus appartenant à une profession soit constitué en corps, et que les organes directeurs de ce corps aient le pouvoir de parler, de dialoguer, de légiférer au nom de l'ensemble de la profession.

Néanmoins, la France de l'entre-deux-guerres ne franchit pas le cap du corporatisme, comme l'ont déjà fait l'Italie ou l'Allemagne. Cela se fera par touches, pointillisme même, avec plus ou moins de succès. Les pouvoirs publics vont alors commencer la réorganisation professionnelle dans une dimension corporatiste plus ou moins assumée, soit en cherchant la pacification des relations de travail, soit en réorganisant quelques secteurs-clés économiques, ce qui constitue les prémices d'un corporatisme plus global.

Le corporatisme à travers la pacification des relations de travail.

Un des premiers buts du corporatisme consiste à assurer la paix sociale, en passant par des relations harmonieuses entre tous les membres d'une même profession. La lutte des classes et la distinction entre patrons et ouvriers est censée être abolie dans un Etat corporatif, chacun travaillant finalement de concert, dans l'intérêt de la profession, et dans l'intérêt général. On verra d'ailleurs que les arbitrages et les conciliations en matière de travail répondent d'une certaine façon à cette logique : il ne doit pas y avoir de contestation sociale, ou alors celle-ci ne doit pas être visible, ni avoir de conséquences sur l'économie.

La question de la résolution des conflits de travail est assurément centrale pour le syndicalisme et le corporatisme. En effet, afin de mettre un terme à la lutte des classes, et d'assurer un équilibre des intérêts dans les rapports du capital et du travail, il ne faut pas seulement réglementer les relations de travail, à travers les conventions collectives, il faut aussi prévoir les mécanismes de résolution des litiges, par la profession elle-même, et dans la mesure du possible sans passer par un juge. Une profession organisée est capable de sa propre discipline, et de régler ses conflits elle-même, donc de se passer de toute intervention étatique. Une des difficultés consiste cependant à déterminer le rôle des différents acteurs : Etat, professionnels, et syndicats.

Aussi, il convient de souligner que plusieurs mesures du début du XXème siècle oscillent entre syndicalisme et corporatisme. Certaines intègrent les syndicats comme acteurs majeurs de cette pacification, d'autres sont plus clairement corporatistes, puisqu'elles visent à s'attaquer aux mouvements sociaux et aux grèves, qui conduisent finalement à une fracture entre salariés et patrons, et nuisent au bon développement économique.

Ces premières mesures apparaissent quand le syndicalisme français est moribond, et un premier texte de 1917 interdit déjà les grèves et les lock out[1]. Plus précisément, il était alors question d'instituer l'obligation de recourir à la conciliation ou à l'arbitrage devant des juridictions mixtes (Comités permanents de conciliation et d'arbitrage) et de rendre obligatoire l'exécution des sentences ainsi prononcées, sous peine de sanctions pouvant aller jusqu'à la réquisition.

Dans la même logique, le corporatisme s'appuie aussi fortement sur la conciliation, mais au moyen des lois de la profession, qui vont dans un premier temps reposer sur les conventions collectives. Ainsi, la loi du 25 mars 1919[2] avait prévu pour la convention collective un régime à base contractuelle : elle n'était valable que pour les parties et leurs membres, et il n'était pas possible de l'étendre, sauf, par voie contractuelle, entre les parties et les nouveaux adhérents. Il suffisait ensuite, pour se soustraire à l'application de la convention, de se retirer du syndicat.

Par la suite, le Front populaire mettra en œuvre également des mesures en vue d'apaiser les relations de travail. En effet, le Front Populaire ne répond pas à toutes les attentes sur le plan social. La détermination des salaires, la lutte contre l'autoritarisme patronal relèvent toujours de rapports de force, et surtout les projets majeurs consistent à lutter contre le fascisme, à mettre en place un programme anti-crise, à relancer l'économie par la demande, mais il n'y a pas de mesure spécifique visant à améliorer les relations professionnelles, ou relative à l'application et au respect du droit syndical[3]. Les conflits de travail doivent alors, ici aussi, reposer sur la conciliation et l'arbitrage.

Dans ce cadre, il convient de s'intéresser à la loi capitale du 24 juin 1936 sur les conventions collectives de travail. Le texte ne crée certes pas les conventions collectives, mais il ajoute à celles existantes, conclues sous

---

[1] Décret du 17 janvier 1917, *relatif au règlement des différends collectifs entre patrons et ouvriers libres de toute obligation militaire dans les établissements, usines et exploitations privés, travaillant à la fabrication des armements, munitions et matériels de guerre, J.O.*, 18 janvier 1917, p. 579.

[2] Loi du 25 mars 1919, *relative aux conventions collectives de travail, J.O.*, 28 mars 1919, p. 3181.

[3] J.-P. Le Crom, *Syndicats nous voilà ! Vichy et le corporatisme*, Les éditions de l'Atelier, coll. Patrimoine, 1995, particulièrement pp. 30-46.

l'empire de la loi du 4 mars 1919[1], une nouvelle catégorie, celle de la convention susceptible d'extension. Jusqu'en 1936, la pratique était peu utilisée, à partir de cette date, elle se développe.

Le but de la loi est clairement de réguler les relations entre employeurs et employés, et de permettre, à la demande d'une organisation syndicale, patronale ou ouvrière, de provoquer par le ministre du Travail la réunion d'une commission mixte afin de conclure une convention collective. Pour aboutir, elle doit désormais être signée par les syndicats patronaux et ouvriers les plus représentatifs dans son champ, qui est la branche au niveau local ou national. Ensuite, le domaine de négociation était large, et si elle aboutissait, elle devait comporter les éléments relatifs aux liberté syndicale et d'opinion des travailleurs, aux salaires minimums, aux congés, à l'apprentissage, aux conditions de règlements des différends etc. Enfin, les clauses de la convention pouvaient être étendues à l'ensemble des salariés des professions et des régions comprises dans son champ. La convention était donc dotée de fonctions règlementaires et d'une valeur juridique équivalente à la loi dans le champ concerné.

Le procédé aura un très grand succès, et comme le souligne J.-P. Le Crom « la convention collective devient bien la loi négociée de la profession et, à ce titre, elle constitue une sorte de réponse aux partisans de l'organisation corporative de la profession »[2].

La loi de 1936 allait donc plus loin que celle de 1919, car l'élaboration d'une convention collective pouvait être imposée, à la demande d'une partie. Ici, on n'était déjà plus dans le procédé contractuel. La loi visait d'ailleurs à réduire la compétence et le rôle des syndicats, qui ne disposaient plus que d'un pouvoir d'initiative et de consultation[3]. Ensuite, seuls les syndicats les plus représentatifs pouvaient être appelés par le ministre. Mais la loi ne précisait pas ce qu'il fallait entendre par là. Une circulaire du 17 août 1936[4] en précisait les contours : pour déterminer la représentativité du syndicat, il fallait tenir compte non pas du nombre des membres inscrits, mais du nombre de ceux payant effectivement et régulièrement leurs cotisations syndicales, ainsi que de leur l'importance relative par rapport aux inscrits[5].

---

[1] Loi du 4 mars 1919, *relative aux conventions collectives de travail, J.O.*, 28 mars 1919, p. 3181.

[2] J.-P. Le Crom, *Syndicats nous voilà ! Vichy et le corporatisme*, Les éditions de l'Atelier, coll. Patrimoine, 1995, particulièrement p. 34.

[3] Loi du 24 juin 1936, *modifiant et complétant le chapitre IV bis du titre II du livre Ier du Code du travail « De la convention collective de travail »*, *J.O.*, 26 juin 1936, p. 6698.

[4] Circulaire *relative à l'application de la loi du 24 juin 1936 sur les conventions collectives de travail, J.O.*, 3 septembre 1936, p. 9392.

[5] La Cour supérieure d'arbitrage avait pu décider également que la seule ancienneté du syndicat n'est pas non plus un critère de sa représentativité : Cour supérieure d'arbitrage, 13 juin 1938, *Syndicat patronal du commerce de la quincaillerie, D.S.*, 1938, p. 303. En revanche, il est possible de s'appuyer sur plusieurs critères, comme l'ancienneté,

Ces éléments permettaient de démontrer une certaine permanence du lien entre le syndicat et ses membres.

De plus, la loi imposait aussi le contenu des conventions, les parties n'étant pas entièrement libres de le déterminer : elle détaillait les matières sur lesquelles devait porter la convention ce qui dépassait très largement le cadre contractuel. La convention conclue, elle ne s'appliquait initialement qu'aux parties, c'est-à-dire les syndicats l'ayant signée, et leurs membres. Elle était donc élaborée par les syndicats désignés par le ministère, mais les syndicats non participants pouvaient y adhérer par la suite. Certes, l'adhésion était libre, et la convention ouverte, mais une fois de plus, l'idée est très éloignée du contrat. Surtout, la convention pouvait devenir la loi de la profession selon la volonté de l'Etat, si celui-ci intervenait par voie réglementaire. La procédure était simple : après notamment avis du Conseil national économique, le ministre devait prendre un arrêté rendant la convention collective obligatoire pour tous les membres de la profession, ouvriers et employeurs.

Ici on le voit, les syndicats ne disposaient pas directement d'un pouvoir de décision, ils participaient à la préparation de l'acte qui deviendrait la loi de la profession. Mais il fallait impérativement, pour cela, une intervention étatique, un acte de médiation, transposant la volonté des parties. Les syndicats n'avaient pas non plus le monopole de la représentation de la profession.

Avec la loi de 1936, tout de même assez éloignée de la vision corporatiste, il s'agit finalement plus d'une forme de syndicalisme teinté d'étatisme que d'un corporatisme d'Etat.

Néanmoins, c'est également sous le Front populaire que sont mises en place, dans un contexte de forte tension sociale, des mesures qui semblent plus inspirées par le corporatisme conciliateur que par le syndicalisme revendicatif, en matière d'arbitrage et de conciliation dans les relations de travail.

Ainsi, la loi du 31 décembre 1936 sur la conciliation et l'arbitrage obligatoire des conflits de travail[1] imposait que tous les différends collectifs (dans l'industrie et dans le commerce), soient soumis à de telles procédures avant toute grève ou tout lock out. Cette loi avait déjà un précédent avec

le nombre d'adhérents, l'activité du syndicat : Cour supérieure d'arbitrage, 22 juin 1938, *Union des syndicats patronaux de Boulogne et Calais, D.S.*, 1938, p. 303.

[1] Loi du 31 décembre 1936, *sur les procédures de conciliation et d'arbitrage dans les conflits collectifs de travail, J.O.*, 1er février 1937, p. 127. Voir sur des tentatives précédentes P. Grunebaum-Ballin, *Grèves et arbitrages obligatoires : le projet de loi Aristide Briand de décembre 1910 sur le règlement pacifique des différends d'ordre collectif relatifs aux intérêts professionnels des employés de chemins de fer d'intérêt général*, Sirey, 1937, 63 p.

celle du 27 décembre 1892[1]. Au départ, le texte était d'inspiration libérale, et la conciliation n'était pas obligatoire, un comité de conciliation était prévu, et à défaut d'entente en ce comité, un conseil d'arbitrage. En 1936, les procédures deviennent en revanche contraignantes, afin d'éviter le recours à la grève en cas de conflits. Il existait alors plusieurs degrés de conciliation : si un différend n'avait pas pu être réglé à l'amiable, une partie ou le préfet pouvait porter le litige devant une commission départementale de conciliation paritaire (1). En cas de désaccord, une commission mixte paritaire pouvait ensuite être saisie (2). En cas de désaccord à nouveau, une commission interprofessionnelle intervenait (3). Enfin, la loi admettait la participation des syndicats aux procédures d'arbitrage. Comme le soulignait alors J.-P. Rioux, avec cette loi, « les partenaires sociaux sentent qu'ils entrent dans l'âge de la négociation collective permanente sous le contrôle de l'Etat »[2].

Le système apparaît en réalité lent et peu efficace, aussi la loi du 4 mars 1938[3] complète et entend simplifier le dispositif, mais le système mis en place demeure très complexe : pour la conciliation, le différend était d'abord porté devant une commission départementale de conciliation, présidée par le préfet (1). La commission était paritaire (employeurs et salariés), et ses membres désignés par le préfet sur des listes établies par les chambres de commerce et les organisations syndicales représentatives. S'il y avait accord, alors la conciliation s'appliquait comme une convention collective. Sinon le différend était transmis à une commission paritaire nationale de branche (2). En cas de désaccord persistant, il pouvait y avoir recours à une commission nationale interprofessionnelle de conciliation, présidée par le ministre du travail (3).

Quant à l'arbitrage, il était prévu que les parties puissent choisir un arbitre commun, ou chacun le leur avec accord de l'autre partie. En cas de désaccord, le ministre le choisissait sur une liste, et en cas de nouveau désaccord, le ministre choisissait un surarbitre. Il ne s'agissait pas ici de juges mais d'amiables compositeurs qui jugeaient en équité.

Quoi qu'il en soit, ici encore, le but était clairement de préserver la paix sociale.

---

[1] Loi du 27 décembre 1892, *sur la conciliation et l'arbitrage facultatif en matière de différends collectifs entre patrons et ouvriers ou employés, J.O.*, 28 décembre 1892, p. 6276.

[2] J.-P. Rioux, « La conciliation et l'arbitrage obligatoire des conflits de travail », in R. Rémond et J. Bourdin (dir.), *Edouard Daladier, Chef de gouvernement*, Presses de la Fondation nationale des sciences politiques, 1977, pp. 112-128.

[3] Loi du 4 mars 1938, *sur les procédures de conciliation et d'arbitrage, J.O.*, 5 mars 1938, p. 2570.

La question de l'arbitrage est un point important de la réorganisation du travail, ce qui conduisit parfois à des réflexions et à des volontés de réformes plus globales[1].

Force est de constater qu'à la chute du Front populaire, il existait déjà un terrain propice à des mesures que le corporatisme promouvait : des règles avaient déjà été adoptées qui allaient dans le sens prioritaire de régulations économiques et de limitations des conflits sociaux. Certes, les textes ultérieurs seront d'idéologie tout autre, mais la base était là. L'idée progresse de restreindre le syndicalisme, associé au Front populaire, et d'enclencher un mouvement corporatiste, prenant appui sur ce qui existe déjà.

Le rôle des syndicats est alors remodelé ; tel est par exemple l'objet du décret-loi du 12 novembre 1938[2] qui impose des délégués du personnel dans tous les établissements industriels ou commerçants de plus de 10 salariés. Leur rôle consiste à transmettre à la direction les réclamations individuelles ou collectives relatives aux conditions de travail, à la règlementation, à l'hygiène, ou à la sécurité. En somme, l'idée est de prévenir tout conflit social, et de contourner le syndicalisme en agissant préventivement ; mais le texte vise en réalité à rétablir un équilibre économique en faisant des gestes en direction des patrons désignés comme juges-arbitres.

La perspective de la déclaration de guerre entraîna ensuite un blocage des conventions collectives et des contrats de travail, ainsi que des sentences d'arbitrage : ainsi, le décret du 1er septembre 1939 fixant le régime du travail suspendit la législation sur la conciliation et l'arbitrage[3]. Néanmoins, des mesures continuèrent d'être adoptées en matière syndicale, ainsi le décret-loi aussi du 10 novembre 1939[4], changea le statut du délégué, pour en faire un « instrument de paix sociale »[5]. Après avoir rendu illégal en septembre le Parti communiste[6], il convenait à présent de brider le syndicalisme qui lui était associé, en l'occurrence la CGT (marxiste).

---

[1] Voir *Droit social*, 1938, pp. 128-131.

[2] Décret du 12 novembre 1938, *portant statut des délégués du personnel modifiant le statut des délégués à la sécurité des ouvriers mineurs et relatifs aux groupements professionnels, J.O.*, 12-13 novembre 1938, p. 12876.

[3] Décret du 1er septembre 1939, *fixant le régime du travail, J.O.*, 6 septembre 1939, p. 11158.

[4] Décret du 10 novembre 1939, *relatif au régime du travail pendant la durée des hostilités, J.O.*, 16 novembre 1939, p. 13143.

[5] Voir aussi circulaire du ministère du travail du 14 décembre 1939, *relative à l'application du titre II du décret du 10 novembre 1939, en ce qui concerne la désignation des délégués du personnel, J.O.*, 16 décembre 1939, p. 13972.

[6] Décret du 26 septembre 1939, *portant dissolution des organisations communistes, J.O.*, 27 septembre 1939, p. 11770.

Tel est d'ailleurs le sens de « l'accord Majestic » du 7 octobre 1939[1]. Par cette entente tripartite entre les syndicats, le patronat et le gouvernement, il est question d'instaurer une concertation entre les différents partenaires, donc d'éviter toute perturbation sociale.

Ainsi, les restrictions visant à limiter voire à interdire les grèves se firent progressivement, en vue d'obtenir une paix sociale quasi-totale.

Comme le relevait en effet R. Savatier, en 1939 la grève et le lock-out[2] sont non seulement interdits, mais surtout ils n'ont plus de raison d'être[3]. Esmein estimait d'ailleurs : « La grève était interdite par le Code pénal. Rendue licite par le législateur du Second Empire, elle a été interdite par le gouvernement du Front populaire de 1936 »[4]. En effet, la loi du 31 décembre 1936 imposait déjà, dans le domaine de l'industrie et du commerce, que tous les différends collectifs soient soumis aux procédures de conciliation et d'arbitrage avant toute grève ou tout lock-out, ce qui revenait peu ou prou à les interdire. D'évidence de telles mesures conduisaient fatalement à une forme de corporatisme ; du reste l'esprit est le même. En effet, reporter une grève conduit le plus souvent à l'ajourner, d'abord dans l'attente à durée indéterminée d'un accord, ensuite par l'affaiblissement des syndicats pour qui la grève est généralement un moyen de pression capital. Quant à viser le lock-out aussi, c'est en quelque sorte se poser en Roi Salomon. Dès lors le terrain était largement préparé pour faciliter la tâche d'un régime autoritaire, bon nombre d'outils étaient déjà prêts.

Ainsi J.-P. Le Crom demandait : « L'arbitrage obligatoire ne mène-t-il pas inéluctablement au syndicat unique et au corporatisme ou à l'Etat totalitaire »[5] ? En tout cas « l'inverse est vrai puisque tous les systèmes autoritaires l'ont adopté ».

Les mesures adoptées avant la guerre sont, *volens nolens*, en quelque sorte pré-corporatives, et préfigurent un corporatisme plus global : elles en constituent les prérequis, s'accompagnant également de réformes institutionnelles. Certes la nouvelle organisation professionnelle s'opéra progressivement sans vue d'ensemble. Dans un second temps, c'est une réorganisation corporative sectorielle qui se mit en place.

---

[1] Voir *Droit social*, n°9, novembre-décembre 1939, p. 381.

[2] Il s'agit de la fermeture d'atelier ou d'usine décidée par le patron pour briser une grève. L'interdiction entrave donc aussi bien les syndicalistes (grève) que les patrons (lock-out).

[3] R. Savatier, « Régime actuel de la grève en droit français », *D.S.*, 1939, pp. 266-268.

[4] P. Esmein, « Le statut de la grève et du lock-out », *Dalloz hebdomadaire*, chron., IX, 18 mai 1939, pp. 33-36.

[5] Voir dans le même sens J.-P. Rioux, « La conciliation et l'arbitrage obligatoire des conflits de travail », in R. Rémond et J. Bourdin (dir.), *Edouard Daladier, Chef de gouvernement*, Presses de la Fondation nationale des sciences politiques, 1977, pp. 112-128.

Les tentatives d'organisation corporative.

A la fin de la IIIème République, certains secteurs-clés connaissent des organisations professionnelles qui ne sont pas sans éveiller un écho corporatif. Tel est par exemple le cas du sucre, deux décrets-lois d'août et octobre 1935 succèdent à un accord volontaire entre producteurs de betterave et producteurs de sucre[1] ; le but est la limitation de la production et le relèvement des prix. Toute construction nouvelle d'usine est soumise à une autorisation préalable des pouvoirs publics. Le secteur de la chaussure également est organisé, avec la loi du 22 mars 1936[2] qui transforme en règle générale un accord entre fabricants et marchands de chaussures, sous l'égide du ministre du Commerce ; le but est de fermer la profession à toute nouvelle concurrence. On trouve la même logique vis-à-vis des producteurs de chicorée par la loi du 24 mars 1936[3], afin d'en contrôler la récolte et la vente. On est bien ici dans des contrôles de la production économique.

En réalité, des textes créeront même déjà des comités professionnels[4], par exemple dans le secteur de la semoule : un décret-loi de 1938[5] avait prévu la création d'un comité professionnel, qui avait pour mission de fixer la quantité de blé à broyer par moulin notamment. Ce comité sera modifié en 1939[6].

De même, l'industrie du papier sera organisée sous la forme d'un comité professionnel[7]. Ici, une dépendance étroite avec l'Etat était mise en place, avec notamment le pouvoir des ministres de nommer les membres du comité, et de conférer aux délibérations force exécutoire.

---

[1] Décret du 30 octobre 1935, *relatif à la révision des contrats de betterave et au contingentement de la production du sucre, J.O.*, 31 octobre 1935, p. 11640. Le rapport au Président de la République précisait que le contrôle et la surveillance de l'Etat sur l'action concertée des producteurs et des transformateurs de betteraves à sucre constitue un « essai de collaboration technique entre les pouvoirs publics et la profession organisée ».

[2] Loi du 22 mars 1936, *tendant à protéger l'industrie et le commerce en détail de la chaussure, J.O.*, 24 mars 1936, p. 3275.

[3] Loi du 24 mars 1936, *tendant à limiter la culture de la chicorée en France suivant les besoins de la consommation, J.O.*, 26 mars 1936, p. 3419.

[4] Ce dont Vichy s'inspirera fortement, voir *infra,* pp. 105 et s.

[5] Décret du 26 juin 1938, *relatif au contingentement des semouleries et à l'organisation professionnelle de l'industrie semoulière, J.O.*, 28 juin 1938, p. 7309.

[6] Décret du 21 mars 1939, *relatif au contingentement provisoire de l'industrie semoulière, J.O.*, 22 mars 1939, p. 3734.

[7] Décret du 14 mars 1939 *portant constitution d'un Comité professionnel de l'industrie du papier, J.O.*, 18 mars 1939, p. 3520 pris en exécution d'un décret du 12 novembre 1938, *relatif à l'industrie du papier journal* (*J.O.*, 12-13 novembre 1938, p. 12919). Le but du Comité est notamment de créer une entente, laquelle pourra notamment étudier un programme d'ensemble comportant rachat corporatif éventuel des entreprises en infériorité technique.

Mais en vérité, ce ne sont pas *stricto sensu* ici des corporations ou des réalisations corporatives[1], car il s'agit de mesures d'intervention de l'Etat, même lorsqu'elles ont été prises à la demande des professions intéressées, ou lorsque leur collaboration en a assuré l'exécution. C'est donc le cas pour les chaussures, la chicorée, la betterave etc. Les mesures de coordination sont en réalité imposées par les pouvoirs publics ; surtout, il n'y a pas de plan d'action globale, il ne s'agit que de tentatives, de bribes corporatistes bien que l'idée soit là.

Malgré un texte plus général adopté le 17 juin 1938 – il s'agit du décret tendant à favoriser la réalisation de l'organisation professionnelle ou du progrès technique dans certaines branches de l'activité économique nationale[2] -, le corporatisme n'en est qu'à ses balbutiements.

Pourtant, parfois la greffe prend : ainsi le décret-loi du 24 mai 1938 sur l'organisation des pêches maritimes se démarque, et semble, avant Vichy, consacrer une des expériences corporatives les plus abouties[3]. En grande partie, cela tient à l'initiative de l'Entente interfédérale des pêcheurs de France. Surtout, les différents comités professionnels ou interprofessionnels par genre de pêche avaient un véritable pouvoir règlementaire, ils pouvaient fixer les dates d'ouverture et de fermeture des campagnes de pêche, déterminer le nombre de navires admis à pêcher, conclure des accords sur les prix, les conditions de livraison des produits etc. La production se trouvait donc être réglementée à l'intérieur même de la profession. Certes, cela nécessitait un certain arbitrage de l'Etat, aussi le ministre de la Marine marchande avait-il le pouvoir de suspendre la mise en application des décisions prises par les comités, et de les déférer à un comité d'arbitrage. Surtout, contrairement aux autres tentatives évoquées précédemment, une plus grande autonomie était reconnue à la profession : les délibérations étaient en principe exécutoires par elles-mêmes, l'Etat n'avait qu'un pouvoir d'annulation ou de suspension très strictement limité.

---

[1] Même si l'on se rapproche fortement du corporatisme d'Etat théorisé par Baudin, voir *supra*.

[2] Décret du 17 juin 1938, *tendant à favoriser la réalisation de l'organisation professionnelle ou du progrès technique dans certaines branches de l'activité économique nationale, J.O.*, 26 juin 1938, p. 7339.

[3] Décret-loi du 24 mai 1938, *tendant à faciliter la réorganisation des pêches maritimes, J.O*, 25 mai 1938, p. 5900 ; *D.S.*, 1938, p. 278, note H. Teitgen. Le texte dote les Comités d'un véritable statut juridique, ils n'avaient pas d'existence légale, et le Comité central de la pêche est chargé de veiller à la coordination des mesures dans le domaine. Il s'agit donc d'organiser des ententes professionnelles. Composés de représentants des armateurs, patrons et marins pêcheurs, ces Comités peuvent fixer les dates des campagnes de pêche, déterminer le nombre de navires autorisés à pratiquer, règlementer les sorties en mer, fixer et garantir le minimum de qualité des produits, faire des propositions aux pouvoirs publics etc. ; et décret du 25 mars 1939, *relatif à la réorganisation des pêches maritimes, J.O.*, 5 avril 1939, p. 4475.

Il s'agissait ici sans aucun doute d'une expérience corporative significative, certes pas totalement aboutie, notamment parce que les éléments ouvriers des professions industrielles et commerciales du poisson n'y avaient aucune part, et parce que les comités n'étaient pas compétents dans le domaine des relations entre les employeurs et les salariés. Néanmoins, l'esprit corporatiste était bien présent : l'organisation et la réglementation de la profession par la profession n'impliquent pas une exclusion totale de l'Etat.

Cependant, au-delà de ces applications corporatistes sectorielles, on remarque que des institutions de plus grande envergure ont vu le jour.

Ainsi, l'Office national interprofessionnel du blé a assurément pu être considéré comme une corporation. Créé par le décret du 6 octobre 1934[1], il fut modifié à plusieurs reprises, par la loi du 24 décembre 1934[2], les décrets du 17 mars 1935[3] et du 24 avril 1936[4], et surtout par la loi du 15 août 1936 qui organisa durablement l'office[5], et enfin par un décret de juin 1938[6]. Cet établissement public, jouissant de la personnalité civile et d'une autonomie financière, était composé de représentants de producteurs de blé (la profession de cultivateur doit être leur activité principale), mais aussi de consommateurs, de la meunerie, et de représentants des ministères. Il était prévu que dans chaque département soit institué un comité d'organisation et de contrôle de la production et du commerce des céréales, chargé notamment de répartir la vente de blé à la meunerie, d'émettre des avis sur les mesures relatives à la régularisation des cours, à l'organisation de la production etc.

Ici il est intéressant de relever que le législateur avait pris le parti de créer un véritable établissement public, avec toutes les caractéristiques et le

---

[1] Décret du 6 octobre 1934, *codification des textes législatifs concernant l'organisation et la défense du marché du blé, J.O.*, 14 octobre 1934, p. 10422.

[2] Loi du 24 décembre 1934, *tendant à l'assainissement du marché du blé, J.O.*, 25 décembre 1934, p. 12696.

[3] Décret du 17 mars 1935, *codification des textes législatifs concernant l'organisation et la défense du marché du blé, J.O.*, 21 mars 1935, p. 3224.

[4] Décret du 24 avril 1936, *codification des textes législatifs concernant l'organisation et la défense du marché du blé, J.O.*, 8 mai 1936, p. 4766. Le but est d'interdire le développement des moyens de production de la farine, et de limiter la quantité de blé pouvant être traitée dans chaque moulin. De plus, il revient à un Comité professionnel de la meunerie de formuler des propositions afin de fixer la quantité de blé. Des contingentements furent alors prévus, voir décret du 17 juin 1938, *relatif au contingentement des moulins et à l'organisation professionnelle de l'industrie meunière, J.O.*, 26 juin 1938, p. 7307. Le même décret sera adopté concernant la semoulerie et l'organisation de l'industrie semoulière (même jour, *J.O.*, p. 7309).

[5] Loi du 15 août 1936, *tendant à l'institution d'un office national interprofessionnel du blé, J.O.*, 18 août 1936, p. 8866.

[6] Décret du 17 juin 1938, *relatif à l'office national interprofessionnel du blé, J.O.*, 26 juin 1938, p. 733.

régime afférent, afin de représenter, de réglementer et de contrôler un secteur.

Ainsi, avant Vichy, plusieurs structures sont le signe d'un mouvement corporatiste, et surtout se démarque une institution : le Conseil national économique. Ce dernier est créé par un décret du 16 janvier 1925[1], modifié par une loi du 19 mars 1936, donc avant le Front Populaire[2]. Le Rapport au Président de la République de 1917 d'E. Herriot, précisait que cette création vise à unir toutes les forces productives, économiques et sociales. Son but est d'étudier les grandes questions économiques nationales, et surtout de rédiger des rapports sur les sujets variés d'ordre économique. Son rôle est donc consultatif. Initialement, le CNE devait être conçu comme le Conseil national allemand de la Constitution de Weimar, c'est-à-dire constituer un Parlement consultatif de travail, qui préparerait tous les projets de loi à caractère économique ou social, lesquels seraient ensuite votés au Parlement[3]. La création du CNE en 1925 ne va pas aussi loin, même si à ce moment la France s'inspirait de l'exemple de l'Allemagne en instituant une telle structure, détachée du Parlement avec un pouvoir consultatif, certes limité aux seules questions économiques.

En 1934, le projet Ramadier envisagea de réformer le CNE, et de le doter d'un statut plus complet, et notamment de conférer au CNE ce rôle de Parlement du travail[4]. Le CNE était alors chargé d'étudier les problèmes touchant à l'économie nationale, et d'émettre des avis sur les propositions et projets de loi pour lesquels il a été saisi par les autorités publiques (gouvernement, chambres, ou commissions parlementaires). Il pouvait également s'auto-saisir de toute question d'ordre économique, sociale ou financière Il était également chargé de proposer des mesures de contrôle et d'organisation de la production, des échanges, et d'arbitrer les conflits économiques. Il était alors présidé par le président du Conseil des ministres, et était divisé en plusieurs sections professionnelles, à qui était confié le rôle d'étudier les questions intéressant la ou les professions qu'elles

---

[1] Décret du 16 janvier 1925, *portant constitution d'un conseil national économique, J.O.*, 17 janvier 1925, p. 698 ; Loi du 19 mars 1936, *portant institution, organisation et création d'un conseil national économique, J.O.*, 21 mars 1936, p. 3186, rectifiée, *J.O.*, 27 mars 1936, p. 3453.

[2] Voir G. Scelle, « Le Conseil national économique. Son but, sa compétence, son fonctionnement », *Revue politique et parlementaire*, octobre 1924, pp. 100-109.

[3] Voir P. Pic, « Le corporatisme contemporain », *Revue politique et parlementaire*, septembre 1934, pp. 393-410.

[4] P. Ramadier, *Rapport fait au nom de la Commission de la réforme de l'Etat chargée d'examiner le projet de loi portant institution, organisation et fonctionnement d'un Conseil national économique, J.O.*, documents parlementaires, Chambre, annexe n°3537, séance du 7 juin 1934.

représentaient, et de formuler des solutions. Le but était de permettre le perfectionnement de l'apprentissage, l'organisation de la production, des échanges, des services, la loyauté et la moralité de la concurrence, ou encore le règlement des différends intéressant les professions. Les sections étaient alors composées, de façon paritaire, de représentants de chefs d'entreprises et de travailleurs, manuels et intellectuels. Vingt sections étaient prévues : transport et manutention, céréales, viticulture et culture des fruits et légumes, élevage, industrie chimique, industrie textile, cuirs et peaux, professions libérales, services publics, etc ; en somme ce qui correspondra plus tard peu ou prou aux différentes familles professionnelles[1]. En tout cas, clairement, il était question de faire ici du CNE un plein organe corporatif.

La réforme de 1936 permet au CNE de proposer les mesures de contrôle et d'organisation de la production et des échanges, d'arbitrer éventuellement les conflits économiques, et institue des relations entre le CNE et le Parlement, puisqu'il peut émettre des avis sur les projets et propositions de loi dont il a été saisi par les pouvoirs publics. D'après l'article 2 de la loi de 1936, il est composé de plusieurs sections professionnelles, chacune étant chargée d'étudier les questions intéressant les professions qu'elle représente, et d'apporter des solutions. Ces propositions concernent l'apprentissage, l'organisation de la production, la « loyauté et la moralité de la concurrence et des échanges », ou encore la rémunération, le règlement des différends etc. La section professionnelle est composée à part égale de représentants des chefs d'entreprises et des travailleurs. Néanmoins, l'Etat tranche et le CNE reste un organe consultatif, mais il devient un acteur essentiel de la vie économique, sociale, voire politique. Il s'occupe notamment de l'organisation des professions et d'un statut légal des Ententes[2].

Pour Le Crom, le CNE favorise des « convergences sur la politique économique, qu'on peut qualifier de « corporatistes », au sens large, car elles mettent l'accent, à rebours du « vieux libéralisme orthodoxe », sur la nécessité d'une discipline économique qui doit être réalisée par l'effort concerté des groupements et non par l'intervention de l'Etat ».

Le CNE apparaît bien comme un organe corporatiste, comme le traduisent par exemple ses positions relatives à la politique agricole, et l'idée selon laquelle « la profession doit être la base de l'organisation nouvelle »[3].

---

[1] Voir *infra*, pp. 115 et s.

[2] Voir H. Teitgen, « L'organisation professionnelle devant le Conseil national économique », *D.S.*, 1939, pp. 217-219.

[3] « Comités généraux interprofessionnels dans l'agriculture », *D.S.*, 1939, pp. 119-121, qui publie des extraits des conclusions adoptées par le CNE, dans sa session des 30 et 31 janvier 1939, sur la question de la politique agricole à suivre en vue de réduire le déficit de la balance commerciale (*J.O.*, 14 février 1939, Annexe administrative, p. 371).

Aussi, M. Leroy se demandait si la France en 1936, depuis notamment la mise en place du CNE, n'était pas devenu un Etat corporatif ; plus précisément il constatait que « la tendance dans l'Etat et hors l'Etat, fait pencher actuellement les prévisions vers l'institution d'un corporatisme à forme autoritaire dans les cadres d'un Etat renforcé » [1]. Il poursuivait en expliquant qu'il s'agit en tout cas de l'entrée de la profession dans le droit public.

La France connaît donc des expériences d'organisation professionnelle, corporatives même, à partir de la fin de la IIIème République, et en réalité avant.

Toujours est-il que cette période enclenche une forte remise en cause du syndicalisme et des luttes sociales. Vichy n'aura qu'à reprendre à son compte les théories et propositions développées précédemment : les fondations pré-corporatistes sont déjà là. En ce sens, la continuité entre la IIIème République et Vichy est double : elle se fait par les idées, mais aussi à travers les réalisations, Vichy n'a fait qu'accomplir un mouvement qui était latent, certes balbutiant, mais amorcé.

D'ailleurs, ainsi que le relève M. Bazex dans sa thèse, « l'organisation corporative du régime de Vichy se présente, par rapport au type antérieur, à la fois comme un prolongement et une réaction. Un prolongement d'abord parce que le régime allait dépasser la construction précédente : il poursuivait le mouvement, en donnant un caractère de principe à l'organisation corporative ». Mais le régime souhaitait également donner « un aspect nouveau à l'organisation corporative, en réaction contre le type antérieur : il réunissait aux mains d'un organisme unique les attributions dévolues auparavant à deux séries d'organismes distincts »[2].

En 1940, le libéralisme sera accusé des désordres ayant conduit à la défaite, au même titre que la lutte des classes : le corporatisme peut alors ouvrir sa voie, d'autant qu'il y a une réelle adhésion de la doctrine corporatiste à l'idéologie totalitaire qu'imposent les circonstances.

---

[1] M. Leroy, « Les tendances du pouvoir et de la liberté en France au XXème siècle », *Archives de philosophie du droit et de sociologie juridique*, n°3-4, 1936, pp. 7-85.

[2] M. Bazex, *Corporatisme et droit administratif. Le statut administratif des organismes professionnels*, 2 tomes, thèse, dactyl., Toulouse, 1967, p. 60.

Chapitre 2 : L'accomplissement du corporatisme sous Vichy.

La réorganisation professionnelle et économique du pays fait partie des priorités du régime de Vichy, puisqu'il convient de relancer au plus vite l'économie et l'industrie, et de contribuer à l'effort de guerre[1]. En effet, comme le souligne J. Marcou, « les velléités corporatistes pétainistes sont avec le retour à la terre, l'exaltation de la famille, le régionalisme autoritaire et l'antisémitisme, l'un des traits marquants de la politique du régime de Vichy »[2].

Ces différents éléments, du reste, constituent l'armature de la Révolution nationale, censée créer un homme nouveau[3], un régime nouveau, et un Etat nouveau.

Aussi le choix du corporatisme se fait-il non pas par défaut, mais par véritable adhésion : la doctrine offre à la Révolution nationale le modèle d'une réorganisation socio-économique, et elle séduit d'autant plus qu'elle s'inscrit dans la lignée du catholicisme social.

En outre, dans la mesure où des règlementations, des structures empreintes de corporatisme ont déjà été mises en œuvre, ou étaient sur le point de l'être, le régime de Vichy peut facilement s'en inspirer, se l'approprier.

Cependant, comme dans nombre de domaines, Vichy n'est pas précurseur, et s'inscrit plus dans une continuité avec la IIIème République que dans une véritable rupture[4]. Toutefois, le modèle corporatiste de Vichy présente un certain nombre de spécificités, liées notamment au fait qu'on est alors en présence d'une vision globale du corporatisme. Toutes les professions, tous les secteurs de la vie économique ou presque, doivent

---

[1] Voir notamment R. O. Paxton, *La France de Vichy. 1940-1944*, Seuil, coll. Points Histoire, 1973, mise à jour 1997, 475 p.

[2] J. Marcou, « Le corporatisme contre le corporatisme. Etudes des stratégies corporatistes sous Vichy », in D. Colas (dir.), *L'Etat et les corporatismes. Travaux de la mission sur la modernisation de l'Etat*, P.U.F., coll. Questions, 1988, pp. 68-87.

[3] Voir L. Yagil, *« L'homme nouveau » et la Révolution nationale de Vichy*, Septentrion, Presses universitaires de Lille, 1997 ; C. Pécout, « Les pratiques physiques et sportives au service de l'idéal vichyste : l'exemple des chantiers de la jeunesse (1940-1944) », *Sciences sociales et sport*, 2008/1, pp. 5-26 ; et du même auteur *Les chantiers de la jeunesse et la revitalisation physique et morale de la jeunesse française (1940-1944)*, L'Harmattan, coll. Espaces et temps du sport, Paris, 2007.

[4] Cette problématique est récurrente, voir par exemple B. Durand, J.-P. Le Crom et A. Somma (dir.), *Le droit sous Vichy*, Frankfurt am Main, Klostermann, 2006, 498 p. Voir aussi C. Benelbaz, B. Berthier, C. Froger, S. Platon (dir.), *L'œuvre législative de Vichy, d'hier à aujourd'hui : rupture(s) et continuité(s)*, Actes du colloque organisé les 23-24 octobre 2014 à l'Université de Savoie, Dalloz, coll. Thèmes et commentaires, 2017, 289 p.

contribuer au bien commun, être rattachés d'une façon ou d'une autre à l'intérêt général, ce qui implique de les réorganiser, parfois en profondeur.

Le corporatisme de Vichy ne préconise pas un retour à l'Ancien Régime, bien qu'on le pare à l'époque de certains mérites, notamment la stabilité économique qu'il assurait, et le fait que les corporations avaient en charge une police des professions. Il s'agit plutôt de s'inspirer du libéralisme de la fin du XIXème siècle pondéré par les doctrines reprises et approfondies vers les années 1920-1930[1].

Comme le souligne d'ailleurs H. Rousso, « les idéologies corporatistes de l'entre-deux-guerres (…) n'étaient pas perçues à l'époque comme « archaïques » » ; le dirigisme est donc l'option choisie pour orienter le corporatisme durant la période de Vichy[2]. Quoi qu'il en soit, ce phénomène se répand et devient un des points cardinaux du gouvernement. Néanmoins, si la période 1940-1944 est un accomplissement du corporatisme, elle n'en est pas pour autant son aboutissement. En effet, certaines mesures corporatistes seront soit des échecs, soit se contenteront d'aborder le corporatisme par secteurs, comme ce fut le cas pendant la IIIème République, et non dans une approche totale. Il ne s'agit pas d'un manque de volonté, mais d'une incapacité finalement à imposer à toute la société cette nouvelle vision de l'Etat et des professions.

Cela explique sans doute pourquoi un nombre important de textes adoptés par Vichy en la matière seront maintenus ou simplement épurés à la Libération. C'est d'ailleurs bien ce que relève H. Rousso : *a posteriori*, Vichy est plus une « étape vers le « néo-corporatisme » d'après-guerre qu'un aboutissement des idéaux corporatistes de l'avant-guerre »[3]. Il souligne également que la création par exemple des Ordres professionnels était moins une volonté étatique qu'une demande des professions, ce qui démontre que parfois le corporatisme fut plus réclamé que véritablement imposé.

Quoi qu'il en soit, le corporatisme mis en œuvre par Pétain se caractérise bien par l'autoritarisme et un dirigisme affirmé. Et comme il convient d'avoir la mainmise sur les différents acteurs économiques, très rapidement le gouvernement entend régler la question des syndicats, d'abord en les contrôlant, puis en les interdisant. Emerge ensuite, dans une nouvelle

---

[1] Voir R. O. Paxton, *La France de Vichy. 1940-1944*, Seuil, coll. Points Histoire, 1973, mise à jour 1997, pp. 120 et s.

[2] H. Rousso, « Vichy entre l'archaïsme et la modernité. Table ronde », in J.-P. Azéma et F. Bédarida (dir.), *Le régime de Vichy et les Français*, Fayard, coll. Pour une histoire du XXème siècle, 1992, pp. 357-368. Voir particulièrement la thèse de N. Paris, *L'impact du dirigisme économique de Vichy sur le droit administratif*, thèse, Université Bourgogne Franche-Comté, 2020, 1040 p.

[3] H. Rousso, « L'impact du régime sur la société : ses dimensions et ses limites », in J.-P. Azéma et F. Bédarida (dir.), *Le régime de Vichy et les Français*, Fayard, coll. Pour une histoire du XXème siècle, 1992, pp. 573-600.

approche, l'idée de fondre le syndicalisme dans une organisation paritaire patrons-ouvriers, c'est-à-dire en somme d'appliquer notamment les idées de F. Perroux qui dans les années 1930 avait conçu l'idée de Révolution nationale, tierce solution à égale distance du libéralisme et de l'étatisme[1].

C'est alors que commence à être instituée une forme d'organisation corporative paritaire, mais dont l'assise est syndicale : cela permet d'intégrer les syndicats, de les fusionner dans la nouvelle organisation, bien que cela conduise aussi à des confusions.

Par conséquent, et dès le départ, alors que l'idée corporative semble claire, la mise en œuvre est bien plus hésitante, entre autres parce qu'elle ne détermine pas véritablement la place accordée aux syndicats, intégrés peu ou prou dans le corporatisme.

Il n'existe pas de modèle unique d'organisation corporative, mais bien plusieurs, adaptés selon l'activité professionnelle. Sous Vichy, cela se traduit essentiellement par les comités d'organisation et les comités sociaux pour les activités industrielles et commerciales ; les organismes de la corporation agricole ; et les Ordres pour les professions libérales.

Malgré cette diversité de structures, il existait cependant une unité de fonctions : toutes étaient chargées de faire respecter l'intérêt général dans la profession, de l'organiser, de la réglementer, et de la représenter auprès des pouvoirs publics.

Vichy présente en somme sa propre conception du corporatisme (Section 1), accompagnée de ses applications concrètes, certes sectorielles et partielles (Section 2). Il en ressort alors un certain nombre de caractéristiques et de traits communs (Section 3).

---

[1] Voir *supra* ; Voir J. Julliard, « La Charte du Travail », in Fondation nationale des sciences politiques (dir.), *Le Gouvernement de Vichy 1940-1942 : institutions et politiques*, Presses de la Fondation nationale des sciences politiques, n°18, 1972, Paris, pp. 157-210 ; M. Roy, « Les syndicalistes et la Charte du Travail », *D.S.*, 1942, pp. 27-31.

Section 1. La conception du corporatisme de Vichy.

Le corporatisme est une doctrine, et comme telle elle repose sur un certain nombre de notions, d'actes, qui mettent ces idées en œuvre. Ses sources sont assurément R. de la Tour du Pin, F. Perroux pour l'essentiel. Ses artisans sont notamment X. Vallat, R. Belin[1]. Pétain lui-même en précisera progressivement les contours, ce qui démontre que ce phénomène était central pour mener à bien la Révolution nationale (§1). L'instrument phare est alors sans aucun doute les Comités d'organisation (CO), véritable œuvre corporatiste instituée dès 1940 (§2).

§1. La vision pétainiste du corporatisme.

Pétain expose très vite le nouvel ordre social qu'il entend construire, et qui repose finalement sur une certaine idée du corporatisme.

Déjà, dans l'exposé des motifs du projet de loi constitutionnelle confiant les pleins pouvoirs[2], on trouvait ces éléments : « Le Gouvernement sait bien, d'ailleurs, que les groupes sociaux : famille, profession, communes, régions, existent avant l'Etat. Celui-ci n'est que l'organe politique de rassemblement national et d'unité. Il ne doit donc pas empiéter sur les activités légitimes de ces groupes, mais il les subordonnera à l'intérêt général et au bien commun ; il les contrôlera et il les arbitrera. Certes, la vie économique de notre pays va connaître une orientation nouvelle. Intégrée au système continental de la production et des échanges, la France redeviendra agricole et paysanne au premier chef et son industrie devra retrouver ses traditions de qualité. Il sera donc nécessaire de mettre fin au désordre économique actuel par une

[1] Syndicaliste et un des principaux responsables de la CGT à la fin de la IIIème République, il devient ministre du Travail du 14 juillet 1940 au 18 avril 1942.

[2] Projet de résolution tendant à réviser les lois constitutionnelles, *J.O.*, Documents parlementaires, Chambre, annexe n°7205, session extraordinaire séance du 9 juillet 1940. Voir aussi le *Procès-verbal* de la Commission du suffrage universel, séance tenue à Vichy le 9 juillet 1940, visant à examiner le projet de résolution tendant à réviser les lois constitutionnelles. Si certains parlementaires (P. Tremintin, et M. Roldes) firent état de leurs craintes et notamment de l'interdiction de modifier la forme républicaine du gouvernement, Laval, alors vice-Président du Conseil œuvra pour couper court à tout débat (voir également *J.O.*, débats parlementaires, Chambre des députés, 10 juillet 1940, p. 814). Le projet est adopté à l'unanimité. Nous remercions vivement le service de la bibliothèque et des archives de l'Assemblée nationale, et particulièrement Jean-Antonin Cahéric, de nous avoir communiqué ces documents, et notamment le procès-verbal, inédit.
Voir également G. Liet-Veaux, « La « fraude à la Constitution ». Essai d'une analyse juridique des révolutions communautaires récentes : Italie, Allemagne, France », *R.D.P.*, 1943, pp. 116-150 ; R. Bonnard, *Les actes constitutionnels de 1940*, L.G.D.J., 1942, 180 p. ; A. Simonin, « En haine de la République parlementaire : Pierre Laval, 9 juillet 1940, in M. Deleplace (dir.), *Les discours de la haine : récits et figures de la passion dans la Cité*, Presses universitaires du Septentrion, 2009, pp. 269-285.

organisation rationnelle de la production et des institutions corporatives. La transformation des cadres professionnels conduira tout naturellement le Gouvernement à instaurer, dans la justice, un ordre social nouveau ». Ainsi, il est annoncé immédiatement que le nouveau régime aura des bases corporatives, et la première question consiste à en déterminer les sources. Il s'agit assurément d'une forme de paternalisme, et cela apparaît clairement dans les écrits et les discours de Pétain.

Ainsi, dans *la Revue des Deux Mondes* et dès septembre 1940, il présente son projet, en rupture *a priori* avec le régime précédent. Il part tout d'abord du constat qu'« il n'y avait rien de plus illogique, de plus incohérent, de plus contradictoire que le régime économique auquel nous avons dû, pendant cinquante ans et plus, une agitation chronique, jalonnée de conflits violents où la grève et le lock-out se disputaient à qui accumulerait le plus de ruines ». Or cela, on l'a vu, est erroné dans la mesure où grèves et lock-out étaient déjà interdits. Mais il annonce ensuite que le but de tout acteur, notamment économique, est de poursuivre le bien commun. Ainsi il admet que « si la concurrence est la loi de la vie et si les intérêts des patrons et des ouvriers peuvent être parfois opposés, l'intérêt général de la profession, qui leur est commun, doit dominer l'opposition de leurs intérêts particuliers, et qu'il est lui-même englobé dans l'intérêt plus général encore de la production nationale ». Il énonce alors une « une triple nécessité : nécessité d'organiser la profession sur une base corporative où tous les éléments d'une entreprise puissent se rencontrer, s'affronter ou se composer ; nécessité d'avoir, au sein de la profession organisée, un représentant de l'Etat chargé d'arbitrer souverainement les oppositions qui s'avéreraient autrement irréductibles ; nécessité d'avoir, en dehors et au-dessus des corporations ou communautés d'entreprises, un organisme d'Etat chargé d'orienter la production nationale selon les capacités du marché intérieur et les possibilités des marchés extérieurs, évitant ainsi des déperditions de forces et de richesses ». On le voit, le corporatisme envisagé par Pétain ne s'affranchit pas de la tutelle de l'Etat ; au contraire, ce dernier est acteur, régulateur, contrôleur. Surtout, il s'agit pour Pétain de condamner à la fois le socialisme et le capitalisme, en essayant de mêler les deux, ce qui lui permet de jeter les bases de sa vision du corporatisme : « Conçue suivant ces principes, la nouvelle organisation sociale ne sera pas « Libéralisme » puisqu'elle n'hésitera pas à combattre la violence qui se cache sous certaines libertés apparentes, et à chercher dans certaines contraintes légales un indispensable instrument de libération. Elle ne sera pas « Communisme » puisqu'elle respectera, dans une large mesure, la liberté individuelle et qu'elle conservera le puissant moteur du profit individuel. Elle ne sera pas « Capitalisme » puisqu'elle mettra fin au règne de l'économie et à son immorale autonomie, et qu'elle subordonnera le facteur argent, et même le facteur travail, au facteur humain ». Enfin, au-delà du paternalisme, il apparaît clairement que la vision pétainiste du corporatisme est fortement teintée des idées de la Tour du Pin et du catholicisme social : « Une de grandes nouveautés du christianisme a été d'apprendre à l'homme à accepter librement la nécessité du travail, et à conférer au travail le plus humble une valeur spirituelle. Nous aspirons de toute notre âme à restaurer cette valeur-là, qui repose en définitive sur le sentiment du devoir et le respect de la personne humaine » [1].

Ici, on est clairement en présence d'une doctrine s'inspirant de nombreux courants et auteurs, et qui correspond à une certaine image de la France, des professions, des travailleurs : tous doivent œuvrer main dans la main pour l'intérêt général. Le corporatisme est donc à la fois une des bases du nouveau régime, mais aussi un instrument pour redresser la France, c'est une fin et un moyen.

Ainsi Pétain ne se contente pas de présenter les éléments théoriques, il a également envisagé les modalités pratiques, qu'il conviendra rapidement de mettre en œuvre. Aussi conçoit-il le système comme une pyramide à trois étages[2]. A sa base, se trouve l'entreprise ; ensuite vient la profession organisée (communauté de communautés d'entreprises), avec un représentant de l'Etat ; enfin, au sommet, se trouve un organisme d'Etat.

Si les contours et les fonctions de la corporation ne sont pas davantage précisés dans un premier temps, ils le seront lors du discours à Saint-Etienne le 1er mars 1941[3]. Pétain y précise que la lutte de classes ne peut être abolie qu'en en faisant disparaître ses causes, c'est-à-dire la menace du chômage, l'angoisse de la misère, etc. « Il n'y aura pas de paix sociale tant que durera cette injustice », mais la loi ne peut suffire à créer l'ordre social, dit-il.

Dans le nouveau régime, il n'y a pas de place pour les conflits sociaux, car ils nuisent à tous : « Abandonnant tout ensemble le principe de l'individu isolé devant l'Etat et la pratique des coalitions ouvrières et patronales dressées les unes contre les autres, il [l'ordre nouveau] institue des groupements comprenant tous les membres d'un même métier : patrons, techniciens, ouvriers. Le centre du groupement n'est donc plus la classe sociale, patronale ou ouvrière, mais l'intérêt commun de tous ceux qui participent à une même entreprise »[4].

---

[1] P. Pétain, « La politique sociale de l'avenir », *Revue des Deux Mondes*, 15 septembre 1940, pp. 113.

[2] *Ibidem*.

[3] Voir *L'appel aux travailleurs*, Reproduit in J. Brethe de la Gressaye, H. Laufenburger, A. Garrigou-Lagrange, *Le corporatisme. Conférences prononcées à l'Athénée de Bordeaux, les 1er, 4 et 10 mars 1941*, Imprimerie Bière, Bordeaux, 1941, pp. 3-6.

[4] P. Pétain, *La France nouvelle*, Draeger, 1941, p. 145.

Aussi, c'est à l'Etat qu'il revient de donner à « l'action sociale, son impulsion, à indiquer les principes et le sens de cette action, à stimuler et orienter les initiatives ». Les causes de la lutte des classes ne pourront disparaître que si l'ouvrier se trouve intégré dans une communauté de travail : l'entreprise. Celle-ci sera « la base de la profession organisée qui est, elle-même, une communauté de communautés ». Pétain demandait alors aux patrons, aux ouvriers et ingénieurs, notamment de « se pénétrer de la doctrine du bien commun au-dessus des intérêts particuliers ».

La Révolution nationale s'appuie donc naturellement sur le corporatisme, M. Bouvier-Ajam affirme d'ailleurs que son sort est lié à celui de la corporation[1].

Il faut y revenir, l'entreprise doit être le socle du corporatisme français[2]. Là réside une première différence avec les modèles de l'époque, dont Vichy souhaite se démarquer. Ainsi en est-il du corporatisme fasciste italien, lequel avait mis le syndicat de classe à la base du corporatisme. L'article 3 de la Charte italienne du Travail disposait que « le syndicat, reconnu par la loi et soumis au contrôle de l'Etat, a le droit de représenter légalement la catégorie d'employeurs ou d'ouvriers qui l'ont créé ». Les rapports entre patrons et ouvriers étaient alors déterminés par un contrat collectif de travail, conclu sous l'égide de l'Etat, entre les différents syndicats fascistes, d'ouvriers et d'employeurs. Quant au modèle allemand, à la base se trouvait également l'entreprise, plus précisément la communauté d'entreprise selon la terminologie nazie : l'entreprise réalisait elle-même l'entente entre patrons, techniciens et ouvriers. L'idée était que la communauté d'entreprise permette, au contraire des syndicats qui divisent, une osmose, la réalisation de l'œuvre commune de production, et donc à la fois une liberté morale, une loyauté réciproque entre ouvriers et patrons, et le respect de l'autorité du chef.

Analysant le modèle pétainiste, P. Lucius en conclut que l'entreprise, « cellule de base de l'organisation nouvelle, sera une communauté de personnes utilisant le capital, c'est-à-dire des instruments de production, sans qu'il puisse prétendre, en tant que tel, à la direction de l'activité productrice. La corporation, communauté des communautés d'entreprises, désignera son comité directeur, dont l'Etat reconnaîtra la compétence par un acte public. Le syndicat, étranger à la désignation du comité directeur de la corporation, représentera et défendra les intérêts privés et changeants du corps

[1] M. Bouvier-Ajam, « Avant-propos », in *La doctrine corporative*, Librairie du Recueil Sirey, Institut d'études corporatives et sociales, 5ème édition, 1943, p. 6.

[2] P. Lucius, *La doctrine corporative du Maréchal*, Editions CEP, Librairie Paillard, Paris, 1943, 48 p.

professionnel sur le plan régional ou de la spécialité, ainsi que ceux du métier ».

Enfin, S. Douence, dans sa thèse soutenue en 1942, donc en plein âge d'or du corporatisme, étudia et synthétisa l'état du droit corporatiste de Pétain, et ses inspirations, afin d'en montrer les spécificités[1]. Elle soulignait d'emblée que le corporatisme est souvent défini comme « la direction de la production par la profession organisée » ; or précisait-elle, cette définition est incomplète et fausse. En effet, la production est certes un problème technique, mais ce n'est pas le seul, il y a également la question humaine, plus précisément le problème des « intérêts matériels, moraux, spirituels des producteurs à tous les degrés de l'échelle »[2]. Aussi, selon elle, la corporation telle qu'elle est envisagée à travers la Révolution nationale, est « l'association en une même institution de droit public de tous les éléments humains, réunis par l'exercice d'un métier, éléments également représentés et protégés, assurés de la propriété de leur métier et unis dans l'exercice de leur commun service social ». Dit autrement, la dimension morale, la protection des intérêts mais aussi la représentation de tous les membres de la profession, sont les éléments capitaux de la corporation. Tous les acteurs doivent y participer et se voir représentés dans une structure publicisée. La corporation gère alors la totalité de la vie professionnelle des individus, puisque même ceux qui ne travaillent plus (chômeurs, retraités), y restent rattachés. La corporation est un élément fondamental de cohésion sociale[3], qui aura pour but non seulement de règlementer l'économie et de la réorganiser, mais aussi d'assainir les rapports sociaux. C'est pourquoi elle doit disposer de pouvoirs de règlementations, à la fois de la profession même, mais aussi de la discipline.

Pour cela, chaque organe corporatif doit pouvoir disposer de moyens spécifiques, adaptés à ses missions et à ses fonctions. Afin de remplir son devoir, sa fonction sociale, il lui faut un droit propre, un privilège (*privata lex*). La corporation devient par conséquent et nécessairement un organe public, avec ses lois spécifiques, et dispose d'une place particulière dans l'organisation de l'Etat. En contrepartie, elle doit remplir un service public. L'Etat et la corporation sont liés par un contrat moral, l'Etat ne dicte pas les règles mais les homologue. Mais pour être viable, la corporation doit posséder un patrimoine, et ce dernier est essentiel, puisqu'alimenté par les

[1] S. Douence, *Essai sur le corporatisme français*, thèse, Bordeaux, Imprimerie Bière, 1942, 152 p. La thèse comporte une dédicace à « Monsieur le Maréchal Pétain chef de l'Etat français, en hommage respectueux ».
[2] *Idem*, p. 12.
[3] Voir *supra*.

cotisations, il permet d'assurer les caisses de prévoyance, d'assurances, donc de remplir sa fonction sociale.

On constate, à travers ces travaux, que la volonté du régime du Vichy épouse les idées des doctrinaires afin de réaliser notamment les idées de R. de la Tour du Pin[1]. En effet, il s'agit d'aborder le corporatisme dans une dimension globale, et surtout de le doter d'un véritable régime de droit public. Il convient de conférer enfin aux corporations un statut et d'en déterminer les fonctions précises. En ce sens, si Vichy s'inspire fortement de ce qui était déjà existant ou sous-jacent durant la IIIème République, il va bien plus loin.

En somme, s'élabore une véritable doctrine où le droit doit sanctionner les mises en œuvre de la théorie. Le corporatisme a alors ses propres théoriciens, ses auteurs. Outre les très nombreuses publications et travaux en la matière pendant cette période (les juristes notamment connaissent un engouement pour le corporatisme), il est même créé un Institut d'études corporatives et sociales, lequel sera placé sous le haut patronage du chef de l'Etat français[2], et qui doit servir d'outil de propagande de la Charte du Travail et de la corporation[3].

On le voit, ce sont non seulement des écoles du corporatisme qui se créent, mais également ses fondations. L'essentiel repose alors sur une des œuvres majeures de Vichy : les Comités d'organisation.

---

[1] Voir R. de la Tour du Pin Chambly de la Charce, *Vers un ordre social chrétien. Jalons de route, 1882-1907,* 6ème édition, Beauchesne et ses fils, 1942, pp. 16-35, et p. 499.

[2] Les encouragements et le patronage de Pétain furent déjà accordés à l'Institut par une lettre adressée à son Directeur le 27 juin 1941, reproduite dans M. Bouvier-Ajam, *La doctrine corporative*, Librairie du Recueil Sirey, Institut d'études corporatives et sociales, 5ème édition, 1943, p. 295.

Le haut patronage sera confirmé par la Décision n°2 du 6 mai 1943 *portant attribution du patronage du Maréchal de France, chef de l'Etat*, *J.O.*, 11 mai 1943, p. 1302 ; *Informations générales*, n°142, 18 mai 1943, p. 290.

[3] Voir S. L. Kaplan, « Un laboratoire de la doctrine corporatiste sous le régime de Vichy : l'Institut d'études corporatives et sociales », *Le mouvement social*, 2001/2 (n°195), pp. 35-77, et du même auteur, « Un creuset de l'expérience corporatiste sous Vichy : l'Institut d'études corporatives et sociales de M. Bouvier-Ajam », in S. L. Kaplan et P. Minard (dir.), *La France, malade du corporatisme ? XVIIIème-XXème siècles*, Belin, coll. Socio-histoires, 2004, pp. 428-468.

Frappé du sceau de Vichy, l'Institut d'études corporatives et sociales est dissous par décret en 1945 : Décret n°45-2173, du 22 septembre 1945, *portant dissolution de l'institut d'études corporatives et sociales*, *J.O.*, 24-25 septembre 1945, p. 6019.

§2. Les CO, base de l'organisation corporative.

Dès le 16 août 1940[1] sont adoptées les premières mesures majeures dans le domaine du travail et de l'organisation professionnelle, par la loi concernant l'organisation provisoire de la production industrielle, qui crée les Comités d'organisation (CO)[2]. Ainsi que l'indique le Rapport au chef de l'Etat de René Belin, alors secrétaire d'Etat à la production industrielle et au travail, il convenait de prendre les mesures essentielles pour le « redressement matériel et moral du pays ». Dans la mesure où il n'était pas envisageable d'attendre une organisation venant de la libre initiative des industriels, il convenait alors à l'Etat d'agir, afin de faire régner sur les activités industrielles une « stricte discipline » ; en effet, « seul l'Etat dispose de moyens d'action et d'autorité immédiatement efficaces ». Les différentes branches d'activité économique doivent reposer sur une collaboration entre les représentants de l'Etat et les représentants des employeurs et des salariés.

Il y a avant tout un « souci d'autorité » selon Belin : le gouvernement aura le pouvoir de dissoudre les groupements rassemblant les organisations professionnelles patronales et ouvrières, qui, d'après lui, perdent leur caractère professionnel pour adopter un caractère politique. Les syndicats sont directement visés. De même, seront dissous les groupements susceptibles de nuire à l'action économique, ou de l'affaiblir. Aussi, Belin précise qu'avec les comités d'organisation, il ne peut être question de laisser aux intéressés une entière liberté : leur composition sera déterminée par le ministre, et un contrôle sera effectué sur les décisions qu'elles prendront. Mais le souci d'autorité implique également des pouvoirs étendus reconnus aux CO : Belin reconnaît que la loi de 1938 relative à l'organisation de la Nation en temps de guerre donnait déjà la possibilité de prendre des mesures identiques à celles prévues à l'article 2 de la loi de 1940 (recensement des moyens de production, organisation de la répartition des matières premières, contrôle des prix etc.)[3]. Une économie dirigée, comme celle qu'entend mettre en place le régime, implique des mesures analogues. Mais il convient aussi de discipliner les activités, donc d'instaurer des sanctions : c'est pourquoi les comités pourront édicter leurs règles.

Ici, il s'agit de faire du corporatisme sous une forme dirigiste, en s'appuyant sur les dispositifs juridiques et institutionnels déjà existants,

---

[1] La loi constitutionnelle instituant l'Etat français date du 10 juillet, il s'agit donc d'une des premières mesures du régime.

[2] Loi du 16 août 1940, *concernant l'organisation provisoire de la production industrielle*, *J.O.*, 18 août 1940, p. 4731.

[3] Article 49 de la loi du 11 juillet 1938, *sur l'organisation de la nation pour le temps de guerre*, *J.O.*, 13 juillet 1938, p. 8330 : « En temps de guerre, des groupements de producteurs et de commerçants patentés et de consommateurs, même ayant le caractère de sociétés commerciales, pourront être constitués en vue de procéder, sous le contrôle de l'Etat (...) à toutes les opérations de réunion et de répartition d'une catégorie déterminée de ressources. Ces groupements pourront être organisés dès le temps de paix par arrêtés ».

mais aussi en les dépassant. Surtout, le texte était conçu initialement comme ne devant être que provisoire ; aussi un texte général et de plus grande envergure était-il envisagé, toujours en vue d'un corporatisme global[1].

Concrètement, la loi du 16 août 1940 bouleverse l'ancienne organisation professionnelle : tout d'abord, le gouvernement estime que pour régir la production industrielle, il convient de la soustraire à l'action des syndicats, et donc aux questions des conditions de travail. De même il faut affranchir l'organisation de la production de l'action des ententes entre producteurs.

Pour ce faire, la loi du 16 août cherche à limiter l'activité des groupements professionnels : l'article 1er permet au gouvernement de dissoudre par décret les groupements généraux rassemblant, à l'échelle nationale, les organisations ouvrières et patronales, et autorise la dissolution des organismes professionnels dont l'activité se révélerait nuisible au bon fonctionnement d'une branche d'activité ou incompatible avec l'organisation nouvelle instituée.

C'est en application de ce texte que seront dissoutes la CGT, la CFTC, la Confédération générale du patronat français etc.[2]

Ensuite, la loi porte organisation provisoire de la production industrielle, et crée, dans chaque branche d'activité industrielle ou commerciale, un Comité provisoire d'organisation, dont le directeur responsable est nommé par décret, ainsi que la commission consultative qui l'assiste. La plupart du temps, les membres des Comités d'organisation sont les chefs d'entreprise, ce qui conduit en réalité à un « véritable dirigisme privé fonctionnant au profit du patronat »[3]. Quant à l'unité retenue, ce n'est pas la profession, mais la branche d'activité industrielle ou commerciale, c'est-à-dire le cycle entier de production, l'ensemble des professions, donc toutes les activités professionnelles qui concourent au cycle de production (fabrication, vente) d'un produit déterminé.

Chaque comité est alors chargé, « sous l'autorité du ministre », en réalité représenté par un commissaire du gouvernement[4], de traiter tous les problèmes généraux relatifs à la branche d'industrie intéressée : recensement des entreprises, de leurs moyens de production, des stocks, de la main

---

[1] L'exposé des motifs précisait qû'une législation d'ensemble était envisagée en matière économique (projet complet d'organisation industrielle).

[2] Décrets du 9 novembre 1940, *portant dissolution de divers groupements sur le plan national, J.O.*, 12 novembre 1940, p. 5653, textes signés par Belin.

[3] J. Julliard, « La Charte du Travail », in Fondation nationale des sciences politiques (dir.), *Le Gouvernement de Vichy 1940-1942 : institutions et politiques*, Presses de la Fondation nationale des sciences politiques, n°18, 1972, Paris, pp. 157-210.

[4] Anonyme, « Le problème financier dans les Comités d'organisation et le rôle du commissaire du gouvernement », *D.S.*, 1942, pp. 130-132.

En cas de carence du CO, le ministre, à travers le commissaire du gouvernement, se substituait à lui.

d'œuvre, de déterminer les programmes de production, de fixer également les règles concernant les conditions générales des activités des entreprises, le souci de la qualité, l'emploi, la régularisation de la concurrence etc. L'organisation sociale en revanche leur échappe[1]. L'explication tient ici au caractère provisoire de cette loi.

Enfin, l'article 8 place sous la surveillance des comités nouvellement créés la production, tous les syndicats, associations, groupements etc. Cela consiste à affaiblir considérablement les syndicats : il devient difficile de s'opposer aux décisions prises par les comités. Si tel est le cas, pèse la menace de la dissolution.

En définitive, les CO créés par la loi du 16 août 1940 doivent bien être distingués d'autres structures qui seront instituées ultérieurement : d'abord du Comité d'organisation professionnelle (Comité des 21), créé par le décret du 28 février 1941[2], organe consultatif chargé d'élaborer un projet de statut des professions, la Charte du Travail. Dans son rapport au chef de l'Etat, Darlan précisait que « les principes qui doivent inspirer l'organisation professionnelle dans l'ordre nouveau » ont été fixés, et le but est que les intérêts égoïstes s'effacent devant le bien commun. Le président de ce comité était Henri Moysset, secrétaire général de la vice-présidence du Conseil.

Ensuite ils se distinguent des Comités sociaux qui seront, on le verra, la pierre angulaire de la Charte du Travail. Ils étaient prévus pour chaque famille professionnelle aux échelons nationaux et locaux, et étaient chargés d'organiser la collaboration entre les diverses catégories. De même ils sont à différencier des Comités sociaux d'entreprise, identiques aux précédents à l'échelon de l'entreprise ou de l'établissement.

Enfin, furent mises en place des commissions nationales provisoires d'organisation professionnelle, qui, étaient chargées d'un rôle provisoire de délimitation des familles professionnelles ; leur action conditionnait l'application de la Charte.

Les CO sont donc des entités nouvelles et spécifiques, qui ont plusieurs particularités : d'abord elles sont dotées de la personnalité juridique, peuvent ester en justice, autrement dit ce ne sont pas seulement des organismes de décision en charge de diriger ou de coordonner, par des règlements, une activité. Ce sont également des organismes de gestion, qui doivent constituer

---

[1] Voir J.-P. Le Crom, « Le cadre légal et les spécificités françaises du syndicalisme sous l'Occupation », in M. Margairaz et D. Tartakowsky (dir.), *Le syndicalisme dans la France occupée*, P.U.R., coll. Histoire, 2008, pp. 49-55.

[2] Décret du 28 février 1941 et arrêté du 26 mars 1941, *instituant un Comité d'organisation professionnelle et en fixant la composition, J.O.*, 27 mars 1941, p. 1316.

des services « susceptibles d'assurer un meilleur fonctionnement de la branche d'activité, dans l'intérêt commun des entreprises et des salariés » (article 2).

Quant à leurs pouvoirs, les CO peuvent diriger l'économie de la branche dont ils ont la charge. Le ministre dispose à leur égard d'un pouvoir de surveillance et de contrôle, puisqu'il en nomme les membres, et peut révoquer. Ensuite le ministre peut donner des ordres : les CO exercent leurs pouvoirs sous son autorité.

Le CO dispose cependant de pouvoirs disciplinaires, en cas de manquement aux règlements. Certes, déjà le décret-loi du 12 novembre 1938 relatif aux procédures de conciliation et d'arbitrage[1] frappait d'inéligibilité et d'exclusion partielle les employeurs refusant de se conformer aux règlements professionnels. Mais comme le relevait P.-H. Teitgen, « ainsi s'élabore progressivement un droit autonome de la répression des manquements aux règlements professionnels »[2] ; en somme un droit corporatif s'ébauche.

Toutefois, pour le même auteur, la loi relevait davantage de l'économie dirigée que du corporatisme, dans la mesure où ici les chefs d'entreprises comme les entreprises sont soumis à un pouvoir disciplinaire confié au ministre, tandis qu'un régime corporatiste impliquerait une autorégulation de la profession. Or pour lui les CO n'étaient pas des organismes de type corporatif *stricto sensu*.

Si la loi donnait à l'Etat « le pouvoir et les moyens de « diriger » la production industrielle »[3], comme le soulignait P.-H. Teitgen, les lois antérieures du 21 juin 1936 sur les conventions collectives, du 31 décembre 1936 et du 4 mars 1938 sur les conflits collectifs de travail avaient déjà permis à l'Etat de diriger, sinon le travail et l'économie, au moins les salaires, ce qui avait eu un impact sur les productions. Mais en même temps, suite à la crise de 1929 et à ses conséquences, l'Etat n'avait su trancher entre une économie dirigée directement par lui, par des organismes professionnels telles des corporations, ou semi-dirigée.

---

[1] Décret du 12 novembre 1938, *relatif à la procédure de conciliation et d'arbitrage, J.O.*, 12-13 novembre 1938, p. 12866.

[2] P.-H. Teitgen, « La loi du 16 août 1940 sur l'organisation de la production industrielle », *J.C.P.*, 4-1941, étude 196.

[3] P.-H. Teitgen, « La loi du 16 août 1940 sur l'organisation de la production industrielle », *J.C.P.*, 4-1941, étude 196. Voir aussi pour des études critiques de la loi, estimant que le texte n'allait pas assez loin, A. Croquez, « Un premier essai d'organisation professionnelle », *Gaz. Pal.*, 1940, 2ème semestre, pp. 68-70 (1ère partie), et « Vers l'organisation professionnelle », *Gaz. Pal.*, 1940, 2ème semestre, pp. 83-86 (2ème partie). Du même auteur encore « L'organisation professionnelle telle qu'elle résulte des lois des 16 août 1940 et 10 septembre 1940 », *Gaz. Pal.*, 1941, 1er semestre, pp. 83-100 ; et « L'organisation professionnelle », *Gaz. Pal.*, 1941, 2ème semestre, pp. 40-42.

Pour sa part, L. Baudin confiait en novembre 1940 : « Nous ne pouvons pas dire que l'on ait adopté une politique corporative »[1].

Pour certains, donc, la loi du 16 août est plus d'inspiration étatiste et dirigiste que corporatiste. Pourtant, loin d'une concentration étatiste, c'est une décentralisation systématique qui est mise en place et elle trouve son expression dans les comités[2].

En réalité, la perspective était bien d'organiser les professions et les secteurs d'activité sous forme corporative, ce que confirme le 2 décembre 1940 la loi relative à l'agriculture[3] qui mentionne pour la première fois l'organisation corporative, et supprime les chambres d'agriculture.

De même, la loi du 10 septembre 1940[4] portant organisation de la répartition des produits industriels, avait créé, auprès du secrétaire d'Etat à la production industrielle et au travail un Office central de répartition des produits industriels. Il était divisé en sections, dotées de la personnalité civile, et chacune fixait les règles relatives à l'acquisition, à la répartition, ou encore au stockage et à la vente des produits dont elle avait la charge. Elles pouvaient aller jusqu'à obliger les producteurs à vendre à des acheteurs déterminés, obliger les consommateurs à acheter à des fournisseurs déterminés, interdire ou prescrire des emplois, etc. Les sections étaient dirigées par un répartiteur assisté d'un comité consultatif, et un commissaire du gouvernement assistait à toutes les réunions du comité.

Assurément, si ces textes se rattachaient à la loi du 11 juillet 1938 sur l'organisation de la Nation en temps de guerre, ils se caractérisaient par un fort étatisme, et, règlementant des secteurs d'activité, étaient clairement d'inspiration corporatiste.

On peut observer qu'en 1940, le mouvement est lancé, selon une logique qui repose sur une corporation unique pour le domaine concerné, un pouvoir règlementaire et représentatif qui lui est reconnu, et qui s'applique même aux non-affiliés ; les questions économiques et sociales sont confiées à la corporation, etc. En somme, il s'agit de la mise en œuvre des idées de la Tour du Pin.

---

[1] L. Baudin, *Le corporatisme*, L.G.D.J., coll. D'études économiques, 1941, p. 135.

[2] A. Croquez, « Vers l'organisation professionnelle », *Gaz. Pal.*, 1940, 2ème semestre, pp. 83-86 (2ème partie).

[3] Loi du 2 décembre 1940, *relative à l'organisation corporative de l'agriculture, J.O.*, du 7 décembre 1940. Voir H. Teitgen, « La loi du 2 décembre 1940 sur l'organisation corporative de l'agriculture », *J.C.P.*, 11-1941, étude 225, et J. Du Plessis, « Le syndicat corporatif local d'après la loi sur la corporation agricole », *J.C.P.*, 12-1941, étude 233.

[4] Loi du 10 septembre 1940, *portant organisation de la répartition des produits industriels, J.O.*, 12 septembre 1940, p. 4970. Elle est indiquée comme étant du 10 août, la date est rectifiée, *J.O.*, 13 septembre 1940, p. 4984.

Surtout, la loi d'août 1940 a pour effet de publiciser des pans entiers d'activités qui jusque-là étaient l'apanage du secteur privé et donc du droit privé, même si ce dernier n'a alors pas non plus totalement disparu de la vie industrielle et commerciale, en tout cas pas tant que des actes administratifs ne sont pas intervenus[1]. La question majeure, on le verra, consistera principalement à déterminer le régime applicable aux CO.

Section 2. Les domaines d'application de la logique corporatiste.

En vertu de la loi d'août 1940, un certain nombre de secteurs est progressivement organisé à travers les CO ; il s'agit ici d'encadrer les activités industrielles et commerciales (§1). Puis la Charte du Travail tente d'instituer un corporatisme plus large et global (§2). Enfin, une des œuvres importantes de Vichy en matière d'organisation professionnelle est relative aux Ordres (§3).

§1. L'encadrement des activités industrielles et commerciales.

Tout d'abord, conformément à la loi, de nombreux CO sont créés dans divers secteurs d'activités[2]. Ainsi, le premier comité est celui de l'industrie et du commerce de l'automobile et du cycle[3].

Souvent, la règlementation concernera des secteurs qui avaient déjà commencé à être encadrés avant Vichy. Tel est le cas de la navigation, à travers l'Office national de la navigation qui est modifié par la loi du 11 novembre 1940[4]. Initialement créé par la loi du 27 février 1912[5], il était chargé de centraliser et de porter à la connaissance du public les renseignements concernant la navigation intérieure, de rechercher les moyens de la développer, et d'améliorer l'exploitation des voies navigables. L'office avait alors la personnalité civile et l'autonomie financière. Le texte de 1940 précise qu'il s'agit d'un établissement public industriel et

---

[1] G. Desmouliez, « Les Comités d'organisation et le droit privé », *J.C.P.*, 1943-2, I, 352.

[2] Pour une liste des principaux CO créés, voir *infra* « Annexe 2 : Liste des principaux Comités d'organisation et de leurs textes constitutifs », p. 251.

[3] Décrets du 30 septembre 1940, *portant constitution d'un Comité d'organisation de l'industrie et du commerce de l'automobile et du cycle et nomination de membres dudit Comité, J.O.*, 1er octobre 1940, p. 5201.

[4] Loi du 11 novembre 1940, *portant réorganisation de l'office national de la navigation, J.O.*, 23 novembre 1940, p. 5786.

[5] Loi du 27 février 1912, *portant fixation du budget général des dépenses et des recettes de l'exercice 1912, J.O.*, 28 février 1912, p. 1850, article 67.

commercial, qui dispose de fonctions de règlementation et de gestion, ce qu'admettra plus tard la jurisprudence[1].

Pour le secteur du cuir également, il y avait déjà des prémices corporatistes sous la IIIème République : ainsi la loi Poullen du 22 mars 1936[2] interdisait l'ouverture de toute nouvelle fabrique de chaussures et de tous magasins, rayons de vente ou organismes quelconques de réparation ou de distribution de chaussures au détail, ainsi que tout transfert ou travaux d'agrandissement, sauf autorisations. De même, la loi du 25 juin 1936[3] protégeait la profession et la vente, notamment contre la fraude.

Un CO est logiquement créé dans le secteur des cuirs verts[4] et peaux, qui regroupe les collecteurs de cuirs et de peaux de métropole et d'outre-mer, les importateurs de cuirs exotiques, les bouchers en tant que fournisseurs de verts etc[5].

Parfois en revanche, on assiste à des créations nouvelles dans des domaines variés : tel est le cas du papier[6], du textile[7] et du bois[1]. Le secteur bancaire également est règlementé, avec les lois des 13 et 14 juin 1941[2].

---

[1] T.C., 10 février 1949, *Sieur Guis c./ Compagnie fluviale du Midi et Office national de navigation, Rec.*, p. 590.

[2] Loi du 22 mars 1936, *tendant à protéger l'industrie et le commerce en détail de la chaussure, J.O.*, 24 mars 1936, p. 3275.

[3] Loi du 25 juin 1936, *tendant à la définition légale et à la protection du cuir et à la répression de la fraude dans la vente du cuir et des produits ouvrés en cuir, J.O.*, 26 juin 1936, p. 6700.

[4] Il s'agit de cuirs bruts non traités.

[5] Décret du 29 octobre 1940, *portant création d'un Comité général d'organisation de l'industrie du cuir, J.O.*, 3 novembre 1940, p. 5547, et Arrêté du 6 novembre 1940, *relatif à l'organisation des cuirs verts et peaux du Comité général d'organisation de l'industrie du cuir, J.O.*, 7 novembre 1940, p. 5596. Voir Voir J. Mersch, « L'œuvre des commissions provisoires d'organisation. La famille du cuir », *D.S.*, 1942, pp. 168-170 ; F. Le Bot, « La famille du cuir : Paris-Fougères-Vichy. Syndicalisme et corporatisme dans le monde de la chaussure 1930-1950 », in M. Margairaz et D. Tartakowsky (dir.), *Le syndicalisme dans la France occupée*, P.U.R., coll. Histoire, 2008, pp. 119-131.

[6] Décret du 22 janvier 1941, *portant création d'un Comité général d'organisation de l'industrie du papier et du carton et nomination du directeur général responsable et des membres de ce Comité, J.O.*, 25 janvier 1941, p. 412.

[7] Décret du 26 octobre 1940, *portant création d'un Comité général d'organisation de l'industrie textile, J.O.*, 30 octobre 1940, p. 5474 ; Arrêtés du 27 octobre 1940, *relatifs à l'organisation des branches de production : laine, coton, soie, fibres artificielles, jute et fibres dures, chiffons, teinture et apprêts, bonneterie, fils, tissus, tresses, tulles et dentelles élastiques de l'industrie textile, J.O.*, 31 octobre 1940, p. 5498 ; Arrêté du 27 octobre 1940, *relatif à l'organisation du Comité du vêtement, des industries annexes, des accessoires et des commerces fournisseurs de ces industries, J.O.*, 4 novembre 1940, p. 5559, et Arrêté du même jour *relatif à l'organisation des groupes de la couture, de la mode et de la parure, des vêtements sur mesure, des dentelles, tulles et broderies, de la confection masculine et féminine, de la chemiserie et lingeries, des fourrures et pelleteries, du Comité d'organisation*

L'interprétation de la loi a été très large, quant à la qualité juridique des ressortissants reconnus au comité : aussi ce ne sont pas toujours des entreprises, mais parfois des professionnels considérés individuellement, indépendamment des entreprises qui les emploient. C'est le cas des peintres, des sculpteurs, graveurs, décorateurs, composant le CO des arts graphiques et plastiques constitué par décret du 7 juillet 1941[3], ou encore des auteurs de scénarios et acteurs de cinéma, qui sont rattachés, à titre personnel, au CO de l'industrie cinématographique.

Surtout, la loi d'ensemble prévue initialement sera abandonnée, et le texte d'octobre 1940 censé être provisoire, sera pérenne. Ce seront donc des textes sectoriels qui appliqueront le corporatisme, mais dans des domaines souvent sensibles, afin de les contrôler et d'en faire des instruments à la disposition de l'Etat.

Ainsi, l'organisation professionnelle de l'industrie cinématographique avait commencé dès 1939, dans un but d'assainissement de la profession et de la production. Par le décret du 29 juillet 1939[4], le service de contrôle des films, rattaché au ministère de l'Education nationale, passait au commissariat général à l'Information (institué au départ auprès du Conseil), qui devint l'année suivante un ministère à part entière[5], chargé de recueillir, de mettre en œuvre et de diffuser par tous moyens, « l'ensemble des éléments utiles à l'affirmation et à la propagation de la pensée et de la politique française, ainsi qu'à la défense des intérêts supérieurs de la Nation ». Il était de plus chargé de contrôler la radiodiffusion. Etait ensuite créée une direction

---

du vêtement, des industries annexes, des accessoires et des commerces fournisseurs de ces industries, J.O., même page.
Voir P. Vernus, « Le syndicat des fabricants de soieries de Lyon durant la Seconde guerre mondiale », in M. Margairaz et D. Tartakowsky (dir.), *Le syndicalisme dans la France occupée*, P.U.R., coll. Histoire, 2008, pp. 133-152.

[1] Décret du 22 janvier 1941, *portant création du Comité d'organisation des industries du bois, J.O.*, 25 janvier 1941, p. 410.

[2] Loi n°2532 du 13 juin 1941, *relative à la règlementation et à l'organisation de la profession bancaire, J.O.*, 6 juillet 1941, p. 2830, rectificatif au *J.O.* du 11 septembre 1941, p. 3872 ; Loi n°2533 du 14 juin 1941, *relative à la réglementation et à l'organisation des professions se rattachant à la profession de banquier, J.O.*, 6 juillet 1941, p. 2834, rectificatif au *J.O.* du 11 septembre 1941, p. 3872. Voir H. Cabrillac, « La règlementation et l'organisation de la profession bancaire et des professions touchant au crédit et au marché financier. Commentaires des lois des 13 et 14 juin 1941 », *J.C.P.*, 12-1941, étude 235 ; et Anonyme, « L'organisation de la profession bancaire », *D.S.*, 1941, pp. 81-92.

[3] Décret du 7 juillet 1941, *instituant le Comité d'organisation des arts graphiques et plastiques, J.O.*, 29 juillet 194, p. 3175.

[4] Décret du 29 juillet 1939, *portant institution d'un commissariat général de l'information et relatif à l'organisation de la radiodiffusion, J.O*, 30 juillet 1939, p. 9626.

[5] Décret du 1er avril 1940, *J.O.*, 4 avril 1940, p. 2430.

générale du cinéma : de toute évidence il s'agissait d'un élément majeur de propagande en temps de guerre.

Le régime de Vichy utilise à son compte le dispositif existant, et l'exploite en profondeur. P. Laval, alors vice-président du Conseil et en charge également de l'information, est à l'origine de la règlementation en la matière.

Concernant l'organisation proprement dite, elle fut prévue par la loi du 26 octobre 1940, qui règlemente l'industrie cinématographique[1]. Le texte soumet toute activité relative à l'industrie cinématographique à une autorisation du ministre de l'information, sur avis du comité d'organisation professionnelle institué par la loi du 16 août 1940. Le comité était habilité à fixer le taux minimum et maximum des pourcentages sur la recette nette globale par spectacle ou catégorie de film (puisque toute autorisation de projection d'un film est uniquement accordée moyennant un pourcentage portant sur la recette nette globale réalisée par l'ensemble de la diffusion du film).

Est donc créé, à côté de la Direction générale du cinéma représentant l'Etat, et en application de la loi du 16 août 1940, un organisme professionnel qui est le Comité d'organisation de l'industrie cinématographique (C.O.I.C.)[2]. Ce dernier est chargé de la direction de l'ensemble de l'industrie cinématographique, et des collaborateurs de création de films. Il prend donc les mesures en matière technique, économique ou sociale, notamment en ce qui concerne le recrutement, l'emploi, la formation, la répartition du personnel, de la profession, etc. Il exerce également une fonction de représentation.

Par la suite, le décret du 5 décembre 1940 précisera l'organisation et la composition du Comité, en associant tous les éléments de la profession[3]. Pour les spectacles, est créé le Comité d'organisation des entreprises du spectacle.

---

[1] Loi du 26 octobre 1940, *portant règlementation de l'industrie cinématographique, J.O.*, 6 décembre 1940, p. 5986.

[2] Décret du 2 décembre 1940, *relatif au Comité d'organisation de l'industrie cinématographique, J.O.*, 4 décembre 1940, p. 5958, plusieurs fois modifié ; Décret du 17 mars 1944, *relatif au Comité d'organisation de l'industrie cinématographique, J.O.*, 9 juin 1944, p. 1469.

[3] Décret du 5 décembre 1940, *portant nomination des membres du Comité d'organisation de l'industrie cinématographique, J.O.*, 7 décembre 1940, p. 6008. Voir M.-A. Rauch, « L'Union des artistes pendant l'Occupation : entre diplomatie courtoisie et attentisme », in M. Margairaz et D. Tartakowsky (dir.), *Le syndicalisme dans la France occupée*, P.U.R., coll. Histoire, 2008, pp. 261-272.

De même est institué un Comité professionnel des auteurs dramatiques, compositeurs et éditeurs de musique[1], chargé de la protection de l'exploitation des droits d'auteurs, mais aussi de la diffusion des œuvres.

Le secteur culturel devient progressivement une arme politique : aussi, une loi du 17 novembre 1941[2] crée dans un premier temps le monopole des actualités cinématographiques, rend leur passage obligatoire dans les cinémas, et en confie l'exploitation à la société *France-Actualités*, quasiment sous contrôle allemand, avec la participation de quelques sociétés françaises. De même, plusieurs mesures furent prises en vue de développer la propagande[3] : ainsi les distributeurs de films et les exploitants de salles étaient tenus d'assurer la diffusion des films « *d'intérêt national* », classés comme tels par le ministre secrétaire d'Etat à l'information.

Suivant la même logique, mais avec moins de succès, le régime de Vichy tente de réglementer la fonction publique. Ainsi, la loi du 15 octobre 1940 dissout les syndicats de fonctionnaires, et les remplace par des associations professionnelles catégorielles regroupant des fonctionnaires de même cadre ou exerçant des fonctions de même nature ; elles sont très fortement contrôlées par l'Etat, qui les agrée et peut les dissoudre[4].

La loi porte assurément la marque de l'autoritarisme[5] : si désormais les fonctionnaires peuvent se grouper, en aucun cas il ne convient de rétablir une forme de syndicalisme. Les associations professionnelles ne peuvent avoir comme but que la représentation des intérêts professionnels de leurs membres, le tout dans le respect de l'autorité de l'Etat et de l'intérêt général. Pour chaque catégorie professionnelle, une seule association est autorisée : elle ne regroupe que des fonctionnaires du même cadre ou exerçant des fonctions de même nature[6].

---

[1] Loi du 30 novembre 1941, *portant création d'un Comité professionnel des auteurs dramatiques, compositeurs et éditeurs de musique, J.O.*, 21 décembre 1941, p. 5482.Voir R. Homburg, « La loi du 30 novembre 1941 et la création d'un Comité professionnel des auteurs dramatiques, compositeurs et éditeurs de musique », *J.C.P.*, 1942-1, I, étude 276.

[2] Loi du 17 novembre 1941, *relative au régime des revues d'actualités cinématographiques, J.O.*, 21 novembre 1941, p. 4995.

[3] Voir notamment l'arrêté du 15 avril 1943, *relatif à la diffusion des films d'intérêt national, J.O.*, 11 mai 1943, p. 1302.

[4] Loi du 15 octobre 1940, *relative aux associations professionnelles de fonctionnaires, J.O, 5 novembre 1940*, p. 5567 ; Décret du 9 février 1941, *portant règlement d'administration publique pour l'application de la loi du 15 octobre 1940 relative aux associations professionnelles de fonctionnaires, J.O.*, 20 février 1941, p. 822. Voir le commentaire de la loi de 1940 et du décret du 9 février 1941 par G. Scelle, *D.S.*, 1941, pp. 9-18.

[5] Voir M. Duverger, « La situation des fonctionnaires depuis la Révolution de 1940 », *R.D.P.*, 1941, pp. 277-332, 1ère partie ; pp. 417-539, 2ème partie.

[6] Voir M.-O. Baruch, « La genèse des associations professionnelles de fonctionnaires. Ordre nouveau ou fin d'une époque ? », in M. Margairaz et D. Tartakowsky (dir.), *Le syndicalisme*

En somme, et comme le relevait G. Scelle, le procédé est le même que celui de la loi d'août 1940 sur les CO : « Ces organismes nouveaux sont, légalement, sinon en fait, dans la main du gouvernement ».

En revanche, dans l'enseignement, la création des associations professionnelles est un échec[1].

Enfin, il convient de mentionner que Vichy se saisit également de la question du Conseil national économique : celui-ci est supprimé par la loi du 20 décembre 1940[2]. En revanche, le 22 janvier 1941, est institué, pour le remplacer, un Conseil national : désignés par décret du chef de l'Etat, ses membres sont des représentants des assemblées législatives, départementales, municipales, professionnelles, ainsi que des personnalités diverses qualifiées par leurs compétences et par leurs services rendus à l'Etat. Sa fonction consiste à donner son avis sur les matières que l'Exécutif décidait de lui soumettre et son rôle n'est que consultatif[3]. Dans l'esprit, le Conseil national se rapproche assurément des chambres ou assemblées corporatives qu'appelaient de leurs vœux certains auteurs[4]. Néanmoins, elle est vite abandonnée, car Vichy n'a finalement pas eu les moyens de mettre en œuvre pleinement un Etat corporatif.

De plus, les CO devant censément être provisoires, un projet d'ensemble du corporatisme, plus ambitieux, fut envisagé notamment à travers la Charte du Travail, mais ce fut un échec (§2).

§2. Les tentatives d'élargissement du corporatisme : la Charte du Travail.

La volonté de réglementer les professions s'exprime dès octobre 1940. Un premier projet de Belin envisage d'instituer un syndicat non obligatoire, unique mais à côté duquel le patronat conserve sa propre organisation. Ensuite, dans chaque branche d'activité est prévu un conseil national

---

dans la France occupée, P.U.R., coll. Histoire, 2008, pp. 287-296 ; et J. Siwek-Pouydesseau, « Les fonctionnaires de l'Etat et agents territoriaux », in M. Margairaz et D. Tartakowsky (dir.), *Le syndicalisme dans la France occupée*, P.U.R., coll. Histoire, 2008, pp. 297-307 : M. Delugin, « Les associations professionnelles de fonctionnaires dans les PTT », in M. Margairaz et D. Tartakowsky (dir.), *Le syndicalisme dans la France occupée*, P.U.R., coll. Histoire, 2008, pp. 309-313.

[1] Voir A. Dalançon, « Les universitaires et le corporatisme sous le régime de Vichy », in M. Margairaz et D. Tartakowsky (dir.), *Le syndicalisme dans la France occupée*, P.U.R., coll. Histoire, 2008, pp. 327-336.

[2] Loi du 20 décembre 1940, *portant suppression du conseil national économique, J.O.*, 24 janvier 1941, p. 368.

[3] Loi du 22 janvier 1941, *créant un conseil national, J.O.*, 24 janvier 1941, p. 366.

[4] Voir notamment *supra*.

d'organisation professionnelle de salariés. N'étaient prévus en revanche ni comités d'entreprise, ni corporations ni associations professionnelles mixtes[1]. De plus, demeurait un bipartisme syndical, puisque le patronat conservait son propre syndicat.

Ce qui caractérisait surtout ce projet est le rôle prépondérant de l'Etat : le ministre devait approuver la désignation des membres des comités d'organisation professionnelle et des comités sociaux[2].

La volonté d'abolir la lutte des classes rejoint celle de maintenir l'autorité de l'Etat sur les organismes professionnels, qui voient leurs pouvoirs accrus. Mais la place faite aux syndicats pose problème : le texte est plusieurs fois modifié et n'obtient pas la signature de Pétain. Comme le remarque J.-P. Le Crom, « ce climat délétère est la manifestation de l'opposition irréductible entre les néosyndicalistes et les traditionnalistes »[3]. Ce projet, reposant sur le syndicat, était en fin de compte et d'une certaine manière anti-corporatif.

Pour autant, l'idée de la réglementation générale n'est pas abandonnée, et, en février 1941 est créé un Comité de l'organisation professionnel (C.O.P.), qui sera chargé d'élaborer la Charte du Travail. Cela aboutit avec la loi du 4 octobre 1941 relative à l'organisation sociale des professions[4].

Le but premier est de mettre un terme à la lutte des classes. Pour ce faire, elle énonce plusieurs principes directeurs, dont la reconnaissance légale des familles professionnelles et des professions, au sein desquelles une solidarité étroite implique, c'est essentiel, des droits et des obligations. Mais ce texte trop complexe conduit à un insuccès notoire.

Les principes directeurs de la Charte du Travail.

La loi s'applique en principe à toutes les professions, mais en sont exclus les fonctionnaires et les professions régies par des textes spéciaux postérieurs au 15 juillet 1940, c'est-à-dire les professions libérales et les

---

[1] *Notes sur la loi concernant l'organisation provisoire des groupements professionnels de salariés et d'employeurs, octobre 1940*, Archives nationales : F22 1774.

[2] R. Goetz-Girey, « De la Charte de l'organisation professionnelle à la Charte du Travail. Le projet de Charte de 1940 », *D.S.*, 1942, pp. 18-23.

[3] J.-P. Le Crom, *Syndicats nous voilà ! Vichy et le corporatisme*, Les éditions de l'Atelier, coll. Patrimoine, 1995, particulièrement p. 133.

[4] Loi n°4260 du 4 octobre 1941 *relative à l'organisation sociale des professions, J.O.*, 26 octobre 1941, p. 4650, avec surtout en annexe le *Rapport au Maréchal de France, Chef de l'Etat français*. Voir A. Croquez, « La Charte du Travail », *Gaz. Pal.*, 1941, 2ème semestre, pp. 110-119 ; M. Olivier, « A propos de la Charte du Travail », *D.S.*, 1942, pp. 24-26 ; P. Durand, « Idéologie et technique de la Charte du Travail », *D.S.*, janvier 1942, pp. 2-15 ; J. Brethe de la Gressaye, « La Charte du Travail en France et en pays étrangers », *D.S.*, janvier 1942, pp. 16-22.

professions agricoles[1]. Dès lors, la Charte concerne uniquement les professions industrielles et commerciales : celles-ci composent les familles professionnelles, elles-mêmes réparties en familles industrielles et en familles commerciales[2]. Il s'agit ici d'une grande nouveauté, car si les textes antérieurs sur les conventions collectives parlaient de branche d'activité, aucune existence juridique n'avait pour autant été reconnue aux professions. Or c'est bien cela qui fixe les bases d'une organisation corporative : la famille professionnelle constitue une unité économique, tandis que la profession est une unité technique, une activité spécialisée susceptible d'être exercée parfois dans plusieurs industries, dans plusieurs familles professionnelles. Les questions d'ordre social sont du ressort de la famille, tandis que les questions d'ordre professionnel sont du ressort de la profession. La famille a donc un rôle prépondérant, et sa structure est verticale. C'est elle qui dispose du pouvoir de décision en matière sociale, professionnelle, et du pouvoir de gestion des institutions sociales. Dès lors, avec la Charte, toute personne exerçant une activité professionnelle appartient à une profession donc à une famille ; la loi affirme une solidarité de tous ceux qui appartiennent à une même entreprise, profession, famille. Cette solidarité se manifeste par une collaboration, effective et obligatoire : le bien commun professionnel prime sur les intérêts purement privés. Cela implique des droits et des obligations, comme se conformer aux règlements professionnels, aux décisions corporatives, participer aux dépenses de fonctionnement, s'abstenir de toute grève etc. En contrepartie, cela donne le droit de bénéficier du statut, des institutions professionnelles, de participer à l'activité du groupement, et de profiter des différents avantages afférents, notamment sociaux : salaire minimum vital, rémunération professionnelle, suppléments, allocations etc.

Dès lors, la Charte allait bien plus loin que les textes de 1940, et le volet social était largement pris en considération : il s'agissait bien de mêler l'économie au social[3].

Au-delà de ces aspects, dans la mesure où la loi crée une nouvelle organisation fondée sur la collaboration, des structures se mettent également en place. Sont alors institués des comités mixtes, dans lesquels toutes les

---

[1] En réalité, la loi du 21 juin 1942 *portant statut du personnel employé par les membres des ordres et des professions régis par les dispositions particulières* (*J.O.*, 23 juillet 1942, p. 2530) prévoit l'application de la Charte au personnel des professions initialement exclues, en tout cas pour ce qui est des mesures d'ordre social et professionnel. Sont ainsi concernées toutes les professions bénéficiant d'un régime particulier, dont les professions juridiques. Cela signifiait donc la création de Comités sociaux.
Voir H. Teitgen, « Le statut du personnel employé par les membres des ordres et professions régis par des dispositions particulières », *D.S.*, 1942, pp. 204-207.

[2] Voir Anonyme, « La délimitation des familles professionnelles », *D.S.*, 1942, pp. 165-167.

[3] Voir « Annexe 3 : Schéma d'organisation sociale au sein d'une famille professionnelle », p. 261.

catégories sont représentées, soit dans le cadre de l'entreprise, soit dans le cadre de la profession, sur le plan local, régional ou national, soit exceptionnellement dans un cadre interprofessionnel. Tel est le but des comités sociaux.

Plusieurs structures doivent ici être distinguées : tout d'abord, les comités sociaux d'entreprise[1] doivent réaliser au premier degré la collaboration sociale et professionnelle entre la direction et le personnel. De plus, leurs compétences excluent toute immixtion dans la conduite ou la gestion de l'entreprise, et dans les questions débordant le champ de l'entreprise. Ils peuvent aider la direction à résoudre les questions relatives au travail, à la vie professionnelle de l'entreprise, améliorer les conditions de travail, l'hygiène, résoudre les malentendus etc. En clair, leur rôle est d'empêcher tout conflit social. Ensuite, les CSE peuvent provoquer un échange mutuel d'informations, sur les questions intéressant la vie sociale du personnel et des familles. Le but est d'associer le personnel à la dynamique de l'entreprise. Les CSE peuvent également prendre ou provoquer des mesures d'entraide sociale : organisation de loisirs (bibliothèques, sports), aides aux jeunes (formation, apprentissage, encadrement moral, scoutisme), aide aux mères, aux malades, aux vieillards etc. Mais il y a des limites : les CSE sont placés sous l'autorité corporative et le contrôle du comité social local de la profession. De plus, ils n'ont pas la personnalité morale pour mener à bien leurs missions, ils reposent sur l'entreprise.

On trouve ensuite les comités sociaux de famille professionnelle ou de profession. Les CSE forment assurément la base de la collaboration entre employeurs et salariés, mais les éléments essentiels de l'organisation sociale nouvelle sont les comités sociaux créés par famille professionnelle ou par profession, à l'échelon local, régional ou national. Les comités sociaux locaux ont une base syndicale, leurs membres sont forcément pris dans les bureaux des syndicats professionnels existants. De plus, ils ont une composition tripartite : employeurs, ouvriers et employés, et agents de maîtrise et ingénieurs[2]. La loi prévoit du reste la possibilité de créer aux lieux et place de syndicats[3] par catégories et de comités sociaux, des associations professionnelles mixtes. Les comités sociaux ont des pouvoirs plus étendus dans l'Ordre professionnel. Ils représentent légalement, dans

[1] Article 23 de la Charte.

[2] Voir P. Voirin, « La constitution des Comités sociaux par famille professionnelle, branche ou profession », *D.S.*, 1943, pp. 181-186.

[3] Dissous le 9 novembre 1940, dans le prolongement du discours radiodiffusé de Pétain du 11 octobre 1940 : « Les organisations professionnelles traiteront de tout ce qui concerne le métier, mais se limiteront au seul domaine professionnel. Elles éviteront enfin les conflits, par l'interdiction absolue des lock-out et des grèves, par l'arbitrage obligatoire des tribunaux de travail ».

leur circonscription, la profession ou la famille professionnelle devant les pouvoirs publics, les juridictions. Ils s'identifient à la profession, c'est d'ailleurs pour cela que les syndicats, institués le 28 août 1942[1], seront placés sous leur contrôle. Ils ont de plus un pouvoir règlementaire large pour tout ce qui concerne les aspects sociaux de la vie professionnelle. Les décisions sont obligatoires : question des salaires, des conventions collectives, de formation professionnelle, apprentissage, reclassement, embauche, licenciement, hygiène et sécurité etc. Le but est aussi de rendre caduque toute la législation antérieure sur les conventions collectives : elles seront remplacées par des règlements élaborés par les comités sociaux, et obligatoires pour la profession. Le comité a également des compétences en matière d'inspection du travail, contrôle des lois et règlements professionnels, ils ont des commissaires corporatifs assermentés. Dès lors ils disposent également de fonctions liées à l'action de services administratifs. Enfin, ils ont pour mission d'entreprendre toutes les réalisations, de créer et de gérer toutes les institutions propres à mettre en œuvre les devoirs des corporations à l'égard de leurs membres. Ainsi, ils doivent assurer la sécurité de l'emploi, par la lutte contre le chômage, les mesures de prévoyance à l'égard des chômeurs ; assurances des retraites ; aides familiales ; amélioration des conditions d'existence (habitations, jardins, sports, loisirs). Pour ce faire, les comités ont un monopole dans la gestion des institutions professionnelles privées. Ils ont une grande autonomie : certes les pouvoirs publics sont représentés dans chaque comité social national par un commissaire du gouvernement, mais les comités ont des moyens étendus, juridiques et matériels. Ils ont la personnalité civile, et des pouvoirs administratifs, comme celui d'édicter des règles, mais aussi de prendre des sanctions corporatives (amendes, exclusions des organismes professionnels, exclusion temporaire de la profession). Leurs compétences sont aussi matérielles puisque chaque famille professionnelle dispose d'un patrimoine corporatif commun, propriété de l'ensemble des membres de la profession, alimenté par des apports résultant des dévolutions de biens des syndicats dissous, et des prélèvements sur les bénéfices des entreprises. Pour les dépenses nécessitées par le fonctionnement administratif des différents organismes, celles-ci sont couvertes par une contribution professionnelle imposée aux membres de toutes les catégories.

Enfin, la loi aménage une juridiction du travail, laquelle a un rôle de prévention et de conciliation pour tous les différends, individuels et collectifs. Il n'est en revanche pas précisé si elle obligatoire ou non. Quant aux jugements de ces différends qui n'ont pu être prévenus ou conciliés, ils font l'objet d'un arbitrage, ou, s'ils sont collectifs, ils sont confiés à des tribunaux du travail.

---

[1] Décret n°2136 du 28 août 1942, *relatif à la constitution des nouveaux syndicats professionnels uniques en partant des organismes existants, J.O.*, 8 septembre 1942, p. 3070.

En somme, la Charte du Travail concerne l'organisation sociale des professions ; les CO demeurent pour le volet économique. On voyait en tout cas l'idée du gouvernement d'instaurer une organisation corporative complète, assurant l'ensemble des intérêts économiques et sociaux de chaque profession ou famille professionnelle.

Cependant, le texte n'aboutit pas.

L'échec de la Charte du Travail.

Projet ambitieux, la mise en œuvre du texte s'avère extrêmement complexe, voire irréalisable. La Charte prévoit en effet que dans chaque branche d'industrie sera créée une famille professionnelle ; le gouvernement en déterminera les cadres. Mais ces familles ne correspondent pas à une profession déterminée, elles rassemblent plusieurs professions rapprochées par une activité commune. Comme la loi est muette à ce sujet, les précisions seront données par décrets[1]. Le rapprochement est ainsi fait selon le produit (comme la famille professionnelle du verre[2]), ou alors selon la nature voisine des produits employés (famille professionnelle des industries chimiques[3]). Il peut aussi s'opérer par analogie du travail et par la nature voisine des produits (famille professionnelle des matériaux de construction[4]) ; par la ressemblance des entreprises (famille professionnelle du bâtiment et des travaux publics[5]) ; par l'identité relative du travail premier et la similitude relative des entreprises bénéficiant de ce travail (famille professionnelle du sous-sol et des industries et commerces annexes[6]), ou encore par un lien commun plus ou moins réel affirmé par les pouvoirs publics (le tourisme, famille des cafés, hôtels, restaurants[7]).

La famille professionnelle des professions juridiques est également créée[8], et comprend les avocats, les officiers ministériels, les auxiliaires de

---

[1] Sous Vichy, où le Parlement n'existe pas, les lois son édictées en conseil des ministres, les décrets sont du ressort du ministre concerné : les deux relèvent du seul pouvoir exécutif.

[2] Décret n°394 du 9 février 1942, *relatif à la création d'une famille professionnelle du verre, J.O.*, 1er mars 1942, p. 876.

[3] Décret n° 395 du 9 février 1942, *relatif à la création d'une famille professionnelle des industries chimiques, J.O.*, 1er mars 1942, p. 876.

[4] Décret n°421 du 11 février 1942, *relatif à la création d'une famille professionnelle des matériaux de construction, J.O.*, 1er mars 1942, p. 878.

[5] Décret n°420 du 11 février 1942, *relatif à la création d'une famille professionnelle du bâtiment et des travaux publics, J.O.*, 1er mars 1942, p. 877.

[6] Décret n°419 du 11 février 1942, *relatif à la création d'une famille professionnelle du sous-sol et des industries et commerces annexes, J.O.*, 1er mars 1942, p. 877.

[7] Décret n°519 du 20 février 1942, *relatif à la création d'une famille professionnelle des cafés, hôtels et restaurants, J.O.*, 1er mars 1942, p. 878.

[8] Décret du 26 août 1942, *relatif à la création d'une famille professionnelle des professions juridiques, J.O.*, 3 septembre 1942, p. 3012. Voir *infra*.

justice, et le personnel qu'ils emploient. Ce sont pourtant des professions qui ont un régime spécifique postérieur au 15 juillet 1940[1]. Mais l'homogénéité réside dans le fait que ce sont toutes des professions concourant au service public de la justice, toutes assujetties à des disciplines traditionnelles consacrées par la loi. Pour autant, leur spécificité les rendait tout de même compatibles avec les comités sociaux, puisque ces derniers n'ont pas de pouvoir de règlementation ou d'intervention dans le fonctionnement des professions. La Charte distingue bien d'ailleurs les activités économiques et sociales : les premières sont le fait des CO, les deuxièmes des comités sociaux. Avec la loi du 21 juin 1942[2], la distinction est toujours nette : s'il n'y a pas véritablement d'activité économique, la collaboration, en tout cas au service de la justice, relève de l'Ordre, comme on le verra ; le comité social lui n'a à sa charge que des mesures sociales et professionnelles en faveur du personnel.

Quoi qu'il en soit, la mise en œuvre de la Charte est colossale : initialement, était prévue la constitution de dix familles professionnelles, trente seront retenues[3], vingt-sept se constitueront : celles du bois, de l'imprimerie, de l'enseignement et du sport ne se feront jamais. Surtout, Vichy créé au total 1749 syndicats uniques et obligatoires, alors qu'il en était prévu entre 15000 et 20000…

Afin de pallier les lacunes de la Charte, il est alors procédé à certains aménagements : tout d'abord, plusieurs décrets sont adoptés en août 1942 pour en accélérer le processus[4]. Ensuite, la loi du 24 août 1943 confie à titre provisoire le rôle des comités sociaux nationaux et régionaux aux

---

[1] Loi du 26 juin 1941, *règlementant l'exercice de la profession d'avocat et la discipline du barreau, J.O.*, 28 juillet 1941, p. 3159 ; Loi du 26 juin 1941, *instituant le certificat d'aptitude à la profession d'avocat, J.O.*, 28 juillet 1941, p. 3162 ; Loi n°264 du 5 mars 1942, *relative aux institutions de discipline et de représentation professionnelle des avoués, J.O.*, 20 mars 1942, p. 1090 ; Loi du 20 mai 1942, *relative aux institutions de discipline et de représentation professionnelle des huissiers, J.O.*, 13 juin 1942, p. 2058.
Voir « Annexe 1 : Tableau des textes relatifs à l'organisation des professions », p. 239.

[2] Loi du 21 juin 1942, *portant statut du personnel employé par les membres des ordres et des professions régis par les dispositions particulières, J.O.*, 23 juillet 1942, p. 2530.

[3] Sous-sol, eau, gaz et électricité, production des métaux, transformation des métaux, bâtiment et travaux publics, bois, matériaux de construction, céramique, verre, industries chimiques, fabrication et transformation des papiers et cartons, fabrication des tissus et industries similaires, habillement et travail des étoffes, pelleteries et fourrures, cuir, imprimerie, métiers d'art et fabrication d'articles divers, industries agricoles et alimentaires, commerces de l'alimentation, commerces divers, cafés-hôtels-restaurants, hygiène, transports, banques, établissements financiers et bourse, assurances, spectacles, santé, professions juridiques, institutions sociales et établissements divers ou établissements à but non lucratif, établissements divers-enseignement-sports.

[4] Décret n°2136 du 28 août 1942, *relatif à la constitution des nouveaux syndicats professionnels uniques en partant des organismes existants, J.O.*, 8 septembre 1942, p. 3070.

commissions provisoires d'organisation et à leurs sous-commissions, et il leur est demandé de constituer les comités sociaux professionnels sur le plan local[1]. Aussi, les attributions des uns sont confiées aux autres, ce qui montre alors une certaine impuissance à organiser les professions à partir de l'échelon local, ce qui était le but de la Charte : les membres des comités sociaux nationaux ne sont plus désignés par l'échelon inférieur, mais par le secrétaire d'Etat chargé du travail.

Malgré ces tentatives, l'application de la Charte piétine, seuls les comités sociaux d'entreprise fonctionnent, en raison notamment de leur rôle en matière d'approvisionnement et de ravitaillement, surtout face à la pénurie.

Il est clair aussi que le texte même est incomplet, ambigu, complexe[2] : il existe toujours deux sortes de comités d'organisation, ceux de la loi du 16 août 1940, et ceux de la Charte (provisoires), et il existe trois sortes de comités sociaux. De plus, l'ensemble est hésitant et bancal, puisqu'il est très assujetti à des décrets ultérieurs.

Néanmoins, on peut souligner certaines analyses de ce texte, afin de le resituer dans la perspective du corporatisme, et préciser en quoi il y contribue fortement.

Tout d'abord, le but de la Charte est l'abolition de la lutte des classes : la « détermination de rapports harmonieux et justes entre les patrons, les ouvriers, les techniciens »[3] étant un des éléments phares de la Révolution nationale, elle l'accomplit. Ainsi, le Rapport précise également que le texte envisage de mettre un terme « à la plus grande source d'injustices et de discordes intestines du passé dans le monde du travail ». L'interdiction de la grève et du lock-out est compensée d'une certaine façon par l'institution d'une juridiction du travail.

Le texte vise donc aussi et surtout à réorganiser la société, et à déterminer les principes qui régiront les rapports des travailleurs, « aussi bien dans l'exercice de leur métier que dans le développement de leur vie matérielle et morale ». La dimension morale est toujours systématiquement signalée.

Le but est également de transférer le pouvoir règlementaire à la profession organisée, clairement dans une logique corporatiste, mais dans le même temps, demeure un fort dirigisme, puisque le contrôle de l'Etat est omniprésent. La profession se règlemente, mais l'Etat surveille et reste le maître de l'ensemble de la vie professionnelle. A ce propos, cependant, P. Durand exprimait le « doute que l'on ait voulu ainsi imposer à la vie

[1] Loi du 24 août 1943, *portant création des Comités sociaux provisoires, J.O.*, 26 août 1943, p. 2247.

[2] N. Dockès-Lallement, « Les ambiguïtés de la Charte du Travail », in *Convergences. Etudes offertes à Marcel David*, Calligrammes, 1991, pp. 107-123, relève également qu'il s'agit d'un « *texte médiocre* ».

[3] *Rapport au Maréchal de France, Chef de l'Etat français*, en annexe de la Charte.

professionnelle un étatisme de caractère totalitaire ».[1] Le dirigisme émane pourtant fortement de la Charte, mais il est vrai teinté de paternalisme.

Le texte vise également à améliorer la sécurité, le bien-être des travailleurs et professionnels, en renforçant leur solidarité. C'est la fonction censément dévolue au comité social.

Ensuite, l'idée est aussi d'aboutir au déclin du syndicalisme, concomitamment à la création d'organismes communautaires, et d'inspiration corporative. Par conséquent, la Charte est assurément l'instrument d'une politique d'économie dirigée.

Pour autant, la Charte ne met pas en place une corporation complète, qui aurait des attributions économiques et sociales, règlerait les rapports de production et d'échanges, et disciplinerait l'exercice de la profession dans son ensemble. Au moment de sa conception, la corporation avec plénitude de pouvoirs n'a été instituée que pour l'agriculture[2]. Néanmoins la Charte ne permet pas de réaliser la corporation professionnelle universelle, puisque toutes les professions ne sont pas concernées, et elle ne constitue pas en système les professions qu'elle organise.

Néanmoins, l'originalité de la Charte du travail française tient principalement dans les Comités sociaux professionnels, véritables organes corporatifs représentant la profession tout entière. Ayant une base syndicale, les membres des comités locaux étant choisis parmi les bureaux des syndicats existants, ces comités sont mixtes et paritaires, composés en nombre égal de délégués des syndicats d'employeurs, d'employés et d'ouvriers, et des autres catégories, donc de représentants de tous les éléments du corps professionnel.

Surtout, ils sont dotés d'un pouvoir réglementaire (article 35), leurs décisions doivent s'imposer à tous les membres de la profession. De même, ils ont la police du métier par l'intermédiaire de commissaires habilités à contrôler les conditions de travail dans tous les établissements de la profession, afin de veiller à l'application de la législation du travail et des règlements corporatifs (article 34). Ce sont eux alors qui organisent l'arbitrage des conflits collectifs du travail, rendu obligatoire, la grève étant interdite. Leur action s'étend donc au-delà des catégories professionnelles, c'est-à-dire des « métiers » exercés par les différents spécialistes des

---

[1] P. Durand, « Idéologie et technique de la Charte du Travail », *D.S.*, janvier 1942, pp. 2-15.

[2] Loi du 2 décembre 1940, *relative à l'organisation corporative de l'agriculture, J.O.*, du 7 décembre 1940. Voir H. Teitgen, « La loi du 2 décembre 1940 sur l'organisation corporative de l'agriculture », *J.C.P.*, 11-1941, étude 225, et J. Du Plessis, « Le syndicat corporatif local d'après la loi sur la corporation agricole », *J.C.P.*, 12-1941, étude 233.

entreprises. En effet elle régit la profession ou la famille professionnelle dans sa totalité (c'est-à-dire un groupe de professions apparentées).

Ils assurent par conséquent le fonctionnement de la « Maison commune », en renforçant le lien entre les différents acteurs de la profession.

Par ailleurs, il convient de préciser que le texte était censé n'être lui aussi que temporaire. Ainsi, le rapport précisait que la Charte n'était qu'un élément d'une pièce corporative bien plus vaste et globale : « La famille professionnelle apparaîtra comme un corps vivant. Elle respectera les lois de l'Etat. L'Etat la respectera. Elle servira ainsi de base à la création des futures corporations qui restent le grand espoir de l'avenir français ». Or, pour parfaire la construction corporative déjà enclenchée, il convenait d'améliorer les liens entre le domaine social et le domaine économique. Aussi, était-il précisé que la Charte se doit de définir en tête de ses articles « l'élément spirituel » qu'elle contient : celui de Pétain, c'est-à-dire l'aspiration vers un ordre nouveau, permettant de faire prévaloir la Nation, le bien commun professionnel sur les intérêts particuliers, la collaboration entre tous les membres d'une même profession, et le respect de la hiérarchie. Le « *but suprême* » était avant tout d'obtenir la paix sociale.

Si l'article 4 de la Charte précisait son caractère éphémère, par l'article 39 la voie corporative était envisagée : il est en effet prévu que les professions pourront se donner une organisation compétente pour connaître des questions économiques et sociales, si un accord intervient en ce sens entre les syndicats patronaux et ouvriers, ou entre la moitié des employeurs et la moitié des employés de la profession. C'est cette même démarche qu'avait suivie l'Italie dès 1926, par la loi du 3 avril qui disciplinait les rapports de travail, instituant un syndicat unique et obligatoire pour chaque catégorie, et en rendant obligatoires la convention collective et l'arbitrage judiciaire des conflits du travail. La loi du 20 mars 1930 mit en place le Conseil national des corporations avant que n'existent les corporations avec les représentants des confédérations patronales et ouvrières des principales branches de production[1]. Enfin, la loi du 5 février 1934 créait définitivement les corporations.

Par conséquent en France, les Comités d'organisation devaient disparaître lorsque la Charte du Travail verrait le jour, et elle-même serait ensuite remplacée par un texte plus général.

La Charte apparaît finalement comme un texte « précorporatif » : il plante les jalons pour ouvrir la voie au régime corporatif proprement dit.

---

[1] Voir J. Brethe de la Gressaye, « La Charte du Travail en France et en pays étrangers », *D.S.*, janvier 1942, pp. 16-22.

Enfin, on constate que le texte avait plusieurs sources d'inspiration : le christianisme social en est une, telle qu'on la retrouve dans l'Encyclique de Léon XIII, celle de Pie XI, et chez la Tour du Pin. L'article 2 de la Charte en est une illustration[1]. La notion de bien commun était cardinale, et les comités sociaux se rattachaient à la théorie des corps intermédiaires.

Surtout, la Charte reprenait en grande part les définitions du corporatisme données par les auteurs : était engagée la troisième voie entre le capitalisme et le socialisme[2].

Aussi, à première vue, le corporatisme vise à défendre les droits individuels, mais il semble également difficilement conciliable avec la liberté[3]. Comme le soulignait M. Déat, il arrive que l'hostilité au marxisme conduise à ce que le corporatisme apparaisse comme un système « propre à juguler le syndicalisme ouvrier, à étouffer la lutte des classes et à consolider certains privilèges capitalistes ». Par conséquent, on frôle parfois les « frontières d'un fascisme plus ou moins avoué ou conscient ». Le dirigisme apparent de la Charte en est évidemment une illustration. Enfin, il est possible d'affirmer que le corporatisme sous Vichy dépasse le strict cadre économique, et contient une forte dimension sociale : il tente d'englober tous les pans de la vie, professionnelle, économique, sociale mais aussi privée, ce qui renvoie directement à la notion de totalitarisme…

Ainsi, E. Jennings faisait le lien entre la propagande nataliste et le corporatisme. Il affirmait en effet que la propagande « cherchait à

---

[1] « Dans le cadre de cette organisation, toutes les personnes participant à une activité professionnelle jouissent de droits et assument des devoirs, des obligations et des responsabilités. Elles sont soumises aux lois et règlements professionnels généraux, ainsi qu'aux décisions corporatives.
Elles participent obligatoirement aux dépenses (le fonctionnement des groupements dont elles relèvent).
Elles ont le devoir de pratiquer loyalement, à l'égard des autres membres de la profession, la collaboration et la solidarité qui sont les principes essentiels sur-lesquels repose l'organisation corporative.
En contrepartie, elles bénéficient du statut et des institutions professionnelles, participent à l'activité de l'organisme auquel elles adhèrent directement, et sont représentées dans les Assemblées nationales constitutionnelles.
Elles possèdent la propriété d'une qualification professionnelle correspondant à leur aptitude, qui donne aux salariés, en échange du travail correspondant, le droit au salaire et avantages attachés à cette qualification, conformément aux règlements de la profession.
Les employeurs jouissent dans leur entreprise de l'autorité qui correspond aux responsabilités sociales, techniques et financières qu'ils assument.
La fonction patronale impose le devoir de gérer l'entreprise pour le bien commun de tous ses membres ».

[2] Voir ici les travaux de l'Institut d'études corporatives et sociales.

[3] M. Déat, « Corporatisme et liberté », *Archives de philosophie du droit et de sociologie juridique*, Cahier spécial : le corporatisme, 1938, pp. 37-67.

transformer la société française en attribuant des fonctions natalistes à une série de professions, structurées sur des bases corporatistes »[1].

Enfin, parmi les dernières applications notables s'inscrivant dans la logique corporatiste, se trouvent les Ordres professionnels créés par Vichy.

§3. Les Ordres professionnels, œuvre majeure du corporatisme.

La question s'est posée de longue date de savoir si les professions non plus manuelles, mais intellectuelles ou libérales, devaient également être organisées, et dans l'affirmative, sous quelle forme. En effet, dans la mesure où Vichy tente, sinon de faire disparaître les syndicats, du moins de les refonder, il convenait nécessairement de déterminer quelle serait la base de cette nouvelle organisation.

A priori, Ordre et syndicats peuvent tout à fait coexister, chacun disposant d'un pouvoir de représentation. Un Ordre est en effet une association de personnes soumises à certaines règles professionnelles, morales (la déontologie) etc. Un syndicat est une association qui a pour objet la défense d'intérêts professionnels (les conditions de travail, salaires, relations entre employeurs et salariés etc.). A première vue, on rangerait les intérêts moraux du côté de l'Ordre et les intérêts matériels du côté des syndicats.

De plus, les intérêts représentés par le syndicat seraient surtout des intérêts individuels communs à tous les syndiqués, c'est-à-dire qu'ils ne concerneraient que les semblables. Ceux défendus par l'Ordre professionnel au contraire, seraient bien plus collectifs, notamment du fait que l'Ordre étant préexistant aux membres qui le composent, ses intérêts les transcendent. De plus, l'Ordre permet d'englober tous les professionnels, et de représenter leurs intérêts collectifs : dès lors qu'un individu est déclaré apte à exercer une profession organisée en Ordre professionnel, il en fait partie.

Or, il existe bien des liens entre Ordres professionnels et corporatisme, qu'il convient d'abord de préciser, avant d'examiner la création de ces Ordres par Vichy, tout en suivant la logique précédente.

Les liens entre corporatisme et Ordres professionnels.

Il serait tout d'abord tentant d'assimiler l'Ordre à l'aptitude à exercer de façon libérale une profession organisée. Mais encore faut-il s'entendre sur les professions concernées.

---

[1] E. Jennings, « Discours corporatiste, propagande nataliste, et contrôle social sous Vichy », *Revue d'histoire moderne et contemporaine*, 2002/4, n°49-4, pp. 101-131.

Pour J. Savatier, une profession est libérale si elle est intellectuelle (non manuelle), indépendante (non soumise à un lien avec le client ou tiers), et désintéressée (le profit n'est pas son but principal)[1].

En effet, pour l'auteur, la première caractéristique des professions libérales est qu'elles impliquent des qualités intellectuelles et morales : selon lui il s'agit d'ailleurs de « l'élément qui domine dans la conception commune de la profession libérale ». Pourtant, les qualités morales peuvent bien entendu être également requises dans d'autres professions ; elles sont cependant moindres, de même que les conséquences en cas de violation. Certes, la moralité n'est pas l'apanage des professions libérales, mais on peut considérer que les vertus morales d'un boucher par exemple ne sont sans doute pas les premières qualités recherchées par le client.

Ensuite, l'indépendance est nécessairement le corollaire du caractère intellectuel de la fonction, mais il s'agit, selon Savatier, d'une indépendance technique. Elle joue assurément un rôle important, mais l'indépendance ne peut selon lui fonder seule la définition de la profession libérale : il existe en effet souvent un lien économique, et parfois aussi juridique, entre le professionnel et son client, à travers le mandat ou le contrat par exemple (cas des médecins, notamment ceux exerçant en clinique).

Quant au désintéressement, il s'agit davantage ici pour le professionnel de faire passer ses intérêts propres après ceux qui lui sont confiés, notamment par les clients.

Malgré tout, Savatier relève que l'activité du professionnel ne « paraît pas pouvoir caractériser suffisamment la profession libérale : intellectuelle, elle n'est pas la seule à jouir de cette qualification ; indépendante, elle l'est souvent mais non toujours ; désintéressée, elle l'est à condition qu'on n'entende pas par là qu'elle s'exerce gratuitement, mais plutôt que l'intérêt personnel n'y vient qu'en second plan ».

En tout état de cause, les professions libérales exercent sans aucun doute une mission sociale, ce qui constitue ici une spécificité ; elles ne contentent pas à première vue de la simple défense des intérêts des clients. Mais la question de leur statut divise, et n'est pas évidente à déterminer.

Ainsi, comme le note Savatier, un notaire, « de l'avis général, exerce une fonction publique et peut, à beaucoup de points de vue, être considéré comme un fonctionnaire dont le service consiste à authentifier des actes »[2]. Assurément, là n'est pas la totalité de sa mission, mais cette fonction prime, ce qui justifie du reste qu'il est un officier public. D'ailleurs sous Vichy, la Cour de cassation a qualifié les notaires de fonctionnaires, pour les

---

[1] Voir J. Savatier, *La profession libérale, étude juridique et pratique,* L.G.D.J., Paris, 1947, 378 p., notamment pp. 35 et s.

[2] J. Savatier, *La profession libérale, étude juridique et pratique*, L.G.D.J., Paris, 1947, p. 42.

soumettre à la loi relative aux sociétés secrètes[1]. En effet, les juges ont estimé que l'expression « fonctionnaire » employée dans la loi du 13 août 1940 portant interdiction des sociétés secrètes[2] devait être entendue dans le sens le plus large, car « on ne saurait, sans méconnaître l'intention qu'a eue le législateur d'empêcher que le pouvoir de direction qui n'appartient qu'au gouvernement puisse être mis en échec ou gêné par l'action d'organisation secrètes, refuser à l'article 5 [de la loi du 13 août 1940] un caractère de généralité qui ressort notamment de ce qu'il prescrit l'application de ses dispositions aux services concédés ainsi qu'aux entreprises subventionnées de toutes les collectivités publiques ». Dès lors, il convenait d'inclure les notaires parmi les fonctionnaires : ils sont investis de leurs charges par le gouvernement, ils ont le monopole de certains actes, ils sont tenus de prêter leur concours lorsqu'ils en sont requis, et ils restent soumis à une obligation de résidence et à un contrôle disciplinaire des parquets et de la Chancellerie[3].

On s'est d'ailleurs longtemps demandé si les chambres d'officiers ministériels ou les barreaux étaient des établissements publics : certains auteurs répondaient par l'affirmative, comme T. Ducrocq, qui en faisait des fonctions publiques[4]. Le Conseil d'Etat l'avait également admis pour les chambres des notaires[5]. Dès lors, une chambre de notaires ne pouvait être autorisée à accepter des legs au profit des personnes malheureuses et misérables, seule l'Assistance publique de Paris avait mission pour accepter de tels dons. Le fait est que les notaires étaient

---

[1] C.Cass., crim., 2 décembre 1942, *Sola*, et C.Cass., crim., 10 décembre 1942, *Ausset, Gaz. Pal.*, 5 février 1943, I, p. 51.

[2] Loi du 13 août 1940, *portant interdiction des société secrètes, J.O.*, 14 août 1940, p. 4691. L'article 5 précisait que « Nul ne peut être fonctionnaire, agent de l'Etat, des départements, communes, établissements publics (...) s'il ne déclare sur l'honneur, soit ne jamais avoir appartenu à l'une des organisations définies à l'article 1er, soit avoir rompu toute attache avec elle ; s'il ne prend l'engagement d'honneur de ne jamais adhérer à une telle organisation au cas où elle viendrait à se reconstituer ».

[3] Cependant, en 2014, à l'occasion d'une QPC (Décision n°2014-429 QPC du 21 novembre 2014, *Thiollet*), le Conseil constitutionnel eut à se prononcer sur la conformité aux droits et libertés que la Constitution garantit, du mot « notaires » figurant à l'article 91 de la loi du 28 avril 1816, selon laquelle les notaires titulaires d'un office peuvent présenter à l'agrément du Garde des Sceaux des successeurs, du moment qu'ils remplissent les qualités exigées par les lois. En l'occurrence, le Conseil a estimé que les notaires, s'ils participent à l'exercice de l'autorité publique, et ont donc la qualité d'officiers publics nommés par le Garde des Sceaux, exercent cependant une profession libérale, et n'occupent par conséquent pas des « dignités, places et emplois publics », au sens de l'article 6 de la Déclaration des droits de l'Homme et du citoyen. Le texte n'est donc pas contraire au principe d'égal accès aux emplois publics, et les notaires ne sont donc plus des fonctionnaires, ni des agents publics (dans ce sens : C.E., 9 juin 2006, *Grewis, A.J.D.A.*, 2006, p. 1192).

[4] T. Ducrocq, *Cours de droit administratif*, 3ème édition, Paris, Ernest Thorin, 1868, p. 341 ; voir aussi M. Hauriou, note sous C.E., 10 novembre 1916, *Chambre des notaires d'Issoire*, *S.*, 1919, 3, p. 17.

[5] C.E., avis, 2 décembre 1881, *S.*, 1882, 4, p. 357 ; C.E., 19 octobre 1934, *Jolivet, Rec.*, p. 936 ; *S.*, III, p. 66, concl. Latournerie.

qualifiés de « fonctionnaires publics » par l'article 1er de la loi du 25 ventôse an XI.

Dans ses conclusions sur l'arrêt *Jolivet* de 1934, Latournerie estimait en tout cas qu'un point était « incontestable : c'est que leur qualité même d'officier ministériel et la nature de leurs attributions, notamment l'authenticité que le propre de leur ministère est d'imprimer aux actes qu'ils reçoivent, indiquent nettement qu'ils collaborent à un véritable service public ».

Il est donc tout à fait possible de considérer que certaines professions libérales, exerçant une mission de service public ou y contribuant, puissent être assimilées à des fonctions publiques, et par conséquent soumises au même régime que les agents publics et les fonctionnaires. Historiquement tel était le cas.

De plus, on constate que l'ordinalité n'est pas le pendant exact de l'exercice d'une profession libérale organisée ; il n'y a pas stricte correspondance entre les deux[1]. En effet, il est des cas dans lesquels des praticiens d'une profession organisée en Ordre sont titulaires de l'ordinalité sans être tenus d'appliquer les principes de la profession libérale. On peut donner l'exemple des médecins qui exercent à temps plein dans un hôpital et qui sont inscrits au tableau de l'Ordre des médecins.

Dès lors, on peut considérer que l'ordinalité est l'appartenance juridique d'un individu à la population constitutive d'un Ordre professionnel. Elle correspond en réalité à une inscription au tableau. Ce dernier acte lie le professionnel à son Ordre. D'ailleurs, l'ordinalité peut rattraper le professionnel, même s'il n'exerce plus : ainsi il a été jugé que la démission ne permet pas à un professionnel de se soustraire à des poursuites disciplinaires portant sur des faits qui ont eu lieu pendant l'exercice de la profession[2]. Pour le commissaire du gouvernement Braibant, il serait

---

[1] Ainsi, les architectes fonctionnaires ne sont pas soumis au pouvoir disciplinaire de l'ordre (article 17 de la loi du 31 décembre 1940) ; il en est de même pour les inspecteurs de la pharmacie, les pharmaciens fonctionnaires (article 20 de l'ordonnance du 5 mai 1945) ; enfin, les médecins-chirurgiens-dentistes, les pharmaciens et vétérinaires appartenant au service actif de santé des armées de terre, de mer et d'air, en sont soustraits également (article 1-3°, al. 2 de l'ordonnance du 24 septembre 1945, ordonnance du 5 mai 1945 pour les pharmaciens, et loi du 23 août 1947 pour les vétérinaires).
Les vétérinaires fonctionnaires ne peuvent pas non plus faire partie de l'ordre, il en était différemment sous Vichy, il existait des tableaux différents ; de même pour les médecins. Aujourd'hui il n'y en a plus qu'un ; en revanche pour les vétérinaires, les fonctionnaires ne peuvent pas être inscrits.
Les médecins ne faisant que de la recherche et n'ayant pas de clientèle privée peuvent rester en dehors de l'ordre, tout comme les fonctionnaires.
[2] C.E., 31 mai 1963, *Kraemer, D.*, 1963, p. 553, concl. G. Braibant ; *A.J.D.A.*, 1964, p. 60, obs. B.P.

« *immoral et dangereux* » de permettre aux membres d'une profession soumise à un Ordre d'échapper aux conséquences disciplinaires de leurs fautes, en cessant leur activité et en démissionnant. D'ailleurs, cette solution avait déjà été retenue pour les notaires dès 1837[1] : l'offre de démission faite par un notaire, mais pas encore agréée par le gouvernement, ne fait pas obstacle aux poursuites en destitution engagées contre lui. De même au sujet des avocats : il avait pu être jugé que la compétence de la juridiction disciplinaire est déterminée d'après la qualité de l'auteur de l'infraction au moment où elle a été commise[2]. Ainsi, démissionner ne permet pas d'échapper à une radiation du tableau, et le conseil ne peut refuser de prononcer cette sanction en acceptant la démission.

Par conséquent, tous les professionnels, les anciens comme les futurs, sont susceptibles d'être soumis à l'Ordre et à son pouvoir disciplinaire ; les stagiaires le sont également[3]. En revanche, il n'est pas possible de poursuivre le professionnel pour des faits antérieurs à la promulgation des textes constitutifs des Ordres[4].

Cependant, si en principe des faits antérieurs à l'inscription au tableau ne peuvent être reprochés, ce peut être le cas s'ils ont des conséquences telles qu'ils sont inconciliables avec l'exercice de la profession, qui implique une moralité au-dessus de tout soupçon. Ainsi, le Conseil d'Etat dans un arrêt *Sarrail* de 1930[5] avait estimé que la révocation d'un fonctionnaire peut être prononcée pour des faits antérieurs à sa nomination s'ils entachent gravement sa moralité et sont par leur nature inconciliables avec l'exercice de la fonction publique.

De même, peuvent constituer des fautes disciplinaires des éléments relevant pourtant de la vie privée. Si ces fautes atteignent l'auteur dans sa dignité, sa probité, son honneur, elles peuvent être considérées comme ayant des répercussions sur la profession. Ainsi, la Cour de cassation avait estimé dès 1847 que les actes de la vie privée et familiale peuvent, comme ceux qui se rattachent à l'exercice de la profession, faire l'objet de poursuites

---

[1] C. Cass., 12 avril 1837, *S.*, 1837, 1, p. 292.

[2] C. Cass., 8 janvier 1838, *S.*, 1938, 1, p. 266 ; C.A., Nancy, 6 janvier 1875, *S.*, 1876, 2, p. 248. De la même façon, peuvent être reprochés, dans le cadre du contrôle de moralité du candidat, des faits antérieurs à l'inscription au tableau, et qui n'étaient pas connus du conseil chargé de prononcer l'inscription, si ces faits sont par nature inconciliables avec l'exercice de la profession : C.E., 2 avril 1954, *Vitte, Rec.*, p. 215, au sujet d'un architecte.

[3] Par exemple pour les avocats : loi du 26 juin 1941, *règlementant l'exercice de la profession d'avocat et la discipline du barreau, J.O.*, 28 juillet 1941, p. 3159 ; Loi du 26 juin 1941, *instituant le certificat d'aptitude à la profession d'avocat, J.O.*, 28 juillet 1941, p. 3162.

[4] C.E., 6 février 1946, *Crosa, Rec.*, p. 43.

[5] C.E., 5 décembre 1930, *Sarrail, D. recueil hebdo.*, 1931, p. 56 : *D.*, 1931, III, p. 58, concl. Rivet.

disciplinaires[1]. Il avait ainsi été jugé qu'un notaire ne peut échapper par une démission, à des sanctions disciplinaires, même à raison de faits se rapportant à sa vie privée[2]. L'arrêt estimait en effet que « *l'homme privé et l'homme public sont indivisibles en matière disciplinaire, puisque les torts de l'un rejaillissent nécessairement sur l'autre* ».

On le voit, exercer une profession libérale crée des liens extrêmement forts entre ses différents membres : ils font véritablement corps. C'est pourquoi l'Ordre apparaît rapidement comme étant la structure la plus adaptée pour répondre aux spécificités de ces professions, tenant notamment à l'exigence de moralité : le manquement d'un professionnel entache finalement toute la profession.

En outre, l'Ordre professionnel est assurément de nature corporative. Il était logique que Vichy s'en saisisse.

La création des Ordres professionnels par Vichy.

La création des Ordres professionnels est une œuvre qui commence très tôt sous Vichy : en effet, le premier officialisé est l'Ordre des médecins, dès le 7 octobre 1940[3], comme si cela constituait en quelque sorte une priorité[4]. Pour ce faire, le gouvernement s'inspire en très grande part d'ébauches élaborées précédemment : ainsi il existait un projet de loi recommandé par la Société d'études législatives, et déposé par X. Vallat, qui avait été voté par la Chambre des députés le 9 décembre 1932[5]. Le texte de 1940 non seulement

---

[1] C.Cass., 8 mars 1847, *de Mautort, D.*, 1847, I, p. 97, au sujet d'un avocat.

[2] C.Cass., 7 avril 1851, *D.*, 1851, I, p. 90, en raison des rapports du notaire avec « le jeune L., son petit clerc », le notaire avait « par les torts graves de sa vie privée, compromis son caractère et perdu la considération et la confiance dont il est indispensable qu'un notaire soit investi ».

Il en sera de même au sujet des fonctionnaires : des fautes, alors même qu'elles seraient commises en dehors de l'exercice des fonctions, peuvent rendre leur maintien impossible dans ces dernières, C.E., 16 juillet 1947, *Sieur Bensmaïn Ghalem Ben Hadj, Rec.*, p. 319.

[3] Loi du 7 octobre 1940 *instituant l'ordre des médecins, J.O.*, 26 octobre 1940, p. 5430 ; *D.S.*, 1941, pp. 18-31, note R. de Lacharrière (1ère partie) ; *D.S.*, 1941, pp. 53-61 (2ème partie) ; *D.S.*, 1941, pp. 93-100 (3ème partie). Loi complétée par la loi n°4963 du 26 novembre 1941 *modifiant la loi du 7 octobre 1940 instituant l'ordre des médecins, J.O.*, 29 novembre 1941, p. 5143. Le dispositif est complété par la suite : loi du 10 septembre 1942, *relative à l'ordre des médecins et à l'organisation des professions médicale et dentaire, J.O.*, 18 septembre 1942, p. 3185. Est ainsi institué un ordre national groupant tous les médecins exerçant leur art, lequel a la garde de « l'honneur, de la moralité et de la discipline de la profession médicale ». Voir A. Oudin, *L'ordre des médecins*, thèse, Paris, 1941, 239 p. ; A. Braun, *L'ordre des médecins*, thèse, Sirey, Paris, 1941, 139 p. ; J. Doublet, « La réorganisation de l'ordre des médecins », *D.S.*, 1943, pp. 121-128.

[4] En réalité et comme on le verra, cela contribue à l'épuration des professions.

[5] Proposition de loi *relative à l'institution d'un ordre des médecins, J.O.*, Débats parlementaires, Chambre des députés, 2ème séance du 9 décembre 1932, p. 3503.

met en œuvre ces idées, mais va également plus loin, en imposant un dirigisme.

Ici, il convient de souligner que les textes de Vichy prolongent sans aucun doute les règlementations antérieures, mais en renforçant la logique corporatiste. En effet, les professions médicales ont été réglementées de longue date, et historiquement, il est toujours demeuré une forme de contrôle : même si l'exigence de diplôme fut supprimée en 1791, elle fut rétablie par la suite[1], par une réorganisation de l'enseignement médical. Puis une loi du 30 novembre 1892[2] imposait, pour exercer la médecine, la profession de dentiste et de sage-femme, un diplôme (de docteur en médecine, de chirurgien-dentiste…) délivré par le gouvernement, cela quelle que soit la nationalité du professionnel.

En 1940, il importe de franchir une étape supplémentaire, et non plus seulement de réglementer la profession, mais aussi de l'organiser.

Ainsi, l'Ordre repose sur un conseil supérieur, créé auprès du ministre de l'Intérieur, composé de docteurs et d'un membre du Conseil d'Etat. Il est chargé du maintien de la discipline intérieure et générale de l'Ordre, d'assurer les lois et règlements qui le régissent, et a également la garde de son « honneur, de sa morale et de ses intérêts » (article 4). Pour ce faire, il peut prendre tout règlement d'ordre intérieur.

Les conseils départementaux surveillent quant à eux l'exercice de la médecine dans leur ressort, et dressent les tableaux des personnes qui remplissent les conditions légales et règlementaires permettant l'exercice de la profession et qui peuvent pratiquer leur art. Il est précisé que tout refus, notamment motivé par un défaut de moralité, peut faire l'objet d'appel devant le conseil supérieur de l'Ordre, et le recours en excès de pouvoir se fait ensuite devant le Conseil d'Etat. Le conseil départemental a des pouvoirs disciplinaires, allant jusqu'à la radiation du tableau et l'interdiction permanente d'exercer. Il assure également la défense des intérêts matériels de l'Ordre, et gère aussi les biens.

Les syndicats existants sont dissous et il est interdit aux médecins de se regrouper en associations syndicales (article 17).

En 1942, le texte est modifié : est enlevée à l'Ordre la garde des intérêts de la profession, mais lui est confiée la discipline, en plus de l'honneur et de la moralité[3]. Le caractère corporatif de l'Ordre est affirmé solennellement : il s'agit désormais d'un organe juridictionnel, chargé de la discipline.

---

[1] Loi du 19 ventôse an XI, *relative à l'exercice de la médecine*, *S.*, *Lois annotées*, 1ère série, 1789-1830, p. 622.

[2] Loi du 30 novembre 1892, *sur l'exercice illégal de la médecine*, *J.O.*, 1er décembre 1892, p. 5749.

[3] Loi du 10 septembre 1942, *relative à l'ordre des médecins et à l'organisation des professions médicale et dentaire*, *J.O.*, 18 septembre 1942, p. 3185.
Voir « Annexe 1 : Tableau des textes relatifs à l'organisation des professions », p. 239.

De plus, il est clairement chargé de la représentation de la profession, de la gestion des intérêts professionnels, donc de la règlementation. Cependant, il reste sous la surveillance étroite de l'Etat.

L'ensemble des professions médicales est alors progressivement constitué sous la forme d'Ordres, avec parfois des modulations et plus ou moins de spécificités, bien que l'esprit reste toujours identique.

Ainsi, au sujet des dentistes, la loi du 17 novembre 1941[1] est incomplète sur le plan de la représentation, puisqu'elle n'en dit rien[2]. Cela constitue d'ailleurs une particularité, car la profession n'a pas été règlementée de façon autonome, mais dans le cadre de la loi du 7 octobre 1940 sur l'Ordre des médecins. Il n'y a par conséquent pas de conseil supérieur ou de conseil régional de dentistes, mais une section dentaire auprès du conseil supérieur de l'Ordre des médecins.

Quant aux pharmaciens, le contrôle étatique mis en place est beaucoup plus strict[3]. Tout d'abord, le texte exige une condition de moralité : « Nul ne peut exercer la profession de pharmacien s'il n'offre toutes garanties de moralité professionnelle ». Ensuite, la chambre départementale n'est que donneuse d'avis sur l'octroi des licences d'ouverture ou de transferts d'officines. Au niveau régional le conseil exerce la surveillance de l'exercice du métier, mais sous le contrôle du préfet. Le conseil supérieur est uniquement juridictionnel.

Les vétérinaires seront également organisés sous forme d'Ordre, par la loi du 18 février 1942[4]. Ici encore, la structure est identique aux autres Ordres : est institué un conseil supérieur qui se substitue au syndicat national des vétérinaires. Toutes les associations syndicales sont également dissoutes, et leur patrimoine transféré au conseil, qui dispose de la personnalité civile. Les membres sont nommés par décret, et le ministre désigne le président et le vice-président.

Les attributions sont identiques à celles de l'Ordre des médecins, le conseil a pour mission de maintenir la discipline générale et intérieure, d'assurer le respect des lois et règlements qui régissent la profession, et de

---

[1] Loi du 17 novembre 1941, *organisant l'exercice de la profession dentaire, J.O.*, 6 décembre 1941, p. 5270.

[2] Voir A. Oudin, « Nouveaux aspects de l'organisation des professions libérales », *D.S.*, 1942, pp. 143-147.

[3] Loi du 11 septembre 1941, *relative à l'exercice de la pharmacie, J.O.*, 20 septembre 1941, p. 4018.

[4] Loi n°296 du 18 février 1942, *relative à l'institution d'un ordre des vétérinaires, J.O.*, 22 mars 1942, p. 1118. Voir A. Oudin, « Nouveaux aspects de l'organisation des professions libérales », *D.S.*, 1942, pp. 143-147 ; Voir également « Annexe 1 : Tableau des textes relatifs à l'organisation des professions », p. 239.

représenter l'Ordre auprès des pouvoirs publics. Les règlements qu'il adopte deviennent exécutoires deux mois après leur dépôt au secrétariat d'Etat à l'Agriculture. Ainsi placé en quelque sorte sous l'autorité hiérarchique du ministre de l'Agriculture, le conseil supérieur se trouve, pour A. Oudin, « dans une situation analogue à celle d'un service public décentralisé ». L'auteur s'interrogeait alors sur la question de savoir s'il devait être considéré comme une personne morale de droit public ou de droit privé, comme un établissement public ou comme un établissement d'utilité publique. A. Oudin concluait à la qualification d'établissement public, en raison d'abord des attributions et du pouvoir de contrainte à l'égard des membres, de la possibilité de contester les décisions par la voie du recours en excès de pouvoir, et enfin en raison de la tutelle étatique.

L'organisation en Ordres se généralise finalement dans la plupart des professions libérales dès lors qu'elles ont un lien, plus ou moins étroit, avec un intérêt public : l'hygiène, la salubrité, l'urbanisme, ou l'économie.

Ainsi, le 21 décembre 1940[1], un arrêté de René Belin créait déjà une Commission consultative des professions libérales du bâtiment et des travaux publics chargée d'étudier le recrutement et la qualification des professions.

Le 31 décembre 1940, Pétain signa une loi instituant l'Ordre des architectes et règlementant le titre et la profession[2]. Le modèle est somme toute identique aux autres Ordres : les syndicats existants sont dissous, l'architecte doit respecter les règles contenues dans le Code des devoirs professionnels, qui sera établi par un règlement d'administration publique. De même que pour d'autres professions, celle d'architecte manquait de règlementation, notamment en matière de protection de leur titre, d'atténuation de leur responsabilité, et il n'existait pas non plus de définition précise de leurs missions.

Ici également, il convient de souligner que la création de Vichy ne se fait pas *ex nihilo* : un Ordre des architectes avait été ébauché par le passé, mais cette fois par le Front Populaire. En effet, un projet avait été déposé par

[1] Arrêté du 21 décembre 1940, *portant création d'une commission consultative des professions libérales du bâtiment et des travaux publics, J.O.*, 24 décembre 1940, p. 6249.

[2] Loi du 31 décembre 1940 *instituant l'ordre des architectes et réglementant le titre et la profession d'architecte, J.O.*, 26 janvier 1941, p. 430 ; *D.S.*, 1941, pp. 18-31, note R. de Lacharrière (1ère partie) ; *D.S.*, 1941, pp. 53-61 (2ème partie) ; *D.S.*, 1941, pp. 93-100 (3ème partie). Modifiée par la loi n°4085 du 21 septembre 1941 *complétant la loi* du 31 décembre 1940 *instituant l'ordre des architectes et réglementant le titre et la profession d'architecte, J.O.*, 5 octobre 1941, p. 4291. Voir aussi R. Kleefeld, *L'ordre des architectes*, thèse, Strasbourg, 1941, 115 p. Voir « Annexe 1 : Tableau des textes relatifs à l'organisation des professions », p. 239.

l'Exécutif (A. Lebrun, L. Blum et J. Zay notamment) le 17 mars 1938[1]. Il était relevé dans l'exposé des motifs, que la profession d'architecte a une mission sociale, par son influence sur l'activité ouvrière du pays, et sa contribution au confort et à la santé publique. En revanche, si elle est mal exercée, « soit par ignorance soit par défaillance », elle peut nuire gravement à la sécurité et à l'hygiène, mais aussi à l'esthétique des villes. Dès lors, il semble justifié de s'assurer, avant qu'un architecte n'exerce, qu'il ait les connaissances requises par l'art, et donc d'opérer un contrôle *a priori*, par un système d'autorisation, ce qui n'est possible qu'en organisant la profession. Le souhait du Front Populaire sera réalisé par Vichy…

Quoi qu'il en soit, pour les médecins comme pour les architectes, R. de Lacharrière relevait que « le législateur n'a pas cherché à résoudre chaque problème dans ses éléments particuliers. Sous le nom d'Ordre, il s'est efforcé d'établir un type unique d'institution corporative adapté aux professions libérales ». En réalité on le voit, le même modèle est toujours utilisé : pour les professions libérales, le corporatisme prend la forme de l'Ordre, quand dans le domaine économique ou industriel il s'agissait des CO.

D'autres secteurs sensibles sont également réglementés, comme pour les experts-comptables et les comptables agréés : deux lois du 3 avril 1942[2] fixent les titres nécessaires afin d'exercer la profession. Un auteur relevait alors que « la législation nouvelle a pour objet de fournir à l'économie du pays un corps de praticiens d'une compétence technique éprouvée et d'une honorabilité contrôlée »[3].

Enfin, comme cela a déjà été signalé, la famille professionnelle des professions juridiques fut créée[4], afin d'inclure les avocats, les officiers ministériels, les auxiliaires de justice, et le personnel qu'ils emploient.

---

[1] Projet de loi *réglementant la profession d'architecte*, présenté au nom d'A. Lebrun, Président de la République, par L. Blum, président du conseil, J. Zay, ministre de l'Education nationale, et autres, *J.O.*, Documents parlementaires, Chambre, annexe n°3823, séance du 17 mars 1938. Sur les différents projets de création d'un Ordre des architectes, voir G. Liet-Veaux, « L'ordre des architectes », *R.A.*, 1962, pp. 463-471, 1ère partie ; *R.A.*, 1962, pp. 587-594, 2ème partie.

[2] Loi du 3 avril 1942, *d'introduction des statuts de l'ordre des experts-comptables et des comptables agréés, J.O.*, 18 avril 1942, p. 1471, et loi du 3 avril 1942, *instituant l'ordre des experts-comptables et des comptables agréés et réglementant les titres et les professions d'expert-comptable et de comptable agréé, J.O.*, 18 avril 1942, p. 1473. Voir aussi H. Solus, « L'ordre des experts-comptables et comptables agréés », *D.S.*, 1942, pp. 193-203 ; Voir aussi « Annexe 1 : Tableau des textes relatifs à l'organisation des professions », p. 239.

[3] A. Peytel, « L'ordre des experts-comptables et des comptables-agréés », *Gaz. Pal.*, 1942, 1er semestre, pp. 76-79.

[4] Décret du 26 août 1942, *relatif à la création d'une famille professionnelle des professions juridiques, J.O.*, 3 septembre 1942, p. 3012.

Ce sont pourtant des professions qui bénéficient déjà d'un régime spécifique postérieur au 15 juillet 1940.

Si la profession d'avocats avait déjà été largement réglementée par le passé, et leur ordre rétabli dès 1810[1], il sera vu que Vichy adoptera un certain nombre de textes afin de protéger ladite profession.

En revanche, les notaires font sous Vichy l'objet d'une législation abondante, d'où l'intérêt de se pencher sur leur statut.

Ainsi, la loi du 16 juin 1941[2] prévoit que les chambres des notaires établies dans les circonscriptions judicaires sont désormais remplacées par une chambre unique par département. Ces dernières disposent de pouvoirs disciplinaires, et la bourse commune qu'ils gèrent est alimentée par des contributions imposées aux notaires du département. Sont également institués des conseils régionaux du notariat et, auprès du Garde des Sceaux, un conseil supérieur, qui représente l'ensemble du notariat en France. Néanmoins, la législation prévoit également un certain nombre de spécificités, ce qui a souvent engendré des difficultés afin de déterminer précisément le statut des notaires.

En effet, l'article 3 de la loi précise que les chambres, les conseils régionaux et le conseil supérieur sont des établissements d'utilité publique. Dit autrement, l'organisation professionnelle des notaires diffère des autres, le législateur n'a pas opté ici pour la novation : préférant l'innovation, qui introduit dans ce qui est établi une nouveauté, il est resté à mi-chemin. La chambre a pour mission d'établir les règlements relatifs aux usages de la profession, ainsi qu'aux rapports entre les notaires entre eux, et avec la clientèle. Mais ces dispositions doivent être soumises à l'approbation du Garde des Sceaux. Quant aux pouvoirs de sanctions, ils sont limités au simple rappel à l'ordre ou à la censure, et si l'infraction est grave et doit conduire à une suspension ou à une destitution, la chambre ne peut qu'émettre un avis qui éclairera l'autorité judiciaire.

Comme le relevait P. Jousselin, le notariat possédait en réalité et de longue date, en droit et en fait, une organisation corporative[3]. La loi de 1941

---

[1] Voir *supra*.

[2] Loi du 16 juin 1941, *réorganisant les chambres des notaires et instituant des conseils régionaux et un conseil supérieur du notariat, J.O.*, 28 juillet 1941, p. 3157. Les règles relatives à l'organisation des chambres et au pouvoir disciplinaire sont précisées par un décret du même jour *portant règlement d'administration publique, relatif à la discipline des notaires et à l'organisation et aux conditions de fonctionnement des chambres des notaires, des conseils régionaux et du conseil supérieur du notariat, J.O.* du même jour, p. 3162. Voir également P. Jousselin, « L'organisation corporative du notariat en France », *D.S.*, 1941, pp. 152-157 ; Voir « Annexe 1 : Tableau des textes relatifs à l'organisation des professions », p. 239.

[3] Rappelons qu'en 1270 Louis IX donna aux notaires de Paris un statut, que Philippe le Bel étendit ensuite à la province. La loi du 25 ventôse an XI fixait leur statut et posait les

ne crée pas une nouvelle corporation, elle la réorganise, et tel est d'ailleurs l'intitulé de la loi.

Le notaire est initialement délégué de la puissance publique, mais avant la loi de 1941, on était déjà en présence d'un corps uni, dont l'organisation était incomplète. La loi de 1941 cherche à perfectionner la seconde pour unifier davantage le premier. D'après le texte, la profession est représentée par trois organes : la Chambre de discipline départementale, le Conseil régional et le Conseil supérieur. La première existait déjà, au niveau de l'arrondissement. Son rôle est de règlementer les usages professionnels et les rapports entre les notaires et la Chambre, de prononcer les mesures disciplinaires, de prévenir ou concilier les différends entre notaires, d'examiner les réclamations des tiers etc. La Chambre de discipline est un établissement d'utilité publique, avec une bourse commune chargée de subvenir aux dépenses d'ordre professionnel et de contribution au fonctionnement des organismes corporatifs et œuvres sociales du notariat. Surtout, la deuxième création nouvelle après le Conseil régional, est le Conseil supérieur, qui outre sa mission de régler les différends entre les chambres ou notaires, a des attributions fondamentales. Il doit notamment organiser les œuvres spéciales intéressant le notariat, surveiller celles existantes, approuver leur budget (caisses de retraites, d'allocations familiales etc.). Principalement, le Conseil peut donner son avis sur les questions d'ordre professionnel qui lui seraient soumises par le Garde des Sceaux. L'avantage pour le gouvernement est donc d'avoir un relais, un représentant de la profession. Egalement d'utilité publique, le conseil est élu.

L'Ordre des notaires comporte, on le voit, un certain nombre de spécificités, mais aussi de similitudes avec d'autres Ordres, comme celui des médecins ou des architectes. La structure pyramidale est identique, l'attribution principale est le maintien de la discipline professionnelle. Le notariat dispose cependant d'attributions pour réglementer la profession, mais aussi dans le domaine social.

Vichy organise donc en corporations la quasi-totalité des professions, à la fois dans le domaine économique et industriel, sous la forme des CO, mais aussi les professions libérales, à travers les Ordres ; en tout cas elle les réajuste si nécessaire, afin de les conformer à sa logique corporatiste. Ici, se pose la question de leurs caractéristiques.

---

principes de la profession. Le notaire devient à ce moment un fonctionnaire public (désormais officier public), établi pour recevoir des actes et contrats auxquels les parties doivent ou veulent faire donner le caractère d'authenticité attaché aux actes de l'autorité publique, en assurer la date, en conserver le dépôt etc. Voir *supra*.

Section 3. Les caractéristiques des corporations sous Vichy.

La difficulté majeure, qui a longtemps divisé les juristes, est de déterminer la nature des corporations établies sous Vichy, que ce soient les CO ou les Ordres, et le régime applicable (§1). En tout état de cause, un trait commun les caractérisait : la volonté de protéger les professions, en les moralisant. Cette dimension morale est en effet très présente dans la logique corporatiste, et surtout les implications peuvent varier selon le temps : en 1940, protéger c'est purifier, et donc exclure les indésirables qui constituent une éventuelle menace (§2).

§1. Les interrogations relatives au droit applicable aux corporations.

Initialement, il apparaît que toutes les corporations créées dans le cadre de la Révolution nationale étaient censées être chargées d'un service public[1]. Dès lors se posait nécessairement le problème de leur qualification, et les juristes n'ont pas manqué de le soulever aussitôt. Pour autant, ce n'est qu'en 1942 que la question fut tranchée par le Conseil d'Etat : le célèbre arrêt *Monpeurt*[2] devait apporter les réponses attendues. Cependant, la solution trouvée n'est peut-être pas aussi claire que cela.

---

[1] Allocution du Maréchal Pétain au sujet de la corporation agricole, chargée notamment de veiller au ravitaillement, citée par M. Bouvier-Ajam, *La doctrine corporative*, Librairie du Recueil Sirey, Institut d'études corporatives et sociales, 5ème édition, 1943, p. 241.

[2] C.E., Ass., 31 juillet 1942, *Monpeurt, Rec.* p. 239 ; *D.*, 1942, p. 138, concl. A. Ségalat, note P.C. ; *J.C.P.*, 1942-II, concl. A. Ségalat, note P. Laroque ; *D.S.*, 1942, p. 158, concl. A. Ségalat ; *R.D.P.*, 1943, p. 57, concl. A. Ségalat, note R. Bonnard ; J. Donnedieu de Vabres, « Le Conseil d'Etat et les Comités d'organisation », *J.C.P.*, 1942-I, 299 : M. Waline, « Trois points de vue sur l'arrêt Monpeurt », *D.S.*, coll. Droit social, XVIII, 1943, pp. 18-22 ; C. Eisenmann, « L'arrêt Monpeurt : légende et réalité », in *L'évolution du droit public. Etudes offertes à Achille Mestre*, Sirey, 1956, pp. 221-249 ; C. Lavialle, « Le corporatisme voilé, réflexion recommencée sur l'arrêt Monpeurt », in M. Hecquard-Théron (dir.), *Le groupement et le droit : corporatisme, néo-corporatisme*, Presses universitaires des sciences sociales de Toulouse, 1996, pp. 9-30.
En l'occurrence, le Comité d'organisation de l'industrie du verre avait pris diverses mesures en 1941 visant à favoriser les ententes entre les entreprises. Son directeur prit une mesure concernant le secteur des tubes en verre neutre ou ordinaire, dont la fabrication était assurée par trois entreprises Il rejeta l'autorisation de mise à feu présentée par l'une d'entre elles, et imposa en compensation aux deux autres de livrer vint tonnes de tubes par mois, avec un rabais de 20% sur le tarif normal. Un recours fut formé contre cette décision. Il s'agissait donc de qualifier juridiquement, pour la première fois, les comités d'organisation, de savoir s'ils participaient ou non à l'exécution d'un service public, et s'ils pouvaient adopter des actes administratifs, relevant de la compétence du juge administratif.

La délicate qualification des corporations.

Dès 1940 P.-H Teitgen estimait que les CO sont « incontestablement des autorités administratives chargées d'un service public, puisqu'ils sont institués par le gouvernement pour organiser la production sous son autorité et dans l'intérêt public, au moyen d'un pouvoir réglementaire que la loi dans son ensemble présente à l'interprète comme un pouvoir dérivé du pouvoir réglementaire général de l'Etat »[1]. On pouvait en conclure qu'il s'agissait de services publics administratifs.

Dès lors, pour lui, les règlements professionnels édictés par les CO devaient être considérés comme des règlements administratifs, et les décisions individuelles comme des décisions administratives. De plus, il s'agissait bien d'établissements publics, dotés de la personnalité civile et de l'autonomie financière. Néanmoins, il leur refusait la qualification d'organismes de type corporatif. Selon lui, la corporation doit nécessairement être décentralisée, et donc bénéficier d'une autonomie dans la prise de décisions, ce qui n'était pas le cas des CO. La loi du 16 août 1940 procédait au contraire d'une conception étatiste.

J. Personnaz, quant à lui, qualifiait en 1941 les CO d'« organismes de nature professionnelle chargés de l'exécution d'un service public »[2]. De même, H. Culmann s'interrogeant sur cette question, estimait que les CO ne pouvaient être considérés comme des organismes privés : ils réunissent en leur sein des personnes qui sont des agents publics (les commissaires du gouvernement) ; de plus leur constitution n'est pas d'initiative privée, et leur activité ne tend pas vers des fins d'intérêts privés. Ils sont constitués à l'initiative de l'Etat, qui en nomme les membres, et leurs modes d'action ne sont pas ceux du droit privé (contrat), mais bien ceux du droit public (règlement). Néanmoins, pour lui, il n'était pas non plus possible de les classer parmi les organismes de droit public : leurs fonctions ne sont pas uniquement d'intérêt général, ils agissent dans l'intérêt de la profession qu'ils représentent. De plus, les membres des comités et leur personnel ne sont pas des fonctionnaires. Par conséquent, selon l'auteur, ils devaient être considérés comme des organismes mixtes, plus précisément selon lui,

---

[1] P.-H. Teitgen, « L'organisation provisoire de la production industrielle et les principes du droit public français », *Collection Droit social*, 1941, fascicule IX, pp. 2-15. Voir aussi la décision du T.C., 15 janvier 1938, *Eric de Mare c./ Office d'inspection et de conditionnement des produits naturels du Sénégal, S.*, 1938, 3, p. 28, qui considère qu'est un service public administratif l'Office chargé d'assurer l'application des arrêtés du lieutenant-gouverneur de la colonie, réglant, dans l'intérêt général de l'organisation économique, la circulation, la mise en vente, et l'exportation des produits de la colonie. Il s'agissait donc bien d'une activité de police (nous soulignons).

[2] Voir notamment J. Personnaz, « La nature juridique des Comités d'organisation », *D.S.*, 1941, pp. 145-152.

il s'agissait de « personnes morales para-étatiques sui generis ». En effet, ils n'étaient, en tout cas en vertu de la loi, ni publics ni privés, ni des services publics administratifs décentralisés, mais des personnes morales à part entière, et en tant que telles n'entraient dans aucune catégorie connue. Mais disait-il, face à cette difficulté de pouvoir les classer clairement, « les regrets que l'on en peut avoir tombent si l'on admet qu'il se crée sous nos yeux un droit nouveau, ni public, ni privé, le droit professionnel, auquel appartiennent les comités »[1].

Dès lors, pour Culmann, la nature mixte justifiait le partage des compétences entre le juge administratif et le juge judiciaire : dans la mesure où ils édictent des règlements, qu'ils perçoivent des cotisations approuvées par décrets, qu'ils élaborent des programmes obligatoires de fabrication, le contentieux de leur activité dépendait du juge administratif. Mais dans la mesure où les CO gèrent des services administratifs, prennent à bail des locaux, embauchent, rémunèrent du personnel, ils agissent comme des personnes de droit privé, donc les litiges sur ces questions dépendent du juge judiciaire.

Surtout, et en vérité, les CO ne sont pas les seuls organismes corporatifs créés sous Vichy, et la question de leur qualification s'est également posée avant l'arrêt *Monpeurt*. Ainsi, on est en présence alors d'une multitude de corporations, et qu'il s'agisse des comités sociaux, des corporations de la Charte du Travail, des groupements interprofessionnels[2] (comme ceux des domaines laitier[3], forestier[4]), des comités interprofessionnels[5], des bureaux

---

[1] H. Culmann, *La nouvelle organisation professionnelle*, P.U.F., coll. Que sais je ? 1943, 135 p.

[2] Ces groupements étaient composés de délégués des organisations professionnelles et coopératives des producteurs, distributeurs etc. Cependant, ces structures n'étaient pas strictement similaires aux CO, d'abord en raison de leur caractère interprofessionnel, ils ne réalisaient pas l'intégration d'une profession, mais celle, verticale, de plusieurs professions autour d'un produit (bois, lait).

[3] Loi du 27 juillet 1940, *sur l'organisation de la production laitière, J.O.*, 30 juillet 1940, p. 4593 ; C.E., 22 janvier 1943, *Sieur Rossetti, Rec.*, p. 13, et du même jour *Sieurs de Lucy et autres, Rec.*, p. 14.

[4] Loi du 13 août 1940, *relative à l'organisation de la production forestière, J.O.*, 21 août 1940, p. 4748.

[5] Comme celui sur le champagne, crée par la loi du 12 avril 1941, *portant création d'un Comité interprofessionnel du vin de champagne J.O.*, 16 avril 1941, p. 1634, toujours en vigueur ; et C.E., 20 février 1970, *S.A. Moët et Chandon, Rec.*, p. 126.

En réalité, les Comités interprofessionnels sont antérieurs à Vichy : un décret du 28 février 1939 (*concernant l'organisation et le contrôle des Comités interprofessionnels du commerce et de l'industrie, J.O.*, 3 mars 1939, p. 2908), qui complétait le décret-loi du 17 juin 1938 (*relatif au fonctionnement des Comités interprofessionnels, J.O.*, 26 juin 1938, p. 7334) avait déterminé le mode d'organisation, le fonctionnement et les ressources financières des Comités interprofessionnels du commerce, de l'industrie et de l'agriculture chargés d'administrer les contingents.

nationaux de répartition[1], ou des Ordres professionnels, comme ceux des médecins, des vétérinaires, des architectes etc.[2], il fallut déterminer leur statut et leur régime[3].

Le contentieux des décisions des comités professionnels permit ainsi au juge civil en 1941 et en 1942 (mais avant l'arrêt *Monpeurt*) de qualifier, notamment le comité interprofessionnel de la conchyliculture comme étant une autorité administrative[4] ; plus précisément, il était clairement sous-entendu que toute décision règlementaire ou individuelle d'un comité professionnel, comme celui de la conchyliculture, devait être considérée comme étant administrative.

Dans son commentaire, P.H- Teitgen se penchait alors sur la question de la nature des corporations, et estimait qu'en aucun cas elles ne pouvaient être constituées sous forme d'établissements privés d'utilité publique. En effet, le droit privé est « hors d'état de fournir au corporatisme les structures et les techniques institutionnelles dont il a besoin ». Ni la structure de l'association loi 1901, ni celle du syndicat ne peuvent être satisfaisantes, puisque leurs décisions ne s'imposent qu'à leurs membres, et non aux tiers. Or une corporation doit, et c'est son essence même, avoir autorité sur tous les membres de la profession. Il fallait donc injecter dans la corporation une dose conséquente de droit public.

Deux hypothèses alors se présentaient : soit on considère que les pouvoirs nécessaires à la corporation (pouvoir règlementaire à l'égard de tous les membres de la profession, privilège du préalable, exécution d'office, levée des taxes) ne proviennent que de la puissance publique, auquel cas la

---

[1] Loi du 23 septembre 1940, *sur l'organisation de la production laitière, J.O.*, 22 novembre 1940, p. 5771 ; voir aussi C.E., 30 avril 1943, *Demoiselle Idessesse, D.S.*, 1944, p. 173.

[2] C.E., Ass., 2 avril 1943, *Bouguen, Rec.*, p. 83 ; *D.S.*, 1943, p. 242, note M. Martin ; *D.*, 1944, p. 52, concl. Lagrange, note J. Donnedieu de Vabres ; *S.*, 1944, 3.1, concl. Lagrange, note A. Mestre ; *J.C.P.*, 1944, II, 2565, note C. Célier.

[3] Ultérieurement, il fut jugé que les actes unilatéraux de ces différents organismes, pris dans une mission de police économique, devaient également être considérés comme étant administratifs : C.E., 6 octobre 1944, *Sassot, Rec.*, p. 258 : grossiste titulaire d'une carte professionnelle s'étant vu refuser systématiquement l'attribution de fromages, ce qui lui rendait impossible l'exercice de sa profession. Le juge reconnaît une faute de nature à engager la responsabilité du groupement interprofessionnel. Voir aussi C.E., 14 mai 1948, *Sargos, Rec.*, p. 209 ; *S.*, 1949, III, p. 25.

[4] Tribunal civil de la Seine, 26 novembre 1941, *Syndicat des mandataires aux poissons des halles centrales c./ Comité interprofessionnel de la conchyliculture* ; et Cour de Paris, 16 janvier 1942, *Comité interprofessionnel de la conchyliculture c./ Syndicat des mandataires aux poissons des halles, D.S.*, 1942, p. 108, note P.-H. Teitgen.
Le Comité a été institué par une Loi n°1012 du 13 mars 1941 *relative à l'organisation corporative des pêches maritimes, J.O.*, 30 mars 1941 et rectificatif *J.O.*, 8 avril 1941, p. 1370. Voir P. Colin, « L'organisation corporative des pêches maritimes », *D.S.*, 1941, pp. 41-50 (1ère partie), et pp. 131-140 (2ème partie).

corporation n'en dispose que parce que l'Etat les lui a délégués. Dès lors, elle constitue un service public, car elle participe à la puissance publique, afin d'exécuter une tâche d'intérêt public. Soit, deuxième hypothèse, on admet que certaines structures privées présentent un intérêt suffisant pour être dotées de prérogatives de puissance publique[1].

Cette dernière interprétation reconnaît en quelque sorte l'existence de corps intermédiaires entre l'Etat et les individus, investis d'une autorité propre, en raison de l'intérêt commun au corps, et qui disposent de prérogatives afin de mener à bien leurs activités. La corporation, qui constitue alors la profession organisée, est un de ces corps autonomes, avec une autorité propre, qui dérive, pour Teitgen, non pas de l'Etat, mais de la « nécessité interne de faire prévaloir le bien commun du corps sur les intérêts particuliers de ses membres ». Cependant, et comme le relève l'auteur, les partisans de cette thèse soutiennent que la corporation n'est pas un service public : si les tâches sont d'intérêt public, il faut admettre que c'est un organisme chargé de service public, mais un organisme professionnel, non pas administratif. Ses pouvoirs sont ceux qui lui appartiennent en propre[2].

Avec les CO, le but de la corporation est bien la collaboration entre l'Etat et la profession, afin d'organiser, dans l'intérêt public, des relations économiques. Or, le risque est d'aboutir à un Etat dans l'Etat, et que le politique se fasse absorber par l'économique. La solution est alors, selon Teitgen, d'ériger la corporation en établissement public décentralisé. Dès lors, elle peut bénéficier de la personnalité juridique, d'une autonomie notamment financière, d'un pouvoir propre de décision tout en n'étant pas déconnectée de l'Etat.

Pour l'auteur, les comités interprofessionnels de pêche et le comité central corporatif étaient assurément des établissements publics. De même le comité interprofessionnel de la conchyliculture : institué par décret, sa mission est à la fois d'intérêt professionnel et public (organiser la pêche et la vente des produits), il est doté de la personnalité civile par décret du 9 février 1942, il a le pouvoir de prendre des décisions règlementaires et individuelles obligatoires pour tous les membres de la profession, etc.

Cependant, l'arrêt de la Cour de Paris de 1942 a aussi cela d'intéressant qu'il reconnaît compétence pour les juridictions judiciaires d'interpréter un règlement administratif.

---

[1] C.E., 20 décembre 1935, *Etablissements Vezia.*

[2] Voir J. Personnaz. « La nature juridique des Comités d'organisation », *D.S.*, 1941, pp. 145-152.

C'est dans ce contexte et face à ces difficultés qu'intervient l'arrêt *Monpeurt* de 1942. Son mérite est sans doute de tenter de préciser les lignes de démarcation, bien qu'en réalité la solution retenue ne lève pas toutes les difficultés.

L'arrêt *Monpeurt* : la reconnaissance des spécificités des corporations.

L'arrêt *Monpeurt* est assurément emblématique, même si, on l'a vu, des solutions jurisprudentielles avaient déjà été apportées. Cependant, l'ensemble de ces décisions, et leurs analyses, mettaient surtout en exergue les spécificités des corporations nouvellement créées sous Vichy.

Ainsi, dans ses conclusions, le commissaire du gouvernement A. Ségalat, relève que la loi du 16 août 1940 comprend deux éléments : d'abord elle institue bien une économie dirigée et fait de l'organisation de la production un service public. Il y a en effet un intérêt général qui s'attache à la bonne marche de la production, une mission spécifique dévolue aux CO, et des prérogatives de puissance publique attachées : ce sont la présence des critères du service public[1].

Ensuite, la loi confiait l'élaboration de cette politique et la gestion de ce service directement aux professionnels, sous l'autorité cependant de l'Etat.

Ségalat se posait alors nécessairement la question de la nature des CO : ces derniers étant dotés de la personnalité juridique, d'un patrimoine, de ressources propres, et de pouvoirs notamment de gestion, ils sont assurément des personnes morales. Mais issues de l'Etat, non d'une initiative privée. Dès lors, cela les excluait de la catégorie de personnes morales de droit privé. De plus, les CO n'ont pas seulement un rôle technique ou commercial, comme les organismes classiques pouvant être reconnus comme gérant un service public ; leurs missions vont bien au-delà, comme la direction, l'autorité, l'élaboration des règles de la profession, et le soin de veiller à leur bonne application. Ils bénéficient également de pouvoirs étendus, notamment celui de prendre des mesures individuelles. Mais Ségalat leur refusait également la qualification d'établissements publics : ni service public administratif, ni service public industriel et commercial, ils sont chargés de diriger la profession, de la représenter, de gérer le service professionnel, en somme ils « personnifient des intérêts propres, distincts de ceux de l'Etat ». Dès lors, pour le commissaire du gouvernement, les CO sont bien « des organismes d'un type nouveau, des organismes professionnels, se plaçant à la frontière du droit public et du droit privé, retenant du premier ses prérogatives de puissance publique, empruntant au second ses modes de gestion, affirmant en définitive la

[1] Tels qu'ils seront notamment dégagés par le juge dans l'arrêt *Narcy*, du 28 juin 1963.

tendance au développement d'un droit professionnel ». En tout état de cause, pour le commissaire du gouvernement apparaissait clairement un régime mixte, mais donc aussi, en réalité, une nature mixte. En définitive, selon lui, lorsque les CO exercent leurs pouvoirs de gestion du service public de la production et d'organisation de la profession, ils accomplissent des actes administratifs, justifiant la compétence du juge administratif. En revanche, tout ce qui relève du fonctionnement interne, les rapports avec le personnel, les actes de la vie civile, est de la compétence du juge civil.

M. Waline dans ses analyses relevait quant à lui que l'arrêt *Monpeurt* a immédiatement divisé la doctrine, entre ceux qui l'ont accueilli favorablement[1], et ceux qui l'ont critiqué. Mais l'auteur abordait surtout trois points de vue : celui du « juriste classique attaché aux concepts traditionnels », celui du « juriste novateur préoccupé d'adapter les théories juridiques à l'évolution sociale », et le dernier étant le sien.

Le juriste classique a été, selon lui, choqué par l'arrêt, en raison de ses contradictions, voire de ses confusions.

Le juriste novateur pouvait quant à lui admettre les avantages d'une décision pouvant apparaître comme initiatrice et notamment, comme le notait Waline, parce qu'elle traduit un fait social « révolutionnaire » : en effet, « le corporatisme a fait officiellement son entrée dans les institutions françaises – phénomène social d'une importance suffisante pour justifier un tel remaniement des conceptions classiques ». Il notait également qu'en 1940 on est passé à un Etat « autoritaire et, sinon socialiste, tout au moins corporatif », et « communautaire ». En somme, l'arrêt *Monpeurt* était finalement logique, et n'était que la conséquence naturelle du corporatisme en devenir. Mais relevait-il, il ne s'agissait pas, comme dans le collectivisme ou le communisme, de régir toute la production comme un service public ; seule était concernée l'organisation de cette production.

L'arrêt *Monpeurt* conduisait en effet à établir trois catégories de services publics : le service public administratif, régi entièrement par le droit public, le service public industriel et commercial, et enfin le service professionnel, ces deux derniers étant régis partiellement par le droit public et le droit privé.

Il s'agissait donc, selon Waline, d'un recul de l'individualisme, non pas au profit de l'étatisme, mais de la profession. C'était bien cela, notait-il, qui constituait entre autres la Révolution nationale. Mais pour lui, les lois de 1940 ne constituaient pas un véritable corporatisme, qui aurait impliqué une doctrine exhaustive, mais seulement un pré-corporatisme.

---

[1] Comme Bonnard dans sa note sous l'arrêt, ou encore A. Mathiot, « L'intégration des Comités d'organisation dans le droit public », *R.D.P.*, 1943, pp. 28-56.

Enfin, le propre point de vue de Waline consistait à affirmer qu'il était difficile de ne voir dans les CO que des organismes privés : ni leur but, ni le recrutement de leurs directeurs, ni la situation de leur personnel ne relevaient de l'ordre privé. Sans doute l'arrêt était-il alors une fiction : soit la profession était gérée par les représentants élus par ses membres, auquel cas la délégation de pouvoir étatique était une abdication de l'Etat, ce qui conduisait à sa dislocation. Soit la profession était finalement gérée par des personnes désignées par l'autorité publique, ce qui aboutissait alors à un pseudo-corporatisme.

Dans son arrêt, le Conseil d'Etat considérait : « Qu'ainsi les comités d'organisation, bien que le législateur n'en ait pas fait des établissements publics, sont chargés de participer à l'exécution d'un service public, et que les décisions qu'ils sont amenés à prendre dans la sphère de ces attributions, soit par voie de règlements, soit par des dispositions d'ordre individuel, constituent des actes administratifs ». Pour Waline, il fallait enlever de l'arrêt la phrase « bien que le législateur n'en ait pas fait des établissements publics », pour que tout s'éclaire et devienne parfaitement cohérent : la négation du caractère public des CO était selon lui l'élément disparate. En définitive, il relevait que corporatisme et Etat étaient sans doute antinomiques : soit le corporatisme traduisait une hypertrophie de l'Etat, ce qui était en réalité du pseudo-corporatisme, soit on le réalisait pleinement, et le vrai corporatisme aboutissait à l'anéantissement de l'Etat.

Ultérieurement, C. Eisenmann proposera son analyse de l'arrêt, et relèvera que le Conseil d'Etat ne s'est en réalité pas penché sur la nature juridique des CO : il se borne à constater une évidence, c'est-à-dire que le législateur n'en a pas fait des établissements publics. Or, le terme n'est ni synonyme d'institution publique ni de service public : ces derniers désignent « *le genre* »[1]. Or les CO n'entrent pas dans les « *espèces du genre institutions publiques* ». Enfin l'arrêt ne précisait pas non plus qu'il s'agirait d'institutions privées.

Aussi, la loi du 16 août 1940 ne donnait aux CO ni une nature juridique ni un régime défini globalement. Le Conseil d'Etat était donc « libre d'ajouter une nouvelle espèce à la famille des types d'institutions administratives », avec comme but de les soustraire au régime des établissements publics, et donc de les soumettre à un régime nouveau et particulier[2] .

---

[1] C. Eisenmann, « L'arrêt Monpeurt : légende et réalité », in *L'évolution du droit public. Etudes offertes à Achille Mestre*, Sirey, 1956, pp. 221-249.
[2] *Ibidem.*

Il convient à ce sujet de noter que l'article 205 de la loi du 13 juillet 1925[1] prévoyait que la création d'un établissement public national ne pouvait se faire que par la loi, qui détermine son objet, ses principes de fonctionnement, lui confère la personnalité civile et éventuellement l'autonomie financière. Mais souvent le législateur procédait de la sorte, sans le dire. Or, avec la loi du 16 août 1940, il est simplement évoqué que seront créés des comités, sans en préciser la qualification. Ce que la loi ne précisait pas, des décrets étaient censés le faire ; de même en ce qui concerne la personnalité civile.

Aussi pour Eisenmann, la véritable portée de l'arrêt tient à la théorie des institutions administratives. L'arrêt consacre selon lui une nouvelle classe ou espèce de personnes administratives : celle des personnes administratives non territoriales, spéciales et autonomes, venant s'ajouter aux établissements publics.

A cette catégorie s'ajouteront, en plus des CO, les Ordres professionnels.

C'est notamment pour cette raison que C. Lavialle, au sujet de l'arrêt *Monpeurt*, parle de « corporatisme innomé »[2].

Le but de la loi de 1940 était de regrouper les entreprises d'une même profession, et chaque comité avait pour fonction d'assurer la direction de son secteur d'activité en organisant la profession et son activité. Aussi, les autorités compétentes des comités pouvaient édicter des règles s'imposant aux entreprises de la branche, prendre des décisions individuelles. Par exemple, le comité d'organisation des industries du verre et des commerces s'y rattachant avait établi un plan comportant l'obligation pour certaines usines d'arrêter leur fabrication de verre neutre pour ampoules, et l'autorisation de continuer pour d'autres, à charge d'approvisionner les premières à tarif réduit. Tel était d'ailleurs l'objet du contentieux dans l'arrêt *Monpeurt*.

Ces comités avaient bien la personnalité morale[3], un patrimoine, ils pouvaient ester en justice, et étaient dotés d'une comptabilité propre. Aussi, ils avaient une double fonction d'organisation de la production, et de la profession.

Si l'arrêt *Monpeurt* pose la compétence administrative des décisions prises par les comités d'organisation, solution déjà envisagée avec l'arrêt sur

---

[1] Loi du 13 juillet 1925, *portant fixation du budget général de l'exercice 1925, J.O.*, 14 juillet 1925, p. 6566.

[2] C. Lavialle, « Le corporatisme voilé, réflexion recommencée sur l'arrêt Monpeurt », in M. Hecquard-Théron (dir.), *Le groupement et le droit : corporatisme, néo-corporatisme*, Presses universitaires des sciences sociales de Toulouse, 1996, pp. 9-30.

[3] Pour une analyse opposée, voir P.-H. Teitgen, « L'organisation provisoire de la production industrielle et les principes du droit public français », *Collection Droit social*, 1941, fascicule IX, pp. 2-15.

la conchyliculture, en revanche, il en allait différemment pour les actions en réparation. Ainsi en 1941 le Tribunal de commerce de Toulon s'était estimé compétent pour statuer sur une demande en réparation formulée contre un comité d'organisation[1]. Pour B. Gény, « tandis que le juge de la légalité se prononce sur un acte envisagé en lui-même, intellectuellement détaché de l'organe qui en est l'auteur, et dont on peut admettre, sans illogisme, qu'il ait, par exemple, le caractère administratif, bien qu'il émane d'un organe non administratif, le juge de la responsabilité juge la personne même du service ; il le fouille, si l'on peut dire, dans son corps et dans son âme : il scrute la conscience du service, et il frappe son patrimoine ». Pour l'auteur, il aurait été « choquant » que les tribunaux administratifs puissent condamner une personne étrangère à l'administration à payer une indemnité à la charge d'un patrimoine non administratif. Pour Gény, afin de reconnaître la compétence administrative des comités d'organisation, il aurait fallu laisser de côté la notion de service public, et lui préférer celle de puissance publique, et donc insister sur les prérogatives dont ils sont investis.

Quoi qu'il en soit, l'arrêt *Monpeurt* affirme le caractère administratif des décisions des CO, étant entendu que les tribunaux judiciaires ont jugé de même notamment dans l'arrêt *Painvin* de la Cour de Paris du 30 juillet 1942[2]. La juridiction reconnut ici que les CO sont des organismes administratifs tenant, de la loi du 16 août 1940, un pouvoir règlementaire.

En définitive, pour C. Eisenmann, A. Mathiot[3], et A. Mestre[4], le CO sont assurément des personnes morales d'un type nouveau en raison de la mixité de leurs attributions. Ils sont chargés d'organiser et de diriger les différentes branches professionnelles, ce qui est une mission de service public ; ils ont aussi une mission d'ordre collectif : représenter et gérer les intérêts d'une profession – ce qui est une fonction de nature privée-, et surtout l'organiser, la réglementer, la discipliner.

Logiquement, la question du statut des Ordres professionnels, qui sont également des organes corporatifs, s'est posée dans les mêmes termes que pour les CO. Tel est le sens de l'arrêt *Bouguen*[5].

---

[1] Tribunal de commerce, Toulon, 3 décembre 1941, *Comité d'organisation du bâtiment et des travaux c./ Bava*, *D.S.*, 1943, p. 94, note B. Gény.

[2] Cour de Paris, 30 juillet 1942, *Degond c./ Painvin, J.C.P.*, 1942, II, 2047. Voir aussi Cour de Limoges, 9 novembre 1943, *Compagnie d'assurances La Paix c./ Glicky, S.*, 1944, II, p. 11.

[3] A. Mathiot, « L'intégration des Comités d'organisation dans le droit public », *R.D.P.*, 1943, pp. 28-56.

[4] A. Mestre, note sous C.E., Ass., 2 avril 1943, *Bouguen, S.*, 1944, 3.1, note A. Mestre.

[5] C.E., Ass., 2 avril 1943, *Bouguen, Rec.*, p. 83 ; *D.S.*, 1943, p. 242, note M. Martin ; *D.*, 1944, p. 52, concl. Lagrange, note J. Donnedieu de Vabres ; *S.*, 1944, 3.1, concl. Lagrange, note A. Mestre ; *J.C.P.*, 1944, II, 2565, note C. Célier

Assurément, les professions libérales exercent une fonction sociale, les droits ne sont reconnus aux professionnels (indépendance, honorabilité) que s'ils exercent la profession à certaines conditions. L'intérêt général est par conséquent sous-jacent, et il constitue même le but et la limite de l'action de l'Ordre. Pour ce faire, des prérogatives exorbitantes sont reconnues aux Ordres : ils peuvent agir de manière unilatérale en matière administrative, et se voient donc conférer un pouvoir règlementaire. Ainsi, ils peuvent établir des codes de déontologie et des devoirs professionnels, et rédiger des règlements intérieurs qui précisent le fonctionnement des organes.

Ensuite, ils disposent d'un pouvoir de décision individuelle qui se traduit essentiellement par l'inscription au tableau professionnel. A ce sujet, le Conseil d'Etat avait pu reconnaître que ladite inscription ne peut se faire que sous certaines conditions, notamment de moralité[1]. Il convient alors de préciser que la question de la valeur juridique des refus d'inscription s'était posée peu de temps avant l'arrêt *Bouguen* : dans la décision *Nicol*[2], le Conseil d'Etat avait considéré que cette décision était susceptible d'appel devant la section disciplinaire. L'arrêt *Nicol* est donc le précurseur de *Bouguen* : le Conseil d'Etat n'en avait simplement pas fait un considérant de principe.

Quoi qu'il en soit, et plus précisément au sujet des Ordres, dans ses conclusions sur l'arrêt *Bouguen*, le commissaire du gouvernement Lagrange estimait que l'Ordre des médecins, malgré son caractère corporatif, exécutait bien un service public. Par conséquent, la compétence administrative semblait se justifier sans qu'il soit besoin de rechercher si l'organisme dont émane la décision est un établissement public ou une institution privée. Lagrange semblait reconnaître l'existence d'un droit autonome ou *sui generis*, qui serait le droit professionnel, mais celui-ci ne saurait pour autant échapper à un quelconque contrôle juridictionnel. Droit autonome ne voulait donc pas dire juridiction autonome ou propre.

Il apparaît bien ici que la compétence du juge est indépendante de la nature des Ordres professionnels et de leur qualification juridique. Certes, ils ne sont pas des établissements publics, mais sont-ils pour autant, et expressément, reconnus comme des personnes privées ? La seule question

---

[1] C.E., 14 mai 1943, *Gremeau, S*, 1944, III, p. 28, au sujet de l'ordre des médecins : si la loi permet de refuser une inscription au tableau quand les conditions de moralité ne sont pas remplies, le conseil ne peut cependant mettre par avance un obstacle à l'admission d'une nouvelle demande de l'intéressé en formulant une interdiction générale d'inscription, en décidant notamment « qu'il ne doit pas être inscrit au tableau de l'ordre pour la France entière ».

[2] C.E., Sect., 19 février 1943, *Nicol, Rec.*, p. 45 ; *S.*, 1944, III, p. 28. Le Conseil d'Etat dans un arrêt du 12 décembre 1953 *de Bayo* qualifie la décision d'inscription d'administrative d'acte administratif, elle est donc susceptible de recours.

était finalement de savoir si leurs actes étaient ou non administratifs, et pour cela encore fallait-il que l'organisme soit en charge de l'exécution de service public. De même que dans l'arrêt *Monpeurt*, ici ce n'est pas l'exercice de la profession qui constitue un service public, mais son organisation et sa règlementation. Néanmoins, la question était forcément délicate selon Lagrange, car, il ne suffit pas qu'un organisme soit créé pour gérer des intérêts collectifs, ni qu'il dispose de certains pouvoirs excédant ceux normalement reconnus aux personnes privées pour que l'on soit en présence d'un service public. Encore faut-il que cet organisme ait en vue la gestion d'intérêts généraux, et qu'il dispose de prérogatives de puissance publique.

Certes l'organisation professionnelle défend des intérêts collectifs, mais s'agit-il pour autant d'intérêt généraux ? Pour Lagrange, lorsque le corporatisme est accompli, et que la profession s'auto-réglemente, qu'elle gère les intérêts collectifs de la profession, donc que l'Etat n'a qu'un certain pouvoir de contrôle, alors l'organisation de la profession ne constitue pas un service public. Dès lors le juge administratif n'est pas compétent.

Ici, en ce qui concerne l'Ordre des médecins et l'organisation de la profession, le commissaire du gouvernement estimait que le législateur avait entendu en faire un service public. La loi était assurément corporative, eu égard au contrôle exercé par l'Etat, qui disposait notamment d'un pouvoir de nomination des membres du Conseil supérieur et des conseils départementaux. L'intervention de l'Etat restant bien présente, cela semblait justifier la compétence du juge administratif.

De plus, cette dernière était expressément prévue en matière disciplinaire et d'inscription au tableau (donc dans deux cas de litiges individuels) ; il était alors logique que cette compétence demeure pour l'appréciation des règlements professionnels ou de leurs applications. Enfin, l'Etat conservait un rôle important dans l'édiction des règles et notamment en matière de déontologie. Par conséquent, il apparaissait clairement que l'organisation de la profession était liée à la défense d'« intérêts vraiment généraux de la nature de ceux dont l'Etat a la charge, et non pas seulement aux intérêts collectifs qui se rencontrent normalement dans l'organisation des professions ». Il s'agissait bien de faire de l'organisation et du contrôle de l'exercice de la profession un service public, et les décisions prises dans le cadre de son exécution étaient des actes administratifs.

En définitive, la qualification des CO et des Ordres a soulevé un grand nombre d'interrogations : leur nature mixte, le rôle prépondérant de l'Etat, l'attribution d'un pouvoir règlementaire ne pouvaient que brouiller des distinctions classiques. Surtout, ces difficultés mettent en exergue la spécificité des corporations créées sous Vichy : certes les arrêts *Monpeurt* et *Bouguen* ne font pas des CO ou des Ordres (en somme, des corporations) des établissements publics nouveaux. Mais ils insistent sur la nécessité de dépasser les anciennes structures, notamment chargées d'une mission de service public. Tel est d'ailleurs la logique corporatiste : les organismes professionnels sont, sauf volonté du législateur, des personnes privées, investies d'une mission de service public, et donc soumises en large part au droit public. L'Ordre nouveau, la réorganisation professionnelle prônée par la Révolution nationale impliquent que tous les professionnels œuvrent pour le bien commun. Cela nécessite alors de protéger les professions, en les moralisant.

§2. La moralité, élément de protection des professions.

Afin de protéger certaines professions, il convient parfois de les purifier, en imposant une condition de moralité notamment. Toute la question consiste alors à déterminer quels en seront les critères, qui vont nécessairement changer selon le temps, selon les lieux. Surtout, cela induit l'exclusion des indésirables.

Certes, le corporatisme n'implique pas systématiquement de telles mesures d'exclusion, et ces dernières ne ressortissent pas nécessairement au corporatisme. Néanmoins, si en France, l'idée est ancienne, sous Vichy, elle se traduit par une abondante législation xénophobe et antisémite.

Des restrictions anciennes dans l'accès aux professions.

On l'a vu, la logique corporatiste implique une règlementation accrue des professions par les pouvoirs publics, et dans la mesure où elles participent à l'intérêt général, il convient de s'assurer que les fonctions exercées contribueront au bien commun. Dès lors, si certains individus n'apportent pas toutes les garanties requises, ils peuvent s'en voir exclus, éventuellement par principe.

En effet, si l'on considère que tous les intéressés appartiennent à la même catégorie économique, l'élément capital de leurs entreprises réside moins dans des instruments professionnels que dans les connaissances et l'expérience qu'ils ont accumulées, et ce sont eux seuls qui disposent de la capacité technique. Aussi doivent-ils logiquement détenir un monopole dans l'activité.

Or le but de la corporation ou de l'Ordre professionnel repose justement sur le maintien de ce monopole, lequel passe par le titre délivré, mais aussi par la sauvegarde des avantages qui y sont afférents, et la répression de toute concurrence abusive dans cette profession.

Dès lors, le modèle corporatif se présente comme étant le plus approprié pour parvenir à cette protection des professions : il permet une représentation officielle, la profession peut s'autoréglementer, s'autoréguler, formuler ses règles déontologiques et exercer le pouvoir disciplinaire. Mais encore faut-il s'assurer des qualités et des vertus de ses membres. La crise de la moralité justifie d'autant plus la mise en place des corporations et la réglementation des professions ; des législations ont de longue date visé à les protéger.

Ainsi, a été évoquée la loi du 30 novembre 1892[1] qui imposait, pour exercer la médecine, la profession de dentiste ou de sage-femme, un diplôme délivré par le gouvernement, cela quelle que soit la nationalité du professionnel. Mais était également créé le délit d'exercice illégal de la médecine, ce qui avait déjà pour but de protéger la profession, de la purifier, et de renforcer le monopole des praticiens diplômés[2].

Progressivement, des mesures de protection renforcée furent adoptées : pour les médecins, une loi du 21 avril 1933 réservait la profession aux seuls Français[3] ; les naturalisés devaient par conséquent reprendre leurs études. La loi du 26 juillet 1935 quant à elle interdit aux étrangers, pour l'avenir, l'exercice de la profession[4].

Mais les restrictions à l'égard des étrangers ne concernaient pas que les professions libérales.

Ainsi, une loi du 10 août 1932 autorisait déjà le gouvernement à contingenter l'emploi des étrangers dans l'industrie et le commerce[5]. Le texte prévoyait en effet que les cahiers des charges des marchés de travaux publics ou de fournitures passés au nom des personnes publiques, des contrats de concession ou d'affermage, « devront déterminer la proportion des travailleurs étrangers qui pourront être employés dans les chantiers ou ateliers organisés ou fonctionnant en vue de l'exécution des marchés, ainsi que dans les exploitations concédées ou affermées ». Dans les services publics concédés, cette part ne pouvait dépasser 5%. Quant aux entreprises privées non concernées par la disposition précédente, des décrets pouvaient fixer la proportion de travailleurs étrangers admis à y être

---

[1] Loi du 30 novembre 1892, *sur l'exercice illégal de la médecine, J.O.*, 1er décembre 1892, p. 5749.

[2] Très logiquement, cette loi supprimait les officiers de santé créés par le décret des 28 juin-8 juillet 1793, *relatif à l'organisation des secours à accorder annuellement aux enfants, aux vieillards et aux indigents* (*S. Lois annotées,* 1ère série, 1789-1830, p. 238), et par la loi du 19 ventôse an XI, *relative à l'exercice de la médecine* (*S., Lois annotées,* 1ère série, 1789-1830, p. 622). Les officiers de santé pouvaient exercer sans avoir étudié dans des écoles de médecine.

[3] Loi du 21 avril 1933, *relative à l'exercice de la médecine, J.O.*, 23 avril 1933, p. 4246. Les titulaires d'un diplôme étranger qui postulaient le doctorat français devaient justifier de titres pour s'inscrire au diplôme du certificat d'études.

[4] Loi du 26 juillet 1935, *relative à l'exercice de la médecine et de l'art dentaire, J.O.*, 27 juillet 1935, p. 8146.

[5] Loi du 10 août 1932, *protégeant la main d'œuvre nationale, J.O.*, 12 août 1932, p. 8818. Voir J. Singer-Kerel, « "Protection" de la main d'œuvre en temps de crise [le précédent des années trente], *Revue européenne des migrations internationales*, Vol. 5, n°2, 1989, pp. 7-27.

employés. Cette proportion était fixée par profession, industrie, commerce ou catégorie professionnelle, soit nationalement soit régionalement. Aussi, les étrangers souhaitant entrer en France pour y travailler devaient être munis d'une autorisation ministérielle spéciale. Si un employeur dépassait le taux fixé, il s'exposait à une amende.

De même dans le commerce, un décret-loi du 17 juin 1938[1] permettait aux pouvoirs publics de contingenter le nombre de commerçants grâce à des décrets pris par catégories. Le rapport au Président de la République A. Lebrun présenté notamment par Daladier[2] et Reynaud[3], mentionnait que si la France avait toujours été très libérale à l'égard des étrangers qui veulent exercer une profession industrielle et commerciale, cependant, « à l'heure où dans le monde se manifeste une tendance de plus en plus marquée à restreindre l'activité économique des étrangers, il paraît indispensable d'assurer une protection efficace de nos commerçants » ; aussi convenait-il d'appliquer aux étrangers le même régime que celui auxquels étaient soumis les nationaux dans les pays dont ressortissaient ces étrangers.

En effet, il était prévu que les étrangers autorisés à résider en France, et qui voulaient y exercer une profession industrielle ou commerciale, jouiraient d'un traitement équivalent à celui qui s'applique dans leur pays d'origine aux étrangers, et spécialement aux Français de la même profession.

La réciprocité était exigée au profit des Français, mais pour le rapport, le contingentement permettait de fixer un pourcentage maximum du nombre d'étrangers exerçant dans les différentes catégories professionnelles, après avis des chambres de commerce et des groupements économiques, mais sans viser « aucun triage ou sélectionnement ».

Enfin, dans les fonctions publiques, il suffisait d'être Français de naissance pour exercer n'importe quelle fonction publique. Au départ, seuls les naturalisés ont d'abord été éloignés pendant 10 ans des assemblées et des fonctions électives[4]. La déchéance de nationalité pouvait être prononcée par jugement, à l'encontre des Français l'étant devenu à leur demande ou à celle de leurs représentants, pour avoir accompli des actes contraires à la sûreté intérieure ou extérieure de l'Etat, pour s'être livrés, au profit d'un Etat étranger, à des actes incompatibles avec la qualité de citoyen français et contraires aux intérêts de la France, ou pour s'être soustraits aux obligations relatives aux lois de recrutement.

---

[1] Décret du 17 juin 1938, *tendant à assurer la protection du commerce français, J.O.*, 26 juin 1938, p. 7333.

[2] Alors Président du Conseil et ministre de la Défense nationale.

[3] Alors ministre de la Justice.

[4] Loi du 26 juin 1889, *sur la nationalité, J.O.*, 28 juin 1889, p. 2977.

La loi du 19 juillet 1934[1] frappait les naturalisés de l'incapacité d'exercer pendant 10 ans : toute fonction publique, la profession d'avocat ou celle d'officier ministériel. Il fallait donc une période d'adaptation pour être véritablement Français. Niboyet relevait qu'« on n'acquiert pas une âme nationale aussi facilement que la nationalité »[2].

Le décret du 9 septembre 1939 modifia les règles en matière de déchéance qui avaient été établies soit par la loi du 7 avril 1915 (déchéance administrative), soit celle du 18 juin 1917 (déchéance judiciaire), car celles-ci ne pouvaient être prononcées que contre les seuls étrangers naturalisés, et sous conditions. L'exposé des motifs précisait alors que le législateur se trouvait démuni contre les Français, « d'origine étrangère, qui, restés attachés de cœur à leur première patrie, s'étaient immiscés, pour des fins intéressées, dans la collectivité nationale, à la faveur des dispositions bienveillantes de notre droit ». Aussi, le texte de 1939 prorogeait les délais de déchéance à l'égard des étrangers, donc quelle que soit la date d'acquisition de la nationalité, mais aussi quelle que soit la date de perpétration des faits reprochés. En outre, elle étendait les cas dans lesquels pouvaient être déchus des Français d'origine, s'ils se comportaient comme ressortissants d'une puissance étrangère[3].

On le voit, de nombreuses mesures existaient avant 1940 en matière de restrictions faites aux étrangers dans l'accès à certaines professions, afin, prétendument, de les protéger. Mais la Révolution nationale et la logique corporatiste impliquent de prendre des mesures plus tranchées.

Les législations d'exclusion sous Vichy.

Sous Vichy, la priorité économique exige de mettre un terme à la lutte des classes, de protéger l'économie nationale, et de s'assurer qu'il n'y aura aucune entrave à la production ou au bon fonctionnement des différentes activités. L'interdiction des grèves va dans ce sens : il ne doit plus y avoir de conflits sociaux. Mais il faut également s'assurer de la bonne moralité des membres de certaines professions, afin qu'ils œuvrent pour le bien commun. Cela nécessite de les purger de toute influence contraire aux intérêts de la France.

---

[1] Loi du 19 juillet 1934, *sur l'accession des naturalisés à certaines fonctions*, *J.O.*, 20 juillet 1934, p. 7347.

[2] J.-P. Niboyet, « Les mesures d'élimination des Français d'origine étrangère, et des étrangers dans le domaine des principales activités », *D.S.*, février 1942, pp. 50-55.

[3] Décret du 9 septembre 1939, *modifiant les dispositions relatives à la déchéance de la nationalité française*, *J.O.*, 14 septembre 1939, p. 11400 ; J. Maupas, « La déchéance de la nationalité française », *Gaz. Pal.*, 1940, 1er semestre, pp. 3-4.

Vichy s'inspire des législations antérieures, mais ici encore franchit une étape supplémentaire. En effet, R. de Lacharrière estimait que ces textes étaient très libéraux à l'égard des étrangers puisqu'ils permettaient d'exercer de nombreuses professions sous la seule condition d'avoir fait ses études en France ; existaient même des équivalences et dispenses[1].

De même, dans sa thèse consacrée à l'Ordre des médecins, A. Oudin estimait que l'encombrement des carrières des médecins comportait plusieurs facteurs, et qu'il fallait aussi « incriminer les éléments étrangers »[2]. Elle estimait en effet que le système des équivalences, des dispenses d'examens, « favorisait les étrangers au détriment des Français », particulièrement les Roumains[3]... Les autres étudiants, quant à eux, devaient être soumis au décret du 25 juillet 1893[4].

Sous Vichy, les indésirables, principalement, sont les étrangers et les juifs, qui doivent être tenus à l'écart des professions organisées, ce qui passe par l'établissement d'un *numerus clausus*, ou par une exclusion pure et simple.

J.-P. Niboyet justifiait à ce propos des mesures discriminatoires qui, selon lui, avaient une portée sociale : « L'influence étrangère peut appeler des garanties, soit là où une certaine qualité est nécessaire pour l'exercice d'une activité que l'on ne peut rencontrer que chez des Français qualifiés ou des étrangers tout à fait sélectionnés, soit dans les professions où le nombre des étrangers est tel que des intérêts français éminemment respectables risquent d'être sacrifiés »[5]. Dès lors, pour lui, des remèdes qualitatifs ou quantitatifs étaient envisageables afin de lutter contre « l'esprit étranger ». Etaient alors considérés comme étrangers soit les non-Français, mais aussi les Français qui étaient d'anciens étrangers, ou nés et domiciliés en France à leur majorité, naturalisés, ou encore les Français de naissance mais nés d'un père étranger[6].

---

[1] Voir R. de Lacharrière, « La gestion par les organismes professionnels des services publics de l'économie dirigée », *D.S.*, 1943, pp. 269-277 (1ère partie) ; *D.S.*, 1944, pp. 1-12 (2ème partie).

[2] A. Oudin, *L'ordre des médecins*, thèse, Paris, éditions de la Nouvelle France, 1941, 239 p., spéc. p. 64.

[3] Arrêté du 11 juillet 1866, *concernant les élèves de l'école de médecine de Bucarest, Bulletin administratif de l'Instruction publique*, 1866, pp. 53-54.

[4] Décret du 25 juillet 1893, *relatif aux dispenses qui peuvent être accordées aux médecins pourvus d'un diplôme étranger aspirant au titre français de docteur en médecine, J.O.*, 26 juillet 1893, p. 3880.

[5] J.-P. Niboyet, « Les mesures d'élimination des Français d'origine étrangère, et des étrangers dans le domaine des principales activités », *D.S.*, février 1942, pp. 50-55.

[6] Loi du 10 août 1927, *sur la nationalité, J.O.*, 14 août 1927, p. 8697. Considérée comme libérale et adoptée dans un contexte d'après-guerre où le pays avait besoin d'attirer une main d'œuvre immigrée, la loi de 1927 reconnaissait à la fois le droit du sang et le droit du sol : « Sont Français : tout enfant légitime né d'un Français en France ou à l'étranger » et « tout enfant légitime né en France d'un père qui y est lui-même né ». La naturalisation était

Cette volonté d'épurer les professions de toute influence étrangère, mais surtout juive, se traduit par la plus emblématique des mesures discriminatoires et d'exclusion : le statut des juifs, dont le premier est élaboré par la loi du 3 octobre 1940[1]. Le texte énumérait parmi les professions interdites celles relevant des fonctions publiques, les postes à responsabilités financières, notamment celui de gérant de salle, d'entrepreneur de spectacles, et excluait également de certains mandats.

Le second statut des juifs établi par la loi du 2 juin 1941[2] étend l'interdiction à toutes les entreprises recevant des subventions de l'Etat.

---

accordée aux « étrangers âgés de 18 ans révolus qui peuvent justifier d'une résidence non interrompue pendant trois années en France » (or la loi de 1889 fixait ce délai de résidence à dix ans), ainsi qu'à « la femme étrangère qui épouse un Français », à condition qu'elle en fasse la demande.
Ce sont bien de telles dispositions que Vichy entendait remettre en cause dans la loi du 22 juillet 1940 : « Article 1er : Il sera procédé à la révision de toutes les acquisitions de nationalité intervenues depuis la loi du 10 août 1927 sur la nationalité ». Quant à l'article 2, il crée une « commission nommée par le garde des Sceaux, qui proposera le retrait de la nationalité dont la décision reviendra au ministre », sans que les critères de retrait soient explicités.

[1] Loi du 3 octobre 1940, *portant statut des juifs, J.O.*, 18 octobre 1940, p. 5323. L'article 1er disposait : « Est regardé comme juif, pour l'application de la présente loi, toute personne issue de trois grands-parents de race juive ou de deux grands-parents de même race, si son conjoint lui-même est juif » (Loi du 22 juillet 1940, *relative à la révision des naturalisations, J.O.*, 23 juillet 1940, p. 4567). Voir B. Laguerre, « Les dénaturalisés de Vichy (1940-1944) », *Vingtième siècle, revue d'histoire*, n°20, octobre-décembre 1988, pp. 3-15.

[2] Loi du 2 juin 1941, *remplaçant la loi du 3 octobre 1940 portant statut des juifs, J.O.*, 14 juin 1941, p. 2475.
Le texte donnait une définition plus « précise », en introduisant un critère religieux en plus du critère racial :
« Est regardé comme Juif :
1° Celui ou celle, appartenant ou non à une confession quelconque, qui est issu d'au moins trois grands-parents de race juive, ou de deux seulement si son conjoint est lui-même issu de deux grands-parents de race juive.
Est regardé comme étant de race juive le grand-parent ayant appartenu à la religion juive ;
2° Celui ou celle qui appartient à la religion juive, ou y appartenait le 25 juin 1940, et qui est issu de deux grands-parents de race juive.
La non-appartenance à la religion juive est établie par la preuve de l'adhésion à l'une des autres confessions reconnues par l'État avant la loi du 9 décembre 1905 ».
Une loi du même jour imposait alors le recensement de tout juif, dans le délai d'un mois, auprès du préfet, impliquant une déclaration : Loi du 2 juin 1941, *prescrivant le recensement des juifs, J.O.*, 14 juin 1941, p. 2476.
On peut signaler ici le glissement aberrant de la notion d'étranger à celle de juif à fin d'exclusion. Ce glissement n'a rien de naturel : Vichy abolit le décret du 27 septembre 1791 qui intégrait les juifs à la Nation française, ce qui ne s'explique que par la conviction réactionnaire (qui renvoie à l'Ancien Régime) que la France est et ne peut être que chrétienne… Le problème est qu'on peut feindre d'être chrétien (comme les marranes en Espagne après 1492 : d'où la formule du second statut : « Celui ou celle, appartenant ou non à une confession quelconque »). Pour éviter les « falsificateurs », Vichy se fonde sur la race, sur l'ascendance en spirale…puis, quand même, sur l'appartenance à la religion…

De nouvelles professions leur sont alors interdites, comme celle de banquier, d'agent immobilier, de courtier, d'éditeur, ou toute profession en lien avec le cinéma ou les arts[1]. Modifié le 17 novembre 1941[2], le texte dispose que les juifs doivent être exclus du théâtre et du spectacle, sauf emploi subalterne ou manuel.

En tout état de cause, ils sont aussi exclus de tout organisme chargé de représenter les professions ou d'en assurer la discipline. Pouvaient en revanche échapper à la loi les juifs ayant rendu à la France des services exceptionnels, ou dont la famille était établie en France depuis au moins cinq générations, et avait rendu des services exceptionnels. En cas de violation ou de soustraction aux règles, des sanctions notamment d'emprisonnement étaient prévues, sans préjudice du droit pour le préfet de prononcer l'internement dans un « camp spécial ».

Parfois, ce fut un *numerus clausus* qui fut institué : mis en place par le premier statut, il fut renforcé ultérieurement, par les décrets d'application du

---

D'ailleurs, cette appartenance à la religion entraînait une présomption légale de race juive, pour les ascendants et l'intéressé.
Sur la définition légale et la question de la charge de la preuve, voir les notes de G. Jèze, *R.D.P.*, 1943, p. 74, et les décisions d'Assemblée du Conseil d'Etat du 4 avril 1942, *Bloch-Favier,* et *Lévy* (*Rec.*, p. 135).
Voir également J. Haenning, « L'incidence de la loi de séparation des Eglises et de l'Etat sur la définition du métis juif », *Gaz. Pal.*, 1942, 2ème semestre, pp. 32-33 ; et du même auteur « Quels moyens de preuve peuvent être fournis par le métis juif pour établir sa non-appartenance à la race juive ? », *Gaz. Pal.*, 1943, 1er semestre, pp. 31-32 ; A. Knoertzer, « Du statut des juifs indigènes d'Algérie », *J.C.P.*, 1942, I, 265 ; E.-H. Perreau., « Le nouveau statut des juifs en France », *J.C.P.*, 1941, étude 216 ; « Les mesures complémentaires concernant le statut des juifs », *J.C.P.*, 1942, I, 244. Enfin, il convient de mentionner la thèse d'A. Broc, *La qualité de juif. Une notion juridique nouvelle*, 1943, P.U.F., 160 p., dont le jury était composé d'A. Mestre (directeur de thèse), de P. Lampué et de G. Scelle. L'étude, bien que se voulant une étude strictement juridique, évoque dès l'introduction un certain nombre de « phénomènes », tels que « l'influence juive dans la politique, l'économie, et la civilisation même des pays d'Occident ; les revendications nationalistes des juifs d'Europe orientale ». L'auteur poursuit : « En France notamment, l'afflux des juifs étrangers et leur propension à jouer dans notre politique intérieure et internationale, un rôle inspiré par leurs propres intérêts, ont redonné au problème juif dans son ensemble une actualité qu'il avait perdue ».

[1] La liste est complétée par la loi du 17 novembre 1941, *modifiant l'article 5 de la loi du 2 juin 1941 portant statut des juifs, J.O.*, 2 décembre 1941, p. 5180 : sont ajoutés le domaine de la bourse, des assurances, de l'armement, de l'information, les théâtres, les spectacles, la radiodiffusion etc. Mais aussi par la loi du 17 décembre 1941, *modifiant l'article 2 de la loi du 2 juin 1941 relative au statut des juifs, J.O.*, 19 décembre 1941, p. 5442. Ce dernier texte rallonge la liste des emplois publics interdits aux juifs.

[2] Loi du 17 novembre 1941, *modifiant l'article 5 de la loi du 2 juin 1941 portant statut des juifs, J.O.*, 2 décembre 1941, p. 5180.

second statut des juifs du 2 juin 1941[1]. La limite de juifs admis à exercer fut ainsi fixée à 2% pour les avocats[2], les médecins[3], les pharmaciens, les sages-femmes[4], les architectes[5], et les dentistes[6]. La formule employée est d'ailleurs toujours identique : « Le nombre de personnes définies à l'article 1er de la loi du 2 juin 1941, admises à exercer la profession de [] ne peut dépasser, dans la circonscription de chaque conseil de l'Ordre des [] 2 p. 100 de l'effectif total des [] non juifs inscrits au tableau ». Il en va différemment pour les fonctions d'officier public ou ministériel : un décret prévoit que le nombre des offices de notaire, avoué, huissier, commissaire-priseur qui pourront être occupés par des juifs est égal à celui des officiers publics ou ministériels juifs de chacune de ces catégories en exercice dans le ressort[7].

La loi leur interdit également l'accès à toute assemblée issue de l'élection, donc ils ne pouvaient être administrateurs. A noter que les étudiants aussi étaient contingentés : ainsi la loi du 21 juin 1941 concerne les conditions d'admission des étudiants juifs dans le supérieur. Pour ceux-ci, le nombre des inscriptions, pour chaque année d'étude en faculté, école ou institut d'enseignement supérieur, ne peut excéder 3%[8].

Lorsque le *numerus clausus* n'est pas imposé dans la profession, il peut être indiqué alors que la profession est interdite de façon générale aux juifs : tel est ainsi le cas pour les professions de directeur et de gérant d'agences privées de recherches, pour lesquelles la loi précise que pour les exercer,

---

[1] Voir l'article 4 du deuxième statut des juifs. Sur l'identification des juifs dans les professions concernées : voir T. Bruttmann, « La mise en œuvre du statut des juifs du 3 octobre 1940 », *Archives juives*, 2008/1, pp. 11-24 ; L. Joly, « L'Administration de l'Etat français et le statut des juifs du 2 juin 1941 », *Archives juives*, 2008/1, pp. 25-40.

[2] Décret du 16 juillet 1941, *règlementant, en ce qui concerne les juifs, la profession d'avocat, J.O.*, 17 juillet 1941, p. 2999.

[3] Décret du 11 août 1941, *règlementant, en ce qui concerne les juifs, la profession de médecin, J.O.*, 6 septembre 1941, p. 3787, rectificatif, *J.O.*, 23 octobre 1941, p. 4603. Voir H. Nahum, « L'éviction des médecins juifs dans la France de Vichy », *Archives juives*, 2008/1, pp. 41-58.

[4] Décret n°5338 du 26 décembre 1941, *règlementant, en ce qui concerne les juives, la profession de sage-femme, J.O*, 21 janvier 1942, p. 296.

[5] Décret du 24 septembre 1941, *règlementant, en ce qui concerne les juifs, la profession d'architecte, J.O.*, 25 septembre 1941, p. 4113.

[6] Décret du 5 juin 1942, *règlementant, en ce qui concerne les juifs, la profession dentaire, J.O.*, 11 juin 1942, p. 2037.

[7] Décret du 16 juillet 1941, *règlementant, en ce qui concerne les juifs, les fonctions d'officier public ou ministériel, J.O.*, 17 juillet 1941, p. 3000.
B. Fauvel, « Le statut des juifs et la pratique notariale », *Journal des notaires et des avocats*, 1941, pp. 73-77.

[8] Loi du 21 juin 1941, *réglant les conditions d'admission des étudiants juifs dans les établissements d'enseignement supérieur, J.O.*, 21 juin 1941, p. 2628.

il faut être de nationalité française, et ne pas être visé par l'article 1er de de loi du 2 juin 1941 portant statut des juifs[1].

Enfin, le *numerus clausus* pour les entreprises de spectacle est bientôt remplacé par une interdiction pure et simple. Le 6 juin 1942[2], Vichy promulgue un décret spécifique « réglementant en ce qui concerne les juifs, les professions d'artistes dramatiques et cinématographiques et lyriques »[3].

En outre, l'accès et l'exercice des fonctions publiques et des mandats leur sont interdits ; ils peuvent exercer certains emplois sous conditions (être décoré de la Légion d'honneur ou de la médaille militaire par exemple).

Selon cette logique, les juifs ne doivent pas non plus exercer de professions libérales, commerciales ou industrielles, avoir une charge ministérielle ou d'officier public, ou être auxiliaires de justice (sauf conditions fixées par décret).

Enfin, la loi du 22 juillet 1941[4] sur l'aryanisation de la vie économique vise à « éliminer toute influence juive dans l'économie nationale ». Cela permet au Commissaire général aux questions juives de nommer des administrateurs provisoires afin de gérer les biens appartenant aux juifs (entreprises, biens meubles et immeubles)[5]. Ce sont donc leurs droits civils qui sont profondément atteints ici. La nomination de l'administrateur provisoire entraîne d'ailleurs le dessaisissement des personnes auxquelles les biens appartiennent, de même que les pouvoirs d'administration et de

---

[1] Loi du 28 septembre 1942, *règlementant l'exercice de la profession de directeur et de gérant d'agences privées de recherches, J.O.*, 30 octobre 1942, p. 2602.

[2] Décret du 6 juin 1942, *règlementant, en ce qui concerne les juifs, les professions d'artiste dramatique, cinématographique et lyrique, J.O.* 11 juin 1942, p. 2038, rectificatif, *J.O.*, 13 juin 1942, p. 2060.

[3] La loi relative aux changements de noms interdisait aux juifs l'usage de pseudonymes, afin de rendre leur repérage plus facile : Loi n °280 du 10 février 1942, *relative aux changements de noms, à la révision de certains changements de noms, et à la règlementation des pseudonymes, J.O.*, 27 mars 1942, p. 1190.

[4] Loi du 22 juillet 1941, *relative aux entreprises, biens et valeurs appartenant aux juifs, J.O.*, 26 août 1941, p. 3594. Le texte est notamment signé par Darlan et Joseph Barthélemy. Modifiée par la loi du 17 novembre 1941, *J.O.*, 2 décembre 1941, p. 5179.
Voir J. Archevêque, « La propriété commerciale et les questions juives », *Gaz. Pal.*, 1942, 2ème semestre, pp. 33-39 ; P. Charrier., « Le renouvellement des baux des commerces juifs », *Gaz. Pal.*, 1942, 1er semestre, pp. 69-70 ; P. Lepaulle, « L'aryanisation des entreprises », *Gaz. Pal.*, 1943, 2ème semestre, pp. 1-18.

[5] La loi du 17 novembre 1941, *règlementant l'accès des juifs à la propriété foncière* (*J.O.*, 2 décembre 1941, p. 5179), interdit aux juifs de détenir d'autres immeubles que ceux qui sont destinés à leur habitation personnelle et à celle de leurs ascendants ou descendants, ou ceux qui servent exclusivement à l'exercice de leur profession. Les autres seront pourvus d'un administrateur provisoire.

disposition ; il les exerce au lieu et place des titulaires. Mais il est précisé que l'administrateur provisoire doit gérer les biens « en bon père de famille », ce que ne pouvait manifestement pas faire un propriétaire juif... Le but assurément est de moraliser l'économie.

Au-delà de la législation antisémite, qui fait de tout juif un étranger de l'intérieur, de façon plus générale Vichy veut préserver bon nombre de professions de la présence d'étrangers ou de naturalisés. Ici encore l'idée est ancienne, et le gouvernement s'inspire de ce qui existait précédemment, et l'approfondit, toujours au prétexte de protéger l'économie.

Ainsi, la loi du 27 septembre 1940[1] complétée par celle du 18 novembre 1942[2] aborde la question des étrangers en surnombre dans l'économie nationale et de « la meilleure façon de les utiliser tout en les conservant ». Le texte prévoit en effet que les étrangers masculins de plus de 18 ans et de moins de 55 ans pourront, « aussi longtemps que les circonstances l'exigeront, être rassemblés dans des groupements d'étrangers » s'ils sont en surnombre dans l'économie nationale, et s'ils sont dans l'impossibilité de regagner leur pays d'origine. Le ministre de la production industrielle et du travail veille alors à fixer les règles de leur emploi, et de leur mise à la disposition d'employeurs[3]. Il est d'ailleurs prévu que les étrangers affectés à de tels groupements ne toucheront aucun salaire, ils pourront recevoir éventuellement une prime de rendement (article 4 de la loi du 27 septembre 1940).

Quant à la fonction publique, des mesures ont été prises contre les naturalisés, par la loi du 17 juillet 1940[4], qui dispose que nul ne peut être employé dans les administrations publiques s'il n'a la nationalité française à titre originaire, c'est-à-dire né de père français. Le 22 juillet 1940[5] est adoptée une loi annonçant qu'il sera procédé à la révision de toutes les acquisitions de nationalité française intervenues depuis la loi de 1927, sans que les critères en soient précisés.

---

[1] Loi du 27 septembre 1940, *relative à la situation des étrangers en surnombre dans l'économie nationale, J.O.*, 1er octobre 1940, p. 5198.

[2] Loi du 18 novembre 1942, *modifiant la loi du 27 septembre 1940 relative à la situation des étrangers en surnombre dans l'économie nationale, J.O.*, 19 décembre 1942, p. 4153.

[3] Alors que le pays manque cruellement de bras. Le traité d'armistice du 25 août 1940 a prévu la démobilisation de l'armée française réduite à 100 000 hommes pour le maintien de l'ordre, mais il y a toujours 1,5 millions de prisonniers de guerre en Allemagne, jusqu'à la signature d'un traité de paix qui ne verra pas le jour. Ils seront encore 1 million à rentrer en 1945.

[4] Loi du 17 juillet 1940, *concernant l'accès aux emplois dans les administrations publiques, J.O.*, 18 juillet 1940, p. 4537.

[5] Loi du 22 juillet 1940, *relative à la révision des naturalisations, J.O.*, 23 juillet 1940, p. 4567. Voir B. Laguerre, « Les dénaturalisés de Vichy (1940-1944) », *Vingtième siècle, revue d'histoire*, n°20, octobre-décembre 1988, pp. 3-15.

Le dispositif est ensuite complété par une loi du 3 avril 1941[1] : nul ne peut être employé par des administrations publiques, ou des établissements publics et services publics industriels exploités en régie, s'il n'est Français et né de père français.

Car on ne peut acquérir l'esprit national : soit on naît avec, soit on ne l'a pas. C'est pourquoi les naturalisés sont frappés d'incapacité. Mais celle-ci touche également des personnes nées « en France d'un père qui y est lui-même né », à qui la loi de 1927 accordait la nationalité. Surtout, l'incapacité est générale et définitive.

Les conséquences sont majeures : les personnes dénaturalisées, au moment de l'adoption de la loi, sont alors passibles d'un internement en camp spécial[2] ou en groupements d'étrangers[3].

Evidemment, la question a pu se poser des motifs justifiant de telles mesures. Pour M. Duverger, il était clair que les incapacités frappant les juifs et les naturalisés étaient motivées par des considérations d'intérêt du service : « On estime que les juifs et les naturalisés sont inaptes, d'une façon générale, à assurer le bon fonctionnement de ces services »[4] ; c'est pourquoi les mesures avaient pour but de les exclure totalement et définitivement.

Pour les étrangers, l'auteur justifiait les exclusions en avançant que le principe d'égalité ne peut s'appliquer qu'aux citoyens français. Néanmoins, pour les naturalisés, la protection du service public pouvait légitimer leur mise à l'écart, notamment dans les fonctions de représentation. De plus, pour M. Duverger, et J.-P. Niboyet ira également dans ce sens, pour effectuer convenablement ces fonctions, il faut que le représentant ait « les mêmes sentiments, les mêmes modes de pensées, les mêmes réactions que les représentés ». Or les naturalisés trop récents devaient en être écartées, faute d'être assimilés, voire assimilables.

De même, un deuxième argument pouvait être trouvé dans la protection des nationaux d'origine, contre la concurrence des naturalisés. En somme, ici, il était question de faire jouer la préférence nationale dans l'accès aux emplois. L'auteur critiquait cependant cette préférence à l'égard des naturalisés, tout en l'acceptant vis-à-vis des étrangers.

Quant aux juifs, selon Duverger, le statut tendait à créer une distinction entre les nationaux d'origine juive et les nationaux de « race » française :

---

[1] Loi du 3 avril 1941, *relative à l'accès aux emplois dans les administrations publiques, J.O.*, 2 juin 1941, p. 2289.

[2] Loi du 4 octobre 1940, *sur les ressortissants étrangers de race juive, J.O.*, 18 octobre 1940, p. 5324.

[3] Loi du 27 septembre 1940, *relative à la situation des étrangers en surnombre dans l'économie nationale, J.O.*, 1er octobre 1940, p. 5198.

[4] M. Duverger, « La situation des fonctionnaires depuis la Révolution de 1940 », *R.D.P.*, 1941, pp. 277-332, 1ère partie ; pp. 417-539, 2ème partie.

seuls les seconds auront désormais le bénéfice du principe d'égalité[1]. Ici encore, la raison de l'incapacité résidait dans la protection des services publics : le nouveau régime a été « logiquement conduit à exiger de tous les fonctionnaires non seulement des capacités techniques, mais encore une certaine aptitude politique. On a admis que les juifs, comme les naturalisés, ne présentaient pas en général cette aptitude : d'où leur exclusion des fonctions publiques ». Duverger expliquait d'ailleurs la plus grande rigueur des lois touchant les juifs par le fait qu'on les a jugés « plus dangereux politiquement »[2].

L'analyse sera la même au sujet des professions libérales : ainsi Niboyet estimait qu'il convenait de protéger certaines carrières qui « contribuent à constituer, comme les fonctions publiques, l'armature du pays dont l'intégrité nationale en esprit devait à tout prix être conservée précieusement. Si la France, pays d'immigration, doit sans cesse faire appel à d'importants apports étrangers, il lui faut, d'autant plus, les éliminer momentanément des professions qui impliquent certaines traditions que l'on n'improvise pas ou par lesquelles s'exerce une influence destinée à être jalousement maintenue aux mains des Français ». Tel était alors le cas des médecins, où trop de praticiens étrangers contribuaient à une « désagrégation morale » de la profession.

Ainsi, des dispositions étaient nécessaires, dans l'intérêt du travail, et en vue d'organiser les professions, voire de les protéger. De façon générale, la loi du 23 mai 1942 modifia le Code pénal et punit de peines l'usurpation de fonctions, c'est-à-dire celui qui sans remplir les conditions pour le porter, faisait usage ou se réclamait d'un titre attaché à une profession règlementée[3].

Ce seront ensuite les différentes professions nouvellement organisées en Ordres qui feront l'objet de restrictions à l'égard des étrangers ou des naturalisés.

Certes, dans certains cas furent prévues des dérogations à l'égard de certaines catégories de personne : ainsi pour les avocats, la loi du 30 juillet 1942 dispense pour certains (prisonniers de guerre, professeurs et agrégés

---

[1] Les textes et cette analyse démontrent bien, et à l'inverse de ce qui est encore parfois avancé, que pour Vichy, nulle distinction n'était à opérer selon que les juifs sont de nationalité française ou étrangère…

Voir L. Joly, *L'Etat contre les juifs. Vichy, les nazis et la persécution antisémite*, Grasset, 2018, 366 p.

[2] L'auteur précisait ensuite les critères de définition du juif, en précisant que si le premier statut des juifs avait retenu un critère racial, et donc trop flou, le deuxième avait mis un terme à l'imprécision initiale en accordant une certaine place à la religion ; surtout, la loi faisait de la religion une présomption de race, présomption irréfragable d'ailleurs.

[3] Loi du 23 mai 1942 *modifiant l'article 259 du Code pénal, J.O.*, 12 juin 1942, p. 2050.

des facultés de droit) d'obtenir le certificat d'aptitude à la profession d'avocat[1].

La loi du 16 août 1940[2] va quant à elle plus loin, et est calquée sur celle relative à la fonction publique, en frappant d'incapacité d'exercer la médecine, et les professions de dentiste ou de pharmacien, non seulement les étrangers mais aussi les Français qui ne sont pas nés d'un père français (sauf en cas d'actes militaires ou de valeur particulière)[3]. Ensuite, les lois du 26 mai 1941[4] et du 22 novembre 1941[5] confirment et entérinent cette loi.

Tous les Ordres connaîtront des dispositions identiques : ainsi les avocats avec les lois du 10 septembre 1940[6] et du 15 octobre 1941[7], les fonctions d'officier public ou ministériel[8], les vétérinaires avec la loi du 12 novembre 1940[9].

Enfin, des aménagements sont parfois opérés : ainsi, si certaines professions sont par principe réservées aux Français, on n'exige parfois pas d'avoir la qualité de Français d'origine né d'un père français. Tel était par exemple le cas des architectes avec la loi du 31 décembre 1940 ; ici le risque de l'influence étrangère fut considéré comme moindre…

---

[1] Loi du 30 juillet 1942, *accordant à certaines personnes la dispense du certificat d'aptitude à la profession d'avocat, J.O.*, 24-25 août 1942, p. 2898.

[2] Loi du 16 août 1940, *concernant l'exercice de la médecine, J.O.*, 19 août 1940, p. 4735.

[3] A noter qu'il fut jugé que l'interdiction instituée par la loi du 16 août 1940 ne pouvait être rattachée par aucun lien de cause à effet à l'état de guerre ; dès lors, un médecin d'origine étrangère fut jugé irrecevable à solliciter une réduction de son loyer en invoquant la réduction de ses ressources en raison de cette interdiction : Tribunal civil de la Seine, 3 novembre 1941, *Docteur Z. c./ Veuve L., D., Somm.*, 1942, p. 2.

[4] Loi du 26 mai 1941, *modifiant les lois du 30 novembre 1892 et 26 juillet 1935 sur l'exercice de la médecine et de l'art dentaire, J.O.*, 9 juin 1941, p. 2390.

[5] Loi du 22 novembre 1941, *concernant l'exercice de la médecine, J.O.*, 29 novembre 1941, p. 5142.

[6] Loi du 10 septembre 1940, *règlementant l'accès au barreau, J.O.*, 11 septembre 1940, p. 4958.

[7] Loi du 15 octobre 1941, *règlementant l'accès au barreau, J.O.*, 7 novembre 1941, p. 4825.

[8] Loi du 15 octobre 1941, *règlementant l'accès aux fonctions d'officier public ou ministériel, J.O.*, 7 novembre 1941, p. 4825.

[9] Loi du 12 novembre 1940, *concernant l'exercice de la médecine et de la chirurgie des animaux, J.O.*, 17 novembre 1940, p. 5702. Ce texte complète la loi du 17 juin 1938, *relative à l'exercice de la médecine vétérinaire, J.O.*, 22 juin 1938, p. 7091. Seules les personnes de nationalité française munies d'un diplôme national étaient autorisées à exercer la profession. Toute personne désirant exercer devait immédiatement se faire enregistrer à la préfecture.
On peut également mentionner la loi du 31 décembre 1941, *concernant l'exercice de la médecine et de la chirurgie des animaux* (*J.O.*, 27 janvier 1942, p. 370), qui dispose que nul ne peut exercer la profession s'il n'est Français et né de père français.

Quoi qu'il en soit, on le voit, toutes les corporations, lorsqu'elles sont créées, sont régies par des dispositions visant à exclure certaines catégories d'individus, car ils sont considérés comme ne présentant pas les garanties suffisantes de moralité. Soit parce qu'ils sont juifs, soit parce qu'ils sont étrangers. Mais ici réside alors le cœur du corporatisme : ce dernier implique une organisation et une règlementation de certaines professions, considérées comme sensibles, parce qu'elles sont majeures pour l'économie nationale, ou parce qu'elles ont des liens avec l'intérêt général et le service public. Or, en raison des spécificités de ces fonctions, tout le monde ne peut pas les exercer, certains ne feraient pas corps avec le groupe et ne défendraient pas ses intérêts.

Ces idées reposent sur des fondements multiples, elles ont été théorisées, de longue date, et leurs mises en œuvre remontent bien avant le régime de Vichy. Cependant, ce dernier s'étant approprié le corporatisme, en développant son propre modèle, il l'a réalisé dans une forme plus aboutie, bien que toujours incomplète.

Assurément, il existe une nette continuité entre certaines idées et réalisations corporatives de la IIIème République, et celles de Vichy. La question se pose alors de savoir ce qui est resté de ce corporatisme à la Libération : y a-t-on réellement mis un terme, dans une logique de rupture définitive avec le régime antérieur, ou l'a-t-on seulement aménagé ?

Partie 2. La rémanence du corporatisme.

A première vue, et comme cela est encore souvent présenté, l'œuvre législative de Vichy est effacée à la Libération, notamment par l'Ordonnance du 9 août 1944[1], et par la doctrine voire la mythologie gaulliste de la « parenthèse »[2]. Or cette présentation est très partielle, ce sont surtout les lois les plus marquées du sceau de l'infâmie vichyste qui sont déclarées nulles et non avenues, notamment les lois antisémites et xénophobes.

A la Libération, en ce qui concerne l'organisation des professions, le *numerus clausus* est également supprimé, un temps[3] ; et surtout la liberté syndicale est rétablie[4], ce qui recrée *a priori* la distinction entre intérêts général et professionnel. La question se pose cependant de savoir si les corporations, véritables œuvres de Vichy, lui ont survécu ou non.

---

[1] Ordonnance du 9 août 1944, *relative au rétablissement de la légalité républicaine sur le territoire continental, J.O.*, 10 août 1944, pp. 688-694 ; *S.*, *Lois annotées*, 1944, pp. 1585-1616, spéc. tableau II. Voir E. Cartier, « De l'anéantissement au retour du *de cujus* ou l'insoutenable ambivalence de l'ordonnance du 9 août 1944 », in C. Benelbaz, B. Berthier, C. Froger, S. Platon (dir.), *L'œuvre législative de Vichy, d'hier à aujourd'hui : rupture(s) et continuité(s)*, Actes du colloque organisé les 23-24 octobre 2014 à l'Université de Savoie, Dalloz, coll. Thèmes et commentaires, 2017, pp. 43-65.

[2] Voir H. Rousso, *Le syndrome de Vichy de 1944 à nos jours*, Editions du Seuil, coll. « Points Histoire », 2ème édition, 1990, pp. 66 et s. ; voir également R. O. Paxton, *La France de Vichy. 1940-1944*, Seuil, coll. Points Histoire, 1973, mise à jour 1997, 459 p. ; R.-O. Paxton et R. Marrus, *Vichy et les Juifs*, Calman-Lévy, 1981, 431 p. ; D. Lochak, « Conclusions », in C. Benelbaz, B. Berthier, C. Froger, S. Platon (dir.), *L'œuvre législative de Vichy, d'hier à aujourd'hui : rupture(s) et continuité(s)*, Actes du colloque organisé les 23-24 octobre 2014 à l'Université de Savoie, Dalloz, coll. Thèmes et commentaires, 2017, pp. 267-289 ; M. Verpeaux, « L'affaire Papon, la République et l'Etat », *R.F.D.C.*, 2003/3, pp. 515-526.

[3] Le procédé réapparaîtra en matière médicale avec l'article 15 de la loi n°71-557 du 12 juillet 1971, *aménageant certaines dispositions de la loi n°68-978 du 12 novembre 1968 d'orientation de l'enseignement supérieur, J.O.*, 13 juillet 1971, p. 6908. Voir G. Rousset, « Le rôle majeur du régime de Vichy dans l'encadrement des professions de santé », in C. Benelbaz, B. Berthier, C. Froger, S. Platon (dir.), *L'œuvre législative de Vichy, d'hier à aujourd'hui : rupture(s) et continuité(s)*, Actes du colloque organisé les 23-24 octobre 2014 à l'Université de Savoie, Dalloz, coll. Thèmes et commentaires, 2017, pp. 155-162.

[4] Ordonnance du 22 juin 1944, *relative aux organismes dits Comités d'organisation, J.O.R.F.*, 5 août 1944, p. 671, avec rectificatif, *J.O.*, 28 août 1944, p. 769, qui remplace « desseins de l'ennemi et de l'usurpateur », par « desseins de l'ennemi ou de l'usurpateur » ; et surtout ordonnance du 27 juillet 1944, *relative au rétablissement de la liberté syndicale, J.O.*, 30 août 1944, p. 776 ; puis ordonnance du 26 septembre 1944, *modifiant et complétant certaines dispositions de l'ordonnance du 27 juillet 1944, relative au rétablissement de la liberté syndicale, J.O.*, 27 septembre 1944, p. 837 ; avec un rectificatif dans le *J.O.* du 7 octobre 1944, p. 887.
Il s'agit de la révocation des membres des CO impliqués dans la Collaboration.

Il apparaît que lesdits organismes n'avaient pas atteint les objectifs fixés, en raison notamment de l'insuffisance de contrôle de l'Etat, et ils furent très critiqués : loin de défendre l'intérêt général, ils se souciaient surtout de l'intérêt d'une seule catégorie professionnelle, le patronat[1].

De plus, le mécanisme mis en place par la Charte consistant notamment à confier le pouvoir règlementaire aux professions organisées était d'une complexité telle qu'il fut presque impossible à réaliser : certes les premiers syndicats uniques se forment en 1943[2], mais les comités sociaux professionnels ne sont mis en œuvre que très partiellement, de l'échelon local à l'échelon national.

De plus, sur les trente familles professionnelles retenues par la Charte, une seule, celle du sous-sol, est réalisée. Quant aux procédures d'arbitrage et aux juridictions du travail, elles ne sont pas mises en place. Le bilan est bien qu'en 1944 la Charte est un échec. Dès lors, ce pourrait être tout l'édifice corporatif de Vichy qui aurait pu s'écrouler en même temps, l'Ordonnance du 9 août 1944 lui donnant le coup de grâce.

A la Libération, la Charte étant une œuvre emblématique de Vichy, elle ne peut être conservée. Ainsi, l'ordonnance du 27 juillet 1944[3] déclare nul l'acte dit loi du 4 octobre 1941 relative à l'organisation sociale des professions, c'est-à-dire la Charte du Travail, et ses actes d'application.

Mais il faut liquider les organismes créés et répartir leurs biens, aussi sont décidées leur mise sous séquestre et leur administration provisoire.

Cependant, un certain nombre de textes demeurent, notamment car ils ont des incidences sur la reconstruction du pays et la réparation des actes de guerre, donc parce qu'on leur reconnaît une certaine utilité. Tel est par exemple le cas de l'arrêté du 12 juillet 1941 relatif à la reconstitution des cabinets médicaux, dentaires, détruits par actes de guerre[4], notamment est activé l'article 4 qui prévoyait des allocations forfaitaires et des octrois d'emprunts, uniquement délivrées sur autorisation du Conseil supérieur de l'Ordre des médecins. Ce texte, par lequel clairement l'Etat abandonnait une part de sa souveraineté aux corporations, est maintenu.

---

[1] Voir la Circulaire du 19 janvier 1945, *relative au rôle et à l'action des Offices professionnels et de leurs Commissaires provisoires, D.S.*, 1945, p. 185.

[2] Arrêtés du 28 avril 1943, *portant constitution de syndicats uniques dans les familles des assurances, de l'hygiène, du verre et du cuir, et nomination des membres de leur premier conseil d'administration, J.O.*, 2 mai 1943, p. 1224.

[3] Ordonnance du 27 juillet 1944, *relative au rétablissement de la liberté syndicale, J.O.*, 30 août 1944, p. 776 ; puis ordonnance du 26 septembre 1944, *modifiant et complétant certaines dispositions de l'ordonnance du 27 juillet 1944, relative au rétablissement de la liberté syndicale, J.O.*, 27 septembre 1944, p. 837 ; avec un rectificatif dans le *J.O.* du 7 octobre 1944, p. 887.

[4] Arrêté du 12 juillet 1941, *concernant la reconstitution des cabinets médicaux détruits par acte de guerre, J.O.*, 16 août 1941, p. 3458.

De même, est conservée la loi du 1er juillet 1941, créant un régime provisoire d'avances au bénéfice des industriels et commerçants sinistrés par actes de guerre[1], et dont les dispositions définissaient le rôle des comités d'organisation en matière d'instruction des demandes.

Enfin, on peut mentionner la loi du 28 octobre 1942 relative à la reconstitution des entreprises industrielles, commerciales ou artisanales partiellement ou totalement détruites[2], qui est également maintenue à la Libération. Or ce texte s'appuyait sur une idée corporative, car elle faisait intervenir les CO dans la reconstruction du pays : que ce soit dans la reconstitution des entreprises, ou encore la planification.

A côté de ces textes spécifiques, d'autres plus emblématiques sont également maintenus, et considérés comme n'étant finalement pas entachés par Vichy, ou alors, si besoin, il était possible de les purifier et de les rendre compatibles avec la République. Dès lors, la greffe du corporatisme va prendre (Chapitre 1), donnant lieu au maintien d'un véritable droit corporatif (Chapitre 2).

---

[1] Loi du 1er juillet 1941, *créant un régime provisoire d'avances au bénéfice des industriels et commerçants sinistrés par actes de guerre dont les entreprises ont subi seulement des dégâts partiels*, *J.O.*, 4 juillet 1941, p. 2799.

[2] Loi du 28 octobre 1942, *relative à la reconstitution des entreprises industrielles, commerciales ou artisanales partiellement ou totalement détruites par suite d'actes de guerre*, *J.O.*, 14 novembre 1942, p. 3783.

Chapitre 1. La greffe républicaine du corporatisme de Vichy.

Il est indispensable à la Libération de rapidement rediriger l'économie et d'organiser certaines professions, ce que le régime précédent avait déjà tenté de faire. Dans la mesure où un certain nombre de dispositifs est alors déjà en place, la plupart va perdurer, soit de façon transitoire (Section 1), en attendant de trouver ou non de meilleurs mécanismes d'économie dirigée, soit durablement (Section 2). En effet, on l'a vu, plusieurs mesures corporatistes adoptées sous Vichy sont déjà en quelque sorte compatibles avec la République, puisqu'elles s'inspiraient de ce qui avait été réalisé ou envisagé sous la IIIème République. La continuité républicaine peut alors se concevoir à travers des idées qui ont finalement traversé Vichy. Comme le relève M. Bazex, « on assiste au maintien d'un corporatisme larvé »[1], républicain, qui présente certaines spécificités (Section 3).

Section 1. Les aménagements temporaires.

En matière d'organisation professionnelle ou économique, mis à part la Charte du Travail dont la nullité est constatée en 1944, parce que, finalement, ses résultats avaient été médiocres, d'autres textes aux applications plus nombreuses furent maintenus provisoirement, le temps de trouver d'autres structures plus appropriées.

Ainsi, la loi du 2 décembre 1940 relative à l'agriculture est démantelée à la Libération[2], mais à titre transitoire sont maintenus les groupements, comités et bureaux créés en matière de ravitaillement et de production agricole[3].

La corporation paysanne est également liquidée, par l'ordonnance du 12 octobre 1944[4] ; en réalité cette solution n'est que provisoire, et l'idée retenue fut une reconstitution des organismes professionnels dissous, fusionnés ou transformés depuis 1940.

---

[1] M. Bazex, *Corporatisme et droit administratif. Le statut administratif des organismes professionnels*, 2 tomes, thèse, dactyl., Toulouse, 1967, p. 74.

[2] Ordonnance du 26 juillet 1944, *déclarant nuls les textes relatifs à l'organisation corporative de l'agriculture, J.O.R.F.*, 5 août 1944, p. 674.

[3] Ordonnance du 3 août 1944, *relative à l'organisation du ravitaillement et de la production agricole, J.O.R.F.*, 5 août 1944, p. 676.

[4] Ordonnance du 12 octobre 1944, *déclarant nuls et de nul effet les actes et textes tendant à l'organisation corporative de l'agriculture, remplaçant l'ordonnance du 26 juillet 1944 relative au même objet, et prévoyant une organisation professionnelle provisoire de l'agriculture, J.O.*, 13 octobre 1944, p. 924, avec l'exposé des motifs. R. Malezieux, « L'organisation professionnelle de l'agriculture telle qu'elle résulte de l'ordonnance du 12 octobre 1944 », *J.C.P.*, 1945, I, 442.

En vérité, la plupart des corporations de Vichy sont réaménagées : à la Libération, pour assurer le ravitaillement et la reconstruction du pays, il convient de diriger à nouveau l'économie, mais sous une forme autre, d'autant que les syndicats sont rétablis. Les buts ne changent pas, seules seront modifiées les appellations, et les structures, afin que toutes les catégories professionnelles intéressées soient représentées[1]. Les missions de représentation professionnelle des anciens organismes leur sont enlevées, et pour s'assurer qu'elles agissent dans l'intérêt général, un contrôle de la puissance publique est assuré à travers le pouvoir hiérarchique : les organismes sont rattachés à l'Etat[2]. Mais leur maintien ne devait être que provisoire. Ce ne sera pas totalement le cas[3].

Ainsi, les organismes corporatifs comme les CO et les bureaux régionaux d'organisation professionnelle, sont en réalité maintenus[4], sauf dissolution à titre particulier. En effet, en vue d'assurer la transition d'une économie corporative vichyste vers une économie dirigée républicaine, les comités d'organisation - provisoires - sont finalement renommés offices professionnels, également transitoires, par un simple jeu de substitution[5]. En somme, au lendemain de la Libération, l'économie française était tiraillée entre d'un côté les nationalisations, de l'autre la liberté d'établissement, et à mi-chemin un secteur dirigé, pour l'industrie, le grand commerce, et les entreprises touchant les intérêts les plus essentiels du pays.

Dès lors, le rôle des offices professionnels était redéfini : ils participaient à l'orientation de l'activité industrielle et commerciale, à travers l'élaboration d'un plan d'équipement, et par la mise en place des mesures d'exécution de ce plan. En réalité, ils poursuivaient en grande part le rôle des CO. Ainsi ils étaient notamment compétents pour proposer des mesures spéciales à l'égard des activités dont ils avaient la charge, afin d'améliorer la qualité des produits, ou encore de faire connaître et d'apprécier « les produits nationaux de qualité, tant sur le marché intérieur qu'à l'étranger ». Ils disposaient également d'attributions en matière de répartition des produits, de main d'œuvre, de prix, d'exportation, de fiscalité, et ils

[1] C'est le cas des ordonnances du 22 juin et du 27 juillet qui modifient les structures des CO pour y faire rentrer des représentants de salariés.

[2] Voir F.-C. Jeantet, « Des Comités d'organisation aux offices professionnels », *D.S.*, 1945, pp. 5-15.

[3] Voir A. Heilbronner, « L'éclipse de l'organisation professionnelle », *D.S.*, 1946, p. 314-317.

[4] Ordonnance du 7 octobre 1944, *modifiant l'ordonnance du 22 juin 1944 relative aux organismes dits Comités d'organisation, J.O.*, 8 octobre 1944, p. 891 ; F.-C. Jeantet, « Des Comités d'organisation aux offices professionnels », *D.S.*, 1945, pp. 5-15.

[5] On trouve un premier décret par exemple, du 29 janvier 1945, *portant création d'un office professionnel des industries et métiers d'art et de création* (*J.O.*, 30 janvier 1945, p. 426), et un autre du 30 janvier 1945, *relatif à l'institution de Comités professionnels du bâtiment, de la construction métallique et des travaux publics* (*J.O.*, 31 janvier 1945, p. 444).

collaboraient avec les préfets à la création d'établissements nouveaux, ou quant à l'extension de ceux existants. A côté de cela, les offices professionnels jouaient un rôle en matière de recensement, en élaborant un fichier des entreprises, en répertoriant les richesses, les stocks etc.

Mais l'Exécutif entendait clairement reprendre la main sur l'organisation industrielle, et donc contrôler les organismes corporatifs : si l'office pouvait prendre des mesures réglementaires, celles-ci devaient impérativement être notifiées à un commissaire du gouvernement qui était institué auprès de lui. Seule son approbation permettait ensuite aux mesures de devenir exécutoires. En cas de refus, un recours était possible devant le ministre. Quant aux frais de fonctionnement de l'office, ils étaient assurés par les cotisations. L'office était enfin doté de la personnalité civile.

En somme, les offices professionnels étaient clairement les nouveaux CO, la preuve en est d'ailleurs que les biens liquidés des CO furent transférés aux nouveaux offices.

La question est alors de savoir pourquoi, à la Libération, fut maintenue une nouvelle forme de corporatisme à travers ces organismes. Pour F.-C. Jeantet, « le fait qu'un bon instrument soit tombé en de mauvaises mains n'est pas une raison pour le briser par la suite, lorsqu'on le ressaisit ». Dès lors était reconnu un certain mérite aux CO, bien que des critiques fussent possibles. Pour l'auteur, ces derniers, comme le corporatisme, étaient surtout le fait de « l'ennemi [qui] essaya de faire des comités d'organisation un des principaux instruments d'asservissement économique de la France » ; de même, pour lui, les textes « élaborés sous le contrôle de l'ennemi évoluaient vers le corporatisme »[1]. C'est donc parce que créés sous la contrainte de l'occupant que les CO devaient disparaître à la Libération ; la créature était monstrueuse à cause de son créateur, mais l'idée était intéressante, méritait d'être conservée, et corrigée de ses impuretés. Or ce point de vue est erroné : on sait que l'occupant n'est pour rien dans le corporatisme de Vichy, le régime ayant largement pris seul les initiatives en la matière et en créant son propre modèle… Mais ici, en somme, il fallait justifier que les CO survivent à ceux qui les avaient conçus. Rémanents, ils étaient simplement renommés, même si, comme souvent, changer de nom a des conséquences juridiques[2].

---

[1] F.-C. Jeantet, « Des Comités d'organisation aux offices professionnels », *D.S.*, 1945, pp. 5-15.

[2] Voir par exemple P. Yolka (dir.), *Le nom : Administrations, droit et contentieux administratifs*, Institut universitaire Varenne, coll. Colloques & essais, 2015, 260 p.

En tout état de cause, l'économie dirigée fut bien maintenue : l'ordonnance du 7 octobre 1944[1] allait dans ce sens : en abrogeant l'article 1er de la précédente ordonnance de juin[2], elle transformait « l'administrateur provisoire » des CO en « commissaire provisoire » ; dès lors la « dissolution effective » des CO, prévue en juin, ne l'était plus tant que cela en octobre, et devenait en réalité l'exception.

D'ailleurs la nouvelle dénomination en offices professionnels montrait bien la volonté politique d'en faire des instruments de la nouvelle économie dirigée, donc au service de l'intérêt général, en en modifiant quelque peu la structure.

Et ici, du point de vue socio-économique, il existe sans aucun doute un lien entre corporatisme d'Etat et planisme : en effet pour J.-P. Le Crom, les deux, « bien que représentant des conceptions différentes de la vie sociale, se chevauchèrent souvent »[3]. Ainsi, les offices jouèrent un rôle effectif dans la planification, un moyen indispensable à l'économie dirigée. Pour cela, ils fixèrent des programmes de fabrication attribués à chaque entreprise, et veillèrent à leur bonne exécution. Ils déterminèrent également les normes, les méthodes, le rythme de fabrication, donc assurèrent une certaine coordination. En effet, fut maintenue la loi du 17 décembre 1941 relative à l'établissement d'un plan d'aménagement de la production[4], permettant notamment les arrêts provisoires de certaines usines, ou pour celles étant en activité, de travailler « à façon », à des tarifs spéciaux. Aussi, les offices veillèrent aux éventuelles fusions, ententes industrielles ou commerciales.

Cependant, afin de faire des offices des CO républicains, il fallut procéder à une épuration, mais cette fois afin d'enlever les partisans de la collaboration. Tel était le sens de l'article 7 de l'ordonnance du 22 juin 1944 visant à révoquer les membres des CO qui ont « favorisé directement les desseins de l'ennemi et de l'usurpateur »[5]. Ce texte fut finalement abrogé par l'ordonnance du 7 novembre 1944 car jugé inutile : en effet un texte plus large, celui du 27 juin, permettait aux ministres de prendre des mesures disciplinaires à l'encontre des agents de tous les organismes[6].

---

[1] Ordonnance du 7 octobre 1944, *modifiant l'ordonnance du 22 juin 1944 relative aux organismes dits Comités d'organisation, J.O.*, 8 octobre 1944, p. 891.

[2] Ordonnance du 22 juin 1944, *relative aux organismes dits Comités d'organisation, J.O.R.F.*, 5 août 1944, p. 671.

[3] J.-P. Le Crom, *Syndicats nous voilà ! Vichy et le corporatisme*, Les éditions de l'Atelier, coll. Patrimoine, 1995, particulièrement p. 92.

[4] Loi du 17 décembre 1941, *relative à l'établissement d'un plan d'aménagement de la production, J.O.*, 23 décembre 1941, p. 5500.

[5] Ordonnance du 22 juin 1944, *relative aux organismes dits Comités d'organisation, J.O.R.F.*, 5 août 1944, p. 671.

[6] Ordonnance du 27 juin 1944, *relative à l'épuration administrative sur le territoire de la France métropolitaine, J.O.*, 6 juillet 1944, p. 536.

Enfin, un arrêté du ministre de la Production industrielle du 20 novembre 1944[1], modifié le 2 janvier 1945[2], organisa l'épuration.

Par la suite, la question qui se posa fut de savoir comment pouvaient être représentés les intérêts de la profession au sein des offices. Afin d'éviter la constitution de trusts, ou leur emprise sur les offices, il convenait de garder une représentation d'ensemble de la profession. D'abord, il fut décidé que les personnalités qui dirigeraient les offices seraient désignées par l'autorité publique, parmi des personnalités indépendantes, choisies en fonction de leurs compétences et de leur expérience.

A côté furent créés des Comités consultatifs paritaires, dans la lignée exacte de ce qui s'était déjà fait avant, notamment par un arrêté du 1er septembre 1941 instituant des comités consultatifs tripartites[3] (représentants des employeurs, des cadres et des ouvriers), qui ne donnaient son avis que sur les conséquences des mesures de concentration industrielle prises en application de la loi du 17 novembre 1941.

De même, la loi du 16 août 1940 avait prévu la création d'une représentation effective et complète des employeurs et des salariés, mais cela n'avait jamais été fait. Aussi, les comités consultatifs paritaires créés par l'ordonnance du 22 juin 1944 achevèrent ce que Vichy n'avait fait qu'envisager[4].

Certes, ici encore les membres étaient nommés par l'autorité publique, mais ils n'étaient plus uniquement des notables désignés par le gouvernement : ils étaient présentés par leurs organisations syndicales respectives[5], afin de rompre avec l'autoritarisme précédent. Cependant, les comités paritaires n'avaient qu'un rôle consultatif : ils assistaient le commissaire qui détenait finalement tous les pouvoirs dévolus auparavant aux CO.

En réalité, le mode de fonctionnement demeurait d'une certaine façon impératif, et sans doute plus centralisé encore que sous Vichy. En définitive,

---

[1] Arrêté du 20 novembre 1944, *J.O.*, 22 novembre 1944, p. 1427.

[2] Arrêté du 2 janvier 1945, *J.O.*, 5 janvier 1945, p. 57.

[3] Arrêté du 1er septembre 1941, *Conseils consultatifs auprès des Comités d'organisation, J.O.*, 15 septembre 1941, p. 3952.

[4] Articles 4 et 5 de l'Ordonnance du 22 juin 1944, *relative aux organismes dits Comités d'organisation, J.O.R.F.*, 5 août 1944, p. 671.

[5] Une circulaire du 20 décembre 1944 *relative à la constitution et au fonctionnement des Comités consultatifs paritaires auprès des Comités d'organisation*, précisait l'application des articles 4 et 5 de l'ordonnance du 22 juin, et préconisait, pour la création des Comités consultatifs, d'en créer autant qu'il y aurait de branches d'activité ressortissant au Comité d'organisation, *D.S.*, 1945, p. 185. Le rôle des commissaires fut précisé dans une circulaire du 19 janvier 1945 *relative au rôle et à l'action des Offices professionnels et de leurs Commissaires provisoires*, *D.S.*, 1945, p. 186. Il était spécifié que les offices professionnels seraient désormais sous la seule autorité de l'Etat, et auraient pour rôle, dans leur branche professionnelle, de mettre en œuvre la politique du gouvernement., en l'adaptant aux besoins spécifiques de la branche.

au sujet des compétences, on constate que la différence majeure avec les CO fut la perte d'attributions en matière sociale.

Enfin, comme pour les CO, la question de la nature juridique des offices se posa, et dans les mêmes termes. Assurément, les offices étaient appelés à conjuguer les intérêts privés et publics ; en cela ils allaient bien dans le même sens que les CO. Néanmoins, il convient de souligner que les syndicats étant rétablis, cela semblait rompre profondément avec le corporatisme, bien que les pouvoirs publics conservent un rôle prédominant. Aussi, l'idée fut de purger les offices des critiques tenant à leur contribution au démembrement de la puissance publique, ce qui amenait à se demander quelle était leur nature juridique.

Les ordonnances laissaient à première vue pencher vers un statut de droit public. Les offices assuraient sans aucun doute un service public géré dans l'intérêt public, en étant étroitement liés à la puissance publique : il n'était alors plus possible d'affirmer, comme les CO, qu'ils « personnifient des intérêts propres, distincts de ceux de l'Etat »[1]. Dès lors, il semble que le caractère d'établissements publics aurait pu leur être reconnu, bien que la question ne fut finalement pas tranchée.

En effet, les offices professionnels sont dissous par une loi du 26 avril 1946[2]: les comités d'organisation et les offices professionnels (eux-mêmes successeurs des CO) sont définitivement supprimés. La gestion provisoire et la liquidation des biens fut confiée à un liquidateur nommé par le ministre intéressé, et ces biens furent dévolus soit aux différents ministères, soit aux organisations syndicales patronales. L'autorité publique continuera de reconnaître à l'activité le caractère de service public.

Assurément, les ordonnances de 1944 avaient changé de perspective par rapport au texte de 1940 : d'une logique corporative, on était passé à une économie dirigée où l'Etat avait repris la main sur les activités qui relevaient des CO. De plus, les syndicats avaient été rétablis dans leur totalité. L'organisation professionnelle s'est donc faite à partir de 1944 sous la direction de l'Etat. Cependant, le maintien des offices professionnels fut très critiqué, par tous les groupes politiques[3], si bien que le texte de 1946 abroge les textes de Vichy, et consacre un retour à la liberté économique.

---

[1] Conclusions Ségalat sous *Monpeurt*.

[2] Loi du 26 avril 1946, *portant dissolution d'organismes professionnels et organisation pour la période transitoire, de la répartition des produits industriels, J.O.*, 28 avril 1946, p. 3534. Voir P. Simonet et G. Liet-Veaux, « La loi du 26 avril 1946 portant dissolution d'organismes professionnels et organisation de la répartition des produits industriels », *D.S.*, 1946, pp. 262-271.

[3] Voir Rapport déposé par M. Wetzel au nom de la Commission des affaires économiques, des douanes et des conventions commerciales de l'Assemblée constituante, annexe n°1026, 2ème séance du 13 avril 1946, *Documents de l'Assemblée nationale constituante*, p. 993.

Néanmoins, la dissolution des CO a soulevé bon nombre de problèmes : le texte de 1946 abroge la loi du 16 août 1940, celle du 10 septembre 1940 et les textes subséquents, aussi les CO disparaissent définitivement, de même que l'Office de répartition des produits industriels. Sur les 231 CO existant à la Libération[1], il n'en restait que 130 en 1946. Mais la loi n'ayant pas d'effet rétroactif, il n'y eut pas effacement de la législation vichyste comme ce fut le cas avec l'ordonnance du 9 août 1944 portant rétablissement de la légalité républicaine ; le procédé ici n'est donc pas le même. La loi de 1946 précisera uniquement que les décisions règlementaires ou particulières, les accords et conventions, pris en application du texte abrogé, devront, dans les 6 mois, avoir été revus, et se trouveront soit infirmés, soit modifiés, soit confirmés par des arrêtés ministériels.

Quant aux biens, ils seront liquidés, et dévolus soit aux ministères concernés, soit aux organisations syndicales patronales.

A partir de 1946 donc, on procéda à une nouvelle répartition des produits. Tout d'abord, on trouvait la répartition primaire, qui consistait à partager l'ensemble des quantités disponibles en un certain nombre de contingents globaux, correspondant à chacune des grandes branches d'activité consommatrice du produit envisagé. Cette répartition primaire fixait l'orientation même de la production, et restait de la compétence du gouvernement. Le ministre de l'Economie définissait les contingents globaux de chaque grande catégorie d'activités. Quant aux autres ministres (au ravitaillement, à la production industrielle), ils fixaient pour chaque branche particulière, après avis de comités consultatifs, un taux d'activité et déterminaient les contingents des matières et produits qui lui sont affectés. De ce point de vue, le système mis en place en 1946 ne changea pas radicalement par rapport au mécanisme antérieur, puisque la fixation des contingents de chaque branche appartenait aux sections de répartition, qui étaient sous l'autorité du ministre de la production industrielle.

Ensuite, à côté de la répartition primaire, on trouvait la sous-répartition, c'est-à-dire qu'auparavant les quantités affectées par les répartiteurs aux divers porteurs de contingents (administrations, collectivités, CO), étaient sous-réparties par eux entre leurs ressortissants. La loi de 1946 prévoyait un système de fractionnement des contingents en trois parts, destinées aux services publics et entreprises nationalisées, aux grosses entreprises, et aux PME et artisans. Pour la première fraction, la mise en place des matières et produits était assurée par les services des ministères concernés. Pour la deuxième fraction, la mise en place était effectuée par les organisations professionnelles patronales les plus représentatives.

[1] 60 Agriculture et ravitaillement, 10 travaux publics et transports, 3 économie nationale et finances, 2 éducation nationale, 1 équipement national, 8 information, 9 marine marchande, 7 colonies, 129 production industrielle, 2 santé publique.

La troisième fraction enfin était répartie par les Chambres du commerce et chambres de métiers.

De toute évidence, ces règles en matière de répartition furent élaborées de façon transitoire, et dans une perspective d'économie dirigée, par l'Etat[1].

Quoi qu'il en soit, si la loi du 26 avril 1946 abroge celle du 16 août 1940, elle n'a pas annulé pour autant l'ensemble des décisions réglementaires ou individuelles prises par les comités d'organisation. La loi a donc permis aux ministres concernés de maintenir en vigueur ces décisions, dont le contrôle de légalité appartenait toujours au juge administratif. Lorsqu'il agissait, le ministre ne pouvait avoir de pouvoirs plus étendus que ne l'avaient les comités d'organisation. Ainsi, il n'était pas possible d'étendre les décisions prises par les CO aux non-ressortissants du CO ; les règles professionnelles ne pouvaient valoir qu'à l'égard des ressortissants[2].

Enfin, la loi du 26 avril 1946 prévoyait la dissolution des offices professionnels dans un délai de 6 mois, et le transfert au syndicat professionnel le plus représentatif dans chaque profession du soin de répartir entre ses membres les contingents de matières premières qui lui seraient attribuées par l'Etat.

En vérité, comme le soulignait A. Heilbronner, si l'Assemblée en adoptant ce texte, avait cru détruire toute organisation professionnelle, « elle s'est lourdement trompée »[3]. En effet, bon nombre de professions ont conservé leur organisation et un statut propres. Pour exemple, il citait la fabrique des pâtes alimentaires dont le comité professionnel avait été créé en 1941, ou encore le comité professionnel de la semoulerie, le groupement professionnel de l'industrie meunière etc.

Surtout, les professions libérales, on le verra, ont conservé leur organisation professionnelle.

Par conséquent, si certaines dispositions corporatives ont subsisté un temps, ce qui démontre la continuité républicaine du corporatisme, cette idée se manifeste particulièrement à travers les textes qui ont été maintenus, ou simplement réaménagés.

---

[1] Voir par exemple la loi du 2 août 1949, *relative à la pris en charge par l'Etat et au financement par des services assurant la répartition des matières premières et des produits industriels*, *J.O.*, 6 août 1949, p. 7711.

[2] C.E., 30 avril 1948, *Union confédérale de la couleur, Rec.*, p. 183 ; *S.*, 1948, III, p. 96 ; *D.*, 1948, p. 410, concl. A. Lefas, sur l'effet des décisions des Comités d'organisation à l'égard des tiers.

[3] A. Heilbronner, « L'éclipse de l'organisation professionnelle », *D.S.*, 1946, pp. 314-317.

Section 2. Les aménagements durables.

Parfois, des organisations créées par Vichy furent purement et simplement maintenues à la Libération, car considérées comme nécessaires en raison de certains besoins qui, somme toute, restaient identiques pendant et après la guerre. Soit ce sont les structures mêmes qui furent conservées (§1), soit l'organisation professionnelle concerna certains secteurs clés (§2).

§1. Le maintien de structures d'inspiration corporative.

Les premières structures préservées et réaménagées à la Libération que l'on peut mentionner sont les comités d'entreprise. En effet, si les comités sociaux professionnels disparaissent en même temps que la Charte du Travail, en revanche, les comités sociaux d'entreprise survivent d'une certaine façon, en raison de leur lien avec les activités de secours, de ravitaillement, d'aide sociale. Alors même qu'ils sont censés être mineurs, ils demeurent, car ils répondent à un besoin social impérieux : mieux se nourrir.

Ainsi, en 1945 les comités d'entreprises sont créés et réintègrent les représentants des syndicats des salariés[1]. Ils reçoivent une compétence générale en matière d'œuvres sociales : les services sociaux et médicaux leur sont rattachés, et un décret de 1945 fait expressément référence à la loi du 28 juillet 1942[2] pour expliquer ce rattachement[3].

La mise sous séquestre administratif des comités sociaux d'entreprise n'avait jamais été envisagée, ce qui est cohérent du reste puisque Vichy n'avait pas reconnu leur personnalité juridique. Il convient d'ailleurs de souligner que la participation à de tels comités ne fut pas un motif d'épuration syndicale à la Libération[4].

Quant à leur nature juridique, les comités d'entreprise sont considérés comme des organismes de droit privé, aucun critère de rattachement au droit public n'étant satisfait : ils ne poursuivent pas de mission de service public et

---

[1] Ordonnance du 22 février 1945, *instituant des Comités d'entreprise, J.O.*, 23 février 1945, p. 954. Voir aussi les débats de l'Assemblée consultative provisoire, séance du 12 décembre 1944, *J.O.*, 13 décembre 1944, p. 485. D. Pepy, « Les Comités d'entreprise. L'ordonnance du 23 février (sic) 1945 », *D.S.*, pp. 45-63.

[2] Loi du 28 juillet 1942, *relative à l'organisation de services médicaux et sociaux du travail, J.O.*, 29 juillet 1942, p. 2607.

[3] Décret n°45-2751 du 2 novembre 1945, *J.O.*, 6 novembre 1945, p. 7327. Voir R. Petit, « La gestion des œuvres sociales par les Comités d'entreprise », *D.S.*, 1946, pp. 199-205, 1ère partie ; pp. 234-242, 2ème partie ; pp. 288-292.

[4] Ordonnance du 27 juillet 1944, *relative au rétablissement de la liberté syndicale, J.O.*, 30 juillet 1944, p. 776.

ne bénéficient pas non plus de prérogatives de puissance publique. Les comités d'entreprise sont cependant dotés de la personnalité morale.

Il est intéressant également de constater que la notion de syndicats les plus représentatifs, issue de la législation de 1936, fut reprise dans l'ordonnance du 22 février 1945 au sujet des comités d'entreprise[1]. A la Libération, comme avant la guerre, ce sont les syndicats des travailleurs ou des employeurs les plus représentatifs qui seront les acteurs de l'organisation du travail ou dans les rapports de travail. Eux seuls concluent les conventions collectives.

De la même façon que la circulaire du 17 août 1936 avait tenté de préciser les contours de la notion, la circulaire du 28 mai 1945 se penchera sur la question[2]. Ainsi, parmi les critères de détermination, on trouve l'importance des effectifs, l'indépendance, l'importance et la durée des cotisations, l'expérience et l'ancienneté, ou encore « l'attitude patriotique » ; celle-ci impliquant une certaine confiance à l'égard de ses membres, au vu de leur loyauté dans l'application de la législation sociale (en clair parce qu'ils n'ont pas collaboré).

Quant à loi du 11 février 1950[3], elle reprend les critères de la représentativité des syndicats : les effectifs, l'indépendance, les cotisations, l'expérience et l'ancienneté du syndicat, et leur « attitude patriotique pendant l'occupation ». L'arbitrage fut d'ailleurs aussi reconnu par cette loi, avec la mise en place d'une cour supérieure de l'arbitrage.

En tout état de cause, on le voit clairement, revient ici l'idée que seuls des syndicats « reconnus » par l'Etat peuvent être des acteurs et des interlocuteurs, et bénéficier d'un certain nombre d'attributions, ce qui pose nécessairement la question de la représentation, expression de la volonté des membres de la profession.

Quoi qu'il en soit, les comités d'entreprise ont survécu, jusqu'au 1er janvier 2020, pour être remplacés peu à peu par les comités sociaux économiques[4].

---

[1] Article 6, Ordonnance du 22 février 1945, *instituant des Comités d'entreprise, J.O.*, 23 février 1945, p. 954. M. J. Desplats, « La notion d'organisations syndicales les plus représentatives », *D.S.*, 1945, pp. 270-277.

[2] Voir la circulaire en annexe de M. J. Desplats, « La notion d'organisations syndicales les plus représentatives », *D.S.*, 1945, pp. 270-277.

[3] Loi du 11 février 1950, *relative aux conventions collectives et aux procédures de règlement des conflits collectifs de travail, J.O.*, 12 février 1950, p. 1688.

[4] Ordonnance n°2017-1386 du 22 septembre 2017, *relative à la nouvelle organisation du dialogue social et économique dans l'entreprise et favorisant l'exercice et la valorisation des responsabilités syndicales*.

A côté des comités d'entreprise, clairement d'inspiration corporatiste, d'autres organismes spécialisés mis en place sous Vichy seront maintenus, ou parfois réputés être « créés » afin de faire face aux difficultés de l'après-guerre.

Tel est par exemple le Comité d'organisation de l'industrie cinématographique (C.O.I.C.) institué en 1940, qui fut remplacé dans un premier temps par l'Office professionnel du cinéma par un décret du 28 août 1945[1]. Ce dernier sera remplacé à son tour par le Centre national de la cinématographie, qui est à la Libération qualifié d'établissement public administratif rattaché au ministère de la Culture afin de promouvoir le développement de l'industrie cinématographique[2]. Bien que les textes portent « création » de l'organisme, il est clair que le C.N.C. prend le relais du C.O.I.C., et sa nouvelle qualification démontre que les organismes professionnels peuvent se couler dans le moule de l'établissement public, à condition qu'existe un texte institutif[3].

La police de l'exploitation est désormais aux mains du ministre, mais les professionnels interviennent dans l'exploitation ainsi que dans la production. En ce qui concerne l'industrie cinématographique, à la Libération, un commissaire provisoire fut nommé[4], puis un comité consultatif paritaire[5]. Le C.N.C. a depuis un rôle d'arbitre dans la profession, et doit promouvoir l'amélioration de la qualité des films, notamment par la formation professionnelle.

La clé du dispositif repose assurément, mais comme sous Vichy en réalité, sur le contrôle des recettes des spectacles cinématographiques. La fixation du prix des places relève du ministère de l'Economie nationale, et toute ouverture d'une nouvelle entreprise cinématographique doit alors être soumise à l'autorisation du ministre chargé de l'information (finalement, ici encore, comme en 1940).

On maintient également la volonté de moraliser la profession, à travers la carte d'identité professionnelle, qui permet d'écarter de toute la profession « les individus tarés »[6].

---

[1] Décret n°45-1935 du 28 août 1945, *portant création d'un office professionnel du cinéma, J.O.*, 29 août 1945, p. 5404, modifié le 18 janvier 1946, p. 516 ; arrêtés du 24 septembre et 27 novembre 1945, et 19 janvier 1946, p. 516.

[2] Loi du 25 octobre 1946, *portant création d'un Centre national de la cinématographie, J.O.*, 26 octobre 1946, p. 9070.

[3] Dans le silence des pouvoirs publics, il faut alors laisser les organismes professionnels dans la catégorie privée.

[4] Arrêté du 18 octobre 1944, *J.O.*, 19 octobre 1944, p. 1003.

[5] Arrêté du 20 décembre 1944, *J.O.*, 23 décembre 1944, p. 2052 ; arrêté du 6 juin 1945, *nommant les membres du Comité consultatif paritaire du Comité d'organisation de l'industrie cinématographique, J.O.*, 24 juin 1945, p. 3841.

[6] P. Reuter, « L'organisation professionnelle de l'industrie cinématographique », *D.S.*, 1946, pp. 362-368.

L'organisation de la profession demeure donc à la Libération, notamment en raison des difficultés liées à la rentabilité des productions. Ainsi est mis en place le système des visas d'exploitation et d'exportation[1], le but, selon l'exposé des motifs, étant d'empêcher la sortie d'oeuvres contraires aux bonnes mœurs ou susceptibles de troubler l'ordre public. Déjà institué par le décret du 25 juillet 1919[2], le visa était délivré par le ministre de l'Instruction publique et des beaux-arts. De même était instituée une commission pour l'examen des livrets et scénarios. Par ailleurs, la loi de finances du 31 décembre 1921[3] (article 49) en précisait déjà les sanctions en cas d'infraction et la possibilité de soumettre le visa au paiement d'une redevance pour frais de contrôle. Mais, précisait l'ordonnance de 1945, l'état de guerre a entraîné une modification du régime, notamment parce que le commissaire général puis le ministre de l'Information détenaient les compétences en la matière[4]. Il convenait donc de donner une nouvelle base légale à ces règles, car l'ordonnance du 6 mai 1944 sur le régime de presse en temps de guerre[5] était dictée par les circonstances.

Le texte de 1945, qui prévoit également les sanctions possibles, subordonne alors la représentation et l'exportation des films à l'obtention d'un visa qui, délivré par le ministre de l'Information, peut être conditionné par le paiement d'une taxe. Quant au décret du 3 juillet 1945, il en précise l'exécution ainsi que le rôle de la commission de contrôle des films cinématographiques[6].

Enfin, l'Office français d'information cinématographique (O.F.I.C.) créé par l'ordonnance du 16 avril 1943[7], sera régi par celle du 25 mars 1944[8],

---

[1] Ordonnance du 3 juillet 1945, *ayant pour objet de subordonner à un visa la représentation et l'exportation des films cinématographiques, J.O.*, 3 juillet 1945, p. 4060.

[2] Décret du 25 juillet 1919, *concernant le contrôle des films cinématographiques, J.O.*, 2 août 1919, p. 8055.

[3] Loi du 31 décembre 1921, *portant fixation du budget général de l'exercice 1922, J.O.*, 1er janvier 1922, p. 2.

[4] Décret du 24 août 1939, *concernant le contrôle de la presse et des publications, J.O.*, 28 août 1939, p. 10305, et décret d'application, 27 août 1939, même page ; Décret du 12 septembre 1939, *complétant le décret du 27 août 1939 pris en application du décret du 24 août 1939 concernant le contrôle de la presse et des publications, J.O.*, 14 septembre 1939, p. 11402.

[5] Ordonnance du 6 mai 1944, *sur le régime de la presse en temps de guerre, J.O.*, 20 mai 1944, p. 401.

[6] Décret du 3 juillet 1945, *portant règlement d'administration publique pour l'application de l'ordonnance du 3 juillet 1945 ayant pour objet de subordonner à un visa la représentation et l'exportation des films cinématographiques, J.O.*, 4 juillet 1945, p. 4072.

[7] Ordonnance du 16 avril 1943, *portant création de l'Office français d'information cinématographique, modifiée par l'Ordonnance du 30 juin 1943, modifiant le fonctionnement de l'Office français d'information cinématographique, J.O.*, 1er juillet 1943, p. 14.

[8] Ordonnance du 25 mars 1944, *relative à l'Office français d'information cinématographique, J.O.R.F.*, 1er avril 1944, p. 259.

et le texte en fait également un établissement public dont le siège est d'abord fixé à Alger, zone alors libérée, doté de la personnalité morale et de l'autonomie financière. Mais il est ensuite précisé qu'il est placé sous l'autorité du commissaire à l'information ; il est chargé de la distribution et de la présentation des films « d'intérêt national concernant les actualités, la propagande ou l'éducation, que l'initiative privée n'est pas en situation de produire, de distribuer ou de représenter dans les mêmes conditions pendant la guerre ». En réalité, ici encore les attributions sont les mêmes que sous Vichy, même si une ordonnance du 30 septembre 1944 modifiera les textes[1].

La dernière structure corporative qui survivra à Vichy est le Conseil national économique. Si celui-ci avait été supprimé en 1940 pour devenir Conseil national, à la Libération, il est transformé en Conseil économique et social, et il convient à ce moment de se demander s'il faut en faire l'équivalent d'une chambre, voire de mettre en place une assemblée professionnelle. La difficulté majeure reposait sur la représentativité : une chambre doit représenter l'ensemble des citoyens, indépendamment de la question de savoir s'ils sont une force économique ou pas, s'ils exercent des fonctions ou activités ou non (comme les chômeurs, qui ne peuvent donc être représentés professionnellement). G. Cahen-Salvador se demandait d'ailleurs à quel titre et de quels droits les collectivités économiques auraient un pouvoir de décision national, en matière de maintien de l'ordre, de défense, de relations internationales...[2] Selon lui, « conférer une représentation politique intégrale ou partielle à des corporations, c'est compromettre la souveraineté populaire, en altérer l'exercice normal, en diluer l'autorité. C'est aussi ruiner l'unité de l'Etat ». Assurément, le corporatisme a pour effet de fractionner le pouvoir, en autant d'entités économiques et professionnelles. Permettre leur représentation ne fait en réalité qu'accorder l'onction étatique, et donc asseoir leur légitimité, en tant que concurrents de l'Etat. En quelque sorte, l'Etat sape lui-même son autorité.

Pour autant, un tel Conseil peut avoir une réelle utilité démocratique, et il a depuis 1946 une assise constitutionnelle[3], lui permettant de correctement

[1] Ordonnance du 30 septembre 1944, *relative à la réglementation provisoire de l'industrie cinématographique*, *J.O.*, 1er octobre 1944, p. 852, avec un rectificatif, *J.O.*, 19 octobre 1944, p. 992.

[2] G. Cahen-Salvador, « Le Conseil national économique », *D.S.*, 1946, pp. 301-309.

[3] Article 25 de la Constitution du 27 octobre 1946 : « Un Conseil économique, dont le statut est réglé par la loi, examine, pour avis, les projets et propositions de loi de sa compétence. Ces projets lui sont soumis par l'Assemblée nationale avant qu'elle n'en délibère.
Le Conseil économique peut, en outre, être consulté par le Conseil des ministres. Il l'est obligatoirement sur l'établissement d'un plan économique national ayant pour objet le plein emploi des hommes et l'utilisation rationnelle des ressources matérielles ».
Il est devenu depuis 2008 le Conseil économique, social et environnemental, et ses attributions sont également précisées par la Constitution de 1958. L'article 69 dispose :

remplir ses missions, et de devenir un véritable rouage de l'Etat, non son concurrent. Dès lors, il peut être important qu'à côté du Législatif et de l'Exécutif une assemblée représente les forces économiques, mais à titre de collaborateur. La structure initiale était à deux niveaux : en haut une Assemblée avec une commission permanente et des commissions d'étude ; en dessous, une vingtaine de sections professionnelles. L'Assemblée groupait les formations économiques et délibérait sur les problèmes économiques qu'on lui soumettait, donc il détenait une compétence générale. Les sections quant à elles avaient une compétence spécialisée, pour la profession qui les intéressait. Etaient alors formulés des avis, des propositions ou des suggestions. Les sections étaient paritaires, composées de représentants patronaux et salariés. Quant à l'Assemblée, elle comportait des représentants des intérêts professionnels de la production, du commerce, des échanges, des intérêts géographiques des régions, des groupements de consommateurs et d'usagers, et des personnalités. La difficulté majeure était de savoir quelles professions devaient être représentées et selon quels critères. Le groupement se faisait normalement par famille professionnelle, avec forcément une part d'incertitude, et d'approximations.

La composition du Conseil, aujourd'hui, a été modifiée, et sont désormais représentés notamment les salariés, les entreprises, les exploitants et les acteurs du monde agricole, les artisans et les professions libérales. Tous les membres sont désignés soit par les syndicats soit par des organisations professionnelles. Surtout, on le voit, il conserve des attributions en matière économique, à travers des avis soit facultatifs soit obligatoires, ou encore par des saisines (même par une auto-saisine). La logique corporatiste est ainsi sauvegardée, puisqu'il est bien question non seulement de représenter les différentes professions au sein d'une institution, mais aussi de la faire participer au processus législatif d'une façon ou d'une autre.

« Le Conseil économique, social et environnemental, saisi par le Gouvernement, donne son avis sur les projets de loi, d'ordonnance ou de décret ainsi que sur les propositions de lois qui lui sont soumis.
Un membre du Conseil économique, social et environnemental peut être désigné par celui-ci pour exposer devant les assemblées parlementaires l'avis du Conseil sur les projets ou propositions qui lui ont été soumis.
Le Conseil économique, social et environnemental peut être saisi par voie de pétition dans les conditions fixées par une loi organique. Après examen de la pétition, il fait connaître au Gouvernement et au Parlement les suites qu'il propose d'y donner ».
L'article 70 quant à lui précise : « Le Conseil économique, social et environnemental peut être consulté par le Gouvernement et le Parlement sur tout problème de caractère économique, social ou environnemental. Le Gouvernement peut également le consulter sur les projets de loi de programmation définissant les orientations pluriannuelles des finances publiques. Tout plan ou tout projet de loi de programmation à caractère économique, social ou environnemental lui est soumis pour avis ».
Enfin, l'article 71 est relatif à sa composition, « dont le nombre de membres ne peut excéder deux cent trente-trois, et ses règles de fonctionnement sont fixées par une loi organique ».

On le voit, un certain nombre de structures corporatistes sont maintenues à la Libération, en les toilettant plus ou moins légèrement. Enfin, certains secteurs d'activité sont, comme précédemment, réorganisés, mais là encore en suivant la démarche entamée par Vichy.

§2. L'organisation de certains secteurs dans le prolongement de Vichy.

Les pouvoirs publics se saisissent tôt de plusieurs secteurs clés, en les réorganisant, c'est du moins ainsi que les choses sont présentées. En réalité, il s'agit la plupart du temps de reprendre à son compte ce qui existait auparavant, en corrigeant certaines impuretés.

Tel est par exemple le cas de l'organisation professionnelle des pêches maritimes qui se trouve « réorganisée » par une ordonnance du 14 août 1945[1]. On se souvient que les pêches maritimes avaient été parmi les premières activités à être réglementées, dès le 24 mai 1938, puisqu'avaient alors été créés des comités professionnels ou interprofessionnels, et un comité central des pêches. De même, la loi du 13 mars 1941 avait institué la corporation des pêches, reposant sur un syndicalisme unique et obligatoire, le syndicat n'avait alors que des attributions sociales, et les comités étaient compétents pour tout ce qui relevait du domaine économique.

Bien qu'une ordonnance du 3 juin 1944[2] constate la nullité de cette loi, et qu'un décret du 20 janvier 1945[3] prononce la dissolution de la corporation et de ses organismes, il n'en demeure pas moins que l'organisation de la profession fut maintenue.

Aussi, en 1945, on s'inspira de ce qui fut précédemment créé, néanmoins une différence majeure doit être signalée : la liberté syndicale ayant été entièrement rétablie, la nouvelle organisation du secteur devait reposer désormais sur les syndicats, alors que tel n'était pas le cas des textes depuis 1938. Ainsi que le soulignait P. Colin, « c'est la grande nouveauté de l'ordonnance du 14 août de partir [des syndicats] pour construire l'organisation professionnelle. Le législateur a pensé accommoder ainsi la liberté syndicale et l'autorité professionnelle »[4]. En 1945, on trouve alors des comités locaux, interprofessionnels, et un comité central (ce qui revient en réalité peu ou prou à ce qui existait avant). Les compétences des comités locaux sont nombreuses, car à la fois économiques (création de coopératives, de criées, de mutuelles…) et sociales (amélioration de la formation

---

[1] Ordonnance du 14 août 1945, *portant réorganisation des pêches maritimes, J.O.*, 15 août 1945, p. 5061.

[2] Ordonnance du 3 juin 1944, *portant réorganisation des pêches maritimes, J.O.*, 13 juillet 1944, p. 575.

[3] Décret du 20 janvier 1945, *portant dissolution des organismes créés en exécution de l'acte dit loi du 13 mars 1941 relatif à l'organisation des pêches maritimes, J.O.*, 21 janvier 1945, p. 303.

[4] P. Colin, « L'organisation professionnelle des pêches maritimes », *D.S.*, 1945, pp. 325-331.

professionnelle des membres, apprentissage, mise en place de services collectifs pour faciliter la vie sociale etc.). Ils participent au processus d'exécution des décisions des comités interprofessionnels, mais ils ont aussi un pouvoir décisionnel : ils doivent en effet prendre les mesures qui s'imposent sur le plan local pour la bonne gestion des intérêts collectifs.

Les comités interprofessionnels ont toujours joué un rôle majeur dans l'organisation professionnelle, notamment en coordonnant l'offre et la demande, en groupant les acheteurs et les producteurs, et en fixant les prix. En réalité ici, l'idée est maintenue, en opérant finalement un retour au texte de 1938, lui-même précorporatif, et en y ajoutant les syndicats.

Enfin, le comité central considéré comme le « grand conseil de l'industrie des pêches »[1], est chargé, en liaison avec le ministre de la Marine, de la responsabilité des difficultés éventuelles dans la coordination de l'action des différents comités, et de prendre des décisions en vue de les résoudre. Ce comité, comme les comités interprofessionnels, est composé de toutes les catégories professionnelles concernées, désignées par le ministre, sur proposition des syndicats représentatifs. Les comités locaux, eux, sont mixtes et regroupent patrons, salariés et artisans.

En tout état de cause, toutes les décisions adoptées par les différents comités sont obligatoires pour l'ensemble des membres des professions représentées, et comme avec le texte de 1941, que le texte de 1945 reprend en grandes parts, les sanctions peuvent être soit administratives soit professionnelles.

Néanmoins, il demeure un contrôle constant de l'Etat sur les décisions adoptées par les comités, notamment parce que le gouvernement a la possibilité de déléguer des représentants lors de leurs réunions. De plus, l'Etat a toute latitude pour approuver ou non les décisions prises par le comité central ; quant aux autres comités, le ministre dispose d'un droit de *veto*. Enfin, en cas de carence, il peut se substituer à tous les organismes.

Par conséquent, toutes les attributions n'existent que par délégation de l'Etat. Ce dernier reste donc pleinement souverain. Ce qui, *a priori*, semble très éloigné du corporatisme. En réalité, on a gardé les structures, certaines idées et logiques, mais le tout en incorporant les syndicats, et en rajoutant une dose de contrôle étatique, voire de dirigisme. Mais n'était-ce pas là aussi la logique première de Vichy ?

Enfin, et surtout car sans doute les plus emblématiques, les Ordres professionnels sont maintenus à la Libération.

On le sait, les professions libérales se prêtent presque par définition au corporatisme. Dès leur création initiale sous Vichy, il était reconnu que

---

[1] *Ibidem*.

l'Ordre a une double mission : vis-à-vis de l'Etat, il représente la profession devant les autorités ; vis-à-vis de la profession, il est chargé de la discipline. Il défend donc l'intérêt général au sein de la profession, mais aussi l'intérêt de la profession. De plus, il regroupe tous les professionnels, ce qu'aucun syndicat ne fait.

Par ailleurs, dans la mesure où il est nécessaire d'établir une forte relation de confiance entre le professionnel et le client, comme le souligne M. Bazex, « un contrôle de la moralité et de l'honorabilité est nécessaire »[1], et seule la profession peut le faire ; l'Etat ne peut ni ne veut assumer directement ce contrôle, notamment lorsqu'il s'agit d'apprécier la moralité ou la compétence technique d'un candidat.

La création des Ordres répond donc à la fois à un motif libéral, c'est-à-dire accorder plus de latitude aux professionnels, mais aussi à une forme de dirigisme, puisque l'Etat doit conserver un droit de regard sur ces activités en lien avec l'intérêt général. De plus, souvent, l'organisation était demandée par la profession elle-même, afin de l'épurer des indésirables, notamment les escrocs ou les fraudeurs.

Aussi, les Ordres furent conservés[2], et comme le relève M. Guibal, huit institutions seulement constituent la notion d'Ordre professionnel : ce sont ceux « qui ont été créés par le législateur de Vichy et qui ont été confirmés, après modifications, par le législateur de la Libération »[3]. Il s'agit de celui des médecins, des chirurgiens-dentistes, des sages-femmes[4], des pharmaciens[5], des experts-comptables et comptables agréés[6], des géomètres-experts[7], des vétérinaires[1], et des architectes[2].

---

[1] M. Bazex, *Corporatisme et droit administratif. Le statut administratif des organismes professionnels*, 2 tomes, thèse, dactyl., Toulouse, 1967, p. 305.

[2] Voir « Annexe 1 : Tableau des textes relatifs à l'organisation des professions », p. 239.

[3] M. Guibal, *L'ordre professionnel*, thèse, dactyl., Montpellier, 1970, p. 3.

[4] Ordonnance du 24 septembre 1945, *relative à l'exercice et à l'organisation des professions de médecin, de chirurgien-dentiste et de sage-femme, J.O.*, 28 septembre 1945, p. 6083. Les dispositions relatives à l'ordre sont désormais codifiées aux articles L. 4121-1 et suivants du Code de la Santé publique.

Voir aussi J. Doublet, « L'ordonnance du 24 septembre 1945 sur l'exercice et le statut des professions de médecin, de chirurgien-dentiste et de sage-femme », *D.S.*, 1945, pp. 331-341 ; voir aussi J. Doublet, « Le code de déontologie de la profession médicale », *D.S.*, 1947, pp. 307-313.

[5] Ordonnance du 5 mai 1945, *portant institution d'un ordre national des pharmaciens, J.O.*, 6 mai 1945, p. 2569 (désormais articles L. 4231-1 et suivants du Code de la Santé publique).

[6] Ordonnance du 19 septembre 1945, *portant institution de l'ordre des experts-comptables et des comptables agréés et réglementant les titres et les professions d'expert-comptable et de comptable agréé, J.O.*, 21 septembre 1945, p. 5938 (modifiée par le décret du 24 août 1963, *modifiant certaines dispositions de l'ordonnance n°45-2138 du 19 septembre 1945 portant institution de l'ordre des experts-comptables et des comptables agréés et réglementant les titres et les professions d'expert-comptable et de comptable agréé, J.O.*, 31 août 1963, p. 7967).

[7] Loi du 7 mai 1946, *instituant l'ordre des géomètres-experts, J.O.*, 9 mai 1946, p. 3889 (modifiée par la loi du 21 septembre 1951, *complétant, en ce qui concerne les victimes de la*

Leurs attributions et modalités de fonctionnement vont être redéfinies par des textes et par la jurisprudence, ce qui permet alors de délivrer en quelque sorte un label républicain aux Ordres, alors qu'il ne s'agit que de la survivance des créations de Vichy. Dans l'ensemble, la logique reste la même qu'auparavant, mais un certain nombre de garanties sont mises en œuvre cependant ; la profession reste autonome, mais toujours sous contrôle étatique. Le corporatisme se trouve ainsi maîtrisé, et approuvé par l'Etat républicain.

Dans un premier temps, et dans les mêmes termes que pour les administrations et les CO, il fut procédé à des épurations dans les professions libérales à la Libération[3]. Cela démontre du reste que les Ordres furent immédiatement assimilés aux administrations.

Ensuite, chaque profession fut réorganisée et des mesures furent prises afin d'en préciser les réglementations, sur les bases des textes l'ayant créée ; plus précisément l'œuvre fut poursuivie et aboutie, ou tout simplement maintenue telle quelle.

Tel fut le cas pour les architectes : si les syndicats sont rétablis par l'ordonnance du 18 octobre 1945[4], la loi du 31 décembre 1940 quant à elle n'a jamais été abrogée. La profession put alors continuer à s'organiser conformément à ce qui avait été prévu : le règlement intérieur avait été élaboré par le conseil supérieur de l'Ordre, en application de la loi de 1940, et était entré en vigueur après avoir été approuvé par le Secrétaire d'Etat à l'instruction publique le 22 septembre 1942[5]. Le code des devoirs professionnels de l'architecte quant à lui résultait d'un décret simple,

---

guerre, la loi n°46-942 du 7 mai 1946 instituant l'ordre des géomètres-experts, J.O., 22 septembre 1951, p. 9755).

[1] Loi du 23 août 1947, *relative à l'institution d'un ordre national des vétérinaires, J.O.*, 24 août 1947, p. 8375 et décret du 25 janvier 1963, *relatif à l'organisation de l'ordre des vétérinaires, J.O.*, 30 janvier 1963, p. 1021.

[2] Loi du 31 décembre 1940, modifiée par l'Ordonnance du 18 octobre 1945, *relative au rétablissement des syndicats d'architectes, J.O.*, 19 octobre 1945, p. 6658 ; Loi du 30 août 1947, *prorogeant les dispositions transitoires de l'article 19 de la loi du 31 décembre 1940 réglementant l'ordre des architectes, J.O.*, 3 septembre 1947, p. 8735.

[3] Ordonnance du 6 décembre 1944, *rendant applicable au barreau l'ordonnance du 27 juin 1944 relative à l'épuration administrative sur le territoire de la France métropolitaine, J.O.*, 7 décembre 1944, p. 1726 ; Ordonnance du 18 janvier 1945, *relative à l'épuration des médecins, dentistes et sages-femmes, J.O.*, 19 janvier 1945, p. 260 ; Ordonnance du 10 mars 1945, *rendant applicable aux agréés près les tribunaux de commerce l'ordonnance du 27 juin 1944 relative à l'épuration administrative sur le territoire de la France métropolitaine, J.O.*, 11 mars 1945, p. 1277 ; Ordonnance du 13 septembre 1945, *relative à l'épuration de l'ordre des architectes, J.O.*, 14 septembre 1945, p. 5749.

[4] Ordonnance du 18 octobre 1945, *relative au rétablissement des syndicats d'architectes, J.O.*, 19 octobre 1945, p. 6658.

[5] *J.O.*, 4 mars 1943.

du 24 septembre 1941[1], puis le décret du 3 février 1942 portant règlement d'administration publique avait fixé les conditions de l'élection des membres des conseils de l'Ordre[2] ; enfin, le décret du 31 mai 1943 l'avait complété[3]. Toutes ces dispositions furent maintenues, et simplement actualisées en 1977[4].

Pour les autres professions, les textes issus de la Libération ne sont en réalité que la prolongation de ceux adoptés sous Vichy, et les mettent en œuvre, ce que le régime n'avait pas fait.

Ainsi, pour les experts-comptables, le maintien de l'œuvre de Vichy se justifiait par des nécessités d'Ordre professionnel, économique et juridique, et par des demandes de la profession avant la guerre. En effet, l'institution de l'Ordre en 1942 avait entraîné bon nombre de modifications par rapport à l'état du droit antérieur. Par conséquent, afin de sécuriser des situations et de ne pas conférer de prérogatives à des bénéficiaires indignes, un certain nombre de mesures transitoires avaient été prévues dans la loi du 3 avril 1942[5]. Mais ici, comme pour les pharmaciens du reste, l'exposé des motifs de l'Ordonnance du 19 septembre 1945[6] relevait que si l'Ordre datait de 1942, il répondait à une nécessité qui avait été reconnue bien avant la guerre. De fait, l'organisation de la profession avait un intérêt pour les particuliers, (individus ou entreprises), qui ont recours aux services d'experts-comptables, et pour l'économie nationale. Dès lors, la profession comme les pouvoirs publics ne pouvaient que maintenir un statut dont le principe n'était pas discuté. Cependant, il convenait de le mettre « en harmonie avec la

---

[1] Décret du 24 septembre 1941, *établissant le code des devoirs professionnels de l'architecte, J.O.*, 7 octobre 1941, p. 4320.

[2] Décret n°306 du 3 février 1942, *portant règlement d'administration publique pris en application des articles 5, 8 et 20 de la loi du 31 décembre 1940 fixant les conditions de l'élection des membres des conseils de l'ordre des architectes, J.O.*, 6 février 1942, p. 544.

[3] Décret n°1410 du 31 mai 1943, *complétant le règlement d'administration publique du 24 septembre 1941 établissant le code des devoirs professionnels de l'architecte, J.O.*, 2 juin 1943, p. 1503.

[4] Loi n°77-2 du 3 janvier 1977, *sur l'architecture, J.O.*, 4 janvier 1977, p. 71.

[5] Loi du 3 avril 1942, *d'introduction des statuts de l'ordre des experts-comptables et des comptables agréés, J.O.*, 18 avril 1942, p. 1471, et Loi du 3 avril 1942, *instituant l'ordre des experts-comptables et des comptables agréés et réglementant les titres et les professions d'expert-comptable et de comptable agréé, J.O.*, 18 avril 1942, p. 1473.

[6] Ordonnance du 19 septembre 1945, *portant institution de l'ordre des experts-comptables et des comptables agréés et réglementant les titres et les professions d'expert-comptable et de comptable agréé, J.O.*, 21 septembre 1945, p. 5938 ; décret du 15 octobre 1945, *portant règlement d'administration publique pour l'application de l'ordonnance du 19 septembre 1945 relative à l'ordre des experts-comptables et des comptables agréés, J.O.*, 16 octobre 1945, p. 6555. Voir H. Solus, « L'ordre des experts-comptables et des comptables agréés et l'ordonnance du 19 septembre 1945 », *D.S.*, 1946, pp. 395-402.

doctrine républicaine du Gouvernement provisoire ». La logique corporative fut alors préservée.

Si l'ordonnance du 19 septembre 1945 constate la nullité des actes de Vichy, en réalité elle en reprend l'essentiel dans un texte unique ; les mesures transitoires de 1942 furent reproduites quasiment à l'identique : au sujet de l'établissement des équivalences quant aux compétences techniques exigées ; ou encore au sujet des formalités à accomplir et de l'appréciation des conditions à remplir par les candidats etc.

L'Ordre fut maintenu, la liberté syndicale rétablie, et il convint alors de faire coexister les deux.

En tout cas l'Ordre dispose comme auparavant de compétences en matière de défense des intérêts de la profession, tant moraux que matériels : ainsi le Conseil régional a compétence pour surveiller, dans sa circonscription, l'exercice des professions, assurer la défense et la gestion des biens matériels de l'Ordre, représenter la profession, prévenir et concilier les conflits professionnels. Le Conseil supérieur quant à lui représente aussi l'Ordre, si bien que H. Solus estimait que le rétablissement de la liberté syndicale n'était finalement qu'une façade, puisqu'il revenait aux seuls conseils régionaux et supérieur les droits, prérogatives et fonctions qui normalement reviennent aux syndicats. Il était en effet précisé à plusieurs reprises que le conseil « a seul qualité pour… ».

Surtout, la profession put élaborer seule ses règles, à travers d'abord le règlement intérieur, rédigé par le Conseil supérieur conformément à l'ordonnance du 19 septembre 1945, et approuvé en août 1946 par le ministre de l'Education nationale et par celui de l'Economie nationale. De la même façon, le code de déontologie fut rédigé par l'Ordre, et est devenu exécutoire après avoir reçu un agrément ministériel[1].

Il semblerait enfin, ce qui constitue une spécificité, que l'ordonnance du 19 septembre 1945 confie au Conseil d'Etat le contentieux des élections au Conseil de l'Ordre, quand la loi du 3 avril 1942 la confiait au juge judiciaire (Cour d'appel de Paris). Le texte mentionnait d'ailleurs expressément que le Conseil supérieur de l'Ordre contribue au « perfectionnement professionnel de la corporation » (article 35).

Quant à l'Ordre des géomètres-experts, celui-ci fut également maintenu à la Libération, et le règlement intérieur fut établi par son Conseil supérieur, conformément à la loi du 7 mai 1946. Il comprend toutes les mesures

---

[1] Article 37 de l'ordonnance du 19 septembre 1945, *portant institution de l'ordre des experts-comptables et des comptables agréés et réglementant les titres et les professions d'expert-comptable et de comptable agréé, J.O.*, 21 septembre 1945, p. 5938. Voir H. Solus, « L'ordre des experts-comptables et des comptables agréés et l'ordonnance du 19 septembre 1945 », *D.S.*, 1946, pp. 395-402.

d'application du statut de l'Ordre, du point de vue de la saisine, du fonctionnement, de la composition des organes etc. Le règlement est devenu applicable après avoir été approuvé par le commissaire du gouvernement siégeant dans le Conseil supérieur. Il est d'ailleurs clairement mentionné dans la loi que « les pouvoirs publics sont représentés auprès du Conseil supérieur et des conseils régionaux par un commissaire du gouvernement » (article 11). Par conséquent, les règles exécutoires furent édictées directement par la profession, de même que le code des devoirs professionnels, uniquement agréés par le commissaire du gouvernement[1].

Le procédé est rigoureusement le même pour les vétérinaires, dont l'Ordre fut créé par Vichy, et que les textes républicains permirent de concrétiser. Ici encore le règlement intérieur a été élaboré par le Conseil supérieur de l'Ordre, conformément à la loi du 23 août 1947[2], et approuvé tacitement cette fois par le ministre de l'Agriculture. Le code des vétérinaires était déclaré exécutoire si deux mois après son dépôt au ministère de l'Agriculture, il n'avait pas fait l'objet d'une opposition ministérielle (article 8 de la loi du 23 août), ce qui fut le cas[3].

La loi de 1947 renvoyait certes, ici encore, à la profession le soin d'élaborer le code, mais laissait au ministre un droit d'opposition... Quant aux syndicats, ils furent rétablis par la loi du 20 août 1947[4].

Enfin, les professions médicales connurent quelques spécificités puisque bien avant la Libération il fut décidé par le gouvernement républicain de réglementer la profession. En effet, le texte de Vichy du 7 octobre 1940, remplacé par une loi du 10 septembre 1942, fut abrogé par le Comité français de la libération nationale en Algérie le 18 octobre 1943[5]. Ce dernier texte mettait en place une nouvelle organisation, notamment par le retour des syndicats, et il a assurément joué un rôle dans l'élaboration de l'ordonnance du 24 septembre 1945 relative aux professions médicales[6]. En effet, était prévue la dissociation des organes chargés de la représentation et de la défense des intérêts professionnels, et des organes de discipline et de juridiction. Le système disciplinaire était à deux niveaux, avec un conseil

[1] Article 11 de la Loi du 7 mai 1946, *instituant l'ordre des géomètres-experts, J.O.*, 9 mai 1946, p. 3889.

[2] Loi du 23 août 1947, *relative à l'institution d'un ordre national des vétérinaires, J.O., 24 août 1947*, p. 8375.

[3] Ultérieurement, le code fut intégralement rédigé par le Conseil supérieur, reçut l'accord du ministre de l'Agriculture le 3 janvier 1966, et devint applicable à partir du 6 janvier 1967.

[4] Loi du 20 août 1947, *relative au rétablissement des syndicats de vétérinaires, J.O.*, 21 août 1947, p. 8248.

[5] Ordonnance du 18 octobre 1943, *relative à l'exercice de la médecine et de l'art dentaire et à l'organisation des professions médicales et dentaires, J.O.R.F.*, 21 octobre 1943, p. 207.

[6] Ordonnance du 24 septembre 1945, *relative à l'exercice et à l'organisation des professions de médecin, de chirurgien-dentiste et de sage-femme, J.O.*, 28 septembre 1945, p. 6083.

interdépartemental et une chambre régionale. Le premier n'était composé que de médecins, quand le second était mixte (conseillers à la Cour d'appel et médecins). Les décisions pouvaient faire l'objet d'un pourvoi en cassation. Etait aussi créé un Conseil départemental de l'Ordre, élu par des membres du corps médical, et qui était chargé de veiller à ce que l'exercice de la médecine soit effectué dans le respect des règles de moralité, de probité, d'honneur et d'indépendance. L'Ordonnance de 1945 reprendra tous ces éléments, qui, finalement, sont les mêmes que ceux de 1942, mis à part la coexistence des syndicats avec l'Ordre.

Il ressort de l'exposé des motifs de l'Ordonnance de 1945 que l'organisation des professions médicales apparaissait comme une nécessité. En effet, relativement aux tentatives d'organisation des professions médicales, il était mentionné que les textes de Vichy qui créèrent les Ordres étaient contraires à la légalité républicaine, et ne pouvaient être maintenus, notamment en raison de la disparition des syndicats. L'exposé précisait que cela aboutissait à une confusion, puisque ce ne pouvait être le même organisme qui à la fois défendait les intérêts professionnels, et en même temps assurait la discipline de la profession.

En réalité, ici comme pour les pharmaciens, on se contenta de toiletter le texte de Vichy, pour finalement en revenir à la même logique : l'Ordre représente la profession, la défend, la réglemente, et la juge. En effet, dès le texte pris à Alger en 1943, étaient annulées les dispositions de Vichy, tout en conservant le « principe de l'Ordre et en séparant son activité de celle des syndicats ». L'Ordonnance n'avait pas été rendue applicable en métropole, le gouvernement souhaitait d'abord se concerter avec les intéressés à la Libération. Tel fut l'objet de l'Ordonnance de 1945 : les Ordres « créés » ont la charge de « maintenir la discipline et l'honorabilité de chacune des trois professions », ils doivent également « défendre l'indépendance de la profession ».

Quant à l'Ordre, il doit veiller au maintien des principes de moralité, de probité et de dévouement « indispensables à l'exercice de la médecine et à l'observation par tous ses membres, des devoirs professionnels, ainsi que des règles édictées par le code de déontologie ». Il assure également la défense de l'honneur et l'indépendance de la profession, ainsi que la discipline. Le Conseil national joue également un rôle auprès des pouvoirs publics, puisqu'il étudie les questions ou projets qui lui sont soumis par le ministre de la santé publique. Par conséquent, l'Ordre a un rôle de représentation, et en définitive les mêmes attributions que sous Vichy, quoi qu'en dise l'exposé des motifs ; la différence majeure repose sur le rétablissement des syndicats[1].

---

[1] Ordonnance du 15 décembre 1944, *relative au rétablissement des syndicats de médecins, de praticiens de l'art dentaire, de pharmaciens et de sages-femmes, J.O.*, 17 décembre 1944, p. 1932 ; décret du 31 janvier 1945, *portant application de l'ordonnance du 15 décembre*

Selon la même logique que pour les autres professions organisées, des codes de déontologie furent élaborés[1], et durent être approuvés par règlement d'administration publique, après avis du Conseil d'Etat[2].

Enfin, pour les pharmaciens, l'Ordonnance du 23 mai 1945[3] s'inspira ici encore, pour les valider en grande part, des dispositions de Vichy : en l'occurrence de la loi du 11 septembre 1941, qui comprenait des mesures relatives à l'exercice de la pharmacie et à l'organisation professionnelle, dont la nullité fut pourtant constatée par l'ordonnance du 5 mai 1945[4]. Il convenait donc de reprendre, sur de nouvelles bases, l'ensemble de l'organisation professionnelle déjà existante. En effet, l'exposé des motifs de l'Ordonnance du 23 mai 1945 relevait que la loi de 1941 contenait des dispositions « absolument inacceptables et contraires aux principes adoptés par le Gouvernement provisoire de la République française ». Aussi était-il nécessaire d'abroger ces dispositions « immédiatement, tandis qu'il serait regrettable de ne pas maintenir celles qui constituent un progrès » ...

Ainsi, l'exposé des motifs qualifiait l'Ordre « d'instrument de défense des intérêts de la société ». Il précisait également que celui-ci avait été « depuis longtemps, réclamé par les différentes branches et par tous les syndicats de la pharmacie », d'où la nécessité de le maintenir, bien qu'il soit précisé que « la présente ordonnance a pour objet de le créer » ...

Toujours est-il qu'en 1945, fut maintenu le Titre 1er de la loi de 1941, relatif aux conditions nécessaires pour exercer la profession, sous réserve du remplacement de l'obligation pour le pharmacien d'être inscrit à une chambre professionnelle par l'obligation d'être inscrit à l'Ordre national. Le Titre II traitait pour sa part de l'organisation de la profession, et, selon l'exposé des motifs du texte du 23 mai 1945, « ce n'est pas autre chose que l'application à la pharmacie de règles générales qui ont réglementé les

---

1944 relative au rétablissement des syndicats de médecins, de praticiens de l'art dentaire, de pharmaciens et de sages-femmes, J.O., 1er février 1945, p. 471 ; ordonnance du 2 novembre 1945, *modifiant l'article 17 de l'ordonnance du 15 décembre 1944 relative au rétablissement des syndicats de médecins, de praticiens de l'art dentaire, de pharmaciens et de sages-femmes, J.O.*, 5 novembre 1945, p. 7301.

[1] Décret du 27 juin 1947, *portant code de déontologie médicale J.O.*, 28 juin 1947, p. 5993 ; Décret du 3 janvier 1948, *portant code de déontologie des chirurgiens-dentistes, J.O.*, 7 janvier 1948, p. 218.

[2] Article 66 de l'ordonnance du 24 septembre 1945.

[3] Ordonnance du 23 mai 1945, *modifiant la loi provisoirement applicable du 11 septembre 1941 relative à l'exercice de la pharmacie et constatant la nullité des lois provisoirement applicables du 24 février et du 31 juillet 1942, modifiant et complétant la loi provisoirement applicable du 11 septembre 1941, J.O.*, 24 mai 1945, p. 2946.
Voir J. Doublet, « L'ordre national des pharmaciens », *D.S.*, 1946, p. 99-103.

[4] Ordonnance du 5 mai 1945, *portant institution d'un ordre national des pharmaciens, J.O.*, 6 mai 1945, p. 2569.

professions sous le régime de Vichy (suppression des syndicats et création des chambres professionnelles ayant à la fois les attributions d'un syndicat et celles d'un Ordre, création d'un conseil supérieur de la pharmacie) » ; il fut abrogé par l'Ordonnance du 5 mai 1945. Quant au Titre III qui portait réglementation de la publicité, il fut maintenu. Le Titre IV pour sa part mentionnait les conditions d'exercice de la pharmacie de détail, il fut conservé également, en précisant que ce ne devait être qu'un statut provisoire. Le Titre V, concernant la préparation et la vente en gros des produits pharmaceutiques, devait uniquement être complété afin que l'intérêt national soit sauvegardé. Le Titre VI relatif à l'inspection des pharmaciens fonctionnant sous l'autorité du ministre de la Santé, fut gardé. Le Titre VII relatif à l'herboristerie fut maintenu rigoureusement à l'identique. Enfin, le dernier Titre sur la dissolution des syndicats fut supprimé par l'ordonnance du 5 mai.

L'exposé des motifs précisait ensuite qu'une fois les textes de Vichy modifiés, alors l'exercice de la profession se ferait « selon les principes admis avant la guerre ; les pharmaciens seront mieux protégés contre l'intrusion dans leur profession de personnes ou d'intérêts étrangers à cette profession ; le contrôle indispensable de l'Etat sur la profession pharmaceutique sera assuré d'une manière plus rigoureuse et plus effective qu'avant la guerre ».

On est donc clairement face à une contradiction : le texte de 1945 souhaitait revenir à la période d'avant-guerre - durant laquelle il n'y avait pas d'organisation de la profession – mais tout en l'organisant, et cela en maintenant non seulement l'essentiel de l'œuvre de Vichy, mais aussi le contrôle de l'Etat. En vérité, il n'était sans doute pas envisageable d'admettre avoir conservé l'essentiel des textes de Vichy en la matière.

Il convient d'ailleurs de noter que, paradoxalement, à la Libération, au sujet des pharmaciens, fut dissocié ce qui avait été fusionné par Vichy, à savoir exercice et organisation de la profession, alors que pour la médecine, le même texte, l'ordonnance du 24 septembre 1945, régit les deux. En tout cas ici encore, les syndicats furent rétablis, par l'Ordonnance du 15 décembre 1944. Certains membres pouvaient alors être frappés d'incapacité à faire partie du bureau ou d'organismes directeurs, en cas de condamnation pour faits de collaboration ou d'indignité nationale ; autrement dit il s'agissait ici de procéder à l'épuration de la profession.

Sinon, comme auparavant, l'inscription au tableau est nécessaire pour l'exercice de la profession. La profession est composée de Conseils régionaux, d'un Conseil central des fabricants de produits spécialisés, d'un Conseil central des droguistes et des répartiteurs des produits pharmaceutiques, et d'un Conseil central des pharmaciens. Au-dessus de tous ces conseils est placé le Conseil national de l'Ordre. Les membres sont élus, mais à cela près, la composition est identique à la précédente.

Quant aux attributions, ici encore ce sont celles de 1941 : elles sont d'ordre disciplinaire, administratif, consultatif et représentatif. L'Ordre est aussi chargé de défendre les intérêts de la profession, son honneur et son indépendance. Le Conseil national doit rédiger un code de déontologie qui semblait n'avoir pas besoin, à l'inverse de celui des médecins, d'être validé par un décret, puisque le texte de 1945 mentionnait simplement que l'Ordre était chargé de sa rédaction. En vérité, le code de déontologie présenté par le Conseil national de l'Ordre des pharmaciens[1] fit tout de même l'objet d'une approbation par décret du 25 juin 1953, la section sociale du Conseil d'Etat entendue[2].

Quoi qu'il en soit, l'ensemble des professions libérales, qui furent organisées sous Vichy, continuèrent de l'être par la suite, selon les mêmes textes, ou en tout cas selon les mêmes modalités et logiques.

Enfin, la recension serait incomplète sans les professions juridiques, que M. Guibal ne mentionne pas parmi les institutions constituant la notion d'Ordre professionnel et qui furent maintenues à la Libération. Il les exclut pour plusieurs raisons : d'abord historiquement, les barreaux et compagnies judiciaires sont très anciennes, contrairement aux autres qui sont créés sous Vichy. Ensuite, les barreaux et compagnies judicaires sont des auxiliaires d'un service public, ce que ne seraient *a priori* pas les institutions ordinales. Or on sait que les Ordres, quels qu'ils soient, ont nécessairement un lien avec l'intérêt général.

En tout état de cause, Guibal note que « les Ordres professionnels sont des institutions corporatives publiques particulières et donc que l'Ordre professionnel est une institution corporative publique particulière »[3].

Toujours est-il que les professions juridiques ne furent pas pour autant délaissées par la République. Ici, ce sont des aménagements que connaîtront les textes précédents.

Ainsi, au sujet des notaires il convient de souligner que l'ordonnance du 2 novembre 1945 ne qualifie plus les notaires de fonctionnaires (comme ils l'étaient incontestablement depuis la loi du 25 ventôse an XI), mais d'officiers publics[4]. Cependant, la Cour d'appel de Lyon relevait en 1946[5] que certaines dispositions de la loi de l'an XI demeuraient

---

[1] Article 28 du code de la pharmacie, promulgué par le décret du 6 novembre 1951, *portant codification des textes législatifs concernant la pharmacie, J.O.*, 20 novembre 1951, p. 11491.

[2] Décret n°53-591 du 25 juin 1953, *fixant le code de déontologie des pharmaciens en application de l'article 28 du code de pharmacie, J.O.*, 27 juin 1953, p. 5736.

[3] M. Guibal, *L'ordre professionnel*, thèse, dactyl., Montpellier, 1970, p. 5.

[4] Ordonnance du 2 novembre 1945, *relative au statut du notariat, J.O.*, 3 novembre 1945, p. 7160 ; voir aussi Ordonnance du 28 juin 1945, *relative à la discipline des notaires et de certains officiers ministériels, J.O.*, 29 juin 1945, p. 3926.

[5] Voir C.A., Lyon, 4 novembre 1946, *Gaz. Pal.*, 3 janvier 1947, I, p. 5.

applicables ; de même l'article 91 de la loi de finances du 28 avril 1816[1], qualifiait explicitement les notaires de fonctionnaires. S'ajoute la loi d'amnistie du 16 avril 1946 qui déclara amnistiées les fautes disciplinaires commises par les fonctionnaires antérieurement au 8 mai 1945, était applicable aux notaires[2]. Dès lors, un certain nombre de textes et d'éléments maintenus pour les notaires pouvaient continuer de les considérer comme des cadres de la fonction publique, alors même que cette qualification leur fut ôtée en 1945. Quoi qu'il en soit, leur statut est délicat, et il en est de même des chambres les représentant.

En effet, les chambres départementales des notaires, les Conseils régionaux et le Conseil supérieur du notariat, continuèrent, comme en 1941, d'être qualifiés d'établissements d'utilité publique par l'ordonnance de 1945 (article 3)[3]. De même, les conseils conservèrent leurs compétences pour établir des règlements, pour statuer en matière disciplinaire, pour prévenir ou concilier les différends, ainsi que leur rôle de représentation de la profession. Quant aux associations de notaires, si elles purent désormais être créées, il fut précisé que leur objet ne pouvait concerner une attribution relevant des chambres : autrement dit, leur rôle, bien que reconnu, demeure très limité…

Il convient de souligner que si l'ordonnance de 1945 constata la nullité du texte du 16 juin 1941, elle ne porta pas atteinte « aux effets découlant de son application antérieure » à la publication de l'ordonnance. En effet, ainsi que le relevait l'exposé des motifs de l'ordonnance, pour les notaires, comme pour les médecins et les pharmaciens du reste, des réformes avaient été demandées par la profession depuis 1939, mais n'étaient pas arrivées à terme. Le gouvernement de Vichy y pourvut, et le texte de 1945 parlait bien à ce sujet de « réformes » : il convenait désormais, « conformément aux vœux manifestés par les intéressés, de valider la réforme ainsi intervenue ».

Finalement, ici encore le mécanisme antérieur fut maintenu. Il s'agit simplement d'en démocratiser le fonctionnement, en rétablissant le droit d'association et en procédant à l'élection des membres des conseils où la nomination était précédemment la règle.

Pour les autres professions judicaires d'ailleurs, il en fut de même : les ordonnances du 2 novembre 1945 mentionnent expressément leur rôle de

---

[1] Loi du 28 avril 1816, *sur les finances, Bulletin des lois de la République française*, 1816, p. 489.

[2] Bénéfice de l'article 9 de la Loi du 16 avril 1946, *portant amnistie, J.O.*, 17 avril 1946, p. 3222.

[3] Comme pour les huissiers du reste, depuis la loi du 20 mai 1942, *relative aux institutions de discipline et de représentation professionnelle des huissiers, J.O.*, 13 juin 1942, p. 2058.
Il en est de même des avoués, des huissiers (article 5 de l'ordonnance de 1945), des agréés (article 10), et des commissaires-priseurs (article 7).

représentation à l'égard des pouvoirs publics[1]. Le Conseil d'Etat précisa d'ailleurs en 1949 que si le législateur de 1945 avait souhaité rappeler l'interdiction de 1941 qui avait été faite aux auxiliaires de justice de se grouper en associations professionnelles sous quelque forme que ce soit, il avait réservé l'exercice des droits syndicaux aux seules chambres ou conseils de chaque catégorie[2]. Dès lors en 1945 fut maintenue pour les officiers ministériels l'interdiction de former des syndicats. En revanche, des associations loi 1901 peuvent se constituer, mais pour conduire des activités étrangères au droit syndical. Ainsi, quand bien même le Préambule de 1946 garantit la liberté syndicale, il n'a pas eu pour effet d'abroger implicitement les ordonnances du 2 novembre 1945...

A partir de tous ces éléments, plusieurs analyses sont possibles, afin de mettre en exergue les traits communs aux différents Ordres, et qui constituent finalement les caractéristiques du corporatisme. Ce dernier a dans tous les cas survécu en très grande part au régime de Vichy.

---

[1] Voir Ordonnance du 2 novembre 1945, *relative au statut des avoués, J.O.*, 3 novembre 1945, p. 7161 ; Ordonnance du 2 novembre 1945, *relative au statut des huissiers, J.O.*, 3 novembre 1945, p. 7163 ; Ordonnance du 2 novembre 1945, *relative au statut des commissaires-priseurs, J.O.*, 3 novembre 1945, p. 7164 ; Ordonnance du 2 novembre 1945, *portant statut des agréés près les tribunaux de commerce, J.O.*, 3 novembre 1945, p. 7165.

[2] C.E., avis, 15 mars 1949, *relatif à la constitution de syndicats professionnels de notaires, avoués, huissiers et commissaires-priseurs, J.C.P.*, 1949, III, 14409. Pour les avocats, voir l'Ordonnance du 1er février 1945 *modifiant l'acte provisoirement applicable dit loi du 26 juin 1941 réglementant l'exercice de la profession d'avocat et la discipline du barreau, J.O.*, 2 février 1945, p. 491, qui ne concerne que les admissions au stage ; la loi du 8 avril 1954, *constatant la nullité expresse de l'acte dit loi n°2525 du 26 juin 1941 réglementant l'exercice de la profession d'avocat et la discipline du barreau et de l'acte dit loi n°2691 du 26 juin 1941 instituant le certificat d'aptitude à la profession d'avocat, J.O.*, 9 avril 1954, p. 3420, qui modifie alors la loi du 22 ventôse an XII ; et le décret du 10 avril 1954, *portant règlement d'administration publique sur l'exercice de la profession d'avocat et la discipline du barreau, J.O.*, 11 avril 1954, p. 3494.

Section 3. Les caractéristiques du corporatisme républicain.

Cela a été vu, le corporatisme implique nécessairement que la profession elle-même puisse édicter ses règles, mais aussi s'auto- discipliner, et pour cela elle doit disposer d'un certain nombre de prérogatives. Celles reconnues par Vichy seront presque naturellement sauvegardées par la suite. Ainsi, toutes les corporations maintenues, d'une façon ou d'une autre, conservent leurs pouvoirs réglementaires, et même de codification de leurs normes.

Ainsi sont confirmés leurs pouvoirs disciplinaires, et à ce titre, il faudra y revenir[1], leurs décisions sont qualifiées de juridictionnelles[2], mais aussi sont entérinés ceux de prévention voire de règlement des différends : les conseils ont compétence en matière de conciliation, d'arbitrages, d'autorisations d'installations secondaires, de qualification des professionnels etc.

Même si les règles édictées par les Ordres restent soumises à l'approbation de l'Exécutif, ce qui maintient un contrôle comme dans tout corporatisme, cela ne les prive pas de leur autonomie[3]. Quant à la condition de moralité exigée des membres, celle-ci doit être et ne peut être appréciée que par l'Ordre[4].

Par conséquent, les différents actes et décisions des Ordres et administrations professionnels ne s'imposent pas seulement à leurs membres. Certes, les règlements professionnels s'apparentent à des règlements intérieurs qui s'appliquent aux concernés. Cependant, la situation des tiers peut également être affectée[5] : en effet, les actes pris peuvent leur être opposables, même s'ils ne font pas naître de droits et d'obligations à leur égard ; tel est le cas par exemple pour les règles relatives à l'exercice illégal de la profession. A l'inverse, les tiers peuvent parfois se prévaloir des règles de la profession : en matière de secret professionnel par exemple, et pour ce qui concerne les obligations du professionnel.

---

[1] Voir *infra*, pp. 221 et s.

[2] C.E., 10 février 1950, *Conseil régional de l'ordre des pharmaciens de la 18ème région sanitaire, Rec.*, p. 98.

[3] Voir l'arrêt *Ged* du 7 janvier 1955, *D.*, 1955, p. 69, concl. Mosset. En subordonnant les décisions du conseil départemental et du Conseil national de l'Ordre des médecins aux avis conformes des commissions de qualification, l'autorité publique a privé les ordres de leur pouvoir d'appréciation légalement reconnu, et donc a méconnu leur compétence, leur autonomie même.

[4] C.E., 18 décembre 1957, *Delle Muller, A.J.D.A.*, 1958, p. 42, concl. M. Long.

[5] C.E., 30 avril 1948, *Union confédérale de la couleur, Rec.*, p. 183 ; *S.*, 1948, III, p. 96 ; *D.*, 1948, p. 410, concl. A. Lefas, sur l'effet des décisions des Comités d'organisation à l'égard des tiers. Voir aussi A. Berlia, « L'effet de décisions des Comités d'organisation à l'égard des tiers », *D.S.*, 1944, p. 288. Voir aussi A. Heilbronner, « Le pouvoir professionnel », *E.D.C.E.*, 1952, p. 44.

L'action disciplinaire peut d'ailleurs également être enclenchée par eux. Par conséquent, les règles, actes et décisions adoptés par la profession ne s'adressent pas qu'à ses seuls membres : or là était, on l'a vu, un des traits du corporatisme tel qu'il était souhaité sous Vichy[1].

De même, les corporations ont assurément un pouvoir consultatif : elles interviennent dans tout problème relatif à l'exercice de la profession et jouent un rôle auprès des pouvoirs publics, au moins de représentation, ce qui leur permet de défendre pleinement les intérêts de la profession et de la totalité de leurs membres.

D'ailleurs, au sujet de la représentation, il convient de souligner qu'aucun texte ne donne de tels pouvoirs aux Ordres des médecins, dentistes, sages-femmes et vétérinaires. En effet, pour les médecins, la loi du 7 octobre 1940 précisait que l'Ordre est l'interprète des médecins auprès des pouvoirs publics. Cette formule a disparu dans l'ordonnance de 1945, et ne sera pas reprise non plus ultérieurement. Il en va différemment donc pour les Ordres des architectes, des pharmaciens, des géomètres-experts et des comptables, sans que des explications ne fussent pourtant apportées… Peut-être est-ce en raison des missions conférées par la loi : un organisme ne peut être l'interprète de ses membres que dans la limite des missions qui lui ont été attribuées. Dès lors, si les Ordres n'ont qu'un rôle disciplinaire, leurs pouvoirs de représentation sont forcément limités aux activités liées à ce rôle. Mais on sait que leur rôle n'est pas que disciplinaire…

Par ailleurs, bien que la liberté syndicale ait été rétablie à la Libération, le syndicalisme ne fut pas pour autant garanti dans toutes les professions. Ainsi, les architectes et les experts-comptables, ne peuvent se constituer ni en syndicats ni en associations professionnelles. Les notaires, huissiers, ne peuvent pas non plus constituer de syndicats, mais les associations 1901 ne leur sont pas interdites, bien que leurs attributions soient limitées. Pour les médecins, ce sont essentiellement les Ordres des différentes professions libérales qui sont chargés de représenter la profession et de défendre leurs intérêts.

Dès lors, se pose nécessairement la question de la coexistence des Ordres et des syndicats. Assurément, lorsque ces derniers sont admis, les attributions semblent parfois semblables, ce qui crée un certain nombre de confusions. Les Ordres revendiquent en effet souvent un droit exclusif pour représenter les intérêts de la profession, et la défendre[2]. A la Libération, rétablir la liberté syndicale impliquait nécessairement de le faire partout où elle avait été supprimée de façon autoritaire. Il était difficile de ne pas

---

[1] Voir par exemple *supra* les développements sur la Charte.

[2] Voir les débats de la *Société d'études législatives*, séance du 23 mai 1930.

l'étendre aux Ordres, cela afin de « républicaniser » les mesures prises sous Vichy les concernant : les maintenir nécessitait en contrepartie de réinstaurer les syndicats, même s'ils devenaient une façade. Les Ordres sont devenus les garants des intérêts moraux mais aussi matériels des professions, au détriment des syndicats. Néanmoins les deux cohabitent et coopèrent.

Enfin, il est intéressant de noter que dans la liste des missions attribuées aux Ordres, qui consistent à défendre leur indépendance, l'honneur, le respect des devoirs, la probité, la modération, etc., il n'est aucunement fait mention de l'intérêt public. Seul le statut de l'Ordre des experts-comptables comporte une dimension d'intérêt général, puisque celui-ci doit concilier les intérêts moraux de la profession et les intérêts supérieurs de l'économie nationale. De même, dans une certaine mesure, l'Ordre des avocats doit faire en sorte que ces derniers se comportent en loyaux auxiliaires de justice, ce qui est sans doute en lien avec des exigences de service public. Mais les intérêts que doivent défendre les Ordres ne concernent jamais que ceux de la profession ; l'intérêt général transparaît toujours en filigrane, même si c'est avant tout la profession elle-même qui constitue leur première préoccupation. Ainsi, comme le relevait A. Heilbronner, « si l'Ordre des experts-comptables assure le respect d'une morale, c'est celui de sa morale, non de la morale »[1].

Quoi qu'il en soit, l'Ordre demeure bien un organisme de police administrative institué pour réglementer l'exercice d'une profession déterminée dans le cadre des lois. On est donc censé avoir une répartition comme suit : à l'Ordre la police, aux syndicats la représentation et la défense des intérêts de la profession, aux pouvoirs publics le contrôle.

En réalité, il n'en est pas exactement ainsi : l'Ordre a des fonctions très nombreuses, répressives, juridictionnelles, de gestion également (patrimoine, cotisations), etc. Il assure sans aucun doute des missions de service public, ou en tout cas d'intérêt général : il a d'ailleurs pu être souligné que les formules de l'arrêt *Bouguen* sont transposables sous l'empire de l'Ordonnance du 24 septembre 1945[2]. C'est d'ailleurs bien le caractère public des missions assurées par l'Ordre qui justifient encore la compétence du juge administratif en cas de litiges. Les Ordres ne sont donc ni des syndicats, ni des établissements, ils forment des corporations.

Finalement, le souci démocratique se traduit par le maintien d'une forme de tutelle des pouvoirs publics sur leur fonctionnement. En effet, ces derniers

---

[1] A. Heilbronner, « Le pouvoir professionnel », *E.D.C.E.*, 1952, pp. 33-52.

[2] Voir Anonyme, « Missions et pouvoirs de l'Ordre national des médecins », *D.S.*, 1955, pp. 201-206.

sont toujours présents, d'une façon ou d'une autre dans les corporations, ce qui rejoint du reste leur définition même.

Ainsi, pour les experts-comptables par exemple, le Conseil est élu, mais un commissaire du gouvernement y est adjoint. Pour les architectes et les pharmaciens, un conseiller juridique nommé par le gouvernement siège au Conseil de l'Ordre. Pour les pharmaciens, se trouve également un inspecteur de la pharmacie, fonctionnaire nommé. Un magistrat (Conseiller d'Etat) préside le Conseil dans sa forme disciplinaire. Pour les architectes, le président du Conseil est nommé par décret parmi les membres élus, et un Conseiller d'Etat est conseiller juridique. Pour les notaires, avoués, huissiers, commissaires-priseurs, le gouvernement a le droit de suspendre ou de dissoudre collectivement les chambres qui manqueraient à leurs devoirs[1].

De même, tous les textes sous Vichy précisaient que l'Ordre en question était institué auprès d'un ministre. Ainsi, pour les médecins, la loi de 1940 créait « auprès du ministre secrétaire d'Etat à l'intérieur un conseil supérieur de l'Ordre des médecins ». Cette formule fut supprimée à la Libération, et le texte se contente d'énoncer qu'« il est institué un Ordre national des médecins ». Mais cela ne signifie pas que toute tutelle étatique a disparu.

D'ailleurs, pour les architectes, le lien est encore plus manifeste puisque la loi les concernant du 31 décembre 1940 n'a jamais été annulée, donc le rattachement aux ministres, à l'époque de l'Education nationale, désormais de la Culture[2], n'a jamais disparu.

Pour les comptables également, la loi du 19 septembre 1945 maintient la formule : il est créé auprès du ministre de l'économie nationale un conseil supérieur de l'Ordre des experts-comptables et des comptables agréés. Aussi, le rattachement aux pouvoirs publics demeure.

Dans le même sens, les règlements et codes élaborés par les professions font toujours l'objet d'une approbation étatique. Sur ce dernier point d'ailleurs, J. Savatier relevait qu'on peut « comparer les organisations corporatives des professions libérales à des administrations très décentralisées »[3].

Certes, les codes n'ont pas valeur contractuelle, et sont considérés comme des règlements unilatéraux[4], cependant, le Conseil d'Etat avait pu rappeler que si un Conseil national de l'Ordre (en l'espèce celui des pharmaciens), avait pu être chargé par le code de la santé publique de « rédiger » un code

---

[1] Ordonnance du 28 juin 1945, *relative à la discipline des notaires et de certains officiers ministériels*, *J.O.*, 29 juin 1945, p. 3926.

[2] Depuis la loi n°77-2 du 3 janvier 1977, *sur l'architecture*, *J.O.*, 4 janvier 1977, p. 71.

[3] J. Savatier, *La profession libérale*, précité, p. 67.

[4] C.E., 14 janvier 1944, *Binet*, *Rec.*, p. 15.

de déontologie pharmaceutique, cela n'attribuait pas pour autant au Conseil le pouvoir de fixer seul les conditions de portée générale auxquelles devaient satisfaire, pour l'exercice de la profession, les locaux destinés à l'exploitation des officines[1]. Le juge rejeta donc toute théorie d'un pouvoir règlementaire autonome pour les Ordres professionnels, et il appliqua strictement celle du pouvoir règlementaire délégué. Il n'existe pas de compétence générale « naturelle » dont disposeraient les Ordres, seulement une délégation de compétence, soumise à une forme de tutelle. Dès lors, si l'on n'est pas en présence d'un corporatisme « pur », il s'agit tout de même clairement de corporatisme.

Par conséquent, les codes émanent finalement d'autorités administratives, et la compétence du juge administratif se trouve justifiée[2].

En tout état de cause, comme auparavant, l'Ordre est chargé d'organiser la profession, de la discipliner, et de s'assurer de la moralité de ses membres, ce que de toute évidence le syndicalisme libéral ne pouvait pas faire.

Néanmoins, une différence notable avec les précédents textes doit être soulignée, et qui a trait au rétablissement de la liberté syndicale. En effet, depuis 1945, syndicalisme et corporatisme peuvent coexister même si parfois, on l'a vu, certains syndicats sont encore interdits. Toujours est-il que désormais, les rôles respectifs sont redistribués. Celui des syndicats est en quelque sorte résiduel : ils interviendront quand il ne s'agira pas de défendre l'honneur, l'indépendance, la probité ou la moralité, donc finalement ils seront actifs pour conclure des conventions collectives avec des organismes de sécurité sociale, déterminer des tarifs d'actes (par exemple médicaux) etc.

En réalité, on constate que depuis la Libération, dans les professions organisées, il a été tenté de combiner syndicalisme et corporatisme. Il fut pris acte du déclin des syndicats, mais aussi de leurs rôles, et les acquis de 1884 furent restaurés. Ils furent aussi finalement assimilés dans la logique corporatiste de 1940, laquelle fut épurée, notamment en matière d'accès aux professions des étrangers[3]. L'ensemble s'opère sous le contrôle de l'Etat.

Mais les organismes corporatistes, leur fonctionnement, demeurent identiques : ils sont dotés de la personnalité civile, les attributions sont les mêmes : administratives et disciplinaires. Quant à la structure interne, le Conseil régional a la compétence disciplinaire en première instance, et le Conseil national quant à lui a des compétences également consultatives.

---

[1] C.E., Sect., 31 janvier 1969, *Union nationale des grandes pharmacies de France, A.J.D.A.*, 1969, p. 197 ; *D.S.*, 1970, p. 137, note M. Bazex, ici incompétence donc.

[2] C.E., Ass., 29 juillet 1950, *Comité de défense des libertés professionnelles des experts-comptables brevetés de l'Etat et autres* ; *R.D.P.*, 1951, p. 212, concl. R. Odent, note M. Waline ; *R.A.*, 1950, p. 471, note G. Liet-Veaux.

[3] La compétence en la matière relève du pouvoir règlementaire, alors qu'auparavant le législateur était compétent, sauf sous Vichy, pour « protéger » la profession.

Il exerce une tutelle sur les autres conseils, il détermine les cotisations à percevoir, joue un rôle de représentation de la profession, et est notamment un interlocuteur du ministre. L'Ordre national est d'ailleurs le seul organe habilité à se constituer partie civile pour défendre les intérêts généraux de la profession[1] etc. En réalité, tous ces éléments démontrent bien le maintien d'un droit corporatif.

[1] C. Cass., crim., 13 avril 1956, *D.*, 1956, p. 455.

Chapitre 2 : Le maintien d'un droit corporatif.

Les organisations corporatives survivent après la guerre, d'évidence pour plusieurs raisons. Tout d'abord, les professions érigées en Ordres sont, dans la pratique, des modèles presque aboutis, qu'il convenait juste d'intégrer aux règles républicaines pour achever l'œuvre. Ensuite, la technicité de la profession peut justifier le corporatisme, comme l'exigence d'un diplôme, le contrôle des qualifications, de la moralité etc. Enfin, l'organisation corporative a un but de police ; en toute logique, cette dernière relève uniquement de la compétence de l'autorité publique, mais pour des raisons pratiques, elle peut reposer sur les organismes professionnels. S'il s'agit de contrôler l'accès à une profession en situation de crise, l'organisme a le pouvoir de fermer le recrutement. Il est aussi chargé d'assainir la profession. Aussi, une forme de droit corporatif s'était développée dès l'essor des organes, et a survécu à la Libération ; il s'est même étoffé progressivement. Si ce qui le constitue ne fut pas aisée à déterminer (Section 1), en vue de le républicaniser, ce droit a aussi été assorti d'un certain nombre de garanties et de contrôles juridictionnels, ce qui a eu pour conséquence de le rapprocher fortement du droit commun, et donc d'estomper ses spécificités (Section 2).

Section 1. La consistance du corporatisme moderne.

Le droit corporatif se caractérise par plusieurs traits : tout d'abord, il s'agit sans aucun doute d'un droit en constante évolution, mixte, à la frontière du droit public et du droit privé, voire empruntant aux deux, si bien qu'a pu se poser la question de savoir s'il connaissait véritablement certains particularismes (§1). De plus, ce droit est en lien étroit avec l'intérêt général, ce qui le rapproche même fortement du droit des services publics, les missions reconnues aux corporations s'y rattachant en grande part (§2). Enfin, il a été assorti d'un certain nombre de garanties, eu égard aux nombreux pouvoirs dont disposent les organes, en termes d'adoptions d'actes, en vue de remplir leurs missions (§3).

§1. Les mutations du corporatisme.

Le corporatisme continue d'intriguer après la guerre, dans la mesure où il en demeure de forts restes. La question se pose alors nécessairement de savoir s'il relève davantage du droit public ou privé, voire s'il existe un véritable droit corporatif, et dans l'affirmative, en quoi il consiste. En réalité, le corporatisme irrigue toutes les branches du droit, d'où les difficultés à le définir et à le saisir.

S'il fut tenté de changer certaines terminologies, pour parler par exemple de néo-corporatisme ou de droit professionnel, moins connoté que le terme corporatif, le corporatisme d'après-guerre est fondamentalement resté identique à ce qu'il était auparavant, il a simplement été rendu compatible avec la République. Aussi, bon nombre d'auteurs se pencheront sur sa définition, quitte à essayer de la renouveler.

Pourtant, comme le relevait R. Drago dans sa thèse publiée en 1950, on fait « à l'heure actuelle du corporatisme sans le savoir et sans le vouloir, les institutions qui sont apparues dans l'Ordre professionnel sont des groupements corporatifs, qu'elles soient nouvelles ou procèdent à des institutions autoritaires transformées »[1]. Mais encore faut-il parvenir à déterminer quelles sont ces transformations.

B. Barret-Kriegel estimait quant à elle que le corporatisme « n'est pas un nouveau nom pour évoquer la puissance des intérêts particuliers face à l'intérêt collectif. Il renvoie fondamentalement à deux phénomènes centraux des sociétés contemporaines : la formation d'identités collectives à partir des rôles professionnels ; l'interprétation croissante de l'Etat et de la société civile ou encore la repolitisation de l'économie ». Le corporatisme comporte toujours la défense des intérêts strictement professionnels, mais cela ne se fait-il pas éventuellement au détriment de l'intérêt général ? De plus, la notion d'identité collective se réduit-elle au professionnel ?

Dès lors que le corporatisme laisse les nombreux groupes non-corporatifs en dehors de cette forme d'organisation et de concertation sociales, et que le citoyen extérieur au groupe corporatif se trouve assurément relégué, il apparaît le risque de voir se dresser un « obstacle sérieux à la démocratisation de l'Etat français »[2].

De façon plus restrictive, pour M. Bazex, le corporatisme se caractérise par un régime dans lequel « un ensemble d'organismes à composition professionnelle est chargé de représenter l'intérêt général dans une profession et l'intérêt de cette profession auprès de l'Etat »[3].

Quant à P. Ségur, il estime qu'il s'agit d'« une forme d'organisation des sociétés dans laquelle la régulation d'une branche d'activité relève de

[1] R. Drago, *Les crises de la notion d'établissement public*, Imprimerie Saint-Gilles, Université de Paris, 1950, p. 171.

[2] B. Barret Kriegel, *L'Etat et la démocratie. Rapport à François Mitterrand, Président de la République française*, La Documentation française, coll. Des rapports officiels, octobre 1985, p. 189.

[3] M. Bazex, *Corporatisme et droit administratif. Le statut administratif des organismes professionnels*, 2 tomes, thèse, dactyl., Toulouse, 1967, p. 110. Voir les éléments de définition dans l'Introduction.

groupements professionnels sous le contrôle d'un pouvoir politique »[1]. Dit autrement, les corporations disposent d'un monopole de représentation professionnelle, et exercent un pouvoir règlementaire autonome, elles sont donc régies par leur propre droit.

Finalement, comme auparavant, le corporatisme d'après-guerre repose sur les mêmes éléments, il a simplement évolué, en devenant compatible avec la République, en supprimant notamment les critères ethniques. Ainsi, P. J. Pararas souligne que les différentes crises économiques dans les années 1970 ont remis en cause l'Etat providence, et ont donné naissance entre autres à un « corporatisme démocratique ou libéral » ; ce néo-corporatisme se définirait alors comme une coopération entre les différents groupes d'intérêts et des représentants des pouvoirs publics. Le but est, pour ces groupements, d'imposer leurs revendications dans la formation des décisions politiques, et de conserver des droits et des privilèges acquis auparavant. Aussi, ce courant vise-t-il à influencer la prise de décisions et les règlementations étatiques[2]. Mais, selon l'auteur, ce mécanisme pose aussi des problèmes au regard du système représentatif démocratique.

Il convient cependant de préciser que le terme néo-corporatisme n'est pas nouveau, puisque G. Pirou l'employait déjà en 1939[3] : il s'agissait pour lui de permettre à tous les membres d'une profession (patrons, techniciens, ouvriers), de former un corps uni, et de contribuer à son fonctionnement et à sa régulation. En réalité, pour Pirou, tel devrait d'ailleurs être la logique du corporatisme. L'idée consistait en tout cas à mettre en place des corps intermédiaires entre les individus et l'Etat, et tous, ouvriers comme patrons, devaient être englobés dans le cadre corporatif.

G. Lyon-Caen pour sa part attirait l'attention sur des excès de vocabulaire, comme celui, par exemple, qui consiste à parler de corporatisme pour qualifier n'importe quel phénomène de société : la défense de droits acquis, ou les refus d'adaptations (de statuts, de traditions etc.)[4]. De même, le terme de néo-corporatisme était-il, selon lui, à utiliser avec précaution.

Le phénomène lui-même n'est en tout cas plus un modèle d'organisation de la société, une troisième voie, mais plutôt un moyen de régulation,

---

[1] P. Ségur, « Conclusions », in M. Hecquard-Théron (dir.), *Le groupement et le droit : corporatisme, néo-corporatisme*, Presses universitaires des sciences sociales de Toulouse, 1996, pp. 221-235.

[2] P. J. Pararas, « Le retour du corporatisme en France. La crise du mandat représentatif », *R.I.D.C.*, 2-1991, pp. 427-439. Voir aussi D. Segrestin, *Le phénomène corporatiste*, Fayard, coll. Fondation Saint-Simon, 1985, 288 p.

[3] G. Pirou, *Néo-libéralisme, néo-corporatisme, néo-socialisme*, Gallimard, coll. Problèmes et documents, Paris, 4ème édition, 1939, 219 p.

[4] G. Lyon-Caen, « Corporation, corporatisme, néo-corporatisme », *D.S.*, 1986, pp. 742-744.

de gestion des structures existantes, en les encadrant. Ainsi pour C. Lavialle, le néo-corporatisme, à la différence du corporatisme, « ne vise pas à organiser de l'intérieur une profession mais à réguler une activité en combinant, équilibrant les intérêts divers parfois opposés qui s'y rencontrent »[1].

En définitive, on constate que le corporatisme met toujours dans une situation délicate : d'abord, le problème est la situation paradoxale dans laquelle le corporatisme place l'Etat. Un Etat moderne ne connaît que des intérêts privés et l'intérêt général, non des intérêts collectifs. Mais ces derniers existent néanmoins ; l'Etat préfère simplement pas les nommer, il les considère comme *sui generis*, mais il est vrai que les évoquer fait nécessairement resurgir quelque chose de trouble car renvoyant à la période de Vichy.

Ensuite, ces questions entraînent des conséquences importantes sur ce que progressivement on appellera non plus le droit corporatif, mais le droit professionnel, et surtout sur sa place dans l'ordre juridique.

En effet, très tôt les auteurs se sont penchés sur ce sujet, et plusieurs thèses ont pu être avancées.

Tout d'abord, il est possible de défendre l'autonomie du droit professionnel : ce dernier se situerait alors à équidistance du droit public et du droit privé, il serait régi par des principes spécifiques, ce qui conduirait nécessairement à la création de juridictions propres[2].

Il est possible encore de considérer que le droit professionnel se situe à l'intersection des deux : il emprunte au public des procédés de puissance publique, et au privé ses modalités de gestion[3].

Selon une troisième thèse, on estime que le droit professionnel n'est qu'une branche du droit public, certes spécifique, mais pas autonome. En somme, l'ensemble « droit professionnel » est inclus dans l'ensemble « droit public ».

Enfin, on peut considérer que le droit professionnel se coule parfaitement dans le moule du droit public, sans particularité aucune[4]. Dans ce cas,

---

[1] C. Lavialle, « Le corporatisme voilé, réflexion recommencée sur l'arrêt Monpeurt », in M. Hecquard-Théron (dir.), *Le groupement et le droit : corporatisme, néo-corporatisme*, Presses universitaires des sciences sociales de Toulouse, 1996, pp. 9-30. Voir aussi I. Poirot-Mazeres, « L'Etat et la démarche néo-corporatiste : l'institutionnalisation de l'unité normative », in M. Hecquard-Théron (dir.), *Le groupement et le droit : corporatisme, néo-corporatisme*, Presses universitaires des sciences sociales de Toulouse, 1996, pp. 61-87.

[2] Voir J. Personnaz, « La nature juridique des Comités d'organisation », *D.S.*, 1941, pp. 145-152 ; Voir aussi M. Duverger, « Essai sur l'autonomie du droit professionnel », *D.S.*, 1944, pp. 276-279, 1ère partie ; *D.S.*, 1945, pp. 20-24, 2ème partie.

[3] C'est finalement l'arrêt *Monpeurt* et ses suites.

[4] R. de Lacharrière, « La gestion par les organismes professionnels des services publics de l'économie dirigée », *D.S.*, 1943, pp. 269-277 (1ère partie) ; *D.S.*, 1944, pp. 1-12 (2ème partie).

l'ensemble « droit professionnel » épouse les contours de l'ensemble « droit public ».

Pour Duverger d'ailleurs, le droit professionnel ne s'oppose ni au droit public ni au droit privé, car ils sont, dans la classification juridique, des « genres », quand le droit professionnel n'est « qu'une espèce : de même que le droit commercial est une subdivision particulière du droit privé, le droit professionnel est une subdivision particulière du droit public ».

Il dénommait alors droit professionnel « l'ensemble des règles de droit public applicables aux institutions créées en application des idées d'organisation professionnelle »[1].

Dès lors, les comités d'organisation sous Vichy donc, étaient sans aucun doute des services publics professionnels. Duverger reconnaissait cependant une forme de spécificité du droit professionnel, car une de ses difficultés est qu'il est supposé régir le droit des corps intermédiaires entre les particuliers et l'Etat. Or les corporations ne sont pas autonomes, ni vis-à-vis du droit public, ni vis-à-vis du droit privé, elles empruntent assurément aux deux. Les corporations sont soumises quoi qu'il en soit au droit de l'Etat, et non entièrement à leur droit propre.

Dès lors, il apparaît davantage qu'existe un droit public corporatif, et un droit privé corporatif.

Le premier consiste alors à régir les structures, les fonctionnements et activités des groupements professionnels, ainsi que l'exercice de leurs pouvoirs. Les organismes professionnels recourent en effet à des procédures unilatérales, à des moyens de coercition, ils disposent d'un pouvoir règlementaire, ont un pouvoir de sanction etc. Mais d'un point de vue organique également, les organismes professionnels n'agissent pas comme de simples particuliers, ils peuvent être considérés, pour Duverger, comme des « autorités publiques de la profession, comme le maire est l'autorité publique de la commune ». En règlementant la profession, l'autorité professionnelle agit assurément en tant que gouvernant. Ainsi, il est logique qu'une part du droit applicable aux Ordres, aux comités d'organisation, aux conseils disciplinaires, soit publique. Il s'agit en effet de gérer les organes de direction des communautés professionnelles.

Quant au droit privé corporatif, il concerne les relations entre les individus, dans l'exercice de leur activité professionnelle (par exemple, le droit commercial). Surtout, on applique aussi aux organismes professionnels le droit privé, pour ce qui concerne leur personnel, leurs biens, leurs deniers etc.

Voir aussi M. Waline, « Trois points de vue sur l'arrêt Monpeurt », *D.S.*, coll. Droit social, XVIII, 1943, pp. 18-22.

[1] M. Duverger, « Essai sur l'autonomie du droit professionnel », *D.S.*, 1944, pp. 276-279, 1ère partie ; *D.S.*, 1945, pp. 20-24, 2ème partie.

Néanmoins, dans le meilleur des cas, le droit professionnel ne peut pas être considéré comme un système juridique à part entière, mais seulement comme une branche du droit. Il y a au mieux juxtaposition des règles, mais pas création d'un nouveau droit, qui s'opposerait finalement au droit étatique. Cette dernière position défendue notamment par la doctrine corporatiste, n'est cependant pas convaincante, car les corporations répondent certes à une économie organisée, mais par l'Etat. Les organismes professionnels ne sont finalement pas distincts entièrement de l'Etat, qui les a créés. Le droit qui leur est applicable est alors nécessairement mixte, et d'origine étatique.

En tout état de cause, le droit professionnel ne s'est pas éteint avec Vichy, mais la difficulté est alors de connaître les droits qui régiront les organismes professionnels, et le fait est que leurs missions et attributions sont nombreuses. Il est clair en effet qu'ils ne se contentent pas seulement d'administrer la profession, ils la disciplinent également.

Surtout, la question se pose de savoir si le droit corporatif comprend un certain nombre de spécificités, ou finalement s'il se coule dans le moule du droit commun, et notamment du droit des services publics. En effet, si les corporations sont assurément mixtes, elles sont en lien, sinon direct, du moins très étroit, avec l'intérêt général, par leurs missions et leurs buts.

§2. Un droit en lien avec l'intérêt général.

Les organismes professionnels, en somme les corporations, ont toujours été conçus comme participant non seulement à l'intérêt de la profession organisée, mais aussi à l'intérêt général ; il s'agit même de leur nature propre. Bien qu'il ne s'agisse pas, à proprement parler, de services publics, ils concourent à leurs missions (Bouguen). Bien que toute activité d'intérêt général ne soit pas nécessairement une activité de service public, les corporations gravitent sans aucun doute dans l'orbite des services publics.

Assurément, ces organismes se différencient des associations professionnelles, qui ne défendent que des intérêts privés (syndicats, coopératives…), et qui consistent en groupements privés chargés de la poursuite d'un intérêt commun. Ces associations sont des organes de défense des intérêts particuliers, et sont ouvertes aux individus parce qu'ils appartiennent à une activité professionnelle. Mais encore une fois, elles ne poursuivent que des missions d'intérêt privé (et ne disposent d'ailleurs pas de prérogatives de puissance publique) ; aussi, seules les règles de droit privé s'appliquent. Ce sont du reste des personnes privées qui, tout en bénéficiant d'une certaine façon de la protection de l'Etat, ne peuvent avoir que la forme d'organismes professionnels privés, sans fonction de représentation des intérêts professionnels auprès de l'Etat[1]. Enfin, les associations professionnelles n'ont pas de tâches administratives.

De la même façon, les organismes professionnels se distinguent des syndicats, et d'ailleurs on l'a vu avec les Ordres, ils doivent cohabiter : il n'y a aucunement fusion.

Les syndicats ne défendent les intérêts professionnels qu'au nom des membres qui y adhèrent. Il y a à travers eux une communauté naturelle d'intérêts professionnels, mais d'une seule catégorie professionnelle[2].

Or les organismes corporatifs visent de façon plus large à défendre les intérêts de tous les membres de la profession, syndiqués ou non, et de les représenter auprès des pouvoirs publics[3]. Cependant, ces missions de représentation des intérêts de la profession, de son contrôle, de la conciliation, de l'arbitrage, ne peuvent sans doute pas être qualifiées de missions de service public, car elles servent non pas l'ensemble des citoyens, mais seulement les membres de la profession. *A priori*, le droit corporatif et les missions corporatives visent uniquement la défense de leurs intérêts, donc de l'intérêt public de la corporation. La profession dans sa totalité en bénéficie, mais non la population ; dès lors les liens avec l'intérêt général et *a fortiori* le service public, seraient limités.

---

[1] C.E., 19 janvier 1962, *Confédération nationale artisanale*, *R.D.P.*, 1962, p. 971, note M. Waline : une association des présidents de Chambres des métiers, même si elle est régie par la loi de 1901, demeure une émanation de ces Chambres, qui sont pour leur part des établissements publics.

[2] Sauf dans le cas des confédérations.

[3] La question s'est ainsi posée assez tôt de la représentation des CO, et de la possibilité de défendre les intérêts de la profession. Plusieurs juges se sont ainsi penchés sur la question, et il avait pu être décidé qu'un CO était habilité à représenter la profession pour toutes les questions économiques, si bien qu'il avait intérêt à agir dans une instance intentée du chef de hausse illicite, les agissements délictueux étant de nature à porter à l'ensemble des ressortissants de cet organisme un préjudice indemnisable (Cour d'appel de Limoges, 27 juin 1942, *D.S.*, 1942, p. 241, note P. Durand ; *J.C.P.*, 1943-2, II, 2356, 1ère espèce). En revanche, il fut jugé qu'un CO ayant pour objet non la défense des intérêts professionnels proprement dits mais l'organisation de la profession, n'avait pas intérêt pour intervenir dans la répression d'un délit pénal (un trafic d'or en l'occurrence : Trib. Corr., Seine, 9 juin 1942, *D.S.*, 1942, p. 241, note P. Durand ; *J.C.P.*, 1943-2, II, 2356, 2ème espèce.). De même pour un Comité interprofessionnel dont l'objet était d'organiser et de contrôler le marché du champagne (Trib. Corr., Seine, 9 juin 1942, *D.S.*, 1942, p. 241, note P. Durand ; *J.C.P.*, 1943-2, II, 2356, 3ème espèce), ou encore la production, la répartition et l'utilisation des chevaux et mulets (Trib. Corr., *Baugé*, 18 novembre 1942, *J.C.P.*, 1943-2, II, 2356, 4ème espèce). Aussi, quand bien même les CO étaient dotés de la personnalité civile, cela n'impliquait pas qu'ils puissent exercer tous les droits de la partie civile, relativement aux frais portant un préjudice direct ou indirect à l'intérêt collectif de la profession.
Voir J. Vincent, « Les Comités d'organisation et la défense des intérêts professionnels », *J.C.P.*, 1943-2, I, 356.

Cependant, on constate que les organismes corporatifs agissent finalement là où les autorités publiques ne le font pas ; s'ils ne sont pas rattachés directement à l'Etat, au-delà des intérêts de la profession, leurs actions sont tout de même en relation étroite avec l'intérêt général, ou avec une de ses branches : la santé publique, l'hygiène, l'esthétique etc.

Il est d'ailleurs envisageable que les corporations interviennent sur les mêmes problématiques et domaines que ceux des administrations classiques[1]. Tout repose finalement sur un équilibre difficile à trouver, et il ne faut pas que les organes corporatifs empiètent sur les attributions de l'Etat, le concurrencent, ou que d'eux seulement dépende la défense de l'intérêt général. Or le droit corporatif a nécessairement des implications sur ce dernier, dont une longue tradition fait pourtant l'apanage de l'Etat.

A partir de tous ces éléments, il est alors possible de s'interroger sur la nature des organes corporatifs et leurs liens avec le service public. En somme, peut-on qualifier les corporations de service public ?

Comme le relève M. Lascombe, les Ordres, par la mission de service public qui leur est confiée, assurent la garantie d'une « certaine qualité de service »[2], notamment par la police de la profession, mais aussi par le respect des règles déontologiques. Or ces attributions, de même que les fonctions juridictionnelles relèvent normalement et par nature à l'Etat, qui dans ses domaines n'est subordonné à quiconque. Or on verra que les corporations en sont toujours dotées. Ici finalement, l'Etat renonce à une part de sa souveraineté, en confiant à des organes extérieurs, aux corps intermédiaires, des compétences qui d'évidence lui appartiennent. Mais ce procédé ne peut se faire que parce que le droit le permet, donc parce que l'Etat le veut bien.

On le sait, une des attributions principales des corporations, notamment des Ordres, est d'assurer la police de la profession, c'est-à-dire son exercice correct par chacun de ses membres. Concrètement, cela se traduit par la recherche des fautes disciplinaires et de leurs auteurs, et ensuite par la volonté de faire respecter les règles internes de la profession ; cette police a finalement, comme la police « classique », une dimension préventive et répressive.

---

[1] Ainsi un conseil de l'ordre des pharmaciens peut agir concomitamment avec l'Etat pour l'autorisation d'une officine pharmaceutique : Loi du 11 septembre 1941, *relative à l'exercice de la pharmacie, J.O.*, 20 septembre 1941, p. 4018.

[2] M. Lascombe, « Les ordres professionnels », *A.J.D.A.*, 1994, pp. 855-862, et surtout du même auteur : *Les ordres professionnels*, thèse, dactyl., 2 tomes, Université de Strasbourg, 1987, 588 p.

La question est alors de savoir si cette mission constitue un service public[1]. En l'occurrence, tel est sans aucun doute le cas[2] : défendre la profession permet de défendre l'intérêt général, mais aussi les intérêts des clients ; l'arrêt *Bouguen* allait d'ailleurs dans ce sens. Ainsi, la violation du secret professionnel est une faute qui porte atteinte au client, mais aussi à l'intérêt général et à la profession.

Dès lors, un code peut interdire de tels actes commis dans l'exercice de la profession, voire commis dans le cadre de la vie privée des membres de l'Ordre. A titre d'exemple, un Conseil avait pu astreindre les membres de son Ordre, en vue de la manifestation de la vérité dans l'intérêt moral de cet Ordre, à ne pas garder le secret sur des faits concernant une infraction aux prescriptions du code de déontologie[3]. De même, le code peut dicter aux membres de la profession de s'abstenir même en dehors de la profession, de tout agissement de nature à la déconsidérer.

Plus largement, le juge administratif a pu reconnaître des principes déontologiques fondamentaux, quand bien même ils ne seraient pas prévus expressément dans les codes[4]. Ainsi, dans l'arrêt *Milhaud*, il fut jugé que les principes fondamentaux qui s'imposent aux médecins dans leurs rapports avec leurs patients ne s'arrêtent pas avec leur mort. En l'occurrence il était question d'un médecin ayant pratiqué des expérimentations sur un patient en état de mort cérébrale. Dès lors il est clair que les codes sont des sources du droit : ils créent des droits et des obligations.

Il est également possible d'imposer des sujétions aux membres de la profession, même devenus extérieurs à son cercle[5]. Ainsi que le reconnaissait le commissaire Grevisse sur l'arrêt *Comité de défense des libertés professionnelles des membres de l'Ordre des experts-comptables et comptables agréés* de 1954, « sans doute l'Ordre ne peut-il s'immiscer dans la vie privée de ses membres. Mais la dignité, la moralité, la solidarité professionnelles que l'institution d'un Ordre a pour objet d'assurer peuvent être compromises par des agissements étrangers à l'exercice, strictement entendu, de la profession. Ce sont ces agissements, incompatibles par leur

---

[1] Voir notamment E. Picard, *La notion de police administrative*, L.G.D.J., coll. Bibliothèque de droit public, Paris, 1984, 926 p.

[2] Voir M. Bazex, *Corporatisme et droit administratif. Le statut administratif des organismes professionnels*, 2 tomes, thèse, dactyl., Toulouse, 1967, p. 527.

[3] C.E., 15 juillet 1954, *Comité de défense des libertés professionnelles des membres de l'ordre des experts-comptables et comptables agréés, D.S.*, 1955, p. 73, concl. Grevisse. En l'occurrence, la disposition incriminée ne se trouvait pas que dans le code de déontologie des experts-comptables, mais aussi dans celui des pharmaciens, et des médecins…Le juge avait déjà reconnu le bien-fondé d'une sanction prise sur la base de cette disposition : C.E., 9 novembre 1951, *Fischer*, *Rec.*, p. 523.

[4] C.E., Ass., 2 juillet 1993, *Milhaud, A.J.D.A.*, 1993, pp. 530, note O. C-C., et p. 579.

[5] Voir *supra* p. 130 et s. : des éléments relevant de la vie privée peuvent être reprochés au professionnel.

nature avec la qualité de membre de l'Ordre, dont le code des devoirs professionnels peut prévoir la répression ».

Seule sera illégale finalement une interdiction générale et absolue, comme celle faite aux membres du conseil de l'Ordre d'user des voies de droit autres que celles offertes par l'Ordre. Cela rejoint ici encore les règles en matière de police « classique »[1], et conduit à un alignement du droit corporatif sur le droit commun. Dès lors, il n'existerait pas nécessairement de spécificité propre au droit corporatif, si bien qu'*a priori*, le raisonnement que l'on porte sur les liens entre police et service public peut tout à fait être transposé aux corporations.

Ces dernières sont investies d'une mission de défense des intérêts collectifs et permanents de leurs membres, c'est d'ailleurs ce qui justifie leurs prérogatives, et même leurs privilèges. La collectivité dans son ensemble a intérêt à ce que les droits de la profession soient respectés, à ce que les professionnels exercent correctement leur tâche, et respectent leurs devoirs envers ladite profession. Ici réside sans doute alors la mission de service public.

De plus, force est de constater que certains organes corporatifs ont traversé les époques sans grande difficulté, et ont perduré, notamment parce que des textes ont souvent précisé leur qualification.

Tel est par exemple le cas des chambres professionnelles, notamment du commerce et de l'industrie, mêlant intérêts généraux et collectifs, et qui, qualifiées d'établissements publics, ont une assise professionnelle. Si les chambres de commerce avaient été dissoutes par décret du 27 septembre 1791[2], elles avaient été rétablies par un arrêté du 3 nivôse an XI (25 novembre 1802)[3].

Les CCI avaient ensuite fait l'objet d'une réglementation notamment avec la loi du 9 avril 1898[4], et des décrets du 4 novembre 1964[5], ce dernier texte précisant leurs missions de gestion de service public industriel et commercial. Il s'agit donc d'établissements publics qui constituent auprès des pouvoirs publics les organes de représentation des intérêts commerciaux et industriels de leur circonscription.

---

[1] Voir C.E., Ass., 22 juin 1951, *Daudignac*, *Rec.*, p. 362 ; *D.*, 1951, p. 589, concl. Gazier, note J.C.

[2] *Moniteur universel*, 30 septembre 1791, p. 1139.

[3] Arrêté du 3 nivôse an XI, *portant établissement de chambres de commerce dans plusieurs villes, Bulletins des lois de la République française*, 3ème série, tome 7, 1802, p. 302.

[4] Loi du 9 avril 1898, *relative aux chambres de commerce et aux chambres consultatives des arts et manufactures, J.O.*, 19 avril 1898, p. 2576.

[5] Décret du 4 novembre 1964, *modifiant la loi du 9 avril 1898 déjà modifiée relative aux chambres de commerce et d'industrie, J.O.*, 5 novembre 1964, p. 9927 ; et décret du même jour *portant modification du décret n°61-923 du 3 août 1961 modifié relatif aux tribunaux de commerce et aux chambres de commerce et d'industrie, J.O.*, 5 novembre 1964, p. 9928.

Pour les chambres de métiers, elles aussi furent rétablies par loi du 22 germinal an XI (12 avril 1803)[1], puis par une loi du 26 juillet 1925[2]. Le texte précisait alors que ces organes assurent, auprès des pouvoirs publics, la représentation des intérêts professionnels et économiques des artisans, maîtres et compagnons, dans leur circonscription. Instituées par décret, la loi de 1925 en fait également des établissements publics en lien direct avec les ministres du travail, de l'instruction publique et du commerce, et leur rôle est notamment de provoquer des ententes sur les sujets qui relèvent de leurs attributions. Elles ont pour fonction de sauvegarder les intérêts professionnels et économiques des métiers, si bien que leur avis devra être demandé pour toute question de perfectionnement, de développement du métier. Elles se financent grâce à une imposition additionnelle au principal de la contribution des patentes, acquittée par les artisans-maîtres. Elles peuvent néanmoins recevoir des subventions publiques.

Les CCI et les chambres de métiers correspondent bien à la définition de l'organisme corporatif : elles représentent les intérêts de leurs membres auprès des pouvoirs publics, et sont aussi chargées de missions de service public. Cependant dans ces cas, les textes les définissent et les qualifient.

Qu'en est-il alors des Ordres professionnels ?

Au sujet des notaires et des officiers ministériels, les ordonnances du 2 novembre 1945 portant statut des officiers ministériels précisent que les chambres de discipline départementales, régionales ou nationales sont des établissements d'utilité publique (article 3 pour les notaires, article 5 pour les avoués, article 10 pour les agréés, article 5 pour les huissiers, article 7 pour les commissaires-priseurs). Dès lors, le législateur les a classées dans le droit privé. Or cela pose sans doute des problèmes de logique, puisque les chambre de discipline et les Ordres ont une organisation, des objectifs, et des pouvoirs très similaires. Pourtant, il fut alors considéré que si l'Ordre des médecins ou des architectes gère un service public, une compagnie d'officiers ministériels ne s'occupe que d'intérêts privés. En vérité, il ne s'agit pas ici de nier qu'on est en présence d'un service public ; les organisations d'officiers ministériels ne participent pas à la gestion d'un service public quelconque, mais à la gestion du service public de la justice. Cependant, il fut considéré qu'il était nécessaire de les extraire du droit administratif.

---

[1] Loi du 22 germinal an XI, *relative aux manufactures, fabriques et ateliers, Bulletins des lois de la République française*, 3ème série, tome 8, 1803, p. 129.

[2] Loi du 26 juillet 1925, *portant création des chambres de métiers, J.O.*, 30 juillet 1925, p. 7190.

Quoi qu'il en soit, on constate que certaines activités des Ordres et professions libérales concourent parfois directement à des services publics. Ainsi, ils doivent désigner certains de leurs membres pour l'exécution de services publics, ou alors ils sont eux-mêmes chargés d'un service public particulier. Tel est le cas de la désignation d'office, faite par le bâtonnier, pour certaines affaires et notamment celle d'assistance judicaire. De même les notaires prendront en charge des services publics spéciaux, puisque les chambres deviennent des organes de publicité ou de conservation des actes, et elles doivent tenir à jour un tableau des interdits et le communiquer aux différents notaires, et conserver les minutes provenant des offices supprimés[1].

De plus, malgré le caractère de droit privé, le Conseil d'Etat, appliquant l'arrêt *Monpeurt*, a reconnu aux décisions de ces chambres de discipline, le caractère d'actes administratifs[2].

Mais la grande difficulté réside dans l'absence de qualification textuelle de l'organisme : quel critère retenir alors afin de déterminer si la corporation est publique ou privée, et donc le droit applicable ?

Il est tout d'abord envisageable de retenir celui de l'origine : le statut et le droit applicable dépendraient de la personne qui a créé la corporation. Si elle est d'origine publique, la corporation est publique ; à l'inverse, si elle est d'initiative privée, elle demeure privée.

Cependant ce critère n'est pas fiable, car le législateur peut créer des corporations privées (comme les fédérations départementales de chasseurs), et certaines corporations nées d'initiatives privées peuvent devenir publiques (comme les associations syndicales autorisées de propriétaires).

Ce critère fut cependant utilisé un temps, notamment lors de l'arrêt de 1903 *Caisse des écoles*[3], dans lequel le juge estima que la première différence entre un établissement public et un établissement d'utilité publique est que le premier est créé par la loi, le second par l'initiative privée. Mais appliquée aux corporations, cette solution ne peut satisfaire.

De même, le critère du contrôle étatique exercé sur un organisme n'est pas pleinement opérant, car il n'est pas déterminant pour en établir la nature[4].

Il est possible également de recourir au critère du financement ; dès lors, serait considérée comme une corporation publique celle financée par des

---

[1] Ordonnance du 2 novembre 1945.

[2] C.E., 9 juin 1950, *Chambre syndicale des experts en objets d'art, Rec.*, p. 355.

[3] C.E., 22 mai 1903, *Caisse des écoles du VIème arrondissement de Paris, D.P.*, 1904, 3, p. 1, 1ère espèce, concl. Romieu.

[4] C.E., 18 février 1910, *Perfetti, D.P.*, 1912, 3, p. 16, au sujet d'une caisse du gendarme.

fonds publics. Mais ici encore ce critère ne convainc pas, dans la mesure où l'Etat, *a priori*, ne participe financièrement à un organisme que dans la mesure où celui-ci accomplit une mission de service public, d'autant qu'un organisme privé peut très bien accomplir une telle mission. Il en est de même pour ce qui concerne les prérogatives de puissance publique : depuis l'arrêt *Magnier* de 1961, un organisme privé peut disposer de tels pouvoirs. Ainsi, dans tous les cas, on est plus en présence d'indices que de critères.

On peine en effet à définir clairement la corporation publique ; en serait assurément une celle qui serait créée, contrôlée, financée par l'Etat, et dotée de prérogatives de puissance publique, afin d'accomplir une mission d'intérêt général. Mais tel est très rarement le cas.

En vérité, comme le souligne M. Guibal, « le problème de qualification d'un organisme en général et d'une corporation en particulier doit être abordé de façon beaucoup plus simple et beaucoup plus rationnelle »[1]. En effet, la corporation comprend deux éléments clairs : le statut organique et le statut fonctionnel. Le statut organique est l'ensemble des règles relatives à son organisation : sa création, sa dissolution, sa structure et sa composition, son mode de recrutements, son fonctionnement, ses moyens etc. En somme, il s'agit des indices relatifs à son origine, à son contrôle, et à son financement.

Le statut fonctionnel, pour sa part, concerne les règles relatives à l'activité même, et qui concernent les procédés dont dispose la corporation pour effectuer ses missions. Il s'agira donc des indices relatifs à l'objet de la mission, et aux moyens pour les réaliser.

Pour M. Guibal, il convient alors de qualifier d'abord le statut fonctionnel de la corporation, et ce n'est que si ce statut est public qu'il est possible de procéder à la deuxième étape, car le statut fonctionnel est la « condition minima de la nature publique de cette corporation ».

Ainsi, le statut fonctionnel d'une corporation est public s'il prévoit que son activité est une mission de service public, laquelle sera exercée par des prérogatives de puissance publique. Ici, la mission doit profiter aux membres de la corporation, mais aussi au plus grand nombre, à la collectivité dans sa *quasi* globalité. Ce premier critère du statut fonctionnel est primordial, car il est inconcevable qu'une corporation publique poursuive des intérêts strictement privés. De même, on conçoit mal une corporation publique qui ne serait pas dotée de prérogatives de puissance publique : ce sont elles qui lui permettent notamment d'édicter des normes et de les imposer à ses membres.

---

[1] M. Guibal, *L'ordre professionnel*, thèse, dactyl., Montpellier, 1970, p. 149.

Cela dit, une corporation à statut fonctionnel public n'est pas automatiquement une corporation publique : elle peut tout à fait être privée[1].

Une fois l'élément fonctionnel établi, il convient ensuite d'examiner le statut organique de l'organisme ; ce critère est alors déterminant.

Un statut organique est privé si tous les éléments le sont : la structure est d'initiative privée, non contrôlée par l'Etat, fonctionnant sur fonds privés etc. La corporation peut parfaitement être privée, tout en poursuivant une mission de service public et disposant de prérogatives de puissance publique.

En revanche, le statut est public si tous les éléments ou presque le sont : tel est le cas si la corporation est créée par le législateur, peut être dissoute par lui, si elle est contrôlée par l'Etat etc.

Cependant, à côté de ces deux catégories il peut y avoir un statut organique mixte, c'est-à-dire lorsque les éléments sont à la fois publics et privés. La qualification dépendra alors sans doute de la balance entre les deux. Dès lors, une corporation publique est celle « dont le statut fonctionnel est public et dont le statut organique est public ou à dominante publique »[2].

Si l'on recourt à ces éléments, il apparaît par conséquent que l'Ordre professionnel est assurément une corporation publique. En effet, son statut fonctionnel est public : la mission ordinale est de service public, et les modalités de son exécution sont largement publiques également.

De plus, la mission ordinale ne consiste pas seulement à exercer la police de la profession ou sa surveillance, mais également, voire surtout, et c'est d'ailleurs la formulation que l'on retrouve presque systématiquement dans les textes depuis Vichy, à assurer la défense de l'honneur et de l'indépendance de la profession.

C'est d'ailleurs la raison pour laquelle les Ordres peuvent refuser des inscriptions, donc une entrée non voulue dans la profession, mais aussi interdire des actes de nature à porter atteinte à la considération de la profession.

Quoi qu'il en soit, la question du statut des organes corporatifs reste vivace, et il convient, finalement, de se demander si les solutions des arrêts *Monpeurt* et *Bouguen* sont ou non dépassées, sur le fond, sur les principes, sur les logiques. Les réponses ne sont pourtant pas si évidentes, même depuis la Libération, la jurisprudence ayant oscillé.

---

[1] Voir C.E., 13 mai 1938, *Caisse primaire « Aide et Protection », Rec.*, p. 417 ; C.E., 20 décembre 1935, *Etablissements Vézia, Rec.*, p. 1212 ; C.E., Sect., 13 janvier 1961, *Magnier, Rec.*, p. 33.

[2] M. Guibal, *L'ordre professionnel*, thèse, dactyl., Montpellier, 1970, p. 157.

Ainsi, en 1958, le tribunal administratif de Paris, dans un jugement *Buvat* admettait expressément que « les conseils départementaux, les conseils régionaux et le conseil national de l'Ordre des médecins sont des organismes ayant la qualité de personnes morales de droit public »[1]. A l'inverse, au sujet de l'Ordre des pharmaciens, si la Cour d'appel de Paris avait pu le qualifier incidemment d'organisme de droit privé, la Haute juridiction ne se prononça pas sur ce point[2].

Le Conseil d'Etat, pour sa part, se pencha sur la qualification de l'Institut français du pétrole qui relevait de la catégorie des « établissements professionnels » créés par la loi du 17 novembre 1943 sur la gestion des intérêts professionnels[3], et qui n'avait pas été abrogée par la loi du 26 avril 1946 portant dissolution d'organismes professionnels. Dans l'arrêt *Centre d'études marines avancées* de 1984, le Conseil d'Etat estima alors que les CO étaient des organismes privés[4], ce qui sembla rompre avec la jurisprudence antérieure. En réalité, il apparaît que cet arrêt ne résout pas grand-chose, puisque tandis que l'arrêt *Monpeurt* jugeait que les CO n'étaient pas des établissements publics, l'arrêt *Centre d'études marines avancées* précise uniquement qu'il s'agit de structures privées. De plus, l'Institut avait été créé par deux CO, or un établissement public ne peut être crée que par l'Etat, sauf exception, et tel n'était pas le cas ici. Une personne publique innommée ne pouvait dès lors être à l'origine d'un établissement public. L'arrêt de 1984 semble plutôt signifier que pour gommer tout héritage de Vichy, il convenait de faire de l'Institut une structure privée ; c'est d'ailleurs pour cela que C. Lavialle estimait au sujet de cette décision qu'il s'agissait de « corporatisme escamoté »[5].

En définitive, donc, cet arrêt n'élucide pas la question de la nature des corporations. Pas plus que ne le fit le Tribunal des conflits dans la décision *Cordier* de 1984, lequel avait estimé que les conseils des commissaires aux comptes « présentent le caractère d'organismes privés même si à certains égards ils sont investis d'une mission de service public »[6]. Le Tribunal

---

[1] T.A., Paris, 15 octobre 1958, *Buvat, Rec. Tab.*, p. 770.

[2] C.Cass., crim., 19 décembre 1989, *R.D.S.S.*, 1990, p. 657, note J.-M. Auby et G. Viala.

[3] Loi du 17 novembre 1943, *sur la gestion des intérêts professionnels, J.O.*, 18 novembre 1943, p. 2962.

[4] C.E., 7 décembre 1984, *Centre d'études marines avancées et M. Cousteau, R.F.D.A.*, 1985, p. 381, concl. O. Dutheillet de la Mothe, note F. Moderne ; *A.J.D.A.*, 1985, p. 274, note P. Godfrin.

[5] C. Lavialle, « Le corporatisme voilé, réflexion recommencée sur l'arrêt Monpeurt », in M. Hecquard-Théron (dir.), *Le groupement et le droit : corporatisme, néo-corporatisme*, Presses universitaires des sciences sociales de Toulouse, 1996, pp. 9-30.

[6] T.C., 13 février 1984, *Cordier et autres, R.A.*, 1984, p. 588, note B. Pacteau ; *L.P.A.*, 14 novembre 1984, p. 11, concl. D. Labetoulle ; *R.D.P.*, 1984, p. 1139, note R. Drago. Au sujet du contentieux électoral des organismes professionnels des commissaires aux

évoquait cependant leur différence avec les Ordres professionnels, aussi les opérations relatives aux élections des membres de ces conseils ne pouvaient relever de la compétence administrative dans la mesure où il s'agit de la vie interne de l'organisme. Le commissaire du gouvernement Labetoulle soulignait toutefois que les commissaires aux comptes ne constituent pas un Ordre professionnel : tel ne peut être le cas que si un texte le prévoit. Il écartait également l'analogie avec une organisation ordinale : pour lui en effet, l'organisation d'une profession en Ordre se caractérisait par quatre éléments : l'obligation d'adhérer à l'Ordre pour exercer ; l'exercice par l'Ordre d'un pouvoir réglementaire (ou du moins d'une « dose de pouvoir réglementaire ») pour édicter certaines normes de la profession ; le contrôle de l'accès à la profession par l'Ordre lui-même ; et un pouvoir disciplinaire de caractère juridictionnel détenu par l'Ordre. Pour les commissaires aux comptes, seul le premier critère était rempli, ce qui justifiait alors la solution, mais cela ne réglait pas définitivement la question du statut des corporations.

En réalité, comme le soulignèrent Auby et Viala, « les conséquences pratiques de la controverse sont à la vérité assez minces. On peut penser cependant que les caractères de l'Ordre (caractère obligatoire, exercice de prérogatives de puissance publique) vont plutôt dans le sens de la qualification de personnes de droit public ».

En tout état de cause, les organismes professionnels sont assurément protéiformes : ils peuvent autant être transformés en établissements d'utilité publique[1], qu'en établissements publics[2]. Cela démontre clairement que les corporations peuvent tout à fait se couler dans le moule de cette dernière structure. S'il faut pour cela nécessairement un texte institutif, dans le silence des pouvoirs publics, il convient sans doute de laisser les organismes professionnels dans la catégorie privée. Mais historiquement, cela a été vu, l'Etat peut décider d'assurer davantage de contrôles sur ces structures, soit par le biais de l'établissement public, soit par celui de la fonctionnarisation. Tel a par exemple longtemps été le cas des notaires, et les liens étroits qu'entretiennent les corporations avec le service public, ou du moins l'intérêt général, pourraient justifier le retour d'un certain contrôle étatique. Surtout, cela permettrait de les soumettre aux « lois » des services publics tels que définis par L. Rolland, à savoir l'égalité, la continuité, la mutabilité, et même la neutralité…

Enfin, si les corporations peuvent prendre différentes formes, elles peuvent également, afin de remplir leurs missions en lien avec l'intérêt

---

comptes. Cette décision est souvent citée comme classant les ordres professionnels dans la catégorie des personnes privées, or elle ne le dit pas véritablement...

[1] Comme ce fut le cas par exemple des chambres de discipline des officiers ministériels.

[2] Comme cela fut le cas à la Libération pour le C.N.C.

général voire avec le service public, prendre de nombreux actes, lesquels vont être assortis de certaines garanties pour les professionnels, mais aussi pour les tiers.

§3. Les garanties face à la diversité des actes des corporations.

A la différence du corporatisme tel qu'il est initialement conçu dans sa forme pure, c'est-à-dire disposant de pouvoirs propres, naturels, il a été vu que le corporatisme républicain repose sur des aménagements, consistant notamment à pouvoir édicter des normes, mais sous contrôle étatique ; dès lors le pouvoir réglementaire reconnu aux corporations se trouve atténué. Ces dernières peuvent élaborer des textes, mais uniquement après qu'ils ont été proposés aux pouvoirs publics, ou validés par eux ; une onction étatique est nécessaire. Cela vaut pour les professions médicales, les pharmaciens[1], les experts- comptables[2], les architectes[3], les géomètres-experts[4], ou encore les masseurs[5]. Les conseils n'élaborent ni ne proposent plus le code directement dans la plupart des cas, leur participation se limite le plus souvent à un avis[6].

Néanmoins, qu'il s'agisse des codes de déontologie, des règlements de procédure, ou encore des décisions relatives aux cotisations, qui sont les principales mesures règlementaires qu'adoptent les Ordres concernant l'exercice et l'organisation des professions, la question s'est longtemps posée de connaître leur nature juridique.

Le juge a alors reconnu la nature administrative des codes[7], et des règlements intérieurs[8].

---

[1] La loi n°66-796 du 27 octobre 1966, *modifiant et complétant certaines dispositions du code de la santé publique concernant l'ordre des pharmaciens, J.O.*, 28 octobre 1966, p. 9491, avait précisé que pour devenir exécutoire, le code devait prendre la forme d'un règlement d'administration publique, après avoir été préparé par le Conseil national.

[2] Loi n°68-946 du 31 octobre 1968, *modifiant le statut de l'ordre des experts- comptables et des comptables agréés, J.O.*, 1er novembre 1968, p. 10227 ; article 32 al.1 du décret n°70-147 du 19 février 1970, *portant règlement d'administration publique et relatif à l'ordre des experts-comptables et des comptables agréés, J.O.*, 22 février 1970, p. 1848.

[3] Loi n°77-2 du 3 janvier 1977, *sur l'architecture, J.O.*, 4 janvier 1977, p. 71, plusieurs fois modifiée depuis.

[4] Loi du 28 juin 1994, *modifiant la loi n°46-942 du 7 mai 1946 instituant l'ordre des géomètres-experts, J.O.*, 29 juin 1994, p. 9367, également modifiée de nombreuses fois.

[5] Loi du 4 février 1995, *portant diverses dispositions d'ordre social, J.O.*, 5 février 1995, p. 1992.

[6] Seuls les vétérinaires disposent encore du pouvoir de l'édicter eux-mêmes.

[7] C.E., Ass., 29 juillet 1950, *Comité de défense des libertés professionnelles des experts-comptables brevetés de l'Etat et autres* ; *R.D.P.*, 1951, p. 212, concl. R. Odent, note M. Waline ; *R.A.*, 1950, p. 471, note G. Liet-Veaux.

[8] C.E., 18 mai 1956, *Barthoumeyrou, R.PD.A.*, 1956, p. 120.

Quant aux décisions consistant à faire respecter la règlementation édictée par l'Ordre, elles sont principalement distinguées en deux catégories : celles relatives à l'inscription au tableau, qui concernent les candidats, et celles disciplinaires, qui permettent le contrôle de tous les membres.

D'ailleurs l'arrêt *Monpeurt* affirmait clairement le caractère administratif des décisions des CO, étant entendu que les tribunaux judiciaires firent de même dans l'arrêt *Painvin* de la Cour de Paris du 30 juillet 1942[1], par lequel il était reconnu que les CO sont des organismes administratifs tenant, de la loi du 16 août 1940, un pouvoir règlementaire.

Cette solution perdurera, la Cour de cassation ayant rappelé en effet que la décision du Conseil national de l'Ordre des médecins obligeant à payer une cotisation était bien un acte administratif, car l'organisation et le contrôle de la profession ont le caractère d'un service public[2].

Par la suite d'ailleurs, certains textes relatifs au contentieux administratif ont confirmé cette position selon laquelle les actes pris par les Ordres dans l'exercice de leurs missions de service public sont des actes administratifs[3].

Assurément, les Ordres ne peuvent disposer de l'intégralité des pouvoirs des autorités publiques : ces dernières seraient alors dépossédées plus encore que concurrencées[4]. Ils ont pourtant un pouvoir règlementaire leur permettant d'imposer des prescriptions générales et impersonnelles ; ils participent à l'exercice de ce pouvoir. A ce titre, ils détiennent un pouvoir d'organisation interne[5] ; ils peuvent adopter des mesures règlementaires concernant leur fonctionnement ou leur organisation, comme leur règlement intérieur, ou encore des dispositions relatives à l'entrée dans la profession

---

[1] Cour de Paris, 30 juillet 1942, *Degond c./ Painvin, J.C.P.*, 1942, II, 2047. Voir aussi Cour de Limoges, 9 novembre 1943, *Compagnie d'assurances La Paix c./ Glicky, Sirey,* 1944, II, p. 11.

[2] C.Cass., civ., 20 novembre 1956, *Dr Terray c./ Conseil départemental de l'Ordre des médecins de la Savoie, D.*, 1957, p. 53.

[3] Ainsi, l'article 540 du décret du 11 mai 1955, *portant révision du Code de la santé publique annexé au décret n°53-1001 du 6 octobre* 1953 (*J.O.*, 12 mai 1955, p. 4711) au sujet du Conseil national de l'Ordre des médecins, ou le décret du 30 juillet 1963 *modifiant le décret n°53-934 du 30 septembre 1953 portant réforme du contentieux administratif* (*J.O.*, 1er août 1963, p. 7116).
Il convient de noter que lorsqu'il est question de contester les décisions de l'organe local relatives aux demandes d'inscription au tableau, les textes constitutifs des ordres ont parfois prévu un recours qualifié d'appel, devant l'organe hiérarchiquement supérieur. Les décisions d'inscription au tableau étant des décisions non juridictionnelles, les recours internes sont donc des recours hiérarchiques.

[4] Voir I. Muller, « La normativité corporative « reconnue » », in M. Hecquard-Théron (dir.), *Le groupement et le droit : corporatisme, néo-corporatisme*, Presses universitaires des sciences sociales de Toulouse, 1996, pp. 31-60.

[5] C.E., 4 mars 1953, *Roux, Rec. Tab.*, p. 748. T.A., Paris, 15 octobre 1958, *Buvat, Rec. Tab.*, p. 770.

(tableau, changement d'installation, publicité possible ou non). De même, relèvent du pouvoir règlementaire les règlements établissant les listes de qualifications que le praticien spécialiste est autorisé à utiliser[1]. Dans le jugement *Buvat,* le tribunal administratif admettait d'ailleurs expressément que « les conseils départementaux, les conseils régionaux et le conseil national de l'Ordre des médecins sont des organismes ayant la qualité de personnes morales de droit public » ; dès lors, ils peuvent prendre des mesures d'organisation du service, comme peut le faire tout chef, en vertu de la jurisprudence *Jamart*[2].

Les règlements entrent ensuite en vigueur soit après approbation de l'autorité de tutelle, soit dans les conditions identiques aux codes, ce qui constitue également une limite au pouvoir règlementaire[3].

Enfin, les organes ont aussi des pouvoirs en matière financière, afin de leur assurer une certaine autonomie, puisqu'ils peuvent percevoir des redevances, ou lever des contributions et cotisations sur leurs membres. La jurisprudence peut alors avoir à connaître des moyens de recouvrement, à reconnaître le caractère fiscal ou de taxes des différents prélèvements, selon leur affectation (s'ils servent l'intérêt général), etc. Tel a été le cas par exemple des cotisations perçues par les comités d'organisation[4], ou des Ordres professionnels[5]. Dans le cas contraire, il s'agit de redevances. Mais il pouvait être considéré que dans la mesure où cette cotisation n'était pas librement consentie par les membres et donc qu'elle était obligatoire, elle avait les traits de l'impôt ; dès lors, les CO se voyaient par exemple déléguer une des prérogatives publiques les plus importantes. Pour autant, selon A. Hayet, cela ne suffisait pas à les considérer comme des services publics, puisque toute l'organisation professionnelle d'après-guerre reposait sur le principe de l'obligation…

Désormais, en matière de cotisation, chaque professionnel est destinataire d'un appel à cotisation individuelle[6].

---

[1] Voir les codes de déontologie des médecins, des chirurgiens-dentistes… Le juge en contrôle la légalité, voir par exemple C.E., 16 mars 1988, *Lasry*, *Rec.*, p. 122.

[2] C.E., 7 février 1936, *Rec.*, p. 172. Cependant, une mesure faisant grief directement aux professionnels ne pourra être prise que suite à une délégation expresse (C.E., 29 mai 1987, *Union nationale pour l'exercice comptable,* n°42646, *Rec.*, p. 908), par la loi ou par un acte règlementaire, selon que la matière concerne l'article 34 ou 37 (C.E., 29 mai 1992, *Mongeot,* n°126014, *D.A.*, 1992, n°353).

[3] Comme pour les vétérinaires, voir le décret n°90-997 du 8 novembre 1990, *relatif à l'ordre des vétérinaires, J.O.*, 10 novembre 1990, p. 13788.

[4] A. Hayet, « le régime de la cotisation des Comités d'organisation », *D.S.*, 1942, pp. 121-129 ; P. Durand, « Le recouvrement des cotisations dues aux Comités d'organisation », *D.S.*, 1943, pp. 61-67.

[5] C.E., 21 février 1964, *Garetier, Rec.*, p. 134.

[6] C.E., 6 mars 1974, *Marc, Rec. Tab.*, p. 1127 : acte susceptible de faire l'objet d'un recours.

Par conséquent, on le voit, les actes administratifs professionnels peuvent être soumis au droit public, lorsqu'ils sont pris pour l'exécution des services[1] et qu'ils mettent en œuvre des prérogatives de puissance publique[2].

De plus, un certain droit corporatif est maintenu, et il ne s'impose d'ailleurs pas qu'aux membres de la profession : si par exemple les établissements professionnels ne peuvent édicter par voie règlementaire d'obligations à l'égard des tiers clients[3], ils peuvent cependant moraliser les rapports qu'ils entretiennent avec eux[4]. Il en est de même des codes, règlementant les questions relatives aux honoraires, aux publicités etc., ce qui a nécessairement des implications à leur égard.

Si les corporations peuvent assurément adopter des règles relatives à l'entrée, ou à l'exercice de la profession, elles peuvent également en prendre afin d'en sanctionner la pratique ; tel est l'objet des mesures disciplinaires, et la question a été de déterminer si les organes corporatifs, et notamment les Ordres, pouvaient finalement adopter des actes juridictionnels. Cette qualification peut d'abord découler de critères organiques : est juridictionnel l'acte qui est émis par un organisme ayant le statut de juridiction[5], ou celui rendu suite à une procédure juridictionnelle[6].

---

[1] Par exemple, au sujet de la décision de retirer une carte d'ouvrier (docker professionnel d'un port), le juge administratif estime qu'elles sont prises par des autorités administratives dans le cadre de leur mission de service public administratif : C.E., Ass., 13 juillet 1967, *Allegretto, A.J.D.A.*, 1967, p. 538.

[2] C.E., 28 juin 1946, *Morand, S.,* 1947, III, p. 19. Cet arrêt met un terme, partiellement, à la question de la nature des CO posée depuis Monpeurt : il estime que les organisations corporatives agricoles sont des organismes privés.

C.E., 14 mai 1948, *Sargos, Rec.*, p. 209 ; *S.*, 1949, III, p. 25, au sujet du Comité central des groupements forestiers ;

C.E., 3 juin 1959, *Bellenand*, *Rec.*, p. 335, au sujet de la Commission nationale de l'habitat ; C.E., Sect., 13 janvier 1961, *Magnier, Rec.*, p. 33 ; C.Cass., civ., 6 octobre 1953, *mairie de Quesnoy s/Deule, S.*, 1954, somm. p. 21.

Il fut ainsi jugé que les décisions de répartition des stocks ont le caractère d'actes administratifs réglementaires (C.E., 15 juillet 1959, *Société industrielle d'huilerie et Reggio, A.J.D.A.*, 1959, p. 347. Voir aussi C.E., 6 octobre 1961, *Fédération nationale des huileries métropolitaines moyennes et artisanales*, *A.J.D.A.*, 1961, p. 641.

[3] C.E., 30 avril 1948, *Union confédérale de la couleur, Rec.*, p. 183 ; *S.*, 1948, III, p. 96 ; *D.*, 1948, p. 410, concl. A. Lefas : un Comité d'organisation ne peut réglementer le mandat commercial.

[4] C.E., 16 avril 1946, *Consorts Richier, Rec.*, p. 116 : un CO peut imposer à ses ressortissants des clauses à insérer obligatoirement dans les contrats passés avec les clients.

[5] C.E., Sect., 2 février 1945, *Moineau, Rec.*, p. 27 : refus d'inscription au tableau de l'ordre des médecins, appréciation souveraine de la chambre de discipline en l'absence de faits matériellement inexacts.

[6] C.E., 19 février 1943, *Bugnet, D.S.*, 1943, p. 173, concl. Léonard, au sujet de la commission spéciale des commissaires aux comptes, chargée de statuer notamment sur les questions disciplinaires. Pour le commissaire du gouvernement, dès lors que cette instance agissait en matière disciplinaire, elle devait être considérée comme une juridiction administrative

Mais peuvent aussi être pris en compte des éléments matériels, c'est-à-dire qu'est juridictionnel l'acte qui intervient dans un certain domaine, notamment disciplinaire[1].

La question s'est donc posée de savoir si les Ordres pouvaient être considérés comme des organes juridictionnels. Dans un premier temps ce caractère leur avait bien été reconnu lorsque le Conseil de l'Ordre statue sur des recours formés contre des refus d'inscription au tableau[2], ainsi qu'il ressort particulièrement de l'arrêt *Moineau* de 1945[3]. Il fut en effet jugé que la décision de la Chambre de discipline de l'Ordre national des médecins refusant l'inscription au tableau, était un acte juridictionnel, de sorte que le Conseil d'Etat, juge de cassation, ne pouvait contrôler l'appréciation des faits par les juges du fond.

A l'inverse, il fut décidé dans l'arrêt *Van den Veegaete* de 1946[4] que le Conseil supérieur de l'Ordre des architectes ne statuait pas comme autorité juridictionnelle quand il se penchait sur la validité des décisions prises par un conseil régional sur les demandes d'inscription au tableau[5]. C'est avec l'arrêt *de Bayo* de 1953[6] que le Conseil d'Etat finit par abandonner définitivement la position de l'arrêt *Moineau*, et les décisions prises en matière d'inscription au tableau n'ont donc pas caractère juridictionnel.

Les conséquences sont importantes : en effet, si l'acte est considéré comme étant administratif, le recours en excès de pouvoir est directement ouvert ; s'il est juridictionnel, il s'agit d'un recours en cassation devant le Conseil d'Etat.

Pour autant, si le contrôle du rôle disciplinaire, comme celui de l'activité administrative des Ordres professionnels groupant les collaborateurs de justice (officiers ministériels et avocats) relève des tribunaux judiciaires[7], dans les autres cas, le juge administratif reconnaît aux mesures disciplinaires le caractère de décisions juridictionnelles, pour lesquelles il est compétent[8].

---

spécialisée statuant en dernier ressort. Le Conseil d'Etat avait déjà admis, dans un arrêt *Sieur Combat* du 21 juillet 1939 (*Rec.*, p. 499), qu'il était compétent pour juger de la légalité des décisions prises par les commissions chargées des inscriptions des commissaires aux comptes.

[1] C.E., 21 mars 1950, *Dame Slaiher, S.*, 1950, III, p. 76 : lorsqu'elle se prononce en matière disciplinaire, la Commission de contrôle des banques a le caractère d'une juridiction.

[2] C.E., 14 mai 1943, *Gremeau, S*, 1944, III, p. 28, au sujet de l'ordre des médecins.

[3] C.E., Sect., 2 février 1945, *Moineau, Rec.*, p. 27.

[4] C.E., 14 juin 1946, *Van den Veegaete*, *Rec.*, p. 167 ; *S.*, 1947, III, p. 22.

[5] Voir aussi l'arrêt *Baudouin* du 3 mars 1948, *Rec.*, p. 110, au sujet des experts-comptables.

[6] C.E., 12 décembre 1953, *de Bayo. Rec.*, p. 544.

[7] J. Puisoye, « Le pouvoir disciplinaire des ordres professionnels », *S.*, 1963, chron., pp. 35-40.

[8] C.E., Ass., 12 décembre 1953, *de Bayo, Rec.*, p. 544.

Longtemps cependant, les requêtes furent considérées comme relevant du recours en excès de pouvoir[1].

La position issue de l'arrêt *de Bayo* fut critiquée, notamment par Brethe de la Gressaye[2], pour qui, entre une décision d'inscription et une sanction, il n'y aurait pas de différence, eu égard à la matière. Dans les deux cas, selon lui, il était question d'apprécier la moralité et la dignité du professionnel, de trancher un différend entre ce dernier et l'organisation professionnelle. Dans tous les cas la décision devait donc être juridictionnelle. De plus, que l'Ordre statue à titre préventif (pour l'inscription au tableau), ou répressif (à titre disciplinaire en cas de manquement aux règles de la profession), on peut soutenir que le même organe, l'Ordre, poursuit le même but : assurer la moralité de la profession, et s'assurer que les indésirables n'entrent pas dans la profession, ou alors qu'ils en sortent. C'est finalement le même critère qui est apprécié par le même organe, et dans le même but ; le régime applicable devrait être identique.

De plus, l'Ordre est assurément un organe corporatif : il fait corps avec la profession, il ne lui est pas extérieur, comme le serait une juridiction indépendante. Dès lors, le Conseil national pouvait être considéré comme un organe d'appel, d'un conseil régional par exemple, et non comme un organe hiérarchique.

Quoi qu'il en soit, les Ordres sont assimilés à une juridiction quand ils statuent en matière disciplinaire, mais non quand ils statuent en matière administrative comme pour les inscriptions au tableau.

De toute évidence, en matière disciplinaire, demeure encore une forte dimension corporatiste, et les Ordres ont le pouvoir de contrôler les candidats à l'ordinalité, à savoir vérifier si leur comportement est conforme aux règles relatives à l'exercice de la profession. Ce contrôle, exercé à titre préventif, vise à préserver la profession, en s'assurant que le candidat respecte les conditions de moralité. En somme, l'Ordre vérifie toujours que le candidat soit digne. Mais ce contrôle est aussi répressif car le candidat qui ne respecte pas les règles déontologiques peut être sanctionné. D'ailleurs, une violation de la déontologie commise antérieurement à l'inscription au barreau avait pu justifier une radiation, dès lors que la faute n'était pas connue au moment de l'inscription et que les faits étaient incompatibles avec le maintien dans l'Ordre[3].

---

[1] C.E., 28 février 1945, *Martin du Magny, Rec.*, p. 44 ; C.E., Ass., 16 mai 1947, *Teyssier, Rec.*, p. 205.

[2] J. Brethe de la Gressaye, « Le pouvoir juridictionnel des ordres professionnels », *D.S.*, 1955, pp. 597-602.

[3] C.E., Sect., 3 mai 1957, *Nemegyei, Rec.*, p. 280.

Finalement, face à la diversité de leurs pouvoirs et des actes qu'ils peuvent adopter, les organes corporatifs semblent rester dans une large mesure maîtres chez eux, l'intervention des pouvoirs publics demeurant en retrait. Certes, quelques atténuations sont notables, ainsi en en matière de fixation et de paiement des cotisations : par exemple, en 1985[1], le législateur avait pu limiter le pouvoir ordinal en supprimant les sanctions disciplinaires liées au non-paiement des cotisations, et amnistier les sanctions déjà prononcées[2]. Désormais les conseils ne peuvent obtenir satisfaction que dans les conditions de droit commun, et devant le juge judicaire pour obtenir un titre exécutoire. Parfois d'ailleurs, les textes leur permettent d'infliger des majorations en cas de retard[3].

Ainsi, si des garanties se sont développées, c'est à travers le contentieux du corporatisme et l'office du juge, qui a largement étoffé le droit corporatif.

Mais ici encore, il apparaît que les règles en la matière ne comprennent que très peu de spécificités : il s'agit de la transposition des règles classiques du contentieux administratif, tant du point de vue du contrôle de la légalité des actes que de la responsabilité : les organismes professionnels sont finalement souvent assimilés à des services publics.

[1] Articles 21 et 22 de la Loi n°85-704 du 12 juillet 1985, *relative à la maîtrise d'ouvrage publique et à ses rapports avec la maîtrise d'œuvre privée, J.O.,* 13 juillet 1985, p. 7914 ; Article 13 de la loi n°85-772 du 25 juillet 1985, *portant diverses dispositions d'ordre social, J.O.,* 26 juillet 1985, p. 8471.

[2] Auparavant, voir C.E., 3 avril 1980, *Bourgade, Rec.*, p. 181 : sanctions disciplinaires en cas de non-paiement.

[3] Article 37 du décret n°77-1481 du 28 décembre 1977, *sur l'organisation de la profession d'architecte, J.O.*, 1er janvier 1978, p. 19.

Section 2. Les contrôles du corporatisme.

Le contentieux du corporatisme s'est fortement étoffé depuis la Libération, et la jurisprudence a permis d'accentuer les contrôles et les garanties. Cependant, la première difficulté consistait à déterminer le juge du corporatisme (§1), puis les types de contentieux applicables, c'est-à-dire les recours en annulation (§2) et en responsabilité (§3) contre les actes et actions des corporations. Or force est de constater ici encore que les spécificités du droit corporatif s'estompent, et finalement, le droit commun s'applique de plus en plus.

§1. Les juges du corporatisme.

La première difficulté qui se pose consiste nécessairement à déterminer la répartition des compétences entre le juge administratif et le juge judiciaire dans le contentieux du corporatisme. Les corporations sont sans doute des organes mixtes, en liens étroits avec l'intérêt général et le service public[1], et dotés de pouvoir réglementaires ; pour autant la compétence administrative ne va pas nécessairement de soi.

Assurément, le principe même d'un contrôle de ces structures n'est pas discuté[2] ; en revanche, ses modalités sont plus délicates, certains auteurs assimilant les organismes professionnels aux organismes administratifs classiques[3]. De toute évidence, des pans entiers de leurs activités devraient nécessairement relever de la compétence du juge administratif. Tel est ainsi le cas du contentieux de l'organisation des services, et des litiges relatifs aux statuts des membres de l'Ordre (admission, inscription, retrait), au statut des organes (élections)[4], et à leur fonctionnement interne[5].

---

[1] Voir N. Albert, *L'institution ordinale. Contribution à l'étude des rapports entre l'Etat et les institutions professionnelles*, thèse, dactyl., Université François Rabelais de Tours, 1998, 658 p.

[2] Voir les conclusions Lagrange sur l'arrêt *Bouguen.*

[3] Voir par exemple R. Odent, « Le contrôle du Conseil d'Etat sur les ordres professionnels », *Archives de philosophie du droit*, 1953-1954, pp. 109-121.

[4] C.E., Sect., 19 janvier 1949, *Sieur Deroide, Rec.*, p. 22, *R.A.*, 1950, p. 153, note G. Liet-Veaux : recours contre des opérations électorales pour la constitution du Conseil départemental de l'ordre des médecins, et C.E., Sect., 10 février 1950, *Comité de défense des libertés professionnelles des experts-comptables brevetés de l'Etat et autres, Rec.*, p. 98 ; *R.A.*, 1950, p. 153, note G. Liet-Veaux : recours contre des opérations électorales pour la constitution d'un Conseils de l'Ordre des experts-comptables.

Voir également C.E., 15 juin 1949, *Sieur Faveret, Rec.*, p. 288, qui confirme l'arrêt *Deroide*, et donc la compétence administrative.

[5] C.E., 17 mars 1954, *Luquet, Rec.*, p. 165 : les règlements intérieurs des ordres ont une nature administrative, et le juge administratif vérifie la légalité d'une sanction disciplinaire au regard

Il en est de même pour le contentieux de l'exécution du service, qu'il s'agisse des actes juridiques unilatéraux pris pour l'exécution du service, règlementaires[1] ou individuels[2], ou des actions en responsabilité pour les dommages résultant de l'exécution du service, comme des refus d'inscription au tableau[3]. Le juge administratif est également compétent pour statuer sur les décisions relatives au respect des règles déontologiques, comme la confraternité, qui implique par exemple une obligation de non-concurrence[4].

En tout cas telle est la situation pour les organismes professionnels chargés d'un service à gestion publique, mais aussi pour ceux intervenant dans l'organisation du service judicaire, qu'il s'agisse par exemple de l'application du statut des auxiliaires de justice[5], ou de l'intervention dans leur nomination[6].

---

des dispositions de procédure d'un règlement intérieur ; C.E., 18 février 1955, *Offner, Rec.*, p. 101. En définitive, les actes règlementaires adoptés par les ordres sont bien des actes administratifs.

[1] A propos des CO, et d'une décision fixant les conditions générales que les ressortissants doivent insérer dans leurs contrats avec la clientèle : C.E., 16 avril 1946, *Consorts Richier, Rec.*, p. 116. Voir aussi C.E., 30 avril 1948, *Union confédérale de la couleur, Rec.*, p. 183 ; *S.*, 1948, III, p. 96 ; *D.*, 1948, p. 410 concl. A. Lefas ; C.E., Sect., 9 juillet 1948, *Syndicat national des courtiers d'assurances*, p. 316 : rejet d'une requête contre une décision règlementaire prise par un CO des assurances et portant statut provisoire des agents d'assurance dans leurs rapports avec les sociétés d'assurance et les courtiers d'assurance. Cette décision relevait des attributions du CO, chargé notamment de fixer les règles en matière d'échanges de produits, de services, et de régularisation de la concurrence.

C.E., Ass., 29 juillet 1950, *Comité de défense des libertés professionnelles des experts-comptables brevetés de l'Etat et autres, Rec.*, p. 98 ; *R.D.P.*, 1951, p. 212, concl. R. Odent, note M. Waline ; *R.A.*, 1950, p. 471, note G. Liet-Veaux.

[2] *Monpeurt, Bouguen*, C.E., 25 juillet 1952, *Sieur Gingold, Rec.*, p. 400 au sujet de la qualification d'un médecin spécialiste ; C.E., 7 janvier 1955, *Ged, D.*, 1955, p. 69, concl. Mosset.

[3] C.E., 8 novembre 1946, *Martinais, Rec.*, p. 356 ; C.E., Sect., 5 décembre 1947, *Sieur Froustey, Rec.*, p. 464 ; C.E., 1er octobre 1954, *Delle Costier* ; *D.S.*, 1955, p. 81, concl. Laurent ; C.E., Sect., 29 mars 1957, *Conseil national de l'ordre des chirurgiens-dentistes, Rec.*, p. 227 ; C.E., Sect., 8 novembre 1957, *Dame Barthel-Wegmann, Rec.*, p. 594 ; *A.J.D.A.*, 1957, II, p. 486, concl. Gazier.

[4] C.E., 8 avril 1961, *Hapette, A.J.D.A.*, 1961, p. 724, obs. B. Paulin, au sujet de l'interdiction pour un médecin de s'installer, avant un délai de deux ans, à un poste où il puisse entrer en concurrence avec un médecin qu'il a remplacé.

[5] C.E., 19 octobre 1934, *Jolivet, S.*, III, p. 66, concl. Latournerie : compétence du juge administratif pour statuer sur une délibération par laquelle l'assemblée générale d'une compagnie de notaires a statué administrativement (en l'occurrence sur une décision de la compagnie des notaires de plusieurs arrondissements judicaires afin de constituer une compagnie unique) ; C.E., 9 juin 1950, *Chambre syndicale des experts en objets d'art, Rec.*, p. 355, au sujet des commissaires-priseurs et experts ; C.E., Ass. Plén., 2 mai 1958, *Martin-Caille, Rec.*, p. 254, au sujet de la chambre nationale des commissaires-priseurs.

[6] C.E., 25 octobre 1950, *Sieurs Pellerin et Hassoun, Rec.*, p. 515, refus de candidature d'un avoué pour non certificat de moralité.

Cependant, un bloc de compétence fut parfois établi au profit du juge judiciaire. En effet, dans certains cas, comme pour les avocats, il fut décidé de confier l'ensemble du contentieux au juge judiciaire, en raison de leur statut d'auxiliaire de justice[1]. Aussi, les Cours d'appel sont compétentes pour statuer sur les appels formés contre les décisions rendues par les conseils de l'Ordre[2].

Dans le même sens et de façon plus générale, il fut reconnu que les rapports entre le groupe, l'Ordre, et ses membres, relèvent du droit privé[3] ; de même que le contentieux relatif à leur personnel[4], et à leurs biens[5].

Il est clair que les organes corporatifs ne sont pas que des institutions privées : ils sont reconnus et parfois rendus obligatoires par les pouvoirs publics, investis d'une mission de service public, dotés de prérogatives de puissance publique ; ce sont dans un sens des corporations publiques, et leur nature est bien mixte, ce qui *a priori* complexifie leur statut contentieux. Pourtant, on le voit, il n'existe pas de spécificité particulière aux corporations au regard de la répartition des compétences ; les règles sont somme toute classiques, tout comme le sont celles relatives au contentieux à proprement parler, qui se concrétise logiquement par le recours en annulation et par celui en responsabilité. Dès lors, le droit corporatif se trouve nécessairement atténué dans son particularisme.

---

[1] C.A. Paris, 26 juin 1936, *Ordre des avocats à la Cour d'appel de Paris, S.*, 1937, II, p. 33, note Pajot, recevabilité de la tierce-opposition d'un bâtonnier contre un arrêt infirmant une décision du Conseil de l'Ordre rejetant une demande d'admission au stage.

[2] Décret du 10 avril 1954, *portant règlement d'administration publique sur l'exercice de la profession d'avocat et la discipline du barreau, J.O.*, 11 avril 1954. Voir aussi C.Cass., civ., 21 mai 1959, *D.*, 1959, p. 380, note L. Cremieu.

[3] C.E., 2 janvier 1959, *Syndicat industriel d'utilisation et de transformation des fruits, pâtes de fruits et fruits secs, A.J.D.A.*, 1959, III, p. 69, au sujet d'un groupement national d'achat et de répartition, et d'un refus d'admission d'un syndicat. Le Conseil d'Etat rejeta la requête car portée devant une juridiction incompétente.

[4] C.E., 28 février 1947, *Bruhais*, *Rec.*, p. 88 : les agents des CO sont, sauf exception, des salariés de droit privé, ceux de la catégorie à laquelle appartenait le requérant : « Si les Comités d'organisation participent au fonctionnement d'un service public (...) les agents de la catégorie à laquelle appartenait le sieur Bruhais se trouvaient dans une situation de salariés de droit privé liés aux Comités qui les employaient par un simple contrat de travail » ; dès lors le juge judiciaire était compétent pour statuer sur les litiges liés à de tels contrats. Mais cela signifie-t-il que les organismes pourraient recruter des agents de droit public ? En tout cas, dans un sens inverse pour le Directeur d'un Comité d'organisation, voir C.E., 8 novembre 1946, *Martinais*, *Rec.*, p. 356.

[5] C.Cass., civ., 20 novembre 1956, *Dr Terray c./ Conseil départemental de l'Ordre des médecins de la Savoie, D.*, 1957, p. 53. La compétence judiciaire en matière patrimoniale avait été consacrée par la Cour d'appel de Paris, au sujet des conditions dans lesquelles l'Ordre des médecins avait recueilli les biens des syndicats médicaux dissous : C.A., Paris, 22 avril 1941, *Gaz. Pal.*, 1941, I, p. 437. En toute logique le patrimoine des ordres doit être soumis au droit privé, ils ne peuvent exproprier, les travaux qu'ils effectuent ne sont pas des travaux publics etc.

§2. Le développement du recours en annulation contre les actes des corporations.

Alors même que la reconnaissance d'une forme de pouvoir réglementaire aux corporations constitue une de leurs caractéristiques essentielles, et une spécificité, il apparaît toutefois que les questions liées à la légalité de leurs décisions ne sont pas forcément les plus problématiques. En effet, comme le relevait H. Detton en 1952, les décisions des organismes professionnels sont souvent prises en présence de conseillers juridiques ; aussi le conseiller d'Etat précisait que « la méconnaissance de la règle de droit est souvent la moindre de leurs erreurs »[1]. En revanche, les questions de moralité soulèvent sans doute le plus de difficultés : l'organisation professionnelle est en effet composée de membres qui peuvent devenir rivaux à tout moment ; il convient dès lors d'être vigilant et de veiller à ce que les mesures adoptées par la profession ne visent pas à en favoriser certains membres, ou à en exclure d'autres. Pour Detton, l'organisation devait alors être soumise à une tutelle juridictionnelle de la légalité et de la moralité, ainsi les garanties des individus dans leurs droits, tant matériels que procéduraux, pouvaient être assurées.

C'est ainsi par exemple que dans l'arrêt *Simon* de 1952, le juge reconnut au médecin le droit de mettre en cause certaines méthodes de traitement de la tuberculose, en d'en diffuser les critiques, sans que l'Ordre puisse le contraindre à un quelconque conformisme qui paralyserait de toute évidence tout progrès scientifique[2].

En réalité, il convient d'appliquer aux organismes professionnels les mêmes règles que celles qu'impose le juge à l'Administration de façon classique, ce qui démontre bien leur participation à des missions de service public, autrefois d'économie dirigée.

Après la Libération, les règles disciplinaires, visant à assurer la déontologie et la morale de certaines professions, consisteront à assainir les relations entre la profession et les clients, ou bien, dans la profession, entre les rivaux ; en somme, la discipline devient également un gage de libre concurrence. Il est toujours question de ne pas accepter les « indésirables », ou de les exclure, mais ces derniers ne sont plus les juifs ou les étrangers, ce sont dorénavant ceux qui ne respectent pas les conditions de moralité,

---

[1] H. Detton, « La protection par le Conseil d'Etat des droits de l'individu dans l'organisation professionnelle », *E.D.C.E.*, 1952, pp. 53-63.

[2] C.E., Ass., 4 janvier 1952, *Simon, Rec.*, p. 13, concl. Letourneur : le juge vérifie si les faits établis constituent une méconnaissance de la règlementation professionnelle ou des règles non écrites de la moralité professionnelle ; C.E., Ass., 27 avril 1951, *Privat, Rec.*, p. 230 ; *D.*, 1951, II, p. 365, note P.L. J ; *D.S.*, 1951, p. 488, concl. Delvolvé).

d'honneur, de probité, de déontologie, gages nécessaires pour exercer la profession, et faire partie du corps[1].

Il convient en effet de maintenir le bien commun à tous les membres, et la cohésion de la profession. On considère qu'elle sera bien exercée si tous ses membres ont les mêmes valeurs et les mêmes pratiques. En réalité, la discipline est corporative, elle est sans doute le dénominateur commun, ce qui unit toutes les institutions de cette nature : Ordres, associations, clubs sportifs, associations religieuses, partis politiques…

C'est pourquoi la violation des règles disciplinaires implique nécessairement une répression en cas de non-respect, mais aussi des contrôles et des garanties.

Dans les années suivant la Libération, R. Odent disait certes « qu'il n'y a plus de pouvoir corporatif ayant une existence légale »[2] ; en revanche, si les Ordres professionnels, même ceux créés entre 1940 et 1944 subsistent, ils ont tout de même subi quelques transformations pour être adaptés à la légalité républicaine, et notait-il, « leur vitalité s'affirme. Leur autorité s'accroît ». Sans doute dans une certaine vision angélique des Ordres, il précisait que dorénavant, leur constitution est démocratique, parce que leurs organes sont élus au suffrage universel, direct ou indirect, et que leurs rôles et compétences sont identiques, et la plupart du temps précisés dans des termes similaires.

Cependant, on a vu que tel était déjà le cas sous Vichy, où les formules étaient reprises de la même façon d'un Ordre à l'autre. Quant au principe démocratique, il est sans aucun doute sinon mis à mal, au moins écorné, ne serait-ce que parce que la cooptation se substitue à l'élection…

En tout état de cause, Odent soulignait que le contrôle du juge était nécessaire et notamment qu'un contrôle d'opportunité pouvait s'avérer efficace : préventif, il permet de faire obstacle à la naissance de situations de fait contraires à la volonté de l'Administration. On imagine donc aisément que si l'Administration le souhaite, le contrôle peut vite être poussé, et limiter considérablement l'indépendance du contrôlé[3], ce qui *a priori* entre en contradiction notable avec le principe même de la corporation et ses fonctions, qui consiste à veiller à l'indépendance de la profession. En vérité, il n'est pas certain que la surveillance de la puissance publique soit extrêmement stricte sur l'exercice des compétences, pourtant régaliennes, des organismes professionnels. Ces derniers disposent en effet des pouvoirs

---

[1] Sous Vichy, étrangers et juifs n'étaient pas « dignes d'exercer » et cette interdiction était justifiée légalement. Désormais les critères sont autres, et les gages à donner sont donc différents.

[2] R. Odent, « Le contrôle du Conseil d'Etat sur les ordres professionnels », *Archives de philosophie du droit*, 1953-1954, pp. 109-121.

[3] Certes, à la différence du contrôle de légalité qui existe même sans texte, le contrôle d'opportunité effectué par l'Administration sur les décisions d'une personne morale ne se présume pas et doit être prévu par un texte.

règlementaires, disciplinaires, juridictionnels, de lever l'impôt (ici par les cotisations), et de décider qui entre ou non dans la profession (par le contrôle de l'inscription au tableau). Par conséquent, les seuls actes soumis à un contrôle d'opportunité seraient ceux pris dans le cadre du pouvoir règlementaire. Il en est ainsi des codes, préparés et rédigés par la profession, mais qui ne peuvent devenir exécutoires qu'une fois qu'ils ont été sanctionnés par l'autorité de tutelle.

Diverses méthodes ont alors été mises en place afin d'assurer des garanties : soit les codes doivent être approuvés par règlement d'administration publique (architectes, professions médicales), ou par le ministre compétent ou son délégué (experts-comptables, géomètres-experts où il ne faut que l'agrément du commissaire du gouvernement ; pour les vétérinaires il n'existe qu'un droit d'opposition).

Dans tous les cas, il semblerait que l'agrément administratif ne soit ici qu'une simple formalité : il est probable que les pouvoirs publics, s'estimant incompétents en la matière, préfèrent renvoyer le pouvoir aux professions elles-mêmes, plus à même de juger des techniques et traditions ou pratiques professionnelles.

Dès lors, si le contrôle d'opportunité est resté lettre morte, tout reposait sur le contrôle de légalité[1].

Le contrôle exercé par le juge administratif en matière de recours en excès de pouvoir contre les actes des corporations est classique[2] : les décisions et règlements des organismes professionnels se voient appliquer le principe général de hiérarchie des règlements administratifs. Il est ainsi considéré de longue date que les pouvoirs d'une autorité subordonnée ne peuvent s'exercer que dans les limites déterminées par l'autorité supérieure[3]. De même, le juge administratif appliqua aux comités d'organisation l'intégralité des principes en matière de recours en excès de pouvoir, afin « d'imprimer à l'organisation professionnelle cet esprit de légalité »[4]. Ainsi, dans l'arrêt *Devouge*, le Conseil d'Etat accorda une grande attention au détournement de pouvoir[5] ; jusqu'alors, et notamment dans

---

[1] C.E., Ass., 29 juillet 1950, *Comité de défense des libertés professionnelles des experts-comptables brevetés de l'Etat et autres, Rec.*, p. 98 ; *R.D.P.*, 1951, p. 212, concl. R. Odent, note M. Waline ; *R.A.*, 1950, p. 471, note G. Liet-Veaux.

[2] Voir Anonyme, « Les décisions des Comités d'organisation et le recours pour excès de pouvoir », *D.S.*, 1944, pp. 201-210.

[3] C.E., 22 janvier 1943, *Groupements interprofessionnels laitiers, D.S.*, 1943, p. 176. Ainsi, le règlement d'un groupement interprofessionnel laitier départemental ne pouvait aller au-delà de ce que permettait le règlement général homologué par décret.

[4] A. Brimo, note sous C.E., 28 mars 1945, *Devouge* (1ère espèce), *Escabas* (2ème espèce), *Etablissement Sassolat* (3ème espèce), *S.*, 1945, III, p. 45, concl. Detton ; *D.S.*, 1945, p. 342, conl. Detton ; *J.C.P.*, 1945, II, 2881, obs. F. V.

[5] Dans le même sens, voir C.E., 28 mars 1945, *Sieur Moreau, D.S.*, 1945, p. 222, qui montre les limites du pouvoir règlementaire des autorités locales. Est consacrée une forme de

l'arrêt *Monpeurt*, il affichait pourtant une certaine réticence à l'appliquer aux comités d'organisation. En effet, au sujet des CO, les décisions prises faisaient souvent « corps avec l'organisation professionnelle, qui sont étroitement liées au statut corporatif ». Et ce statut, précisait Brimo, constituait un véritable « écran entre le Conseil d'Etat et la profession »[1].

Dans le même sens, le juge accepta d'examiner si les motifs d'une sanction disciplinaire étaient ou non entachés d'erreur de droit[2], ainsi que l'exactitude matérielle des faits[3].

De façon générale, le juge s'attacha au respect des droits de la défense[4] ; ainsi les organes des Ordres professionnels sont tenus de respecter les règles générales de procédure dont l'application n'a pas été écartée par une disposition législative expresse, ou n'est pas inconciliable avec leur organisation[5]. Il en découle l'obligation de motivation des sanctions ou des refus d'inscription[6], la mention du nom des juges, le caractère contradictoire de la procédure[7] etc.

En tout état de cause, cette application au droit professionnel de l'intégralité des principes du droit public, et notamment de la légalité, circonscrit son autonomie.

Néanmoins, bien que les règles de droit public s'appliquent au droit professionnel, il est intéressant de constater que le Conseil d'Etat s'était souvent efforcé de maintenir les pouvoirs spéciaux conférés aux autorités administratives ou professionnelles dans le cadre d'une économie dirigée.

---

spécialisation du pouvoir règlementaire économique, qui interdit de s'en servir pour des fins non-économiques. Ainsi la police des marchés ne peut avoir d'autre objet que de de faire respecter la règlementation des marchés et assurer un bon approvisionnement. Elle ne peut être utilisée afin d'interdire l'installation d'un commerçant, afin de lui donner une leçon de courtoisie. Le maire commet assurément un détournement de pouvoir.

[1] Dans l'affaire *Devouge*, il était reproché au directeur du Comité d'organisation de l'industrie du cuir d'avoir édicté des dispositions qui favorisaient les acheteurs de peaux et cuirs et poils au détriment des collecteurs et des producteurs. Pour le commissaire du gouvernement, il existait « un faisceau de présomptions impressionnantes ».

[2] C.E., Ass., 27 avril 1951, *Privat, Rec.*, p. 230 ; *D.*, 1951, II, p. 365, note P.L. J ; *D.S.*, 1951, p. 488, concl. Delvolvé.

[3] C.E., 9 novembre 1951, *Fischer, Rec.*, p. 523.

[4] C.E., 2 décembre 1951, *Beloeuvre et Godard, Rec.*, p. 809 ; C.E., 18 février 1955, *Offner, Rec.*, p. 101 ; *D.*, 1955, p. 224 : les chambres régionales de discipline instituées auprès des conseils régionaux de l'Ordre sont compétentes pour statuer sur toutes les poursuites engagées contre un membre du conseil ; C.E., Sect., 25 mars 1960, *Boileau, Rec.*, p. 234.

[5] C.E., 8 janvier 1959, *Commissaire du gouvernement près le Conseil supérieur de l'Ordre des experts-comptables et comptables agréés, Rec.*, p. 15.

[6] C.E., 14 juin 1946, *Van den Veegaete, Rec.*, p. 167 ; *S.*, 1947, III, p. 22 ; C.E., 12 décembre 1953, *de Bayo. Rec.*, p. 544.

[7] C.E., 7 avril 1948, *Borgne-Pérignon, Rec.*, p. 150, au sujet d'un requérant qui n'avait pas été convoqué à la séance au cours de laquelle le Conseil supérieur de l'Ordre des architectes avait statué sur son appel ; C.E., 8 juin 1956, *Amestoy, Rec.*, p. 240 ; C.E., 28 mars 1958, *Graef, Rec. Tab.*, p. 815, sur la motivation.

Certes, la jurisprudence *Etablissements Sassolat*[1] a conduit à restreindre les pouvoirs des autorités professionnelles ; néanmoins, les autorités locales conservèrent des pouvoirs importants dans la règlementation de l'activité économique. Ainsi, un arrêt *Bessan* de 1945[2] admit la légalité de l'utilisation par un préfet de ses pouvoirs de police générale, afin de faciliter le contrôle des mesures de rationnement. Il fut considéré que l'organisation professionnelle et le contrôle économique répondaient à des nécessités impérieuses, et constituaient par conséquent un service public. Dès lors, l'autorité publique pouvait les accompagner et les soutenir dans leurs missions.

En ce qui concerne ensuite le contentieux des mesures disciplinaires, il apparaît en revanche que le juge fit preuve de davantage de réticences, puisqu'il refusa d'admettre le moyen tiré du détournement de pouvoir, que l'arrêt *Martin du Magny* de 1945 laissait pourtant présager[3]. En 1951, il estima en effet que ce moyen ne saurait être retenu lors d'un pourvoi en cassation dirigé contre une décision d'une juridiction administrative[4].

On le sait, les Ordres sont assimilés à une juridiction quand ils statuent en matière disciplinaire, mais pas quand ils statuent en matière administrative comme pour les inscriptions au tableau[5].

La nature des mesures disciplinaires étant assurément publique, la compétence revient en premier ressort au conseil régional et en appel au conseil national. Les décisions de ce dernier sont susceptibles d'un recours devant le Conseil d'Etat[6], étant entendu qu'elles peuvent faire l'objet simultanément d'un recours administratif, et d'un recours contentieux devant le juge[7], ou bien d'un seul, au choix du requérant[8].

Dès lors, les juridictions professionnelles sont astreintes au respect des règles de procédure administrative, dont l'obligation de motivation[9],

---

[1] C.E., 28 mars 1945, *Etablissement Sassolat* (3ème espèce), *S.*, 1945, III, p. 45, concl. Detton ; *D.S.*, 1945, p. 342, conl. Detton ; *J.C.P.*, 1945, II, 2881, obs. F. V.

[2] C.E., 14 février 1945, *Bessan, D.S.*, 1945, p. 221.

[3] C.E., 28 février 1945, *Martin du Magny, Rec.*, p. 44.

[4] C.E., 20 juillet 1951, *Société X., Rec.*, p. 805 ; C.E., Sect., 6 mars 1953, *Abbé Giloteaux, Rec.*, p. 117, concl. Chardeau ; *D.*, 1954, p. 148, note Morange.

[5] C.E., 14 juin 1946, *Van den Veegaete, Rec.*, p. 167 ; *S.*, 1947, III, p. 22 ; C.E., 12 décembre 1953, *de Bayo. Rec.*, p. 544.

[6] C.E., 5 janvier 1951, *Dame Faure, Rec.*, p. 6.

[7] C.E., Sect., 26 juin 1959, *Firstoos, Rec.*, p. 402 ; C.E., Sect., 20 octobre 1967, *Schulsinger, Rec.*, p. 389.

[8] C.E., 3 novembre 1967, *Ducloux, Rec.*, p. 406.

[9] Bien que cette obligation ait pu être partielle : C.E. Sect., 24 avril 1964, *Delahaye, A.J.D.A.*, 1964, p. 303 ; *D.S.*, 1964, p. 433, concl. G. Braibant : au sujet de commissions paritaires départementales ayant refusé d'inscrire un médecin sur une liste départementale de notoriété.

ou encore celle de mentionner les juges dans les jugements, ce qui constitue une règle générale de procédure[1].

Le contentieux professionnel n'a pas pour but de protéger les droits des professionnels, mais d'assurer l'observation des règles édictées dans l'intérêt général[2]. Dès lors, en matière disciplinaire, tout manquement aux devoirs professionnels déterminés par les codes de déontologie peut être sanctionné : les infractions peuvent être commises tant envers des confrères (manquement aux règles de courtoisie), qu'envers les clients (probité etc.)[3].

Quant aux règles disciplinaires applicables, le Conseil d'Etat a étendu en la matière sa jurisprudence relative aux agents publics, et posé le principe de l'indépendance des instances disciplinaires et pénales[4], ce qui signifie que le même manquement peut servir de fondement à deux sortes de poursuites. De plus, toute infraction aux obligations de la profession constitue une faute passible de sanction. Ainsi en va-t-il, pour un médecin, de la publication dans un journal de presse locale, en accord avec l'intéressé, d'un article ayant un caractère publicitaire, ce qui est prohibé par le code de déontologie[5]. Il en est de même du manquement au respect des principes traditionnels de la médecine[6].

Pourtant Braibant souhaitait, au moins sur le terrain de l'opportunité, que les décisions prises par les commissions de notoriété soient soumises à l'obligation de motivation, dans un but de bon fonctionnement et de limite des risques d'arbitraire et de légèreté. Cependant, dans le silence des textes, cela était délicat du point de vue du droit…

[1] Au sujet d'une commission nationale interprofessionnelle d'épuration, considérée comme une juridiction : C.E., 9 juillet 1947, *Dame Maigne, sieurs Danielewitz et Becker, Rec.*, p. 303 ; C.E., 9 novembre 1956, *Pouillon, Rec.*, p. 423.

[2] C.E., Sect., 8 avril 1961, *Conseil national de l'ordre des médecins*, *Rec.*, p. 221, concl. M. Henry.

[3] Constituent ainsi des manquements à l'honneur et à la probité des faits de plagiat imputés par exemple à un architecte (C.E., 2 mars 1956, *Sieurs Berson et Mouillard, Rec.*, p. 104) ; ou encore le fait d'utiliser de fausses attestations d'actes médicaux non accomplis (C.E., 15 juillet 1957, *Senequier, Rec. Tab.*, p. 852 ; p. 1010). En revanche, ne constituent pas de tels manquements le fait de prononcer des paroles injurieuses à l'égard d'un confrère (C.E., 5 février 1958, *Sabadini, Rec., Tab.*, p. 838 : s'il s'agit certes d'une faute professionnelle, celle-ci ne présente pas en elle-même le caractère d'un manquement à l'honneur), ni le fait d'attirer de la clientèle avec des prospectus publicitaires (C.E., Sect., 12 juillet 1955, *Grunberg*, n°7811, *Rec.*, p. 407, concl. M. *Guionin*).

[4] C.E., 5 janvier 1951, *Dame Faure, Rec.*, p. 6 ; C.E., Sect., 19 octobre 1956, *Princeteau, Rec.*, p. 378 ; C.E., Section, 28 janvier 1994, *Conseil départemental de l'ordre des médecins de Meurthe-et-Moselle, R.F.D.A.*, 1994, p. 459, concl. R. Schwartz.

[5] C.E., 28 janvier 1959, *Hay, Rec.*, p. 81.

[6] C'est-à-dire le libre choix du médecin par le patient, la liberté de prescriptions, l'entente directe entre le malade et le médecin en matière d'honoraires, et le paiement direct des honoraires par le patient. Voir concl. Delvolvé sous C.E., Ass., 27 avril 1951, *Privat, D.S.*, 1951, p. 488.

Cependant, le principe de légalité des peines s'impose, naturellement, si bien que la juridiction professionnelle ne peut prononcer que celles qui sont prévues par les textes. Les peines peuvent alors être morales (blâme par exemple), ou matérielles (suspension, interdiction d'exercer), mais elles ne peuvent être prononcées de façon rétroactive[1].

Les juges professionnels doivent, quant à eux, rester strictement dans leurs attributions[2], ainsi ils ne peuvent trancher des questions de nature administrative.

Le Conseil d'Etat se prononce encore régulièrement pour offrir des garanties : ainsi a-t-il rappelé, dans le cas où un juge disciplinaire se prononçait sur des faits antérieurs à l'inscription au tableau, qu'en vertu des principes généraux du droit disciplinaire, une sanction infligée en première instance par une juridiction disciplinaire ne peut être aggravée par le juge d'appel saisi du seul recours de la personne sanctionnée[3].

Quant au contrôle de la sanction, si classiquement la question de l'adéquation de la sévérité de la sanction disciplinaire à la gravité de la faute relève de l'appréciation souveraine des juges du fond, et échappe donc au juge de cassation, le Conseil d'Etat a néanmoins limité cette appréciation souveraine, en contrôlant l'absence de dénaturation dans l'appréciation de la proportionnalité de la sanction[4]. L'arrêt *Moineau* avait déjà estimé que le juge de cassation contrôlait l'exactitude matérielle des faits et leur qualification juridique (en somme, les faits reprochés sont-ils constitutifs d'une faute de nature à justifier une sanction ?). L'appréciation des faits en revanche relève de l'appréciation souveraine des juges du fond. Ici, assurément, le Conseil d'Etat assouplit sa position, en contrôlant, comme il a été rappelé, l'absence de dénaturation dans l'appréciation de la proportionnalité de la sanction.

Enfin, il convient de souligner que la création des juridictions professionnelles demeure de la compétence du législateur : cette solution avait déjà été admise antérieurement à la Constitution de 1958[5]. Leur suppression ne répond en revanche à aucune exigence particulière ; l'organisme peut disparaître totalement, comme à la Révolution[6], ou à la

---

[1] C.E., 21 juin 1944, *Bec, Rec.*, p. 177.

[2] C.E., Sect., 23 janvier 1959, *Derambure, Rec.* p. 68, concl. G. Braibant.

[3] C.E., 21 septembre 2015, *Conseil départemental de l'ordre des médecins de la Seine-Maritime*, n°375016, *R.T.D.Comm.*, 2015, p. 694, obs. G. Orsoni. Voir dans le même sens C.E., 9 juin 2011, *Houze*, n°336113.

[4] C.E., 30 mai 2011, *Mme O., A.J.D.A.*, 2011, p. 2246, note J. Petit.

[5] C.E., 25 juillet 1952, *Sieur Gingold, Rec.*, p. 400. Après 1958 : C.E., 13 juillet 1962, *Conseil national de l'ordre des médecins, R.D.P.*, 1962, p. 764, concl. G. Braibant.

[6] Décret du 2-17 mars 1791, *portant suppression de tous les droits d'aides, de toutes les maîtrises et jurandes, et établissements de patentes, S., Lois annotées*, 1ère série, 1789-1830, p. 92.

Libération[1], et il revient uniquement à l'autorité publique de déterminer le sort de l'activité qui faisait l'objet de l'intervention de l'organisme. Elle peut en effet continuer de lui reconnaître le caractère de service public, auquel cas c'est une autre autorité administrative qui se chargera de sa gestion[2]. Ou alors, de façon plus radicale, l'autorité cesse de reconnaître le caractère de service public à l'activité, qui tombe dans le domaine de l'initiative privée : cela se traduit par la suppression de l'organisme professionnel, et du service qu'il gérait[3].

A l'évidence, ce sont le plus souvent les règles classiques du contentieux administratif qui s'appliquent aux corporations, et cela se voit à travers les recours en annulation, mais aussi en ce qui concerne les recours indemnitaires.

§3. Les actions en responsabilité à l'égard des corporations.

Les actions en responsabilité peuvent également être envisagées à l'égard des corporations selon des logiques, ici encore, sommes toutes classiques[4], et dans des hypothèses variées, que ce soit en raison de refus d'agrément[5], ou encore de refus d'inscription au tableau[6]. Dans ses conclusions sous l'arrêt *Delle Costier* de 1954, le commissaire du gouvernement Laurent posait d'ailleurs la question de savoir quelles exigences il importait d'avoir à l'égard des Ordres professionnels.

Il estimait en effet qu'il convenait de leur transposer les principes généraux de la responsabilité quasi-délictuelle des services publics : selon lui, les Ordres étant investis d'une mission de service public administratif, il était alors possible de rechercher une faute de service pour engager leur responsabilité. La question était de savoir s'il convenait de

---

[1] Ordonnance du 22 juin 1944, *relative aux organismes dits Comités d'organisation, J.O.R.F.*, 5 août 1944, p. 671.

[2] Voir Loi du 26 avril 1946, *portant dissolution d'organismes professionnels et organisation pour la période transitoire, de la répartition des produits industriels, J.O.*, 28 avril 1946, p. 3534.

[3] Décret du 2-17 mars 1791, *portant suppression de tous les droits d'aides, de toutes les maîtrises et jurandes, et établissements de patentes, S., Lois annotées*, 1ère série, 1789-1830, p. 92 ; Loi du 26 avril 1946, *portant dissolution d'organismes professionnels et organisation pour la période transitoire, de la répartition des produits industriels, J.O.*, 28 avril 1946, p. 3534.

[4] C.E., 6 octobre 1944, *Sassot, Rec.*, p. 258 : grossiste titulaire d'une carte professionnelle s'étant vu refuser systématiquement l'attribution de fromages, lui rendant impossible l'exercice de sa profession. Le juge reconnaît une faute de nature à engager la responsabilité du groupement interprofessionnel.

[5] En l'occurrence d'un candidat à un office de notaire : C.E., 9 novembre 1945, *Devaux, Rec.*, p. 228.

[6] En l'occurrence d'un chirurgien-dentiste : C.E., 1er octobre 1954, *Delle Costier, D.S.*, 1955, p. 81, concl. Laurent.

traiter les Ordres comme des services publics « privilégiés » (comme la police[1], la justice notamment[2]) exigeant l'existence d'une faute lourde.

Il serait en effet envisageable de considérer que les organes corporatifs ont un certain droit à l'erreur, à des maladresses, car composés de membres de professions libérales, ils n'ont pas nécessairement connaissance des impératifs liés à l'intérêt général, et au service public. Engager la responsabilité des Ordres pour faute simple pourrait *a priori* comporter le risque de transposer en totalité le régime des services publics classiques aux Ordres professionnels, ce qui entraînerait une certaine sévérité et un alignement des régimes : cela reviendrait à assimiler Ordres et services publics. Pour le commissaire du gouvernement Laurent en réalité, ce risque devait être écarté, en tout cas en termes de sévérité, d'abord parce que les Ordres ne peuvent exciper de leur incompétence pour se soustraire à leurs obligations légales. De plus, ils ont en leur sein des conseillers juridiques ; aussi, ce serait, selon lui, maintenir une part de privilèges que de leur appliquer un régime de faute lourde, ce qui maintiendrait leur spécificité.

Assurément, n'exiger comme le fait le Conseil d'Etat qu'une faute simple pour engager la responsabilité des organismes professionnels, revient à les aligner sur les services publics classiques. Mais rien ne justifiait, en effet, de soumettre à une exigence de faute lourde : il n'y a nulle difficulté particulière dans l'activité qui consiste à réglementer la profession, et notamment à permettre, ou non, l'entrée dans la profession. Par conséquent, l'illégalité d'un refus d'inscription constitue une faute de nature à engager la responsabilité de l'Ordre, c'est-à-dire une faute simple. Il en est de même pour une radiation illégale, qui ouvre droit à indemnité pour atteinte à la réputation et à la faveur auprès de la clientèle, ainsi que pour le préjudice moral et les troubles dans les conditions d'existence subis[3].

D'ailleurs, dès l'arrêt *Sassot* de 1944, le Conseil d'Etat avait admis qu'une décision individuelle irrégulière constituait une faute : toute illégalité est donc fautive ; cette solution avait été admise bien avant l'arrêt *Ville de Paris c./ Driancourt*[4].

Dans le même sens, en 1947, dans un arrêt *Froustey,* au sujet de la décision d'un préfet rapportant l'autorisation précédemment accordée à un médecin, et lui interdisant donc l'exercice de la médecine, le Conseil d'Etat avait admis la responsabilité de la puissance publique en raison de l'illégalité de la décision du préfet et du retard qu'il avait mis à rapporter la décision, ce qui constituait des fautes de nature à engager la responsabilité de l'Etat.

---

[1] Depuis l'arrêt du 10 février 1905 *Tomaso Grecco* (*Rec.*, p. 139) ; cette exigence a été abandonnée dans certains cas.

[2] Jurisprudence abandonnée également (C.E., 28 juin 2002, *Garde des Sceaux c./ Magiera ; Rec.*, p. 248).

[3] C.E., 8 janvier 1964, *Conseil départemental de l'ordre des médecins, Rec. Tab.*, p. 986.

[4] C.E., Sect., 26 janvier 1973, *Ville de Paris c./ Driancourt, Rec.*, p. 78.

De même, un conseil départemental de l'Ordre des médecins avait pu commettre une faute en retardant une inscription[1].

Dès lors, si les corporations sont assimilées aux services publics, il convient de leur appliquer le même régime juridique, c'est-à-dire celui de la responsabilité pour faute de service. Ensuite, il convient de savoir quel degré de faute exiger, lourde ou simple ; enfin, de savoir où réside la faute simple : ce peut être dans l'illégalité de la mesure. On a donc bien ici clairement un alignement du droit corporatif sur le droit de la responsabilité et plus précisément celui des services publics. L'osmose est telle du reste, que parfois ce sont les jurisprudences et les règles relatives aux corporations qui ont ensuite été transposées de façon générale au droit et au contentieux administratifs.

On le voit, les spécificités s'estompent, et il est assurément possible de couler les corporations dans le moule du droit public : que ce soit parfois celui de la fonction publique (comme pour le statut[2]), ou des services publics (à travers leurs structures, les missions, ou le contentieux indemnitaire).

En définitive, il apparaît que les corporations n'échappent plus au droit commun, et il n'y a alors sans doute plus de justification au maintien de certains de leurs privilèges. Plus précisément, un contrôle renforcé de l'Etat pourrait d'ailleurs être bénéfique : cela n'assurerait-il pas davantage de garanties aux professionnels, aux clients, en permettant aux corporations de remplir tout aussi bien leurs missions de services publics ?

Assurément, un certain nombre de critiques peuvent toujours être formulées à l'égard de ces structures : en termes de représentation, de contrôles, mais aussi à l'égard du respect du principe démocratique.

Ce dernier n'a jamais été vraiment tout à fait ancré dans le corporatisme, bien que les pouvoir publics demeurent souvent présents d'une façon ou d'une autre : certes les avocats élisent les membres de leurs Ordres, mais pour d'autres, diverses dispositions ont été mises en place afin d'introduire en leur sein des hauts fonctionnaires qui, représentant l'Etat,

---

[1] C.E., Sect., 5 décembre 1947, *Sieur Froustey*, *Rec.*, p. 464. Voir aussi C.E., 3 décembre 1943, *Consorts Klein, Rec.*, p. 279, au sujet d'une autorisation donnée à un approvisionneur d'occuper un emplacement aux Halles. Voir aussi C.E., Sect., 28 juillet 1944, *Ville de Nice, Rec.*, p. 219, au sujet d'un arrêté ordonnant la cessation de l'exploitation d'une carrière. Ou encore C.E., 26 février 1947, *Société Les nouvelles Galeries, Rec.*, p. 699, arrêté ordonnant la fermeture d'une entreprise. Ou encore C.E., 18 juillet 1947, *Société des établissements Rey frères, Rec.*, p. 330, refus d'autorisation d'ouverture d'un établissement classé.

[1] H. Detton, « La protection par le Conseil d'Etat des droits de l'individu dans l'organisation professionnelle », *E.D.C.E.*, 1952, pp. 53-63.

[2] Rappelons que les notaires par exemple ont longtemps été considérés comme étant des fonctionnaires.

peuvent tenter d'insuffler un vent d'intérêt général, voire d'orienter certaines décisions.

Pour les experts-comptables par exemple, le Conseil est élu, mais un commissaire du gouvernement y est adjoint[1]. Pour les géomètres- experts, il est d'ailleurs clairement mentionné dans la loi que « les pouvoirs publics sont représentés auprès du conseil supérieur et des conseils régionaux par un commissaire du gouvernement ». Pour les médecins et les pharmaciens, on trouve un conseiller juridique, conseiller d'Etat, nommé par le gouvernement, qui siège au Conseil de l'Ordre, et qui a voix délibérative[2]. Pour les pharmaciens, il y a en outre un inspecteur de la pharmacie, fonctionnaire nommé. Un magistrat (Conseiller d'Etat) préside les Conseils dans leur forme disciplinaire. Pour les architectes, le président du Conseil est nommé par décret parmi les membres élus, et un Conseiller d'Etat est conseiller juridique[3]. Pour les vétérinaires, les formations disciplinaires sont présidées par un conseiller honoraire à la Cour de cassation[4]. Enfin, pour les notaires, avoués, huissiers, commissaires-priseurs, le gouvernement a le droit de suspendre ou de dissoudre collectivement les chambres qui manqueraient à leurs devoirs[5].

En toute hypothèse, on peut supposer que l'influence effective des représentants de l'Etat demeure assez limitée. L'idée que le corporatisme est un domaine réservé qui s'épanouit mieux dans l'entre-soi reste sans doute très forte. Dès lors, cela démontre une certaine abstention de la part de l'autorité publique, qui concède, sous forme de concurrence, ce qui reste une dépossession. Un Etat démocratique jaloux de ses prérogatives pourrait sans préjudice pour quiconque imposer davantage de contrôle sur les actes et comportements des corporations. Ou alors il faut compter sur une certaine autodiscipline de leur part, ce qui relève plus de l'éthique que du droit.

---

[1] Articles 56 à 58 de l'ordonnance du 19 septembre 1945, *portant institution de l'ordre des experts-comptables et des comptables agréés et réglementant les titres et les professions d'expert-comptable et de comptable agréé, J.O.*, 21 septembre 1945, p. 5938 et article 11 de la Loi du 7 mai 1946, *instituant l'ordre des géomètres-experts, J.O.*, 9 mai 1946, p. 3889.

[2] Article 41 de l'Ordonnance du 24 septembre 1945, *relative à l'exercice et à l'organisation des professions de médecin, de chirurgien-dentiste et de sage-femme, J.O.*, 28 septembre 1945, p. 6083, et article 29 du Code de la pharmacie institué par le décret du 6 novembre 1951, *portant codification des textes législatifs concernant la pharmacie, J.O.*, 20 novembre 1951, p. 11491.

[3] Article 5 de la loi du 31 décembre 1940.

[4] Article 18 de la Loi du 23 août 1947, *relative à l'institution d'un ordre national des vétérinaires, J.O.*, 24 août 1947, p. 8375.

[5] Ordonnance du 28 juin 1945, *relative à la discipline des notaires et de certains officiers ministériels, J.O.*, 29 juin 1945, p. 3926.

Annexe 1 : Tableau des textes relatifs à l'organisation des professions

Médecins

Textes adoptés sous Vichy	Textes/propositions antérieurs	Textes adoptés à la Libération
• Loi du 16 août 1940, *concernant l'exercice de la médecine*, *J.O.*, 19 août 1940, p. 4735 • Loi du 7 octobre 1940 ***instituant l'ordre des médecins***, *J.O.*, 26 octobre 1940, p. 5430 • Loi du 26 mai 1941, *modifiant les lois du 30 novembre 1892 et 26 juillet 1935 sur l'exercice de la médecine et de l'art dentaire*, *J.O.*, 9 juin 1941, p. 2390 • Décret du 11 août 1941, *règlementant, en ce qui concerne les*	• Loi du 19 ventôse an XI, *relative à l'exercice de la médecine*, *S.*, *Lois annotées*, 1ère série, 1789-1830, p. 622 • Loi du 30 novembre 1892, *sur l'exercice illégal de la médecine*, *J.O.*, 1er décembre 1892, p. 5749. • Loi du 21 avril 1933, *relative à l'exercice de la médecine*, *J.O.*, 23 avril 1933, p. 4246 • Proposition de loi de X. Vallat, L. Daudet, et autres, *relative à* ***l'institution d'un ordre des médecins***, *J.O.*, Documents parlementaires, Chambre, annexe n°5979, 1ère séance, 15 mai 1923	• Comité français de la libération nationale en Algérie : Ordonnance du 18 octobre 1943, *relative à l'exercice de la médecine et de l'art dentaire et à* ***l'organisation des professions médicales et dentaires***, *J.O.R.F.*, 21 octobre 1943, p. 207 • Ordonnance du 24 septembre 1945, *relative à l'exercice et à* ***l'organisation des professions de médecin, de chirurgien-dentiste et de sage-femme***, *J.O.*, 28 septembre 1945, p. 6083 (L. 4121-1 et suivants du Code de la Santé publique)

juifs, la profession de médecin, J.O., 6 septembre 1941, p. 3787, rectificatif, *J.O.*, 23 octobre 1941 • Loi du 17 novembre 1941, ***organisant l'exercice de la profession dentaire****, J.O.*, 6 décembre 1941, p. 5270 • Loi du 22 novembre 1941, *concernant l'exercice de la médecine, J.O.*, 29 novembre 1941, p. 5142 • Loi n°4963 du 26 novembre 1941 *modifiant la loi du 7 octobre 1940* ***instituant l'ordre des médecins****, J.O.*, 29 novembre 1941, p. 5143 • Loi du 10 septembre 1942, *relative*	• Proposition de loi *relative à* ***l'institution d'un ordre des médecins****, J.O.*, Débats parlementaires, Chambre des députés, 2ème séance du 9 décembre 1932, p. 3503 • Loi du 26 juillet 1935, *relative à l'exercice de la médecine et de l'art dentaire, J.O.*, 27 juillet 1935, p. 8146	• Ordonnance du 18 janvier 1945, *relative à l'épuration des médecins, dentistes et sages-femmes, J.O.*, 19 janvier 1945, p. 260

à l'ordre des médecins et à l'organisation des professions médicale et dentaire, J.O., 18 septembre 1942, p. 3185		

Pharmaciens

Textes adoptés sous Vichy	**Textes antérieurs**	**Textes adoptés à la Libération**
• Loi du 11 septembre 1941, *relative à l'exercice de la pharmacie*, *J.O.*, 20 septembre 1941, p. 4018	• Loi du 21 germinal an XI, *contenant organisation des écoles de pharmacie*, *S.*, *Lois annotées*, 1ère série, 1789-1830, p. 629	• Ordonnance du 5 mai 1945, *portant* ***institution d'un ordre national des pharmaciens,*** *J.O.*, 6 mai 1945, p. 2569 (L. 4231-1 et suivants du Code de la Santé publique) • Ordonnance du 23 mai 1945, *modifiant la loi provisoirement applicable du 11 septembre 1941 relative à l'exercice de la pharmacie et constatant la nullité des lois provisoirement applicables du 24 février et du 31 juillet 1942, modifiant et complétant la loi provisoirement applicable du 11 septembre 1941*, *J.O.*, 24 mai 1945, p. 2946

Chirurgiens-dentistes

Textes adoptés sous Vichy	Textes antérieurs	Textes adoptés à la Libération
• Loi du 26 mai 1941, *modifiant les lois du 30 novembre 1892 et 26 juillet 1935 sur l'exercice de la médecine et de l'art dentaire*, *J.O.*, 9 juin 1941, p. 2390 • Loi du 17 novembre 1941, ***organisant l'exercice de la profession dentaire***, *J.O.*, 6 décembre 1941, p. 5270. • Décret du 5 juin 1942, *règlementant, en ce qui concerne les juifs, la profession dentaire*, *J.O.*, 11 juin 1942, p. 2037 • Loi du 10 septembre 1942, *relative à l'ordre des médecins et à l'organisation des professions médicale et dentaire*, *J.O.*, 18 septembre 1942, p. 3185	• Loi du 30 novembre 1892, *sur l'exercice illégal de la médecine*, *J.O.*, 1er décembre 1892, p. 5749 • Loi du 26 juillet 1935, *relative à l'exercice de la médecine et de l'art dentaire*, *J.O.*, 27 juillet 1935, p. 8146	• Comité français de la libération nationale en Algérie : Ordonnance du 18 octobre 1943, *relative à l'exercice de la médecine et de l'art dentaire et à* ***l'organisation des professions médicales et dentaires***, *J.O.R.F.*, 21 octobre 1943, p. 207 • Ordonnance du 18 janvier 1945, *relative à l'épuration des médecins, dentistes et sages-femmes*, *J.O.*, 19 janvier 1945, p. 260 • Ordonnance du 24 septembre 1945, *relative à l'exercice et à* ***l'organisation des professions de médecin, de chirurgien-dentiste et de sage-femme***, *J.O.*, 28 septembre 1945, p. 6083

Vétérinaires

Textes adoptés sous Vichy	Textes antérieurs	Textes adoptés à la Libération
• Loi du 12 novembre 1940, *concernant l'exercice de la médecine et de la chirurgie des animaux, J.O.*, 17 novembre 1940, p. 5702 • Loi n°296 du 18 février 1942, *relative à* ***l'institution d'un ordre des vétérinaires****, J.O.*, 22 mars 1942, p. 1118	• Loi du 17 juin 1938, *relative à l'exercice de la médecine vétérinaire, J.O.*, 22 juin 1938, p. 7091	• Loi du 23 août 1947, *relative à* ***l'institution d'un ordre national des vétérinaires****, J.O.*, 24 août 1947, p. 8375

Architectes

Textes adoptés sous Vichy	Textes/propositions antérieurs	Textes adoptés à la Libération
• Loi du 31 décembre 1940 ***instituant l'ordre des architectes*** *et réglementant le titre et la profession d'architecte*, *J.O.*, 26 janvier 1941, p. 430 • Loi n°4085 du 21 septembre 1941 *complétant la loi du 31 décembre 1940 instituant l'ordre des architectes et réglementant le titre et la profession d'architecte*, *J.O.*, 5 octobre 1941, p. 4291 • Décret du 24 septembre 1941, *règlementant, en ce qui concerne les juifs, la profession d'architecte*, *J.O.*, 25 septembre 1941, p. 4113	• Projet de loi *réglementant la profession d'architecte*, par L. Blum, président du conseil, J. Zay, ministre de l'Education nationale, et autres, *J.O.*, Documents parlementaires, Chambre, annexe n°3823, séance du 17 mars 1938	• Ordonnance du 13 septembre 1945, *relative à l'épuration de l'ordre des architectes*, *J.O.*, 14 septembre 1945, p. 5749 • Loi du 30 août 1947, *prorogeant les dispositions transitoires de l'article 19 de la loi du 31 décembre 1940* ***réglementant l'ordre des architectes***, *J.O.*, 3 septembre 1947, p. 8735

Experts-comptables

Textes adoptés sous Vichy	Textes adoptés à la Libération
• Loi du 3 avril 1942, *d'introduction des statuts de l'ordre des experts-comptables et des comptables agréés, J.O.*, 18 avril 1942, p. 1471 • Loi du 3 avril 1942, ***instituant l'ordre des experts-comptables et des comptables agréés*** *et réglementant les titres et les professions d'expert-comptable et de comptable agréé, J.O.*, 18 avril 1942, p. 1473	• Ordonnance du 19 septembre 1945, ***portant institution de l'ordre des experts-comptables et des comptables agréés*** *et réglementant les titres et les professions d'expert-comptable et de comptable agréé, J.O.*, 21 septembre 1945, p. 5938

Géomètres-experts

Textes adoptés sous Vichy	Textes adoptés à la Libération
• Loi du 16 juin 1944, ***instituant l'Ordre corporatif des géomètres- experts***, *J.O.*, 1er juillet 1944, p. 1671	• Loi du 7 mai 1946, ***instituant l'ordre des géomètres-experts***, *J.O.*, 9 mai 1946, p. 3889

<u>Avocats</u>

Textes adoptés sous Vichy	**Textes antérieurs**	**Textes adoptés à la Libération**
• Loi du 26 juin 1941, *règlementant l'exercice de la profession d'avocat et la discipline du barreau, J.O.*, 28 juillet 1941, p. 3159 • Loi du 26 juin 1941, *instituant le certificat d'aptitude à la profession d'avocat, J.O.*, 28 juillet 1941, p. 3162 • Décret du 16 juillet 1941, *règlementant, en ce qui concerne les juifs, la profession d'avocat, J.O.*, 17 juillet 1941, p. 2999	• Décret du 14 avril 1791, *relatif* au *tribunal de cassation, S., Lois annotées*, 1ère série, 1789-1830, p. 104 • Loi du 27 ventôse an VIII, *sur l'organisation des tribunaux, S., Lois annotées*, 1ère série, 1789-1830, p. 530 • Décret du 14 décembre 1810, *contenant règlement sur l'exercice de la profession d'avocat et la discipline du barreau, S., Lois annotées*, 1ère série, 1789-1830, p. 837 • Ordonnance du 20 novembre 1822, *contenant règlement sur l'exercice de la profession d'avocat et la discipline du barreau, S., Lois annotées*, 1ère série, 1789-1830, p. 1082	• Ordonnance du 1er février 1945, *modifiant l'acte provisoirement applicable dit loi du 26 juin 1941 réglementant l'exercice de la profession d'avocat et la discipline du barreau, J.O.*, 2 février 1945, p. 491 • Loi du 8 avril 1954, *constatant la nullité expresse de l'acte dit loi n°2525 du 26 juin 1941 réglementant l'exercice de la profession d'avocat et la discipline du barreau et de l'acte dit loi n°2691 du 26 juin 1941 instituant le certificat d'aptitude à la profession d'avocat, J.O.*, 9 avril 1954, p. 3420

Avoués

Textes adoptés sous Vichy	**Textes antérieurs**	**Textes adoptés à la Libération**
• Loi n°264 du 5 mars 1942, *relative aux institutions de discipline et de représentation professionnelle des avoués*, *J.O.*, 20 mars 1942, p. 1090	• Décret du 3 brumaire an II, *qui détermine une nouvelle forme pour l'instruction des affaires devant les tribunaux, et supprime les fonctions d'avoués*, *S.*, *Lois annotées*, 1ère série, 1789-1830, p. 270 • Loi du 27 ventôse an VIII, *sur l'organisation des tribunaux*, *S.*, *Lois annotées*, 1ère série, p. 530	• Ordonnance du 2 novembre 1945, *relative au statut des avoués*, *J.O.*, 3 novembre 1945, p. 7161

Huissiers

Textes adoptés sous Vichy	**Textes antérieurs**	**Textes adoptés à la Libération**
• Loi du 20 mai 1942, *relative aux institutions de discipline et de représentation professionnelle des huissiers*, *J.O.*, 13 juin 1942, p. 2058	• Loi du 27 ventôse an VIII, *sur l'organisation des tribunaux*, *S.*, *Lois annotées*, 1ère série, 1789-1830, p. 530	• Ordonnance du 2 novembre 1945, *relative au statut des huissiers*, *J.O.*, 3 novembre 1945, p. 7163

Notaires

Textes adoptés sous Vichy	Textes antérieurs	Textes adoptés à la Libération
• Loi du 16 juin 1941, *réorganisant les chambres des notaires et instituant des conseils régionaux et un conseil supérieur du notariat, J.O.*, 28 juillet 1941, p. 3157 • Décret du 16 juin 1941, *portant règlement d'administration publique, relatif à la discipline des notaires et à l'organisation et aux conditions de fonctionnement des chambres des notaires, des conseils régionaux et du conseil supérieur du notariat, J.O.*, 28 juillet 1941, p. 3162	• Décret du 29 septembre-6 octobre 1791, *sur la nouvelle organisation du notariat et sur le remboursement des offices de notaires, S., Lois annotées*, 1ère série, 1789-1830, p. 173 • Loi du 25 ventôse an XI, *contenant organisation du notariat, S., Lois annotées*, 1ère série, 1789-1830, p. 623	• Ordonnance du 2 novembre 1945, *relative au statut du notariat, J.O.*, 3 novembre 1945, p. 7160 • Ordonnance du 28 juin 1945, *relative à la discipline des notaires et de certains officiers ministériels, J.O.*, 29 juin 1945, p. 3926

Annexe 2 : Liste des principaux Comités d'organisation et de leurs textes constitutifs

- Création des Comités d'organisation : Loi du 16 août 1940, *concernant l'organisation provisoire de la production industrielle, J.O.* du 18 août 1940.
- Création des Comités d'organisation professionnelle (Comité des 21) : Décret du 28 février 1941 et Arrêté du 26 mars 1941, *instituant un comité d'organisation professionnelle et en fixant la composition, J.O.* du 27 mars 1941.
- Création de l'Office central de répartition des produits industriels : Loi du 10 septembre 1940, *portant organisation de la répartition des produits industriels, J.O.* du 12 septembre 1940.

I. Comités relevant du Secrétariat d'Etat à la production industrielle

A. Direction des industries mécaniques et électriques

- Comité général d'organisation des industries de la mécanique : Décret du 11 décembre 1940, *J.O.* du 12 décembre 1940.

  Dépendent de ce CO :

  - Comité d'organisation du machinisme agricole : Décret du 9 janvier 1941, *J.O.* du 10 janvier 1941.
  - Comité d'organisation de l'industrie et du commerce des machines thermiques, hydrauliques et pneumatiques : Décret du 9 novembre 1940, *J.O.* du 11 novembre 1940, modifié par le Décret du 24 mai 1941, *J.O.* du 28 mai 1941.
  - Comité d'organisation de l'industrie et du commerce des appareils de levage et manutention, des matériels de travaux publics, mines et usines sidérurgiques : Décret du 21 janvier 1941, *J.O.* du 24 janvier 1941 ; Décret du 5 mars 1941, *J.O.* du 7 mars 1941 ; Décret du 2 juillet 1941, *J.O.* du 5 juillet 1941.
  - Comité d'organisation de la construction et du commerce des machines pour les industries graphiques, chimiques, des matières plastiques et de l'alimentation : Décret du 27 janvier 1941, *J.O.* du 31 janvier 1941.
  - Comité d'organisation de l'industrie et du commerce de la machine-outil, de l'outillage et de la soudure : Décret du 21 janvier 1941, *J.O.* du 29 janvier 1941.

- o Comité d'organisation de l'industrie et du commerce des machines de bureau, machines à coudre et machines pour chaussures : Décret du 25 mars 1941, *J.O.* du 29 mars 1941.
- o Comité d'organisation du travail des métaux, Décret du 27 janvier 1941, *J.O.* du 29 janvier 1941.
- o Comité d'organisation de l'optique et des instruments de précision : Décret du 8 décembre 1940 : *J.O.* du 11 décembre 1940.
- o Comité d'organisation des industries de la précision industrielle et spécialisée : Décret du 8 décembre 1940, *J.O.* du 10 décembre 1940.
- o Comité d'organisation des compteurs et appareils de contrôle divers : Décret du 6 mars 1941, *J.O.* du 9 mars 1941.
- o Comité d'organisation de la précision industrielle non spécialisée : Décret du 27 janvier 1941, *J.O.* du 5 février 1941.
- o Comité d'organisation de l'horlogerie : Décret du 27 janvier 1941, *J.O.* du 29 janvier 1941.
- o Comité d'organisation de l'industrie de la montre : Décret du 27 novembre 1940, *J.O.* du 29 novembre 1940 ; Décret du 30 janvier 1941, *J.O.* du 4 février 1941.

Ne dépendent pas de ce CO :

- o Comité d'organisation de l'industrie et du commerce de l'automobile et du cycle : Décret du 30 septembre 1940, *J.O.* du 1er octobre 1940 ; Décret du 18 mars 1941, *J.O.* du 20 mars 1941.
- o Comité d'organisation pour l'ensemble de l'industrie et du commerce du matériel de transport ferroviaire : Décret du 26 octobre 1940, *J.O.* du 31 octobre 1940.
- o Comité de l'organisation de l'armurerie et du matériel médico-chirurgical : Décret du 8 décembre 1940, *J.O.* du 11 décembre 1940.
- o Comité d'organisation des industries de la fonderie : Décret du 9 novembre 1940, *J.O.* du 13 novembre 1940.
- o Comité d'organisation de la grosse forge et du gros emboutissage : Décret du 3 janvier 1941, *J.O.* du 8 janvier 1941.
- o Comité d'organisation de l'industrie du tube d'acier : Décret du 11 décembre 1940, *J.O.* du 12 décembre 1940, modifié par le Décret du 6 janvier 1942.

- Comité d'organisation du tréfilage, de l'étirage et du laminage à froid de l'acier : Décret du 9 janvier 1941, *J.O.* du 10 janvier 1941.
- Comité d'organisation de l'industrie et du commerce des vieux métaux et alliages non ferreux : Décret du 9 juillet 1941, *J.O.* du 11 juillet 1941.
- Comité d'organisation des industries de demi-produits en métaux et alliages non ferreux : Décret du 3 janvier 1941, *J.O.* du 8 janvier 1941.
- Comité d'organisation des industries de la construction électrique : Décret du 9 mars 1941, *J.O.* du 11 mars 1941.
- Comité d'organisation du commerce des tubes d'acier : Décret du 6 mars 1941, *J.O.* du 7 mars 1941.
- Comité d'organisation du commerce des métaux et alliages non ferreux (demi-produits) : Décret du 6 mars 1941, *J.O.* du 7 mars 1941.

B. Direction des industries textiles et des cuirs

- Comité général d'organisation de l'industrie textile : Décret du 26 octobre 1940, *J.O.* du 30 octobre 1940 ; modifié par le Décret du 1er juillet 1941, *J.O.* du 3 juillet 1941.
  - Coton (Branche n°1 du Comité général d'organisation de l'industrie textile) : Arrêté du 21 octobre 1940, *J.O.* du 31 octobre 1940.
  - Laine (Branche n°2) : Arrêté du 27 octobre 1940, *J.O.* du 30 octobre 1940.
  - Soie (Branche n°3) : Arrêté du 27 octobre 1940, *J.O.* du 31 octobre 1940.
  - Fibres artificielles (Branche n°4) : Arrêté du 27 octobre 1940, *J.O.* du 31 octobre 1940.
  - Production de lin, chanvre, ramie (Branche n°5) : Arrêté du 21 décembre 1940, *J.O.* du 24 décembre 1940.
  - Jute et fibres dures (Branche n°6) : Arrêté du 27 octobre 1940, *J.O.* du 31 octobre 1940.
  - Chiffons (Branche n°7) : Arrêté du 27 octobre 1940, *J.O.* du 31 octobre 1940.
  - Teintures et apprêts (Branche n°8) : Arrêté du 27 octobre 1940, *J.O.* du 31 octobre 1940.
  - Bonneterie, fils, tissus, tresses, tulles et dentelles élastiques (Branche n°9) : Arrêté du 27 octobre 1940, *J.O.* du 31 octobre 1940.

    - Fibres nouvelles (Branche n°10) : Arrêté du 1er juillet 1941, *J.O.* du 3 juillet 1941.
- Comité d'organisation du vêtement : Arrêté du 27 octobre 1940, *J.O.* du 31 octobre 1940.
    - Groupe de la couture, de la mode et de la parure, des vêtements sur mesure, des dentelles, tulles et broderies (Groupe n°1 du CO du vêtement) : Arrêté du 27 octobre 1940, *J.O.* du 4 novembre 1940.
    - Groupe de la confection masculine (Groupe n°2) : Arrêté du 27 octobre 1940, *J.O.* du 4 novembre 1940.
    - Groupe de la confection féminine (Groupe n°3) : Arrêté du 27 octobre 1940, *J.O.* du 4 novembre 1940.
    - Groupe de la confection de chemiserie et lingeries (Groupe n°4) : Arrêté du 27 octobre 1940, *J.O.* du 4 novembre 1940.
    - Comité d'organisation des pelleteries et fourrures (Groupe n°5) : Décret du 27 mai 1941, *J.O.* du 5 juin 1941.
    - Groupe des industries annexes et des accessoires (Groupe n°6) : Arrêté du 27 octobre 1940, *J.O.* du 4 novembre 1940.
    - Groupe du négoce du tissu (Groupe n°7) : Arrêté du 27 octobre 1940, *J.O.* du 4 novembre 1940.
- Comité général d'organisation de l'industrie du cuir : Décret du 29 octobre 1940, *J.O.* du 3 novembre 1940.
    - Comité des cuirs et peaux verts (Branche n°1 de production de l'industrie du cuir) : Arrêté du 6 novembre 1940, *J.O.* du 7 novembre 1940.
    - Comité des tanneries et mégisseries (Branche n°2) : Arrêté du 29 octobre 1940, *J.O.* du 3 novembre 1940 ; Arrêté du 20 mai 1940, *J.O.* du 30 mai 1940.
    - Comité de la chaussure (Branche n°3) : Arrêté du 29 octobre 1940, *J.O.* du 3 novembre 1940.
    - Comité des fabrications diverses (Branche n°4) : Arrêté du 29 octobre 1940, *J.O.* du 3 novembre 1940.

C. Direction des industries chimiques

- Comité d'organisation des industries chimiques et des commerces qui s'y rattachent : Décret du 9 novembre 1940, *J.O.* du 11 novembre 1940.
- Comité d'organisation de la parfumerie et des commerces qui s'y rattachent : Décret du 17 avril 1941, *J.O.* du 26 avril 1941.
- Comité d'organisation des peintures, vernis, pigments broyés et encres d'imprimerie : Décret du 9 novembre 1940, *J.O.* du

13 novembre 1940 ; Décret du 24 mai 1941, *J.O.* du 27 mai 1941.

- Comité d'organisation des industries du verre et des commerces qui s'y rattachent : Décret du 11 décembre 1940, *J.O.* du 12 décembre 1940.
- Comité général d'organisation de l'industrie du caoutchouc : Décret du 23 décembre 1940, *J.O.* du 27 décembre 1940.
    - Pneumatiques (Branche n°1 du Comité général d'organisation de l'industrie du caoutchouc) : Décret du 23 décembre 1940, *J.O.* du 27 décembre 1940.
    - Caoutchouc industriel (Branche n°2) : Décret du 23 décembre 1940, *J.O.* du 27 décembre 1940.
- Comité général d'organisation de l'industrie du papier et du carton : Décret du 23 janvier 1941, *J.O.* du 25 janvier 1941.
    - Industries de préparation des matières premières pour la fabrication du papier et du carton ; industries de fabrication du papier et du carton ; commerces qui s'y rattachent (Branche n°1 du Comité général d'organisation de l'industrie du papier et du carton) : Décret du 23 janvier 1941, *J.O.* du 25 janvier 1941
    - Industries de transformation et de distribution du papier et des commerces qui s'y rattachent (Branche n°2) : Décret du 23 janvier 1941, *J.O.* du 25 janvier 1941.
- Comité d'organisation des industries et du commerce du goudron de houille, du benzol et de leurs dérivés : Décret du 3 janvier 1941, *J.O.* du 8 janvier 1941.
- Comité d'organisation de l'industrie et du commerce des explosifs, produits accessoires et artifices : Décret du 27 mars 1941, *J.O.* du 31 mars 1941.
- Comité d'organisation des industries et du commerce des produits pharmaceutiques : Décret du 9 janvier 1941, *J.O.* du 14 janvier 1941.
- Comité d'organisation de l'industrie et du commerce de l'amiante : Décret du 24 mai 1941, *J.O.* du 28 mai 1941.
- Comité d'organisation des industries de la savonnerie et de la stéarinerie et des commerces qui s'y rattachent : Décret du 17 juillet 1941, *J.O.* du 17 juillet 1941.
- Comité d'organisation des industries du bois : Décret du 22 janvier 1941, *J.O.* du 25 janvier 1941.

D. Direction des mines

- Comité d'organisation de l'industrie des chaux et des ciments : Décret du 9 novembre 1940, *J.O.* du 12 novembre 1940.
- Comité d'organisation des industries céramiques : Décret du 27 décembre 1940, *J.O.* du 29 décembre 1940.
- Comité d'organisation des produits de carrière et de dragage : Décret du 29 décembre 1940, *J.O.* du 31 décembre 1940.
- Comité d'organisation du commerce des matériaux de construction, des appareils sanitaires et des fontes de bâtiment : Décret du 11 août 1941, *J.O.* du 14 août 1941.
- Comité d'organisation de l'industrie des combustibles minéraux solides : Décret du 9 novembre 1940, *J.O.* du 11 novembre 1940.
- Comité d'organisation du commerce des combustibles minéraux solides : Décret du 9 novembre 1940, *J.O.* du 11 novembre 1940.
- Comité d'organisation de l'importation charbonnière : Décret du 9 novembre 1940, *J.O.* du 11 novembre 1940.
- Comité d'organisation des minerais et des métaux bruts : Décret du 8 décembre 1940, *J.O.* du 9 janvier 1941.
- Comité d'organisation de la production du sel : Décret du 2 février 1941, *J.O.* du 2 février 1941, *J.O.* du 5 février 1941.
- Comité d'organisation de l'aluminium et du magnésium : Décret du 27 décembre 1940, *J.O.* du 29 décembre 1940.
- Comité d'organisation des ferro-alliages : Décret du 27 janvier 1941, *J.O.* du 29 janvier 1941.
- Comité d'organisation de l'industrie du gaz : Décret du 23 avril 1941, *J.O.* du 24 avril 1941.

E. Direction de l'électricité

- Comité d'organisation de l'énergie électrique : Décret du 8 novembre 1940, *J.O.* du 12 novembre 1940.

F. Direction des carburants

- Comité d'organisation des combustibles liquides : Décret du 9 janvier 1941, *J.O.* du 18 janvier 1941.
- Comité d'organisation des combustibles solides pour gazogènes : Décret du 17 juillet 1941, *J.O.* du 15 août 1941.
- Comité d'organisation des carburants et lubrifiants de synthèse : Décret du 17 juillet 1941, *J.O.* du 15 août 1941.
- Comité d'organisation de la distribution et du commerce des combustibles pour gazogènes : Décret du 29 mai 1941, *J.O.* du 24 juillet 1941.

G. Direction de la sidérurgie

- Comité d'organisation de la sidérurgie : Décret du 9 novembre 1940, *J.O.* du 11 novembre 1940.
- Comité d'organisation du commerce des produits sidérurgiques : Décret du 9 novembre 1940, *J.O.* du 11 novembre 1940.
- Comité d'organisation de l'industrie des minerais de fer métropolitains : Décret du 27 décembre 1940, *J.O.* du 29 décembre 1940.
- Comité d'organisation de l'industrie et du commerce des ferrailles : Décret du 4 février 1941, *J.O.* du 7 février 1942.

H. Direction du commerce intérieur

- Comité d'organisation de la brosserie, de la tabletterie et des industries connexes : Décret du 30 janvier 1941, *J.O.* du 2 février 1941.
- Comité d'organisation des articles de sport, de jeux et de jouets : Décret du 5 février 1941, *J.O.* du 8 février 1941.
- Comité d'organisation des industries et métiers d'art : Décret du 20 janvier 1941, *J.O.* du 5 février 1941.
- Comité d'organisation de la teinturerie et de la blanchisserie : Décret du 27 juin 1941, *J.O.* du 28 juin 1941.
- Comité d'organisation des industries, arts et commerces du livre : Décret du 3 mai 1941, *J.O.* du 6 mai 1941.
- Comité d'organisation des exploitations frigorifiques : Décret du 15 juillet 1941, *J.O.* du 3 septembre 1941.
- Comité d'organisation des entreprises de déménagement et garde-meubles : Décret du 29 mai 1941, *J.O.* du 1er juin 1941.
- Comité d'organisation des professions de publicité : Décret du 18 juillet 1941, *J.O.* du 26 août 1941.
- Comité général d'organisation du commerce : Décret du 4 mai 1941, *J.O.* du 7 mai 1941.
- Comité d'organisation du commerce des produits de quincaillerie : Décret du 22 avril 1941, *J.O.* du 30 avril 1941.
- Comité d'organisation de la distribution et de la vente du matériel électrique et radioélectrique : Arrêté du 19 septembre 1941, *J.O.* du 28 septembre 1941.
- Comité d'organisation des commerces de l'alimentation : Arrêtés du 30 janvier 1942, *J.O.* du 1er février 1942.

II. Comité relevant de la Délégation générale à l'équipement national

- Comité d'organisation du bâtiment et des travaux publics : Décret du 5 décembre 1940, *J.O.* du 6 décembre 1940.

III. Comités relevant du ministère de l'Economie nationale et des finances

- Comité d'organisation des sociétés d'assurances et de capitalisation : Décret du 11 octobre 1940, *J.O.* du 13 octobre 1940 ; Décret du 3 juillet 1941, *J.O.* du 19 juillet 1941.
- Comité permanent d'organisation professionnelle des banques, entreprises et établissements financiers : Loi du 13 juin 1941, *J.O.* du 6 juillet 1941 ; Loi du 14 juin 1941, *J.O.* du 6 juillet 1941 ; Arrêté du 25 juillet 1941, *J.O.* du 26 juillet 1941 ; Arrêté du 18 septembre 1941, *J.O.* du 20 septembre 1941.

IV. Comité relevant du Secrétariat d'Etat à l'aviation

- Comité d'organisation de l'industrie aéronautique : Décret du 11 août 1941, *J.O.* du 15 août 1941.

V. Comité relevant de la Vice-Présidence du Conseil

- Comité d'organisation de l'industrie cinématographique : Loi du 26 octobre 1940, *J.O.* du 6 décembre 1940, Décrets du 2 décembre 1940, *J.O.* du 4 décembre 1940 ; Décret du 17 mars 1944, *J.O.* du 9 juin 1944.

VI. Comités relevant du Secrétariat d'Etat aux communications

- Comité d'organisation des transports routiers : Décret du 19 octobre 1940, *J.O.* du 30 octobre 1940.
- Comité d'organisation de l'industrie hôtelière : Décrets des 26 et 27 octobre et 16 novembre 1940, *J.O.* du 5 novembre 1940 et du 27 novembre 1940.
- Comité d'organisation des transports par navigation intérieure : Décret du 12 novembre 1940, *J.O.* du 23 novembre 1940.
- Comité d'organisation des voies ferrées d'intérêt local : Décret du 12 novembre 1940, *J.O.* du 21 novembre 1940.
- Comité d'organisation de la manutention dans les ports maritimes : Décret du 12 novembre 1940, *J.O.* du 23 novembre 1940.
- Comité d'organisation des agences et bureaux de voyage : Décret du 24 décembre 1940, *J.O.* du 3 janvier 1941.
- Comité d'organisation des entreprises de groupage de marchandises sur chemin de fer et sur route : Décret du 18 juillet 1941, *J.O.* du 21 août 1941.

VII. Comités relevant du Secrétariat d'Etat à la marine

- Comité d'organisation de la construction navale : Décret du 27 décembre 1940, *J.O.* du 17 janvier 1941.

- Comité provisoire de l'industrie des conserves de poisson : Décret du 3 mars 1941, *J.O.* du 20 mars 1941.
- Comité provisoire de la marine marchande : Décret du 21 janvier 1941, *J.O.* du 26 janvier 1941.

VIII. Comités relevant du Secrétariat d'Etat à la production industrielle, du Secrétariat d'Etat au ravitaillement et du ministère de l'Agriculture

- Comité général d'organisation des corps gras d'origine végétale et animale : Décret du 13 juillet 1941, *J.O.* du 18 juillet 1941.
- Comité de la branche de production huilerie : Décret du 13 juillet 1941, *J.O.* du 18 juillet 1941.
- Comité de la branche de production fondoirs, margarineries et similaires : Décret du 13 juillet 1941, *J.O.* du 18 juillet 1941.
- Comité de la branche de production savonnerie, stéarinerie et des commerces qui s'y rattachent : Décret du 13 juillet 1941, *J.O.* 18 juillet 1941.

IX. Comités relevant de l'Agriculture ou du Secrétariat d'Etat au ravitaillement

- Comité d'organisation des industries de la brasserie et de la malterie et du commerce de houblons : Décret du 12 mai 1941, *J.O.* du 14 mai 1941.
- Comité d'organisation des distilleries utilisant des matières d'origine agricole : Décret du 17 juillet 1941, *J.O.* du 15 août 1941.
- Comité d'organisation de la sucrerie de betteraves : Décret du 11 août 1941, *J.O.* du 16 septembre 1941.
- Comité d'organisation des industries d'aliments composés et d'aliments mélasses destinés au bétail : Décret du 30 juillet 1941, *J.O.* du 7 septembre 1941.
- Comité d'organisation des industries laitières et des commerces de distribution des produits laitiers : Décret du 22 août 1941, *J.O.* du 6 septembre 1941.
- Comité d'organisation de l'industrie des confitures et des conserves de fruits au sucre : Décret du 18 octobre 1941, *J.O.* du 25 octobre 1941.
- Comité d'organisation de l'industrie des cidres, eaux de vie de cidre, jus de pommes et mouts concentrés de pommes : Décret du 29 septembre 1941, *J.O.* des 6-7 octobre 1941.
- Comité d'organisation des industries des produits amylacés et de leurs dérivés : Décret du 29 septembre 1941, *J.O.* du 11 octobre 1941.

- Comité d'organisation du commerce des semences, graines et plants : Décret du 26 septembre 1941, *J.O.* du 27 septembre 1941.
- Comité d'organisation de la meunerie : Loi du 3 décembre 1941, *J.O.* du 5 décembre 1941.
- Comité d'organisation des industries de la paille ouvrée : Décret du 28 décembre 1941, *J.O.* du 15 janvier 1942.
- Comité d'organisation des industries de la biscuiterie, de la pâtisserie industrielle, des produits de régime, des pains d'épice et produits similaires : Décret du 9 janvier 1942, *J.O.* du 17 janvier 1942.
- Comité d'organisation du négoce métropolitain des cacaos et des industries de la chocolaterie et de la confiserie : Décret du 12 février 1942, *J.O.* du 27 février 1942.
- Comité d'organisation des industries de fabrication des conserves alimentaires : Décret du 12 février 1942, *J.O.* du 27 février 1942.
- Comité d'organisation de la production des jus de fruits et légumes : Décret du 24 février 1942, *J.O.* du 28 février 1942.

X. Comités relevant du Secrétariat d'Etat à la famille et à la santé

- Comité d'organisation de l'industrie du thermalisme : Décret du 3 avril 1941, *J.O.* du 27 avril 1941.
- Comité d'organisation des maisons de santé privées : Décret du 29 novembre 1941, *J.O.* du 4 décembre 1941.

XI. Comités relevant du Secrétariat d'Etat à l'Education nationale et à la jeunesse

- Comité d'organisation des arts graphiques et plastiques : Décret du 7 juillet 1941, *J.O.* du 29 juillet 1941.
- Comité d'organisation des entreprises de spectacle : Décret du 7 juillet 1941, *J.O.* du 30 novembre 1941 ; arrêté du 20 février 1942, *J.O.* du 21 février 1942.

Libération :

- Ordonnance du 22 juin 1944, *relative aux organismes dits comités d'organisation, J.O.R.F.*, 5 août 1944, p. 671, avec rectificatif, *J.O.*, 28 août 1944, p. 769
- Ordonnance du 7 octobre 1944, *modifiant l'ordonnance du 22 juin 1944 relative aux organismes dits comités d'organisation*, *J.O.*, 8 octobre 1944, p. 891.
- Loi du 26 avril 1946, *portant dissolution d'organismes professionnels et organisation pour la période transitoire, de la répartition des produits industriels*, *J.O.*, 28 avril 1946, p. 3534.

Annexe 3 : Schéma d'organisation sociale au sein d'une famille professionnelle[1]

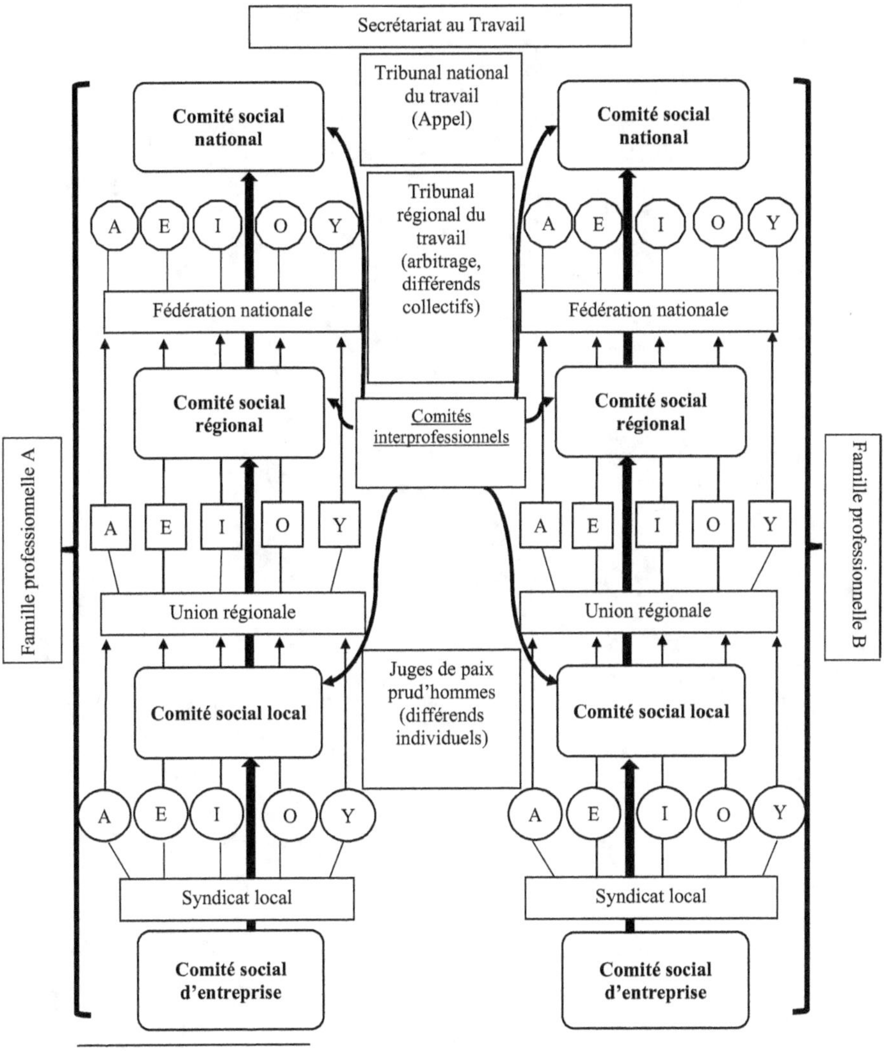

[1] Ce schéma s'inspire de celui présenté dans *La Charte du Travail*, Edition du Secrétariat général de l'Information, 1941.

Légende : **A** : agents de maîtrise ; **E** : employés ; **I** : ingénieurs, cadres administratifs et commerciaux ;**O** : employés ;**Y** : employeurs

Bibliographie

I. Ouvrages, thèses

Aclocque G., *Les corporations, l'industrie et le commerce à Chartres du XIème siècle à la Révolution*, A. Picard, Paris, 1917, 405 p.

Albert N., *L'institution ordinale. Contribution à l'étude des rapports entre l'Etat et les institutions professionnelles*, thèse, dactyl., Université François Rabelais de Tours, 1998, 658 p.

Auby J.-B., *La notion de personne publique en droit administratif*, thèse, dactyl., Bordeaux, 1979, 428 p.

Autard Y., *Le conseil supérieur de l'Ordre national des experts-comptables et comptables agréés*, thèse, dactyl., Paris, 1949, 237 p.

Azéma J.-P. et Bédarida F. (dir.), *Le régime de Vichy et les Français*, Fayard, coll. Pour une histoire du XXème siècle, 1992, 788 p.

Bacconnier F., *Le salut par la corporation : un nouvel ordre professionnel*, Les œuvres françaises, 1935, 251 p.

Barret-Kriegel B., *L'Etat et la démocratie. Rapport à François Mitterrand, Président de la République française*, La Documentation française, coll. Des rapports officiels, octobre 1985, p. 189.

Barthélemy J., *Valeur de la liberté et adaptation de la République*, Sirey, coll. Bibliothèque constitutionnelle et parlementaire contemporaine, 1935, 262 p.

Barthélemy J. et Duez P., *Traité de droit constitutionnel*, 1933, Dalloz.

Baruch M.-O., *Le régime de Vichy*, La Découverte, coll. Repères, 1996, 123 p.

Servir l'Etat français. L'Administration en France de 1940 à 1944, Fayard, coll. Pour une histoire du XXème siècle, 1997, 737 p.

Baruch M.-O. et Duclert V. (dir.), Serviteurs *de l'Etat*, La Découverte, coll. Espace de l'histoire, 2000, 587 p.

Baudin L., *Le corporatisme*, L.G.D.J., coll. d'études économiques, 1941, 157 p.

Bazex M., *Corporatisme et droit administratif. Le statut administratif des organismes professionnels*, 2 tomes, thèse, dactyl., Toulouse, 1967, 1151 p.

Benelbaz C., Berthier B., Froger C., Platon S. (dir.), *L'œuvre législative de Vichy, d'hier à aujourd'hui : rupture(s) et continuité(s)*, Dalloz, coll. Thèmes et commentaires, 2017, 289 p.

Berton J., *Les ordres professionnels*, thèse, dactyl., Paris, 1951.

Biays P., *La fonction disciplinaire des ordres professionnels*, thèse, dactyl., Rennes, 3 tomes, 1949, 508 p.

Bigot de Sainte-Croix C., « Traité de la liberté générale du commerce et de l'industrie, qui démontre les abus des anciennes corporations et jurandes, 1775 », *Encyclopédie méthodique. Commerce, Tome II*, Paris, chez Panckoucke, 1783.

Boileau E., *Les métiers et corporations de la ville de Paris. XIIIème siècle. Le livre des métiers*, publié par R. de Lespinasse et F. Bonnardot, Paris, Imprimerie nationale, 1879, 607 p.

Bonnard R., *Syndicalisme, corporatisme et Etat corporatif*, L.G.D.J., Paris, 1937, 144 p.

Le droit et l'Etat dans la doctrine nationale-socialiste, L.G.D.J., Paris, 2ème édition, 1939, 304 p.

Les actes constitutionnels de 1940, L.G.D.J., 1942, 180 p.

Bouvier-Ajam M., *La doctrine corporative*, Librairie du Recueil Sirey, Institut d'études corporatives et sociales, 5ème édition, 1943, 379 p.

Braun A., *L'ordre des médecins*, thèse, Sirey, Paris, 1941, 139 p.

Brethe de la Gressaye J., *De la nature juridique de la convention collective de travail*, thèse, dactyl., Bordeaux, 1921, 199 p.

L'organisation corporative des professions, Extrait de la terre wallonne, Charleroi, 1936, 47 p.

Brethe de la Gressaye J., Laufenburger H., Garrigou-Lagrange A., *Le corporatisme. Conférences prononcées à l'Athénée de Bordeaux, les 1er, 4 et 10 mars 1941*, Imprimerie Bière, Bordeaux, 1941, 93 p.

Broc A., *La qualité de juif. Une notion juridique nouvelle*, 1943, P.U.F., 160 p.

Bruttmann T. et Joly L., *La France antijuive de 1936, l'agression de Léon Blum à la Chambre des députés*, C.N.R.S. éditions, coll. Biblis, 2006, 238 p.

Capdevielle J., *Modernité du corporatisme*, Presses de Sciences Po, 185p.

Colas D. (dir.), *L'Etat et les corporatismes. Travaux de la mission sur la modernisation de l'Etat*, PUF, coll. Questions, 1988, 216 p.

Conan E. et Rousso H., *Vichy, un passé qui ne passe pas*, Gallimard, coll. Pluriel, 2013, 402 p.

Cotta A., *Le corporatisme*, P.U.F., coll. Que-sais-je ?, 1984, 125 p.

Culmann H., *La nouvelle organisation professionnelle*, P.U.F., coll. Que-sais-je ?, 1943, 135 p.

Dard O., *Le corporatisme dans l'aire francophone au XXème* siècle, Peter Lang, 2011, 249 p.

de Mun A., *Ma vocation sociale : souvenirs de la Fondation de l'œuvre des cercles catholiques d'ouvriers (1871-1875)*, P. Lethielleux, Paris, 1911, 254 p.
La question sociale, sa solution corporative, Action Populaire, Reims, 1914, 83 p.

de la Tour du Pin Chambly de la Charce R., *Vers un ordre social chrétien. Jalons de route, 1882-1907*, 6ème édition, Beauchesne et ses fils, 1942, 514 p.

Delachenal R., *Histoire des avocats au Parlement de Paris*, 1300-1600, Plon, Paris, 1885, 476 p.

Denis H., *La corporation*, P.U.F., coll. Que-sais-je ?, 1942, 119 p.

Domat J., *Les quatre livres du droit public, 1697*, Titre XV, « Des communautés en général », Université de Caen, Centre de Philosophie politique et juridique, coll. Bibliothèque de Philosophie politique et juridique, URA-CNRS, 1989, pp. 244-250.

Douence S., *Essai sur le corporatisme français*, thèse, Bordeaux, Imprimerie Bière, 1942, 152 p.

Drago R., *Les crises de la notion d'établissement public*, Imprimerie Saint-Gilles, Université de Paris, 1950, 286 p.

Ducrocq T., *Cours de droit administratif,* 3ème édition, Paris, Ernest Thorin, 1868.

Duguit L., *Le droit social, le droit individuel et la transformation de l'Etat. Conférences faites à l'Ecole des hautes études sociales*, Félix Alcan, coll. Bibliothèque de philosophie contemporaine, Paris, 1911, 2ème édition, 160 p.

Les transformations générales du droit privé depuis le Code Napoléon, Librairie Félix Alcan, 1912, 206 p.

Traité de droit constitutionnel, éd. de Boccard, Paris, 1ère édition, 1911, 2ème édition, 1925, et éditions successives.

L'Etat, le droit objectif et la loi positive, Dalloz, réimpression, 2003, 636p.

Durand B., Le Crom J.-P. et Somma A. (dir.), *Le droit sous Vichy*, Frankfurt am Main, Klostermann, 2006, 498 p.

Durkheim E., *Les formes élémentaires de la vie religieuse*, 1912, P.U.F., coll. Quadrige, Paris, 4ème édition, 1998, 647 p.

Leçons de sociologie, P.U.F., coll. Quadrige, Paris, 2ème édition, 1990, 244 p.

De la division du travail social, P.U.F., coll. Quadrige, Paris, 2013, 416 p.

Esmein A., *Eléments de droit constitutionnel français et comparé*, 6ème édition, 1914, L. Tenin.

Eléments de droit constitutionnel français et comparé, Tome I : La liberté moderne, principes et institutions, Sirey, 8ème édition, 1927, 648 p.

Eléments de droit constitutionnel français et comparé, Tome II : Le droit constitutionnel de la République française, Sirey, 8ème édition, 1928, 725 p.

Fabre P., *Le Conseil d'Etat et Vichy : le contentieux de l'antisémitisme,* Publications de la Sorbonne, coll. De Republica, 2001, 401 p.

Gaudry J.-A.-J., *Histoire du barreau de Paris, depuis son origine jusqu'à 1830*, 2 tomes, Auguste Durand, Paris, 1864.

Grunebaum-Ballin P., *Grèves et arbitrages obligatoires : le projet de loi Aristide Briand de décembre 1910 sur le règlement pacifique des différends d'ordre collectif relatifs aux intérêts professionnels des employés de chemins de fer d'intérêt général*, Sirey, 1937, 63 p.

Guibal M., *L'ordre professionnel*, thèse, dactyl., Montpellier, 1970, 303p.

Halpérin J.-L. (dir.), *Avocats et notaires en Europe. Les professions judiciaires et juridiques dans l'histoire contemporaine*, L.G.D.J., coll. Droit et société, 1996, 318 p.

Hauriou M., *Précis de droit administratif et de droit public*, Sirey, 6ème édition, 1907, 915 p.

Précis de droit administratif, Paris, 12ème édition, 1932.

Aux sources du droit. Le pouvoir, l'ordre et la liberté, Cahiers de la nouvelle journée, Librairie Bloud & Gay, Paris, 1933, 191 p.

Hecquard-Théron M. (dir.), *Le groupement et le droit : corporatisme, néo-corporatisme*, Presses de l'Université des sciences sociales de Toulouse, 1996, 237 p.

Houdard J., *Etat du notariat français au XVIIIème siècle*, thèse, Paris, 1912, 227 p.

Joly L., *Xavier Vallat, du nationalisme chrétien à l'antisémitisme d'Etat, 1891-1972. Biographie*, Grasset, 2001, 446 p.

Dénoncer les juifs sous l'Occupation, CNRS éditions, 2017, 231 p.

L'Etat contre les juifs. Vichy, les nazis et la persécution antisémite, Grasset, 2018, 366 p.

(dir.), *La France et la Shoah. Vichy, l'occupant, les victimes, l'opinion*, Calmann-Lévy, 2023, 556 p.

Jolly P., *La mystique du corporatisme*, Librairie Hachette, 1935, 249 p.

Kaplan S. L. et Minard P. (dir.), *La France, malade du corporatisme ? XVIIIème-XXème siècles*, Belin, coll. Socio-histoires, 2004, 560 p.

Kleefeld R., *L'ordre des architectes*, thèse, Strasbourg, 1941, 115 p.

Lascombe M., *Les ordres professionnels*, thèse, dactyl., 2 tomes, Université de Strasbourg, 1987, 588 p.

Le Crom J.-P., *Syndicats nous voilà ! Vichy et le corporatisme*, Les éditions de l'Atelier, coll. Patrimoine, 1995, 410 p.

Legal A. et Brethe de la Gressaye J., *Le pouvoir disciplinaire dans les institutions privées* ? Librairie du Recueil Sirey, 1938, 537 p.

Liet-Veaux G., *La profession d'architecte. Statut juridique*, Librairies techniques, Paris, 2ème édition, 1963, 489 p.

Loyseau C., *Les œuvres de Maistre Charles Loyseau, avocat en Parlement, contenant les cinq livres du droit des offices, les traitez des seigneuries, des ordres et simples dignitez, du déguerpissement et délaissement par hypothèque, de la garantie des rentes et des abus des justices de village*, Compagnie des Libraires, Lyon, dernière édition, 1701.

Lucius P., *La doctrine corporative du Maréchal*, Editions CEP, Librairie Paillard, Paris, 1943, 48 p.

Manoïlesco M., *Le siècle du corporatisme. Doctrine du corporatisme intégral pur*, Librairie Félix Alcan, 1936, 376 p.

Marc A., *Les dictatures et les libertés individuelles. Soviétisme, fascisme, national*-socialisme, Imprimerie Bonnafous et fils, 1939, 288 p.

Margairaz M. et Tartakowsky D. (dir.), *Le syndicalisme dans la France occupée*, P.U.R., coll. Histoire, 2008, 508 p.

Martin Saint-Léon E., *Histoire des corporations de métiers depuis leurs origines jusqu'à leur suppression en 1791*, Paris, Librairie Félix Alcan, 3ème édition, 1922, 876 p.

Masson P., *Droit romain : les Corporations, étude historique et juridique. Droit français : les Syndicats professionnels*, Librairie nouvelle de droit et de jurisprudence, Paris, 1888, 367 p.

Mérigot J.-G., *Essai sur les comités d'organisation professionnelle*, thèse, Bordeaux, 1943, 602 p.

Michoud L., *La théorie de la personnalité morale et son application au droit français*, L.G.D.J., Paris, 3ème édition, 1932, Tome I, 523 p.

Minvielle G., *Ordres et syndicats professionnels*, Dalloz, 1954, 79 p.

Nézard H., *Les principes généraux du droit disciplinaire*, thèse, Paris, 1903, 427 p.

Olivier-Martin F., *L'organisation corporative de la France d'Ancien Régime*, Librairie du Recueil Sirey, 1938, 565 p.

Oudin A., *L'ordre des médecins*, thèse, Paris, 1941, 239 p.

Paris N., *L'impact du dirigisme économique de Vichy sur le droit administratif*, thèse, Université Bourgogne Franche-Comté, 2020, 1040 p.

Patriat C., *Le corporatisme ou la quête de l'ordre communautaire. Essai sur une idéologie de troisième voie*, thèse, dactyl., Dijon, 3 tomes, 1979, 856p.

Paxton R. O., *La France de Vichy. 1940-1944*, Seuil, coll. Points Histoire, 1973, mise à jour 1997, 475 p.

Pécout C., *Les chantiers de la jeunesse et la revitalisation physique et morale de la jeunesse française (1940-1944)*, L'Harmattan, coll. Espaces et temps du sport, Paris, 2007.

Pétain P., *La France nouvelle. Principes de la communauté suivis des appels et messages. 17 juin 1940-17 juin 1941*, Fasquelle, Paris, 1941, 172 p.

Pirou G., *Essais sur le corporatisme*, Sirey, Paris, 1938, 172 p.
Néo-libéralisme, néo-corporatisme, néo-socialisme, Gallimard, coll. Problèmes et documents, Paris, 4ème édition, 1939, 219 p.

Prélot M., *L'Empire fasciste. Les origines, les tendances et les institutions de la dictature et du corporatisme italien*, Recueil Sirey, coll. Bibliothèque constitutionnelle et parlementaire contemporaine, 1936, 258 p.

Rousso H., *Le syndrome de Vichy de 1944 à nos jours*, Editions du Seuil, coll. « Points Histoire », 2ème édition, 1990, 414 p.

Savatier J., *La profession libérale, étude juridique et pratique*, L.G.D.J., Paris, 1947, 378 p.

Scelle G., *Cours de droit international public*, Editions Domat Montchrestien, 1948, 1008 p.

Schelle G., *Œuvres de Turgot et documents le concernant avec biographie et notes*, Tome 5, Paris, Librairie Félix Alcan, 1923, pp. 238-255.

Segrestin D., *Le phénomène corporatiste*, Fayard, coll. Fondation Saint-Simon, 1985, 288 p.

Tissier P., *Le gouvernement de Vichy*, Harrap, Londres, 1942, 376 p.

Verdier M., *Essai sur la jurisprudence de la médecine en France, ou Abrégé historique et juridique des etablissemens, reglemens, police, devoirs,* *fonctions, récompenses, honneurs, droits, & privilèges des trois corps de médecine ; avec les devoirs, fonctions et autorité des juges à leur égard*, Chez Malassis le jeune, Paris, 1763, 383 p.

La Jurisprudence particulière de la chirurgie en France : ou Traité historique et juridique des établissemens, règlemens, police, devoirs, fonctions, honneurs, droits et privilèges, des sociétés de chirurgie et de leurs supôts, avec les devoirs, fonctions et autorité des juges à leur égard, Chez D'Houry, Paris, 1764, 2 tomes.

Viala G., *Le pouvoir disciplinaire de l'ordre national des pharmaciens*, thèse, dactyl., Aix-Marseille, 1961, 458 p.

Von Savigny F.C., *Traité de droit romain,* Tome 2, Librairie de Firmin Didot frères, Paris, 1855, 496 p.

Yagil L., *« L'homme nouveau » et la Révolution nationale de Vichy*, Septentrion, Presses universitaires de Lille, 1997, 382 p.

Yolka P., (dir.), *Les loisirs de montagne sous Vichy : droit institutions et politique*, P.U.G., coll. Droit et action publique, 2017, 242 p.

II. Articles

Ajam M. « La position présente du corporatisme », *Revue politique et parlementaire*, 1936, pp. 35-53.

Alfandari E., « Faut-il, au nom des droits de l'Homme supprimer l'Ordre des médecins ? », *R.D.S.S.*, 1977, pp. 2-9.

Andrieu C., « Ecrire l'histoire des spoliations antisémites (France, 1940-1944) », *Histoire@Politique*, 2009/3.

Anonyme, « Le droit social allemand sous le régime national-socialiste », *Politique,* dossier spécial « Vers un ordre corporatif ? », mai 1934, pp. 424-431.

Anonyme, « L'organisation de la profession bancaire », *D.S.*, 1941, pp. 81-92.

Anonyme, « L'organisation de la profession d'agréé dans la loi du 8 décembre 1941 », *D.S.*, 1942, pp. 12-18.

Anonyme, « Le problème financier dans les comités d'organisation et le rôle du commissaire du gouvernement », *D.S.*, 1942, pp. 130-132.

Anonyme, « La délimitation des familles professionnelles », *D.S.*, 1942, pp. 165-167.

Anonyme, « Les décisions des comités d'organisation et le recours pour excès de pouvoir », *D.S.*, 1944, pp. 201-210.

Anonyme, « Missions et pouvoirs de l'Ordre national des médecins », *D.S.*, 1955, pp. 201-206.

Archevêque J., « La propriété commerciale et les questions juives », *Gaz. Pal.*, 1942, 2ème semestre, pp. 33-39.

Aron J., « L'ordre des architectes : un équilibre périlleux », *La revue nouvelle*, n°3, numéro spécial, mars 1982, pp. 267-273.

Auby J.-M., « Profession médicale et profession pharmaceutique », in *Mélanges offerts à René Savatier*, Dalloz, Paris, 1965, pp. 45-62.
« Le pouvoir règlementaire des ordres professionnels », *J.C.P.G.*, 1973, I, 2545.

Barthélemy J., « Louis XVI avait raison », *Le Temps*, 24 juillet 1934.
« Préface », in P. Jolly, *La mystique du corporatisme*, Librairie Hachette, 1935, 251 p.

Baruch M.-O., « A propos de Vichy et de l'Etat de droit », *Bulletin du Centre de recherche français à Jérusalem*, 2000 [en ligne].
« La genèse des associations professionnelles de fonctionnaires. Ordre nouveau ou fin d'une époque ? », in M. Margairaz et D. Tartakowsky (dir.), *Le syndicalisme dans la France occupée*, P.U.R., coll. Histoire, 2008, pp. 287-296.

Baudin L., « L'organisation professionnelle de l'industrie en France et en Allemagne », *D.*, 1941, chron. 11, pp. 5-8.

Benelbaz C., « La prise en charge institutionnelle de la montagne sous Vichy », in P. Yolka (dir.), *Les loisirs de montagne sous Vichy : droit institutions et politique*, P.U.G., coll. Droit et action publique, 2017, pp. 95-110.
« La responsabilité de la puissance publique face à l'Histoire », in C. Quezel-Ambrunaz, J. Le Bourg (dir.)., *Sens et non-sens de la responsabilité civile*, Presses de l'Université Savoie Mont Blanc, CDPPOC, 2018, pp. 199-222.

Béraud J.-M., « Le juif interdit de travail », *Le genre humain*, 1996/1, pp. 209-229.

Bertrand E., « Du contrôle judiciaire du dessaisissement des juifs et de la liquidation de leurs biens », *J.C.P.*, 1943-2, I, 354.

Beuve-Méry H., « Le mouvement corporatif en Tchécoslovaquie », *Politique,* dossier spécial « Vers un ordre corporatif ? », mai 1934, pp. 444-448.

Bittmann B., « L'impact du régime de Vichy sur la conception de la loi. La rupture dans la continuité », in C. Benelbaz, B. Berthier, C. Froger, S. Platon (dir.), *L'œuvre législative de Vichy, d'hier à aujourd'hui : rupture(s) et continuité(s)*, Dalloz, coll. Thèmes et commentaires, 2017, pp.17-36.

Blaevoet C., « Les comités d'organisation professionnelle et l'évolution jurisprudentielle des notions de service public et d'acte administratif », *R.D.P.*, 1944, pp. 293-309.

Bodiguel J.-L., Le Crom J.-P., « L'administration du travail et la production du droit du travail (1906-1960). Note de synthèse du rapport de recherche », *Revue française des affaires sociales*, 2007/2, pp. 157-165.

Boiron S., « Antisémites sans remords : les « bons motifs » des juristes de Vichy », *Cités*, 2008/4, pp. 37-50.

Bonafoux C., « L'historiographie de Vichy : une valse à trois temps », in C. Benelbaz, B. Berthier, C. Froger, S. Platon (dir.), *L'œuvre législative de Vichy, d'hier à aujourd'hui : rupture(s) et continuité(s)*, Dalloz, coll. Thèmes et commentaires, 2017, pp. 5-16.

Bouneau C., « Introduction », *Histoire, économie & société*, 2016/1, pp. 5-13.

Boussard I., « Les corporatistes français du premier vingtième siècle. Leurs doctrines. Leurs jugements », *Revue d'histoire moderne et contemporaine*, tome 40, n°4, octobre-décembre 1993, pp. 643-665.

Bouvier-Ajam M., « La position présente du corporatisme », *Revue politique et parlementaire*, octobre 1936, pp. 35-53.

« Le corporatisme en France », *Archives de philosophie du droit et de sociologie juridique*, Cahier spécial : le corporatisme, 1938, pp.159-175.

Branthôme T., « Introduction à l'historiographie des corporations : une histoire polémique (1880-1945) », *Les études sociales*, n°157-158, 2013, pp. 213-229.

Brethe de la Gressaye J., « La représentation professionnelle et corporative », *Archives de philosophie du droit,* 1934, pp. 58-98.

« La corporation et l'Etat (histoire et doctrine) », *Archives de philosophie du droit et de sociologie juridique*, 1938, pp. 78-118.

« Les bases de l'organisation professionnelle : le corps électoral, le syndicat, l'entreprise », *D.S.*, 1941, pp. 2-9.

« Corporatisme et progrès social », in J. Brethe de la Gressaye, H. Laufenburger, A. Garrigou-Lagrange, *Le corporatisme. Conférences prononcées à l'Athénée de Bordeaux, les 1er, 4 et 10 mars 1941*, Imprimerie Bière, Bordeaux, 1941, pp. 7-44.

« La Charte du Travail en France et en pays étrangers », *D.S.*, janvier 1942, pp. 16-22.

« La discipline dans les entreprises, les syndicats et les professions organisées », *Archives de philosophie du droit*, 1953-1954, pp. 75-108.

« Le pouvoir juridictionnel des ordres professionnels », *D.S.*, 1955, pp. 597-602.

« Un conflit doctrinal à la Faculté de droit de Bordeaux : Bonnecase contre Duguit », in *Mélanges de droit, d'histoire et d'économie offerts à M. Laborde-Lacoste*, Bière, Bordeaux, 1963, pp. 53-62.

Bruttmann T., « La mise en œuvre du statut des juifs du 3 octobre 1940 », *Archives juives*, 2008/1, pp. 11-24.

Buffelan J.-P., « Etude de déontologie comparée dans les professions organisées en ordres », *J.C.P.*, 1962, I, 1695.

Cabrillac H., « La règlementation et l'organisation de la profession bancaire et des professions touchant au crédit et au marché financier. Commentaires des lois des 13 et 14 juin 1941 », *J.C.P.*, 12-1941, étude 235.

Cahen-Salvador G., « Le Conseil national économique », *D.S.*, 1946, pp. 301-309.

Cartier E., « De l'anéantissement au retour du de cujus ou l'insoutenable ambivalence de l'ordonnance du 9 août 1944 », in C. Benelbaz, B. Berthier, C. Froger, S. Platon (dir.), *L'œuvre législative de Vichy, d'hier à aujourd'hui: rupture(s) et continuité(s)*, Dalloz, coll. Thèmes et commentaires, 2017, pp. 43-65.

Chapsal J., « Chronique des travaux parlementaires de la session ordinaire de 1938 », *Droit social*, n°7, juillet-août 1938, pp. 314-315.

Charrier P., « Le renouvellement des baux des commerces juifs », *Gaz. Pal.*, 1942, 1er semestre, pp. 69-70.

Chatriot A., « Les nouvelles relèves et le corporatisme. Visions françaises des expériences européennes », in O. Dard et E. Deschamps (dir.), *Les relèves en Europe d'un après-guerre à l'autre,* P.I.E. Peter Lang, coll. Euroclio, Bruxelles, 2005, pp. 173-196.

« Les ententes : débats juridiques et dispositifs législatifs (1923-1953). La genèse de la politique de concurrence en France », *Histoire, économie & société*, 2008/1, pp. 7-22.

« Un débat politique incertain : le corporatisme dans la France des années 1930 », *Les études sociales*, n°157-158, 2013, pp. 231-244.

« Les corps intermédiaires en République : un problème ou une solution pour l'Etat ? (France, XIXème-XXème siècles », *Histoire, économie & société*, 2016/1, pp. 36-44.

Chatriot A. et Lemercier C., « Les corps intermédiaires », in V. Duclert et C. Prochasson (dir.), *Dictionnaire critique de la République*, Flammarion, 2002, pp. 691-698.

Chenot B., « L'organisation professionnelle de l'industrie hôtelière », *D.S.*, 1942, pp. 212-215.

« Essai sur une construction corporative », *D.S.*, 1943, pp. 56-60.

Chevallier J., « La place de l'établissement public en droit administratif français », Publication n° 3 de la Faculté de droit et d'économie d'Amiens, 1972-1973, pp. 5-76.

« La place de l'Administration dans la production des normes », *Droit et société*, 2011/3, pp. 623-636.

Cohen A., « Du corporatisme au keynésianisme. Continuités pratiques et ruptures symboliques dans le sillage de François Perroux », *Revue française de science politique*, 2006/4 (Vol. 56), pp. 555-592.

Colin P., « L'organisation corporative des pêches maritimes », *D.S.*, 1941, pp. 41-50 (1ère partie), et pp. 131-140 (2ème partie).

« L'organisation professionnelle des pêches maritimes », *D.S.*, 1945, pp. 325-331.

Coornaert E., « Les corporations du Moyen Age à la Révolution », *Politique,* dossier spécial « Vers un ordre corporatif ? », mai 1934, pp. 389-395.

Coste L., « Des corps intermédiaires sous l'Ancien Régime : revendication ou réalité ? », *Histoire, économie & société*, 2016/1, pp. 14-23.

Croquez A., « Un premier essai d'organisation professionnelle », *Gaz. Pal.*, 1940, 2ème semestre, pp. 68-70 (1ère partie), et « Vers l'organisation professionnelle », *Gaz. Pal.*, 1940, 2ème semestre, pp. 83-86 (2ème partie).

« L'organisation professionnelle telle qu'elle résulte des lois des 16 août 1940 et 10 septembre 1940 », *Gaz. Pal.*, 1941, 1er semestre, pp. 83-100.

« L'organisation professionnelle », *Gaz. Pal.*, 1941, 2ème semestre, pp. 40-42.

« La Charte du Travail », *Gaz. Pal.*, 1941, 2ème semestre, pp. 110-119.

« Les organismes professionnels », *Gaz. Pal.*, 1942, 2ème semestre, pp. 52-53.

« Les comités d'organisation professionnelle », *Gaz. Pal.*, 1943, 1er semestre, pp. 16-18.

Cuvelliez M.-T., « Des ordres des avocats et de quelques contradictions », *La revue nouvelle*, n°3, numéro spécial, mars 1982, pp. 243-250.

Dalançon A., « Les universitaires et le corporatisme sous le régime de Vichy », in M. Margairaz et D. Tartakowsky (dir.), *Le syndicalisme dans la France occupée*, P.U.R., coll. Histoire, 2008, pp. 327-336.

Dalemont M. E., « L'organisation professionnelle de l'industrie du pétrole », *D.S.*, 1942, pp. 41-48 (1ère partie), et *D.S.*, 1942, pp. 86-96 (2ème partie).

Danel J., « Une institution oubliée : la conciliation et l'arbitrage », *D.S.*, 1945, pp. 232-235.

Dard O., « Le corporatisme en France à l'époque contemporaine : tentative de bilan historiographique et perspectives de recherches », *Histoire, économie & société*, 2016/1, pp. 45-57.

Dard O. et Nacci M., « Corporatisme et syndicalisme en Italie et en France dans les années 1930 », in M. Margairaz et D. Tartakowsky (dir.), *Le syndicalisme dans la France occupée*, P.U.R., coll. Histoire, 2008, pp. 35-48.

de Lacharrière R., « La gestion par les organismes professionnels des services publics de l'économie dirigée », *D.S.*, 1943, pp. 269-277 (1ère partie) ; *D.S.*, 1944, pp. 1-12 (2ème partie).

de Laclave G., « Une nouvelle étape dans l'organisation corporative. La corporation de la marine de commerce », *D.S.*, 1942, pp. 220-230.

Déat M., « Corporatisme et liberté », *Archives de philosophie du droit et de sociologie juridique*, Cahier spécial : le corporatisme, 1938, pp. 37-67.

Delugin M., « Les associations professionnelles de fonctionnaires dans les PTT », in M. Margairaz et D. Tartakowsky (dir.), *Le syndicalisme dans la France occupée*, P.U.R., coll. Histoire, 2008, pp. 309-313.

Demondion P. « La Charte du Travail et l'artisanat », *D.S.*, février 1942, pp. 96-108.

Denis H., « Charte du Travail et corporatisme », *D.S.*, janvier 1942, pp. 51-56.

Deroussin D., « L'idée corporative saisie par les juristes : de la corporation au pluralisme juridique ? », *Les études sociales*, n°157-158, 2013, pp. 147-185.

Desmouliez G., « Les comités d'organisation et le droit privé », *J.C.P.*, 1943-2, I, 352.

Desplats M. J., « La notion d'organisations syndicales les plus représentatives », *D.S.*, 1945, pp. 270-277.

Detoeuf A., « Problèmes de la corporation », *D.S.*, 1942, pp. 49-53.

Detton H., « La protection par le Conseil d'Etat des droits de l'individu dans l'organisation professionnelle », *E.D.C.E.*, 1952, pp. 53-63.

Devers G., « Histoire et nature juridique des institutions ordinales », *Droit, déontologie et soin*, décembre 2005, Vol. 5, pp. 436-492.
« La médecine sous Vichy, étude de législation 1940-1944 », *Droit, déontologie et soin*, 2008, pp. 134-160.

Dieterlin P., « Le financement des comités d'organisation », *D.S.*, 1942, pp. 153-157.

Dockès-Lallement N., « Les ambiguïtés de la Charte du Travail », in *Convergences. Etudes offertes à Marcel David*, Calligrammes, 1991, pp. 107-123.

Dommange R., « XL Propositions concernant la réforme de l'Etat », *Revue hebdomadaire*, 21 avril 1934, pp. 363-374.

Donnedieu de Vabres J., « Le Conseil d'Etat et les comités d'organisation », *J.C.P.*, 1942, I, 299.

Doublet J., « La réorganisation de l'ordre des médecins », *D.S.*, 1943, pp. 121-128.

« L'ordonnance du 24 septembre 1945 sur l'exercice et le statut des professions de médecin, de chirurgien-dentiste et de sage-femme », *D.S.*, 1945, pp. 331-341.

« L'ordre national des pharmaciens », *D.S.*, 1946, p. 99-103.

« Le code de déontologie de la profession médicale », *D.S.*, 1947, pp. 307-313.

Drago R., « Droits fondamentaux et personnes publiques », *A.J.D.A.*, 1998, pp. 130-135.

Duguit L., « La représentation syndicale au parlement », *Revue politique et parlementaire,* Tome LXIX, 1911, pp. 28-45.

Dupeyroux O., « L'indépendance du Conseil d'Etat statuant au contentieux », *R.D.P.*, 1983, pp. 565-629.

du Plessis J., « Le syndicat corporatif local d'après la loi sur la corporation agricole », *J.C.P.*, 12-1941, étude 233.

Durand P., « Idéologie et technique de la Charte du Travail », *D.S.*, janvier 1942, pp. 2-15.

« Le recouvrement des cotisations dues aux comités d'organisation », *D.S.*, 1943, pp. 61-67.

« La réorganisation des juridictions du travail », *D.S.*, 1943, pp. 318-330.

« La personnalité juridique des comités d'établissement », *D.S.*, 1951, pp. 26-29.

Durand-Prinborgne C., « L'Administration centrale de l'Education nationale et la fabrication des normes », *Droit et société*, 2011/3, pp. 611-622.

Duverger M., « La situation des fonctionnaires depuis la Révolution de 1940 », *R.D.P.*, 1941, pp. 277-332, 1ère partie ; pp. 417-539, 2ème partie.
« Essai sur l'autonomie du droit professionnel », *D.S.*, 1944, pp. 276-279, 1ère partie ; *D.S.*, 1945, pp. 20-24, 2ème partie.

Eblé M., « Les catholiques sociaux et le corporatisme », *Politique*, dossier spécial « Vers un ordre corporatif ? », mai 1934, pp. 396-402.

Eisenmann C., « L'arrêt Monpeurt : légende et réalité », in *L'évolution du droit public. Etudes offertes à Achille Mestre*, Sirey, 1956, pp. 221-249.

Escalier M., « L'organisation médico-sociale de la profession à l'échelon du comité d'organisation », *D.S.*, février 1942, pp. 8-12.

Esmein P., « Le statut de la grève et du lock-out », *Dalloz hebdomadaire*, chron., IX, 18 mai 1939, pp. 33-36.

Espinosa M., « Les critères de compétence des comités d'organisation », *D.S.*, 1943, pp. 309-314.

Evleth D., « La bataille pour l'ordre des médecins, 1944-1950 », *Le mouvement social*, 2009/4, pp. 61-77.

Farjat G., « Réflexions sur les codes de conduite privés », in *Le droit des relations économiques internationales, études offertes à B. Goldman*, Litec, 1987, pp. 47-66.

Fauvel B., « Le statut des juifs et la pratique notariale », *Journal des notaires et des avocats*, 1941, pp. 73-77.

Garrigou-Lagrange A., « L'organisation corporative agricole », in J. Brethe de la Gressaye, H. Laufenburger, A. Garrigou-Lagrange, *Le corporatisme. Conférences prononcées à l'Athénée de Bordeaux, les 1er, 4 et 10 mars 1941*, Imprimerie Bière, Bordeaux, 1941, pp. 73-93.

Goetz-Girey R., « De la Charte de l'organisation professionnelle à la Charte du Travail. Le projet de Charte de 1940 », *D.S.*, février 1942, pp. 18-23.

Guy-Grand G., « Vues sur le corporatisme », *Archives de philosophie du droit et de sociologie juridique*, Cahier spécial : le corporatisme, 1938, pp. 7-36.

Haenning J., « L'incidence de la loi de séparation des Eglises et de l'Etat sur la définition du métis juif », *Gaz. Pal.*, 1942, 2ème semestre, pp. 32-33.
« Quels moyens de preuve peuvent être fournis par le métis juif pour établir sa non-appartenance à la race juive ? », *Gaz. Pal.*, 1943, 1er semestre, pp. 31-32.

Hannoun C., « La déontologie des activités financières : contribution aux recherches actuelles sur le néo-corporatisme », *R.T.D.Comm.*, juillet-septembre 1989, pp. 417-455.

Hassenteufel P., « Où en est le paradigme corporatiste ? », *Politix*, Vol. 3, n°12, 1990, pp. 75-81.

Hayet A., « le régime de la cotisation des comités d'organisation », *D.S.*, 1942, pp. 121-129.

Heilbronner A., « L'éclipse de l'organisation professionnelle », *D.S.*, 1946, pp. 314-317.
« Le pouvoir professionnel », *E.D.C.E.*, 1952, pp. 33-52.

Homburg R., « La loi du 30 novembre 1941 et la création d'un comité professionnel des auteurs dramatiques, compositeurs et éditeurs de musique », *J.C.P.*, 1942-1, I, étude 276.

Husson L., « Les activités professionnelles et le droit », *Archives de philosophie du droit*, 1953-1954, pp. 1-44.

Izard G., « Comités provisoires d'organisation et comités sociaux. La loi du 16 août 1940 et la Charte du Travail », *D.S.*, janvier 1942, pp. 57-61.

Jeantet F.-C., « Des comités d'organisation aux offices professionnels », *D.S.*, 1945, pp. 5-15.

Jennings E., « Discours corporatiste, propagande nataliste, et contrôle social sous Vichy », *Revue d'histoire moderne et contemporaine*, 2002/4, n°49-4, pp. 101-131.

Joffre A., « Le corporatisme portugais », *Archives de philosophie du droit et de sociologie juridique*, Cahier spécial : le corporatisme, 1938, pp. 176-194.

Joly L., « Introduction », *Archives juives*, 2008/1, pp. 4-10.
« L'Administration de l'Etat français et le statut des juifs du 2 juin 1941 », *Archives juives*, 2008/1, pp. 25-40.

Jousselin P., « L'organisation corporative du notariat en France », *D.S.*, 1941, pp. 152-157.

Julliard J., « La Charte du Travail », in Fondation nationale des sciences politiques (dir.), *Le Gouvernement de Vichy 1940-1942 : institutions et politiques*, Presses de la Fondation nationale des sciences politiques, n°18, 1972, Paris, pp. 157-210.

Kaplan S. L., « Un laboratoire de la doctrine corporatiste sous le régime de Vichy : l'Institut d'études corporatives et sociales », *Le mouvement social*, 2001/2 (n°195), pp. 35-77.

« Un creuset de l'expérience corporatiste sous Vichy : l'Institut d'études corporatives et sociales de M. Bouvier-Ajam », in S. L. Kaplan et P. Minard (dir.), *La France, malade du corporatisme ? XVIIIème-XXème siècles*, Belin, coll. Socio-histoires, 2004, pp. 428-468.

Kaplan S. L et Minard P., « Le corporatisme, idées et pratiques : les enjeux d'un débat incessant », in S. L. Kaplan et P. Minard (dir.), *La France, malade du corporatisme ? XVIIIème-XXème siècles*, Belin, coll. Socio-histoires, 2004, pp. 5-31.

Knoertzer A., « Du statut des juifs indigènes d'Algérie », *J.C.P.*, 1942, I, 265.

Laguerre B., « Les dénaturalisés de Vichy (1940-1944) », *Vingtième siècle, revue d'histoire*, n°20, octobre-décembre 1988, pp. 3-15.

Lalouette J., « Les insaisissables corporations du premier XIXème siècle : enquête sur les usages d'un mot », in S. L. Kaplan et P. Minard (dir.), *La France, malade du corporatisme ? XVIIIème-XXème siècles*, Belin, coll. Socio-histoires, 2004, pp. 147-170.

Lascombe M., « Les ordres professionnels », *A.J.D.A.*, 1994, pp. 855-862.

Laufenburger H., « L'économie corporative en Italie et en Allemagne », *Revue politique et parlementaire*, avril 1934, pp. 26-39.

« Progrès économique, capitalisme et socialisme », in J. Brethe de la Gressaye, H. Laufenburger, A. Garrigou-Lagrange, *Le corporatisme. Conférences prononcées à l'Athénée de Bordeaux, les 1er, 4 et 10 mars 1941*, Imprimerie Bière, Bordeaux, 1941, pp. 45-71.

Lavialle C., « Le corporatisme voilé, réflexion recommencée sur l'arrêt Monpeurt », in M. Hecquard-Théron (dir.), *Le groupement et le droit :*

corporatisme, néo-corporatisme, Presses universitaires des sciences sociales de Toulouse, 1996, pp. 9-30.

Le Bail K., « Les services artistiques de la radio de Vichy : l'application hasardeuse de la législation antisémite », *Archives juives*, 2008/1, pp. 59-74.

Le Balle R., « Les pouvoirs déontologiques des comités d'organisation et des ordres », *D.*, 1944, chron. III, pp. 9-12.
« Réflexions sur l'organisation juridictionnelle de la communauté professionnelle », *D.S.*, 1946, pp. 103-108.

Le Bot F., « La famille du cuir : Paris-Fougères-Vichy. Syndicalisme et corporatisme dans le monde de la chaussure 1930-1950 », in M. Margairaz et D. Tartakowsky (dir.), *Le syndicalisme dans la France occupée*, P.U.R., coll. Histoire, 2008, pp. 119-131.

Le Crom J.-P., « La politique sociale de Vichy : corporatisme ou dirigisme ? », in S. L. Kaplan et P. Minard (dir.), *La France, malade du corporatisme ? XVIIIème-XXème siècles*, Belin, coll. Socio-histoires, 2004, pp. 403-425.
« Droit de Vichy ou droit sous Vichy ? Sur l'historiographie de la production du droit en France pendant la Deuxième Guerre mondiale », *Histoire@Politique*, 2009/3.
« Présentation », *Droit et société*, 2011/3, pp. 551-560.
« Le rôle de l'Administration du Travail dans la reconnaissance de la représentativité des organisations professionnelles », *Travail et emploi* [en ligne], décembre 2014.
« La défense du corporatisme intégral sous Vichy. Ses acteurs, leurs inspirations, leurs réalisations », *Les études sociales*, n°157-158, 2013, pp. 245-259.

Legal A., « Les attributions disciplinaires des ordres des médecins et des architectes », *J.C.P.*, 1942, I, 243.

Leibholz G., « Syndicalisme, corporatisme et Etat corporatif », *R.D.P.*, 1939, pp. 65-79.

Lepaulle P., « L'aryanisation des entreprises », *Gaz. Pal.*, 1943, 2ème semestre, pp. 1-18.

Leroy M., « Les tendances du pouvoir et de la liberté en France au XXème siècle », *Archives de philosophie du droit et de sociologie juridique*, n°3-4, 1936, pp. 7-85.

Liet-Veaux G., « La « fraude à la Constitution ». Essai d'une analyse juridique des révolutions communautaires récentes : Italie, Allemagne, France », *R.D.P.*, 1943, pp. 116-150.

« L'ordre des architectes », *R.A.*, 1962, pp. 463-471, 1ère partie ; *R.A.*, 1962, pp. 587-594, 2ème partie.

Lochak D., « Conclusions », in C. Benelbaz, B. Berthier, C. Froger, S. Platon (dir.), *L'œuvre législative de Vichy, d'hier à aujourd'hui : rupture(s) et continuité(s)*, Dalloz, coll. Thèmes et commentaires, 2017, pp. 267-289.

Luc I., « Ordres professionnels et concurrence », *L.P.A.*, 24 septembre 2009, n°192, pp. 5-13.

Lumbralès J., « L'organisation corporative au Portugal », *Politique*, dossier spécial « Vers un ordre corporatif ? », mai 1934, pp. 449-456.

Lyon-Caen G., « Corporation, corporatisme, néo-corporatisme », *D.S.*, 1986, pp. 742-744.

Malezieux R., « L'organisation professionnelle de l'agriculture telle qu'elle résulte de l'ordonnance du 12 octobre 1944 », *J.C.P.*, 1945, I, 442.

Marcou J., « Le corporatisme contre le corporatisme. Etudes des stratégies corporatistes sous Vichy », in D. Colas (dir.), *L'Etat et les corporatismes. Travaux de la mission sur la modernisation de l'Etat*, P.U.F., coll. Questions, 1988, pp. 68-87.

Margairaz M., « Entre néo-libéralisme et corporatisme : apports et limites de deux trajectoires singulières », *Le mouvement social*, 2001/2, pp. 3-7.

« Les politiques économiques sous et de Vichy », *Histoire@Politique*, 2009/3.

Maspetiol R., « La notion de service d'intérêt public et la théorie juridique des institutions corporatives », *D.S.*, 1944, pp. 165-170.

« Le pouvoir règlementaire des organisations professionnelles en droit français », *S.*, 1959, I, pp. 149-162.

Massot J., « Le Conseil d'Etat et le régime de Vichy », *Vingtième siècle. Revue d'histoire*, n°58, avril-juin 1998, pp. 83-99.

Mathiez A., « Les corporations ont-elles été supprimées en principe dans la nuit du 4 août 1789 ? », *Annales historiques de la Révolution française*, n°45, mai-juin 1931, pp. 252-257.

Mathiot A., « L'intégration des comités d'organisation dans le droit public », *R.D.P.*, 1943, pp. 28-56.

Maupas J., « La déchéance de la nationalité française », *Gaz. Pal.*, 1940, 1er semestre, pp. 3-4.

Melleray F., « Une nouvelle crise de la notion d'établissement public. La reconnaissance d'autres personnes publiques spécialisées », *A.J.D.A.*, 2003, pp. 711-717.

« L'héritage de Vichy en droit de la fonction publique », in C. Benelbaz, B. Berthier, C. Froger, S. Platon (dir.), *L'œuvre législative de Vichy, d'hier à aujourd'hui : rupture(s) et continuité(s)*, Dalloz, coll. Thèmes et commentaires, 2017, pp.103-112.

Mersch J., « Le syndicalisme patronal depuis les hostilités », *D.S.*, 1941, pp. 68-70.

« L'œuvre des commissions provisoires d'organisation. La famille du cuir », *D.S.*, 1942, pp. 168-170.

Mirkine-Guetzevitch B., « Corporatisme et démocratie », *Revue de métaphysique et de morale,* 1935, pp. 579-602 (1ère partie) ; *Revue de métaphysique et de morale*, 1936, pp. 149-170 (2ème partie).

Morin G., « L'expérience des conventions collectives et de l'arbitrage obligatoire », *Archives de philosophie du droit et de sociologie juridique*, Cahier spécial : le corporatisme, 1938, pp.100-126.

Mouralis J.-L., « Les nouveaux ordres professionnels », *L.P.A.*, 19 juin 2002, p. 28.

Muller I., « La normativité corporative « reconnue » », in M. Hecquard-Théron (dir.), *Le groupement et le droit : corporatisme, néo-corporatisme*, Presses universitaires des sciences sociales de Toulouse, 1996, pp. 31-60.

Nahum H., « L'éviction des médecins juifs dans la France de Vichy », *Archives juives*, 2008/1, pp. 41-58.

Nemo P., « La Tour du Pin. Le corporatisme », in P. Nemo (dir.), *Histoire des idées politiques aux Temps modernes et contemporains*, P.U.F., coll. Quadrige, 2013, pp. 1153-1180.

Niboyet J.-P., « Les individus qui ne sont pas nés d'un père français et les nouvelles incapacités », *Gaz. Pal.*, 1940, 2ème semestre, pp. 66-68.
« Les mesures d'élimination des Français d'origine étrangère, et des étrangers dans le domaine des principales activités », *D.S.*, 1942, pp. 50-55.

Odent R., « Le contrôle du Conseil d'Etat sur les ordres professionnels », *Archives de philosophie du droit*, 1953-1954, pp. 109-121.

Olivier M., « A propos de la Charte du Travail », *D.S.*, 1942, pp. 24-26.

Oudin A., « Nouveaux aspects de l'organisation des professions libérales », *D.S.*, 1942, pp. 143-147.

Painvin G.-J., « Nécessité de l'initiative privée au sein de l'économie dirigée », *D.S.*, février 1942, pp. 77-83.

Panier C., « Les ordres professionnels, liberté ou corporatisme ? Introduction », *La revue nouvelle*, n°3, numéro spécial, mars 1982, pp. 235-243.

Pararas P. J., « Le retour du corporatisme en France. La crise du mandat représentatif », *R.I.D.C.*, 2-1991, pp. 427-439.

Pécout C., « Les pratiques physiques et sportives au service de l'idéal vichyste : l'exemple des chantiers de la jeunesse (1940-1944) », *Sciences sociales et sport*, 2008/1, pp. 5-26.

Pepy D., « Les comités d'entreprise. L'ordonnance du 23 février 1945 », *D.S.*, pp. 45-63.

Perreau E.-H., « Le nouveau statut des juifs en France », *J.C.P.*, 1941, étude 216.
« Les mesures complémentaires concernant le statut des juifs », *J.C.P.*, 1942, I, 244.

Perroux F., « Pour et contre la communauté de travail », *Archives de philosophie du droit et de sociologie juridique*, Cahier spécial : le corporatisme, 1938, pp. 68-99.
« La liaison de l'économique et du social », *D.S.*, 1943, pp. 116-120.

Personnaz J., « La nature juridique des comités d'organisation », *D.S.*, 1941, pp. 145-152.

Pétain P., « La politique sociale de l'avenir », *Revue des Deux Mondes*, 15 septembre 1940, p. 113.

Petit R., « La gestion des œuvres sociales par les comités d'entreprise », *D.S.*, 1946, pp. 199-205, 1ère partie ; pp. 234-242, 2ème partie ; pp. 288-292.

Peytel A., « L'ordre des experts-comptables et des comptables-agréés », *Gaz. Pal.*, 1942, 1er semestre, pp. 76-79.

Pic P., « Le corporatisme contemporain », *Revue politique et parlementaire*, septembre 1934, pp. 393-410.

Pirou G., « Corporatisme 1937 », *Revue d'économie politique*, 1937, pp. 1329-1366.

Plouviez M., « Le projet durkheimien de réforme corporative : droit professionnel et protection des travailleurs », *Les études sociales*, n°157-158, 2013, pp. 57-103.

Poirot-Mazeres I., « L'Etat et la démarche néo-corporatiste : l'institutionnalisation de l'unité normative », in M. Hecquard-Théron (dir.), *Le groupement et le droit : corporatisme, néo-corporatisme*, Presses universitaires des sciences sociales de Toulouse, 1996, pp. 61-87.

Poucet T., « L'ordre des médecins : service ou symbole ? », *La revue nouvelle*, n°3, numéro spécial, mars 1982, pp. 284-299.

Prélot M., « La création des corporations italiennes », *Politique,* dossier spécial « Vers un ordre corporatif ? », mai 1934, pp. 415-423.

Puisoye J., « Le pouvoir disciplinaire des ordres professionnels », *S.*, 1963, chron., pp. 35-40.
« Le contrôle juridictionnel de l'activité administrative des ordres professionnels », *A.J.D.A.*, 1963, pp. 201-207.

Rauch M.-A., « L'Union des artistes pendant l'Occupation : entre diplomatie courtoisie et attentisme », in M. Margairaz et D. Tartakowsky (dir.), *Le syndicalisme dans la France occupée*, P.U.R., coll. Histoire, 2008, pp. 261-272.

Renaut M.-H., « De la corporation d'apothicaire à l'Ordre des pharmaciens », *R.D.S.S.*, 1997, pp. 737-762.

Reuter P., « L'organisation professionnelle de l'industrie cinématographique », *D.S.*, 1946, pp. 362-368.

Ripert G., « Ebauche d'un droit civil professionnel », in *Etudes de droit civil à la mémoire de H. Capitant*, 1977, pp. 677-693.

Rioux J.-P., « La conciliation et l'arbitrage obligatoire des conflits de travail », in R. Rémond et J. Bourdin (dir.), *Edouard Daladier, Chef de gouvernement*, Presses de la Fondation nationale des sciences politiques, 1977, pp. 112-128.

Rosanvallon P., « Corporations et corps intermédiaires », *Le Débat*, 1989/5, n°57, pp. 172-175.

Rosenstock-Franck L., « Le corporatisme italien », *Archives de philosophie du droit et de sociologie juridique*, Cahier spécial : le corporatisme, 1938, pp.127-158.

Rousé M., « A propos du droit de la répartition et de l'organisation industrielles », *D.S.*, février 1942, pp. 1-8.

Rousset G., « Le rôle majeur du régime de Vichy dans l'encadrement des professions de santé », in C. Benelbaz, B. Berthier, C. Froger, S. Platon (dir.), *L'œuvre législative de Vichy, d'hier à aujourd'hui : rupture(s) et continuité(s)*, Dalloz, coll. Thèmes et commentaires, 2017, pp. 155-162.

Rousso H., « Vichy entre l'archaïsme et la modernité. Table ronde », in J.-P. Azéma et F. Bédarida (dir.), *Le régime de Vichy et les Français*, Fayard, coll. Pour une histoire du XXème siècle, 1992, pp. 357-368.

« L'impact du régime sur la société : ses dimensions et ses limites », », in J.-P. Azéma et F. Bédarida (dir.), *Le régime de Vichy et les Français*, Fayard, coll. Pour une histoire du XXème siècle, 1992 pp. 573-600.

Roy M., « Les syndicalistes et la Charte du Travail », *D.S.*, février 1942, pp. 27-31.

Salleron L., « Syndicalisme et corporatisme », *Idées, Revue de la Révolution nationale*, n°20, juin 1943, pp. 15-23.

« L'ordre corporatif », *Idées*, *Revue de la Révolution nationale,* n°23, septembre 1943, pp. 8-14 (1ère partie) ; et n°24, octobre 1943, pp. 11-20 (2ème partie).

« Défense et illustration du droit médical », *Archives de philosophie du droit*, 1953-1954, pp. 123-142.

Savatier R., « Régime actuel de la grève en droit français », *D.S.*, 1939, pp. 266-268.
« L'origine et le développement du droit des professions libérales », *Archives de philosophie du droit*, 1953-1954, pp. 45-74.
« La juridiction disciplinaire médicale », in *Mélanges offerts à Jean Brethe de la Gressaye*, Editions Bière, Bordeaux, 1967, pp. 733-746.

Scelle G., « Le Conseil national économique. Son but, sa compétence, son fonctionnement », *Revue politique et parlementaire*, octobre 1924, pp. 100-109.

Ségur P., « Conclusions », in M. Hecquard-Théron (dir.), *Le groupement et le droit : corporatisme, néo-corporatisme*, Presses universitaires des sciences sociales de Toulouse, 1996, pp. 221-235.

Serrarens P. J. S., « L'idée corporative aux Pays-Bas », *Politique,* dossier spécial « Vers un ordre corporatif ? », mai 1934, pp. 432-438.

Simondet H., « La nouvelle Constitution autrichienne et le régime corporatif », *Politique,* dossier spécial « Vers un ordre corporatif ? », mai 1934, pp. 439-443.

Simonet P. et Liet-Veaux G., « La loi du 26 avril 1946 portant dissolution d'organismes professionnels et organisation de la répartition des produits industriels », *D.S.*, 1946, pp. 262-271.

Simonin A., « En haine de la République parlementaire : Pierre Laval, 9 juillet 1940, in M. Deleplace (dir.), *Les discours de la haine : récits et figures de la passion dans la Cité*, Presses universitaires du Septentrion, 2009, pp. 269-285.

Singer-Kerel J., « "Protection" de la main d'œuvre en temps de crise [le précédent des années trente] », *Revue européenne des migrations internationales*, Vol. 5, n°2, 1989, pp. 7-27.

Siwek-Pouydesseau J., « Les fonctionnaires de l'Etat et agents territoriaux », in M. Margairaz et D. Tartakowsky (dir.), *Le syndicalisme dans la France occupée*, P.U.R., coll. Histoire, 2008, pp. 297-307.

Solus H., « L'ordre des experts-comptables et comptables agréés », *D.S.*, 1942, pp. 193-203.
« L'ordre des experts-comptables et des comptables-agréés et l'ordonnance du 19 septembre 1945 », *D.S.*, 1946, pp. 395-402.

Stillmunkes P., « La notion de profession libérale et son évolution récente », *A.J.D.A.*, 1964, pp. 403-419.

Supiot A., « Actualité de Durkheim. Notes sur le néo-corporatisme en France », *Droit et société*, n°6, 1987, pp. 177-200.

Teitgen H., « L'organisation professionnelle devant le Conseil national économique », *D.S.*, 1939, pp. 217-219.

« La loi du 2 décembre 1940 sur l'organisation corporative de l'agriculture », *J.C.P.*, 11-1941, étude 225.

« Le statut du personnel employé par les membres des ordres et professions régis par des dispositions particulières », *D.S.*, 1942, pp. 204-207.

« L'entreprise dans le régime de la Charte du Travail », *D.S.*, janvier 1942, pp. 36-41.

Teitgen P.-H., « La loi du 16 août 1940 sur l'organisation de la production industrielle », *J.C.P.*, 4-1941, étude 196.

« L'organisation provisoire de la production industrielle et les principes du droit public français », *Collection Droit social*, 1941, fascicule IX, pp. 2-15.

Tulard J., « Le débat autour du rétablissement des corporations sous le Consulat et l'Empire », in *Histoire du droit social. Mélanges en hommage à Jean Imbert*, P.U.F., 1989, pp. 537-541.

Vandamme J., « La participation des comités d'organisation dans les sociétés commerciales », *J.C.P.*, 1943-1, I, 342.

Vernus P., « Le syndicat des fabricants de soieries de Lyon durant la Seconde guerre mondiale », in M. Margairaz et D. Tartakowsky (dir.), *Le syndicalisme dans la France occupée*, P.U.R., coll. Histoire, 2008, pp. 133-152.

Viala G « Le nouveau code de déontologie des pharmaciens ou vingt-sept ans de gestation », *R.D.S.S.*, 1995, pp. 514-522.

Vignaux P., « La voie corporative et le mouvement ouvrier », *Politique,* dossier spécial « Vers un ordre corporatif ? », mai 1934, pp. 402-414.

Vincent J., « Les comités d'organisation et la défense des intérêts professionnels », *J.C.P.*, 1943-2, I, 356.

Voirin P., « Les comités sociaux par famille professionnelle ou profession », *D.S.*, janvier 1942, pp. 23-35.

« L'organisation corporative des avoués, des huissiers et des commissaires-priseurs », *D.S.*, février 1942, pp. 215-220.

« La constitution des comités sociaux par famille professionnelle, branche ou profession », *D.S.*, 1943, pp. 181-186.

Von Bueltzingsloewen I., « La guerre, l'Occupation et le régime de Vichy : de nouvelles perspectives pour le travail social », *Vie sociale*, 2008/3, pp. 19-28.

Waline M., « Trois points de vue sur l'arrêt Monpeurt », *D.S.*, coll. Droit social, XVIII, 1943, pp. 18-22.

« L'ordonnance du 9 août 1944 sur le rétablissement de la légalité républicaine », *J.C.P.*, 1945, I, 441.

Index thématique

Index des noms propres

Index des principales jurisprudences citées

I. Jurisprudence administrative

A. Conseil d'Etat

B. Tribunaux administratifs

II. Jurisprudence judiciaire

A. Cour de cassation

B. Cours d'appel

III. Tribunal des conflits

Table des matières

Structures éditoriales du groupe L'Harmattan

L'Harmattan Italie
Via degli Artisti, 15
10124 Torino
harmattan.italia@gmail.com

L'Harmattan Hongrie
Kossuth l. u. 14-16.
1053 Budapest
harmattan@harmattan.hu

L'Harmattan Sénégal
10 VDN SICAP AMITIE 3
BP 45034 Dakar-Fann
direction@senharmattan.com

L'Harmattan Cameroun
Tsinga/Derrière polyclinique FECAFOOT
BP 11486 Yaoundé
Jacques.koukam@harmattan.fr

L'Harmattan Burkina Faso
Villa 281, secteur 23 623, rue 14.32
Ouagadougou
zagbie@outlook.fr

L'Harmattan Guinée
Almamya, rue KA 028 OKB Agency
BP 3470 Conakry
harmattanguinee@yahoo.fr

L'Harmattan RDC
185, avenue Nyangwe
Commune de Lingwala – Kinshasa
matangilamusadila@yahoo.fr

L'Harmattan Congo
219, avenue Nelson Mandela
BP 2874 Brazzaville
deunovmikhael@gmail.com

L'Harmattan Mali
Immeuble Mgr Jean Marie Cissé
Aci Hamadallaye
BP 145 Bamako
syllaka@yahoo.fr

L'Harmattan Togo
Djidjole – Maison Amela
face EPP BATOME
02 BP 20680 Lomé
didieramela11@gmail.com

L'Harmattan Côte d'Ivoire
Résidence Karl – Cité des Arts
Abidjan-Cocody
03 BP 1588 Abidjan
harmattan.ivoire@gmail.com

L'Harmattan Bénin
Rue 604, (Immeuble à l'entrée
de la rue UCAO- Cite de Saint-Jean)
Cotonou
stepcorpus@gmail.com

Nos librairies en France

Librairie internationale
16, rue des Écoles
75005 Paris
librairie.internationale@harmattan.fr
01 40 46 79 11
www.librairieharmattan.com

Librairie des savoirs
21, rue des Écoles
75005 Paris
librairie.sh@harmattan.fr
01 46 34 13 71
www.librairieharmattansh.com

www.ingramcontent.com/pod-product-compliance
Lightning Source LLC
LaVergne TN
LVHW011500061026
849535LV00004BA/1156
* 9 7 8 2 3 3 6 5 2 1 0 2 2 *